KB097292

다시, 어떻게 읽을 것인가

종이에서 스크린, 오디오까지
디지털 전환 시대의 새로운 읽기 전략

다시, 어떻게 읽을 것인가

How We Read Now

나오미 배런 지음 | 전병근 옮김

어크로스

프레야에게

차례

추천의 말 지혜로운 읽기를 위한 확고한 발판(매리언 울프) 11
옮긴이 해제 디지털 시대 읽기의 재인식과 전환 17
서문 읽기를 둘러싼 새로운 대논쟁 25

1부 우리의 읽기가 처한 현실

1장 '읽기'와 '독자'를 되돌아보다 39

우리가 몰랐던 '읽기'의 다양한 유형 41 | 문해력의 개념이 변하고 있다 49 | 읽기에서 촉각·후각·청각의 역할 51 | 읽는 눈 들여다보기: 안구 추적 53 | 읽기를 측정하기 55 | '독자'를 이야기할 때 고려해야 할 요소들 60

2장 무엇을, 무엇으로 읽고 있을까 69

글의 '장르'가 읽기에 미치는 영향 72 | 교육 현장에 밀어닥친 디지털 읽기 76 | 읽기 연구에서 뜻밖의 결과가 나타나는 이유 85 | 우리가 디지털 텍스트를 다루는 방식 89 | 기술이 문제일까, 마음가짐이 문제일까? 92

3장 종이책을 제대로 읽고 있다는 착각 99

여가용 독서의 당혹스러운 변화 102 | 학생들은 읽기 과제를 성실히 하고 있을까? 108 | 교육 현장의 현실 : 미국과 노르웨이 교강사 인터뷰 113 | 효과가 입증된 읽기 전략들 127

2부 가장 첨예한 질문: 종이 읽기와 디지털 읽기

4장 하나의 텍스트만 읽을 때 _읽기 연구 1 139

어린아이들에게 디지털 책을 쥐여줘도 될까? **142** | 학령 독자를 대상으로 한 읽기 연구 **157** | 핵심 정리 **187**

5장 인터넷에서 여러 자료를 검색하며 읽을 때 _읽기 연구 2 189

인터넷이 초래한 의도하지 않은 결과 **191** | 학교에서의 디지털 전환 **193** | 온라인 탐색, 학습의 지형을 바꾸다 **196** | 온라인으로 복수의 자료 읽기 **206** | 끝없는 논쟁: 내용이냐 그릇이냐 **223** | 온라인 자료 읽기는 교육 현장을 어떻게 바꾸었나 **225** | 핵심 정리 **236**

6장 학습을 위한 최적의 디지털 읽기 전략 239

기억해두어야 할 것 **242** | 어린아이들을 위한 디지털 읽기 전략 **248** | 학생을 위한 디지털 읽기 전략 1: 단일 텍스트일 때 **255** | 학생을 위한 디지털 읽기 전략 2: 복수 텍스트일 때 **276** | 디지털 읽기가 시민의식에 미치는 영향 **290** | 더 나은 선택을 위하여 **291**

3부 귀로 읽는 시대: 오디오와 동영상 읽기

7장 오디오북과 동영상 강의가 교과서를 대신할 수 있을까 295

구술 문화에서 문자 문화로 **298** | 귀로 읽는 시대가 왔다 **300** | 학습을 위해 오디오를 사용할 경우 **315** | 오디오와 텍스트를 함께 사용할 경우 **331** | 동영상 학습을 둘러싼 몇 가지 쟁점 **341** | 핵심 정리 **350**

8장 학습을 위한 최적의 오디오·동영상 읽기 전략 353

오디오와 동영상이 글자 없는 교실을 만들까? **355** | 기억해두어야 할 것 **358** | 어린아이들을 위한 오디오·동영상 읽기 전략 **362** | 학생을 위한 오디오·동영상 읽기 전략 **363**

4부 읽기의 미래

9장 디지털 세계에서의 읽기 전략 짜기 379

글에 집중하지 못하는 사람들 **382** | '순간접속' 문화는 우리를 어떻게 바꾸었나 **383** | 종이책 읽기에 스며든 디지털 마음가짐 **390** | 디지털 세상에서의 읽기 전략: 양손잡이 문해력 **396**

10장 풍요로운 읽기의 시대를 만드는 법 403

학교에서 종이책이 처한 역설적 상황 **406** | 오늘날 교육의 목적 **413** | 학생들을 어떻게 읽는 사람으로 길러낼 것인가 **426** | 모두를 위한 읽기 권장 식단 **433**

감사의 말 435
주 441
참고문헌 456

추천의 말

지혜로운 읽기를 위한 확고한 발판

지금까지 우리는 '접속'할 수 있는 방대한 규모의 '정보' 모음을 축적해왔다. 하지만 접속할 수 있다고만 해서 정보가 지식이 되는 것은 아니다.

_웬델 베리Wendell Berry, 《오직 하나뿐》

지금 여러분은 존경받는 학자 나오미 배런이 쓴 책을 앞에 두고 있습니다. 이 책은 더없이 시의적절하고 지금 우리에게 더없이 필요한 책입니다. 문해력에 기초한 문화에서 디지털과 스크린에 기초한 문화로 넘어가는 이때 "이제 우리는 어떻게 읽을 것인가"라는 문제를 두고 저자가 제시하는 방대한 정보는 우리가 온 힘을 다해 이해할 만한 가치가 충분합니다. 저자는 이 책에서 오늘날 부모와 교육가, 정책 입안자 사이에서 가장 폭넓게 거론되는 질문들을 다루고 있습니다. 이를테면 이런 질문들입니다. 어떤 매체가 학습에 가장 좋은가? 책으로 읽는 것과 스크린으로 읽는 것의 장단점은 각각 무엇인가? 오디오와 동영상 매체는 학습에 가치 있는 기여를 하는가? 문해력 자체가 변할까? 디지털 문화 속에서 우리의 젊은이들은 깊이 있게, 지혜롭게, 잘 읽는 법을 배울까?

배런 교수는 아주 솜씨 좋게 객관성을 유지하며 이 문제들에 관한 정보를 알려주는 한편, 그런 정보가 젊은 세대의 발달에는 어떤 의미를 함축하고 있는지 생각해보게 합니다. 그러면서도 우리를 저자의 시각을 포함한 어느 하나의 관점에 동의하도록 내몰지는 않습니다. 이런 작업을 통해 배런 교수는 앞서 웬델 베리가 지금과 같은 정보의 폭격 속에서 행여나 사라질까 우려하는 어떤 과정을 북돋워줍니다. 그 과정이란 지식의 발현입니다. 배런 교수는 책 한 권 한 권을 통해 우리 모두가 지식의 기반을 구축하는 데 도움을 주고 있습니다. 지금껏 배런 교수가 자신의 계획에 따라 진행해온 일련의 연구는 비단 젊은 세대뿐 아니라 우리 사회의 모든 부문, 나아가 정말이지 민주 사회를 형성하고 유지하는 것과도 깊은 관련이 있습니다. 학문이 사회에 기여할 수 있는 최선의 것이란, 바로 우리를 정보의 종합에서 지식의 기초로, 다시 도약의 장소로 이끌어 궁극에는 우리 스스로 최대한 많은 지혜를 가지고 독자적 판단을 내릴 만반의 준비를 갖추도록 하는 것이지요.

마지막 걸음을 내디딜 때에는 우리에게도 결코 작지 않은 노력이 요구됩니다. 배런이 여기서 제시하는 종류의 지식을 모두가 갖추게 된다면 우리는 이 책에서 마주하는 문제들에 대해 좀 더 현명한 결정을 내릴 수 있을 것입니다. 팬데믹 시기와 이후에도 젊은 세대의 교육을 유지하기 위해 디지털 자원에 의존할 수밖에 없는 교육 시스템을 운영하게 된 지금, 이 질문은 최대 관심사로 떠올랐습니다.

바로 이 지점에서 저는 정보와 지식의 보고인 이 책이 보이는 모범적인 객관성으로부터 얼마간 벗어나, 읽는 뇌reading brain에 관한 제 연구를 토대로 한 관점으로 옮겨가볼까 합니다. 여전히 저는 지금 같은 위기 상황에서는 디지털 미디어가 지식을 전파하고 학습을 증진하는 데 역할을 할 수 있다고 믿습니다만, 그럼에도 이런 기술들로 대표되는 것들이 더욱 깊은 형식의 문해력을 위협하는 상황에 대해서는 걱정이 가시지 않은(어떻게 보면 더 다급해진) 상태에 있습니다.

인지신경과학자로서 연구를 하면서 갖게 된 이런 염려는 읽기 학습이란 것이 우리가 날 때부터 타고나는 것이 아니라는 사실에서 비롯합니다. 대부분 사람들은 읽기를 타고나는 것으로 잘못 알고 있지요. 사실은 읽기란 문화적 발명이며, 따라서 모든 새로운 독자는 성장 과정 내내 가소적인 상태에 있는 새로운 회로를 자신의 뇌에 구축해야만 합니다. 모든 독자의 읽기 회로는 시각, 언어 기반, 인지 그리고 정동 과정을 담당하는 뉴런의 네트워크 사이에서 새롭게 생성되는 연결을 토대로 삼습니다. 읽기 회로는 어릴 때의 가장 단순한 회로에서 더 나이가 든 전문가 수준의 독자가 지닌 가장 정교한 회로에 이르기까지 읽는 사람의 교육과 경험에 따라 아주 기본적인 상태에 있을 수도, 복잡한 상태에 있을 수도 있습니다. 읽는 뇌는 현생 인류의 역사에서 가장 중요한 후성유전적 기반의 변화(후성유전이란 DNA의 변화가 아닌 다른 메커니즘에 의해 표현형질이 나타나거나 비유전적 인자들에 의해 유전자가 발현되거나 억제되는 것을 말한다:역주) 중 하나입니다. 나아가 그것은 우리 인간 종이 지닌 가장 복잡한 지적 기술의 상당수를 발달시키는 데 필요한 발판이기도 합니다. 바로 이것이 전문가 독자의 '깊이 읽기 과정'을 구성하는데, 이 과정에는 우리가 지닌 가장 중요한 사유의 과정인 유추와 추론, 공감, 비판, 분석의 많은 부분이 포함됩니다.

이런 깊이 읽기의 과정은 읽기의 차원을 넘어서까지 확장됩니다. 우리가 읽는 삶을 살며 반복해서 이런 과정을 연결하는 법을 배울 때, 우리는 모든 것에 관해 더 깊이 생각하는 법을 배우게 되지요. 하지만 깊이 읽기 과정의 발달과 실행을 좌우하는 열쇠는 '시간'입니다. 이런 과정을 형성하는 데 필요한 몇 년에 걸친 시간, 그러니까 우리가 무엇을 읽는 동안 그것에 의식적으로 주의를 할당하기 위한 1000분의 1초 단위의 시간 말입니다. 그 어느 것도 그냥 주어지지 않습니다. 특히 어떤 매체로 읽느냐에 따라 읽는 사람이 얼마나 오래 주의를 기울이고 깊이 집중할 수 있는지가 달라지는 상황에서는 더 말할 것도 없습니다.

바로 여기에 우리의 어려움이 있는데, 배런 교수는 이 책에서 아주 멋지게 다양한 방식으로 이 문제에 대한 우리의 주의를 환기합니다. 우리의 읽기 회로는 사용하는 매체가 무엇에 역점을 두고 있는지에 따라 발달하거나 (혹은 그와 더불어) 위축될 것입니다. 주로 사용하는 매체가 디지털 매체와 같이 속도가 빠르고 멀티태스킹 위주인 데다 대량의 정보를 처리하는 데 적합한 것이라면, 좀 더 느리고 시간이 필요한 인지와 성찰적 기능에는 우리의 주의와 시간이 더 적게 할당되고, 그러다 보면 결국 깊이 읽기의 과정은 약해질 것입니다. 심지어 종이 매체를 통한 깊이 읽기의 과정 덕분에 전문가 수준의 읽는 뇌가 형성되었다고 하더라도, 가소성을 띠는 읽는 뇌는 그 사람이 가장 많이 사용하는 매체가 어떤 과정에 역점을 두고 있느냐에 따라 다시 변할 것입니다. 이때 작동하는 생물학적, 문화적 원리는 '사용하지 않으면 잃게 된다', 바로 그것입니다. 전문가 수준의 읽기 뇌는 결코 불변의 선물

gift(재능이란 뜻도 된다:역주)이 아닙니다. 오히려 그것은 우리를 둘러싼 주변 환경이 무엇에 역점을 두고 있느냐에 따라, 그리고 읽는 사람이 어떤 의향과 목적을 가졌는지에 따라 구축과 재구축을 반복합니다.

저의 염려를 뒷받침하는 통계 자료는 너무나 많습니다. 배런 교수의 이 책에서도 그런 자료가 연대순으로 제시됩니다. 하지만 그와 더불어, 이 책을 읽기 전까지 제가 알고 있었던 것보다 훨씬 더 긍정적인 추세도 소개됩니다. 저 자신도 최근에 '깊이 읽기를 위한 양손잡이 biliterate('종이와 디지털 매체를 사용한 두 가지 문해력을 다 갖춘'이라는 뜻이지만 직관적으로 이해하기 쉬운 말로 옮겼다:역주) 뇌'를 구축할 필요성에 관해 연구한 적이 있습니다. 양손잡이 뇌란 어떤 매체를 사용하더라도 더 많은 시간이 소요되는 깊이 읽기 과정에 주의를 할당할 수 있는 뇌를 말합니다. 배런 교수의 새 책을 보며 저는 제가 해온 방향의 연구를 한층 더 발전시켜 갈 동기를 얻었습니다. 그녀가 제공하는 확장된 지식과 함께, 이 분야의 커져가는 연구 성과를 꿰뚫어보는 그녀의 늘 기민하면서도 실용도가 높은 통찰을 발판 삼아 말이지요. 정말이지, 우리 아이들의 미래를 위한 깊이 읽기 뇌의 보존을 바라는 저의 희망을 북돋우는 어떤 것이 있다면, 각각의 매체가 인지적으로나 사회적으로나 감정적으로 어떤 장단점이 있는지 우리가 이제는 좀 더 많이 안다는 사실입니다. 그런 장단점들을 배런 교수는 이 책에서 알려줍니다.

요컨대, 배런 교수가 선사한 좀 더 확고한 기초를 발판으로 우리는 더 많은 정보를 가지고 더 많이 성찰하면서 미래를 위한 우리의 목표를 향해 나아갈 수 있을 것입니다. 이 책의 지식을 가지고서 우리가 나날이 진화하는 여러 스크린에서 제공되는 다양한 유형의 엄청난 지식

뿐 아니라, 어쩌면 종이책을 넘겨가며 읽을 때에야 가장 잘 보이는 관조적 성소sanctuary(《다시, 책으로》에서 울프는 책 읽는 자아가 자기 자신을 대면하는 상태를 읽기의 궁극적인 도달점이라고 말하고, 이를 종교적 전통에서 신과 소통하는 장소인 '성소'에 비유한다:역주)도 함께 보존하는 법을 배울 수 있기를 진심으로 바랍니다.

매리언 울프

UCLA 부설 난독증과 다양한 학습자, 사회정의 연구소장

참고문헌

Berry, W. (2015). *Our Only World*. Berkeley, CA: Counterpoint, p. 11.
Wolf, M. (2007). *Proust and the Squid: The Story and Science of the Reading Brain*. New York, NY: HarperCollins. 매리언 울프(2009). 《책 읽는 뇌: 독서와 뇌, 난독증과 창조성의 은밀한 동거에 관한 이야기》. 이희수 옮김. 살림.
Wolf, M. (2016). *Tales of Literacy for the 21st Century*. Oxford: Oxford University Press.
Wolf, M. (2018). *Reader, Come Home: The Reading Brain in a Digital World*. New York, NY: HarperCollins. 매리언 울프(2019). 《다시, 책으로: 순간접속 시대에 책을 읽는다는 것》. 전병근 옮김. 어크로스.

디지털 시대 읽기의 재인식과 전환

2019년 매리언 울프의 《다시, 책으로》를 번역해 국내에 소개한 적이 있다. '순간접속'의 시대에 깊이 읽기의 중요성을 인지과학의 연구 성과를 토대로 웅변한 책이었다. 이 책에서 울프는 읽기란 타고난 능력이 아니라 적절한 학습과 훈련을 필요로 하는 것이라면서, 인간의 자율적 삶과 민주주의의 토대인 이 능력이 디지털 혁명을 맞아 자칫 위기에 처할 수 있다고 우려했다. 해법으로 제시한 것이 아날로그와 디지털 매체를 넘나들며 깊이 읽기를 구사할 수 있는 '양손잡이 문해력'의 육성이었다. 그 후 우리 일상 속 디지털화의 물결은 더욱 거세졌다. 지하철 풍경만 봐도 그렇다. 이제는 거의 모든 사람이 스마트폰에 시선을 고정한 모습이다. 종이책은 서점이나 도서관이 아니면 찾아보기 어려워졌다. 통계에 따르면 사람들의 스마트폰 사용 시간은 계속해서 늘어나는 반면 독서량은 갈수록 줄고 있다. 청소년 문해력 저하의 징후도 끊이지 않는다. 이런 상황에서 언어학자 나오미 배런 교수의 신작은 주로 미국과 유럽에서의 현실과 연구 성과를 기반으로 한 것이지만 지금 우리의 상황을 가늠하고 길을 찾는 데에도 대단히 중요한 도움이 될 것으로 보인다. 배런 교수는 울프의 문제의식(디지털 시대의 깊이 읽기의 중요성)을 이어받았으면서도, 그간 축적된 매체 간 비교 연구 성과를 훨씬 더 체계적으로 반영해 한 걸음 더 나아간 해법을 제시한다. 그것은 디지털 다매체 시대 현실에 맞는 읽기의 재인식과 전환이다.

종이책인가, 디지털인가

지금 교육계는 읽기 매체를 둘러싼 논쟁이 뜨겁다. "뭐라 해도 종이책이 진정한 독서 기반"이라는 전통적 입장과 "읽기에 매체가 무슨 상관인가"라는 반대 입장이 맞서고 있다. 학생과 부모는 물론 교사와 교육 행정가, 사서, 관계자들까지 혼란에 빠진 상태다. 그사이 교육 현장은 이미 빠르게 디지털로 옮겨가고 있다. 어떻게 읽는 것이 좋은가. 저자는 우선 양측에 성찰을 위한 휴전을 권한다. 중재안은 그동안 쌓여온 실증적인 연구 결과를 살펴보고 그 위에서 차분히 논의해보자는 것이다. 저자는 20년 넘게 축적된 자료들을 다각도로 치밀하게 검토한다. 그리고 그것들을 토대로 누구나 동의할 만한 해법들을 제시한다. 이 중에는 우리가 미처 몰랐거나 잘못 알고 있었던 것들이 적지 않다. 읽기의 현재를 진단하고 미래를 모색하려는 사람이라면 모두 이 책을 주의 깊게 살펴봐야 하는 이유다.

읽기의 다양성과 새로운 문해력

본래 문해력이란 텍스트를 다루는 능력을 뜻했다. 이제는 단순히 글을 읽고 이해하는 차원을 훌쩍 넘어선다. 디지털 기술이 전방위로 확산되면서 새로운 문해력은 디지털 읽기와 인터넷은 물론 정보통신기술ICTs의 활용까지 아우르게 되었다. 그전까지만 해도 읽기라고 하면 종이책이 표준이었다. 종이책 읽기를 잣대로 온라인 읽기의 한계와 문제점을 지적하곤 했다. 하지만 저자는 종이책 읽기에 대한 낭만적인 고정관념을 재검토한다. 사실 우리는 종이책을 읽을 때에도 제대로 정독하는 경우는 드물지 않은가?

게다가 오늘날의 읽기 방식은 너무나 다양해졌다. 예전처럼 문장을 따라 읽을 뿐만 아니라 스크린에서는 하이퍼링크를 타고 텍스트를 넘나들기도 한다. 또 귀로 '읽는' 오디오북도 있고, 시청각을 활용하는 동영상 교재도 있다. 이처럼 읽기가 다양해진 것은 매체가 다양해진 결과다. 저자는 종이부터 스크린에 이르기까지 매체마다 장단점이 있음을 세세하게 보여준다. 따라서 특정 매체에 대한 이분법적 판단을 내세울 것이 아니라, 읽을 때마다 필요에 따른 매체의 선택과 적절한 사용이 중요하다고 말한다. 또한 읽기의 유형과 목표에 따라, 그리고 읽는 사람의 취향과 숙달 정도에 따라서도 매체는 다르게 활용될 수 있다.

디지털 읽기의 급속 확산과 위험

이 책에서 집중해 살펴보는 디지털 매체만 해도 장단점은 일률적이지 않다. 나이에 따라, 목적에 따라 달라질 수 있다. 걸음마 단계나 취학 전 아동의 경우 읽기의 목적이 사회적 소통력 향상이라면 종이책이 낫다. 그게 아니라 읽기에 재미를 붙이도록 하는 게 목적이라면 디지털 책이 마중물이 되어줄 수도 있다. 하지만 아이가 커가면서 이야기는 달라진다. 디지털 도구는 검색과 멀티태스킹, 하이퍼 리딩에 유용한 반면, 은연중에 읽는 속도를 점점 빨라지게 하고, 그 결과 이해력의 저하를 초래할 수 있다. 따라서 디지털로 읽을 때는 의식적으로 속도를 늦추고 멀티태스킹 충동을 눌러 텍스트에 집중하게 해야 한다.

이미 디지털은 읽기의 새로운 표준으로 자리 잡을 기세를 보이고 있다. 곳곳에서 텍스트와 그래픽, 오디오를 포함한 다양한 유형의 온라인 자료가 사용 범위를 넓혀가고 있다. 맥락에 따라서는 디지털이 더 현명한 선택일 수도 있다. 저자가 각별히 주시하는 것은 교육 현장에서 점점 비중이 커져가는, 그리고 우리의 일상에서도 일반화되고 있는 온라인 검색을 통한 복수의 디지털 자료 읽기다.

이런 추세는 우리의 읽는 삶에 어떤 결과를 가져올까. 다양한 연구 결과들은 온라인 읽기가 종이로 읽을 때보다 덜 복합적이고 덜 성찰적인 사고를 권장할 위험이 있다고 경고한다. 왜 그런가.

읽기의 마음가짐

여기서 주목해야 할 것이 바로 읽기에서 마음가짐mindset의 문제다. 마음가짐이란 습관화된 마음 상태를 말한다. 어떤 매체를 사용할 때 우리의 읽는 뇌가 무의식 중에 작동하는 방식을 뜻한다. 저자는 매체별 읽기를 비교할 때 매체의 물리적 속성 외에 읽는 사람의 내적(정신적) 태도도 함께 대조해서 봐야 한다고 말한다. 가령 스크린으로 읽을 때 우리는 얕게 훑고 지나가기 쉽다. 심지어 스마트폰이 가까이에 있기만 해도 인지적 수행력이 떨어진다. 그런데도 사람들은 디지털로 읽을 때 마음가짐이 종이로 읽을 때보다 얕기 쉽게 설정되어 있다는 것을 알아채지 못한다. 결과는 모든 사고의 '피상화'로 이어진다.

요컨대 디지털 위주의 교육은 학생들의 사고 깊이를 얕게 만들 수 있다. 디지털 기술은 온라인에서 정보의 소재를 파악하고 사실을 확인하는 데는 잘 맞지만, 필요한 사색과 비판적 평가 능력은 길러주지 않는 경향이 있다. 디지털 기기는 구체적이고 단기 학습 목표에 유용한 반면, 독해와 같이 복잡한 인지 기술을 기르는 데는 종이보다 못하다는 것이 숱한 연구의 결론이다.

교육 현장의 빠른 디지털화와 이율배반

그럼에도 학교 현장은 급속히 디지털화로 질주하고 있다. 교육 현장에서는 컴퓨터 도입에 이어 인터넷과 연결된 태블릿 사용이 빠르게 범위를 넓혀가고 있다. 서울시도 2022년 중학교 신입생 전원에게 태블릿을 무상 지급한 데 이어, 2023년부터 고등학교에도 도입하고, 2024년부터는 초등학생으로도 확대하는 방안을 검토하기로 했다고 한다. 미국에서는 교과서 비용이 오르면서 학교와 출판사들이 '디지털 우선' 정책으로 돌아섰다. 앞으로 미국 내 모든 교과서는 먼저 디지털로 출판될 거라고 한다. 최근 팬데믹도 디지털 고속화에 일조했다. 수업이 온라인으로 옮겨가면서 읽기 자료나 과제물도 디지털로 바뀌었다.

문제는 이 모든 것이 매체가 학습에 어떤 영향을 미치는지에 대한 충분한 연구 검토 없이 이뤄졌다는 데 있다. 저자는 장기적으로 중대한 결과를 초래할 학습 매체의 결정이 교육적 효과에 대한 신중한 조사 결과보다 경제성이나 돌발 상황에 좌우되고 있다는 사실에 깊은 우려를 나타낸다. 디지털 읽기에 대한 적절한 지도 없이 기기만 보급하는 것은 심각한 부작용을 낳을 수 있다. 매체에 맞는 읽기 지도가 따라야 돌이킬 수 없는 화를 피할 수 있다. 실험에서도 정작 학생들 다수는 여전히 긴 글 독해에서는 종이로 읽는 것이 기억과 집중에 유리하다고 말한다. 그럼에도 전자책을 선호하는 이유는 무엇인가. 이 시대를 휩쓰는 가치, 즐거움 때문이다. 학생들에게 종이책 읽기는 '노잼'이다.

디지털 읽기 마음가짐의 확산

더 큰 문제는 디지털의 비중이 커지면서 형성된 마음가짐이 종이 읽기에도 영향을 줄 때의 결과다. '얕은 읽기'의 일반화다. 이미 사람들은 점점 종이책도 디지털식으로 읽는 경향을 보인다. 묵직한 내용의 글을 차분히 집중해서 읽기가 예전보다 어려워졌다는 말들을 많이 한다. 지금 추세를 보면 상황은 더욱더 심각해질 가능성이 크다. 매체가 디지털이든 종이든 올바른 읽기의 '습관'을 기르기 위한 의식적 노력이 필요하다고 저자는 역설한다. 경우에 맞는 매체 선택도 중요하지만, 훨씬 더 중요한 것은 읽기에 임할 때의 마음가짐이라는 이야기다. 이제 남는 질문은 이것이다. 읽기가, 그중에서도 깊이 읽기가 왜 그렇게 중요한가?

왜 깊이 읽기가 중요한가

매체를 둘러싼 논쟁은 결국 읽기의 목적이 무엇인지에 대한 질문으로 귀결된다. 읽기를 통해 우리는 무엇을 추구하는가. 읽기는 단순히 시험을 잘 보고 보고서를 잘 쓰기 위한 것인가? 아니다. 평생에 걸쳐 계속될 장기 학습의 기반이다. 읽기 교육은 학생들에게 주체적 인간으로서 성찰 능력과 함께 민주시민으로서 비판적 사고력, 디지털 시대 올바른 정보의 사용력을 길러주는 것이라고 저자는 말한다. 디지털 방식의 읽기에 가벼이 넘길 수 없는 한계가 있다면 그것은 우리의 교육 목표가 더 높고 넓은 데 있기 때문이다. 배움의 목표는 경제적 성공을 넘어 좋은 삶이어야 한다.

어떻게 할 것인가

그런 맥락에서 저자가 강조하는 것은 장문 읽기의 중요성이다. 어떤 문제의 핵심에 가 닿으려면 긴 형식의 글과 씨름해야 한다. 이른바 '소설 효과'다. 소설책 읽기는 이해 기술의 높은 차원인 추론 능력과 높은 상관관계가 있다. 저자는 긴 글, 특히 문학 읽기가 학교 교육에서 사라지는 것을 우려한다. 수업이나 시험에서 온라인을 통한 정보성 텍스트 읽기가 중심을 차지하다 보면 문학적 읽기와 긴 글 읽기는 주변으로 밀려날 위험이 크다. 디지털 매체를 사용하더라도 의식적으로 장문의 텍스트를 읽는 능력을 길러주는 것이 중요하다. 교육의 진정한 목적이 장기 학습이라면, 서사를 포함한 긴 글 읽기를 존중하는 교과 과정을 만들고 그 중요성을 옹호해야 한다. 학생들이 디지털 기기로 긴 글을 읽는 데 필요한 정신의 습관을 개발하도록 도와줄 수 있다면 디지털은 종이의 실행 가능한 대안이 될 수 있을 거라고 저자는 말한다. 이를 위해 필요하면 정책 당국과도 싸워야 한다. 디지털 교육의 입지가 무분별하게 확대되는 과정을 감시하고, 읽기의 본질을 훼손하려는 움직임에 대해서는 목소리를 내야 한다. 저자는 이 책이 학생들에게 균형 잡힌 독서 식단을 제공하려는 이들의 주장을 지지해주는 논거로도 활용되기를 바란다고 썼다. 이제 읽기에 관한 한 종이냐 디지털이냐 양자택일식 논쟁은 어리석다. 둘 다 공존할 것이다. 특히 디지털은 계속해서 진화할 것이다. 중요한 것은 올바른 균형의 발견과 효과적 실행이다. 기억해야 할 것은 인간성의 핵심이 긴 글 읽기를 통한 사고와 공감의 깊이에 달려 있다는 사실이다. 종이로 읽든 디지털로 읽든 오디오로 듣든 동영상으로 시청하든 스스로 생각할 줄 아는 인간 능력의 보존과 함양이야말로 읽기의 목표가 되어야 한다.

이 책은 무엇보다 속도를 더해가는 디지털 시대에 올바른 읽기를 고민하는 모든 사람을 위한 시의적절한 안내서다. 읽기와 문해력에 관한 다양한 최신 연구 결과 이외에도 연령과 목적에 따른 매체 활용법까지 상세히 제시하고 있다. 학생이나 교사, 학부모, 그 외 독서에 관심이 있는 이들의 읽기 지침서로 손색이 없다. 적절하게 정리되어 있는 핵심 질문과 요약은 내용의 이해와 기억을 돕는다. 디지털 다매체 시대에 언제 무엇으로 어떻게 읽는 것이 좋을지, 또 어떻게 가르치면 좋을지 고민하는 분들께 유용한 길잡이가 될 거라 확신한다.

서문

읽기를 둘러싼 새로운 대논쟁

그것은 전쟁이었다.

평소 온화한 태도가 몸에 밴 교육학자와 교사들 사이에서는 전혀 예상할 수 없던 일이었다. 하지만 당시에는 그렇게 불렸다. '읽기 전쟁reading wars.'(본문에서 'reading'은 '독서'를 뜻할 때가 많지만 책이 아닌 글이나 텍스트, 기타 자료 읽기를 포괄하기 때문에 '읽기'로 옮기고 간혹 맥락에 따라 '독서'라고 옮긴다:역주) 쟁점은 단순했다. 아이들에게 읽기를 가르칠 때 소리를 토대로 한('음성학') 접근이 나은가, 아니면 의미에 초점을 둔('총체적 언어') 접근이 나은가. 진 챌Jeanne Chall의 1967년 저서 《읽기 학습: 대논쟁Learning to Read: The Great Debate》에는 전쟁이 시작될 무렵의 주장들이 요약되어 있다. 그로부터 수십 년이 지난 지금도 두 대립 진영 간의 작은 전투는 계속되고 있다. 요즘은 그 위에 '학습의 과학' 대 '균형 잡힌 문해력'이라는 배너가 내걸려 있다.[1]

지금 읽기 세계에서는 새로운 논쟁이 한창이다. 전쟁터는 바뀌었고 참전자들의 범위는 더 넓어졌다. 오늘날 디지털 기술로 뒤덮인 세계에서 사람들의 마음속을 차지하고 있는 질문은 "읽을 때 사용하는 매체가 중요한가"이다. 디지털 텍스트가 (인터넷에서 무료로 제공되는 것이든 전자책 형태로 판매되는 것이든) 폭발적으로 성장하고 있는 상황에서 이제 우리는 언제 종이로 읽을지, 언제 디지털 스크린으로 읽을지 선택해야만 한다. 게다가 제3의 선택지도 등장했다. 유튜브와 TED 강연에서 제공되는 오디오와 동영상은 물론 팟캐스트와 오디오북 같은 오디오 매체가 엄청나게 늘어난 것이다. 이제 우리는 귀로도 '읽을' 수 있게 되었다.

오늘날의 논쟁은 비단 읽기 전문가들 사이에서만 일어나는 것이 아니다. 가령 이런 상황도 있다.

- 당신은 여섯 살배기 아이의 생일 선물용 책을 고르고 있는 부모다. 종이책과 전자책 중 어느 것을 사야 할까?
- 당신은 중학교 교장 선생님이다. 학생들이 디지털 스크린으로 글을 읽을 때 주의를 기울여 읽을 수 있을지 걱정된다. 어떻게 하는 것이 학습에 도움이 될까?
- 당신은 고등학교 교사다. 학생들이 과제물로 내준 글을 텍스트로 읽기보다 팟캐스트로 들을 가능성이 더 높다는 것을 안다. 학생들이 콘텐츠를 접하는 방식이 학습에 중요한 영향을 미치는지 궁금하다.
- 당신은 예산에 맞춰 생활하는 대학생이다. 디지털 교재가 값은 더 싸지만 종이책으로 공부할 때 더 많이 배우는 것 같다. 이런 생각은 단지 과거에 대한 향수에서 비롯하는 걸까?
- 당신은 전문 연구자다. 자료를 디지털 스크린으로 읽으면 좋을 때는 언

제이고, 종이로 출력해서 읽으면 좋을 때는 언제일까?

이런 질문에 여러분은 어떻게 답할 수 있을까?

모든 매체에는 나름의 장단점이 있다. 종이는 친숙하고 물성이 있으며 향이 날 뿐만 아니라 주석 달기를 통해 나만의 것으로 만들기도 쉽다. 또한 추상적 개념으로 생각하거나 긴 텍스트를 읽을 때도 잘 맞는다. 그에 비해 일반적으로 디지털 책은 비교적 싸고 대단히 편리할 뿐만 아니라 검색에도 안성맞춤이다. 오디오 기기는 휴대하기 좋을 뿐 아니라 러닝머신 위에서 달리면서도 들을 수 있다. 특히 오디오는 낭독자가 훌륭하면 상상은 물론 소설 속 인물에 대한 감정이입도 더 잘 된다. 또 시각에 제한이 있거나 난독증 또는 주의력결핍 과잉행동장애 ADHD로 읽기 장애가 있는 사람에게 대단히 귀중한 도구로 쓰일 수도 있다.

읽을 때 매체가 중요한가? 이 질문에 한마디로 답하기란 불가능하다. 어떤 유형의 글인가? 뉴스 기사인가, 로맨스 소설인가, 아니면 플라톤의 대화편인가? 읽는 사람의 목표는 무엇인가? 정보를 파악하는 것인가, 시간을 때우거나 쉬기 위해서인가, 아니면 셰익스피어의 《맥베스》를 분석하는 것인가? 읽는 사람의 개인적 선호는 어떠한가? 전자책으로 소설을 읽는 것을 선호하는가, 아니면 종이책의 맛을 즐기는 편인가? 이런 식의 질문은 계속된다.

결정적인 쟁점은 또 있다. 자유 시간에 읽는가, 아니면 선생님이 읽으라고 해서 읽는가? 같은 일을 하더라도 이유는 저마다 다를 수 있다(《모비딕》만 해도, 여름철에 아직도 긴 소설을 읽을 수 있다는 사실을 스스로 증명해 보이기 위해 읽을 수도 있고, 대학교에서 허먼 멜빌에 관한 문학 수업 시간에 읽을 수도 있다).

게다가 실용적인 이유도 감안할 필요가 있다. 종이를 선호하는 사람이라 해도 디지털로 읽을 수밖에 없는 상황이라면? 혹은 그 반대라면? 교사가 학생들에게 가장 득이 될 거라고 여기는 읽기 매체와 교장이나 지역 교육 행정관이 선택한 매체가 다르다면? 이런 점들을 염두에 두고서 앞으로 이야기할 연구를 읽어간다면 우리가 읽는 법을 보정하기 위한 전략을 짜는 데 도움이 될 것이다.

이 책은 유치원부터 대학교, 그 이상에 이르기까지 학습을 위한 읽기에 초점을 맞춘다. '그 이상'에는 학교를 떠나 각자의 삶에서 독자로서 그리고 직업인으로서 살아가는 사람들도 포함된다. 본문의 연구 내용과 조언의 상당수는 교육계를 염두에 둔 어법으로 쓰였지만, 연구의 교훈은 거의 모든 사람에게 적용될 수 있다.

이제는 교사와 교육 행정가, 사서, 부모는 물론 학생들까지 일상에서 어떤 플랫폼을 사용해서 읽든 균형을 잡아야만 하는 상황이다. 우리는 이 과정에서 직면하는 현실적인 고려 사항들을 감안할 것이다. 특히 미국에서는 비용 문제가 '방 안을 차지한 800파운드 무게의 고릴라'(가장 두려운 존재라는 뜻:역주)이다. 우리는 지금 교육계에서 일어나고 있는 디지털 전환이 비용에 얼마나 크게 영향받고 있는지, 이에 대응해 열린교육자원OER, Open Educational Resources 운동이 어떤 식으로 급성장하게 되었는지 짚어볼 것이다. OER은 학생과 학교에는 무료로 제공되기 때문에 좋긴 하지만 대부분 디지털이다. 이와 함께 우리는 코로나19와 같은 범전염병이 읽기 매체에 어떤 영향을 미칠지도 살펴볼 것이다.

비용 문제만 없다면 늘 종이 출력물print(본문의 print, paper는 스크린과 대비되는 출력물을 뜻한다. 앞으로 문맥에 따라 우리 어감에 맞게 종이 혹은 종이책, 인쇄물, 출력물로 옮긴다:역주)이 최선의 선택일까? 그렇지는 않다. 디지털 텍스트와 오디오도 모두 나름의 장점이 있다. 현실적으로 봤을 때 디지털 읽기와 오디오(와 동영상)는 현재 교육 시스템에서 큰 비중을 차지하고 있을 뿐 아니라 앞으로도 그럴 가능성이 높다. 그렇다면 남은 질문은 다음과 같다.

- 각각의 읽기 플랫폼은 특별히 어떤 상황일 때 학습에 효과적일까?
- 디지털 매체와 종이 매체를 병용해서 학습할 때는 어떤 전략을 사용하는 것이 좋을까?

최근 몇 년 동안 스크린을 통한 읽기의 잠재적 위험을 두고 말들이 많았다(오디오를 두고서도 앞으로 비슷한 논쟁이 일어날 가능성이 높다). 2008년 니컬러스 카Nicholas Carr의 도발적인 에세이 "구글은 우리를 멍청하게 만들고 있나?Is Google Making Us Stupid?"라든가, 2015년 수전 그린필드Susan Greenfield의 저서 《마인드 체인지: 디지털 기술은 우리의 뇌에 어떤 흔적을 남기는가》, 혹은 2018년 매리언 울프의 저서 《다시, 책으로》에 이르기까지, 저널리스트와 학자들은 하나같이 온라인 읽기가 깊이에서는 종이 읽기에 미치지 못할 수 있다고 경고해왔다. 하지만 정말 그러한지 우리가 알고 있는 걸까? 그리고 둘의 차이가 정말 문제가 되는 걸까?

이런 물음에 답할 때 가장 믿을 만한 방법은 연구 결과를 보는 것이다. 학자들은 20년이 넘게 세계 곳곳에서 실험을 설계하고, 질문지를 배포하고, 읽는 사람들(특히 학생들)을 인터뷰해왔다. 어떤 연구는 독해 결과를 비교한다. 또 어떤 연구는 읽는 사람의 태도를 측정한다. 우리가 살펴볼 연구 대부분은 종이 읽기와 디지털 스크린 읽기를 비교한 것이지만, 그와 함께 오디오(그리고 얼마간의 동영상) 학습에 관한 연구도 들여다볼 것이다. 최근 들어 텍스트 과제물이 오디오와 동영상 과제물로 대체되는 경향이 커지고 있기 때문이다.

'오디오를 통한 읽기'라는 개념에 대해서는 설명이 필요하겠다. 오디오북 '읽기'라고 표현해도 될까? 아니면 '오디오를 사용한 읽기'라고 해야 할까? 아이븐 헤이브Iben Have와 비르기테 스투가르 페데르센Birgitte Stougaard Pedersen,[2] 매튜 루베리Matthew Rubery[3] 같은 오디오 학자들은 오디오 '읽기'라는 표현이 타당하다고 주장한다. 우리의 목적을 위해서 일단 지금은 용어 문제에 너무 매달리지 말자.

이야기를 시작하기 전에 또 다른 사실을 해명해두는 게 좋겠다. '읽기'와 '학습'이라는 단어가 나란히 놓여 있는 것을 보면, 읽는 법을 배우는 내용이 들어 있을 것이라고 생각하기 쉽다. 읽기 학습 초기에는 단어를 해독하는 법을 이해하는 것이 따라붙는다. 그러니까 발음하는 법을 배우고, 의미를 파악하는 법을 배워야 한다. 그런 다음 문장에 이어 단락, 그리고 결국에는 복잡성과 뉘앙스의 문제, 추상에서 추론과 은유에 이어 저자의 절묘한 어휘 선택을 감상하는 데에까지 이른다.

이 모든 것이 읽기 교육의 핵심에 해당한다. 하지만 이 책에서 다룰 주제는 아니다. 이 책은 우리가 읽을 때 일어나는 학습(일반적으로 '학습용 읽기'라 불리는 것)을 이야기할 것이다. 가령 새로운 논문을 읽거나 팟캐스트를 듣고 나서 얼마나 기억하는지, 이야기의 줄거리를 다시 떠올릴 수 있는지, 정치적 논고에 담긴 주장을 잘 따라갔는지 같은 것이다. 읽는 사람의 읽기 기술이 무르익을수록 읽기를 통한 학습에 대한 기대는 높아진다.

학습용 읽기를 강조하는 데는 몇 가지 이유가 있다. 첫째, 아직 읽기를 배우지 않은 아동까지 포함해 어린아이들이 디지털 기반 도서를 현명하게 사용하는 법에 관해서는 이미 몇몇 뛰어난 논의들이 있다.[4] 그럼에도 나는 이 연령 집단에 대한 연구를 요약하는 한편, 증거에 기초한 전략도 얼마간 제시할 것이다. 둘째, 지금까지 연구들은 대부분 좀 더 나이가 위인 학생들(중고등학생, 특히 대학생)을 대상으로 한 것이었고, 이를 토대로 좀 더 믿을 만하고 증거에 기반을 두는 결론과 구체적 조언을 얻을 수 있었다. 셋째, 우리는 학습용 읽기도 즐겁기를 바라지만 순수하게 즐거움을 위한 읽기는 다른 연구 영역에 속한다.[5] 그렇지만 나는 어떻게 즐거움을 위한 읽기를 통해 학교 기반 학습을 예측할 수 있는지를 연구한 결과들도 다룰 것이다.

본문에서 이야기할 내용은 다음과 같다. 1부에서는 '읽기에 대한 전반적 평가'를 해보려 한다. 1장에서는 우리가 '읽기'와 '독자'라고 할 때 그것이 무엇을 뜻할 수 있는지 살펴볼 것이다. 2장에서는 먼저, 독자들이 접할 수 있는 다양한 유형의 텍스트들을 검토한다. 그다음 텍스트의 물리적 구조를 알아보고, 각각의 텍스트를 우리가 왜 그리고 무엇으로 읽는지 생각해본다. 이와 함께 특정 플랫폼을 통한 읽기의 성공 여부가 기술에 의해 얼마나 좌우되고, 그 기술을 사용할 때 우리의 '마음가짐mindset'(여기서 mindset은 읽기에서 매체를 사용할 때 우리 뇌가 의식적 혹은 많은 경우 무의식적으로 보여주는 정신의 태도 혹은 설정 상태를 가리킨다. 우리말로 '마음가짐'이나 '사고방식', '심적 태도' 정도로 옮길 수 있겠으나, 본문의 용법을 가장 폭넓게 아우를 수 있는 역어로 '마음가짐'을 택했다. 맥락에 따라서는 자연스러운 이해를 돕기 위해 '사고방식'으로 옮긴 곳도 있다:역주)에 의해서는 얼마나 좌우되는가라는 결정적 질문을 제기할 것이다. 3장에서는 우리가 디지털 읽기나 오디오 읽기를 평가할 때 종이 읽기가 정당한 척도가 될 수 있을지 탐색해본다.

2부에서는 종이 읽기 대 디지털 스크린 읽기에 관한 질문들에 좀 더 깊이 파고든다. 4장과 5장에서는 현재 진행되고 있는 연구들을 검토한다. 잡초 속에 얽혀들까 봐 겁낼 필요는 없다. 나는 논의 내용을 최대한 사용자 친화적으로 제시하려고 노력했다. 또한 언제 연구자들의 의견이 일치하고, 어느 지점에서 상반된 결론에 이르는지도 명확히 보여줄 것이다.

종이 대 디지털 텍스트의 비교 논의에 왜 장을 두 개나 할애하는지 궁금해할 수 있겠다. 첫째, 지금까지 진행된 연구 대다수가 이 문제를 다루고 있기 때문이다. 둘째, 단일 텍스트 읽기(4장)와 복수(다중) 텍스트의 병렬적 읽기, 특히 온라인 검색을 통한 복수의 디지털 자료 접속(5장)을 구분하는 것이 대단히 중요하기 때문이다. 요즘 중학교와 고등학교에서는 (이와 함께 표준화된 검정시험에서도) 온라인으로 복수의 텍스트를 찾고 평가하고 해석하는 기술이 점점 더 강조되고 있다. 우리는 복수의 온라인 자료에 대해 점점 늘어나는 관심이 읽기에 대한 우리의 개념까지 거침없이 바꿔놓게 될 것인지도 따져볼 것이다.

4장과 5장에서 배운 것을 토대로, 우리가 학생들에게 디지털로 읽기를 요구할 때 어떻게 해야 학생들의 학습을 북돋워줄 수 있을지에 관한 전략(6장)을 제시하며 2부를 끝맺는다. 여기에서 제안하는 것들의 일부는 내가 생각해낸 것이고, 다른 것들은 더 광범한 연구 공동체에서 이끌어낸 것이다.

3부에서는 오디오 읽기라는 주제로 넘어간다. 7장에서는 학습을 목적으로 하는 듣기에 대해 우리가 지금까지 알고 있던 것들을 살펴본다. 여기서 '지금까지'라고 단서를 단 까닭은 '종이 대 스크린' 읽기 비교 연구와 견주었을 때 텍스트를 오디오로 대신하는 것의 장단점에 대해 우리가 아는 것이 훨씬 적기 때문이다. 우리의 초점은 오디오(가령 오디오북과 팟캐스트)이지만 동영상도 논의에 포함된다. 요즘은 유튜브와 TED 토크 같은 것들도 학생들의 과제물에 점점 많이 등장하고 있기 때문이다. 또한 오디오와 텍스트의 결합 가능성도 이야기할 것이다. 8장에서는 오디오를 교육적으로 잘 사용하기 위한 전략과 함께 동영상에 관한 생각들도 제시한다.

4부에서는 "그다음은?"이라는 질문을 던진다. 먼저 9장에서 종이 읽기가 디지털에 의해 형성되는 마음가짐에 얼마나 영향을 받고 있는지 살펴볼 것이다. 10장은 종이 대 스크린 읽기를 비교하는 방식에서 나타나는 몇 가지 역설로 시작한다. 우리의 교육 목표가 무엇인지도 함께 살펴본다. 우리가 학생들로부터 읽기를 통해 무엇을 얻기를 바라는지 알지 못한다면, 학습을 지원할 최선의 방법에 대해서도 옹호받을 만한 결정을 내릴 수가 없다. 이 장은 우리가 살펴본 연구와 주장을 토대로 앞으로 나아가기 위한 권고 사항들을 제시하며 끝맺는다.

용어에 대한 몇 가지 설명이 도움이 될지 모르겠다. 이 책에서는 디지털 스크린으로 텍스트를 읽는 것을 이야기하면서 어떨 때는 '디지털 읽기'라 하고 어떨 때는 '스크린 읽기'라고 할 것이다. 뜻은 같다. 마찬가지로 나는 고등교육 과정의 학생들에 대해 논의할 때 '칼리지'와 '유니버시티'를 바꿔가며 사용할 것이다(번역 과정에서는 모두 '대학교'로 옮겼다:역주).

책을 쓰며 겪었던 문체상의 어려움도 언급하는 것이 유용하겠다. 이 책은 성인 독자를 염두에 두고 썼다. 교육자들(부모 포함)은 책에 소개된 다양한 주장과 요약, 전략들에 대해 곰곰이 생각할 것이다. 교사와 부모들은 다시 자기 학생들과 자녀들에게 조언을 해줄 것이고, 바라건대 그 전략을 자신들에게도 사용할 것이다. 그래서 나는 그때그때 어떤 문체가 가장 적합한지에 따라, 때로는 학생들에게 직접 이야기하듯, 때로는 교사와 부모에게 이야기하듯 제안할 것이다. 이런 유동적인 화법이 혼란을 주지는 않았으면 한다.

마지막으로 책의 구성에 대한 유의 사항이다. 교과서의 각 장은 학생들이 막 읽은 것에 비추어 생각해볼 만한 질문을 던지며 끝나는 것이 일반적이다. 하지만 이 책은 교과서가 아니다. 내가 염두에 둔 독자는 교사와 사서, 정책 결정자와 부모 그리고 새로운 대논쟁에서 제기되는 문제들을 이해하려는 사람들이다. 따라서 각 장 끝에는 복습용 질문이 없다. 그 대신 독서를 돕기 위해, 각 부는 뒤따르는 각 장과 절에서 제기될 핵심 문제를 살펴보는 것으로 시작한다. 각 장의 맨 앞에는 소제목 목록을 제시한다. 이어질 논의의 주제와 순서에 대한 이정표가 되어줄 것이다.

최종 시험도 없다. 이 책의 가치를 평가하는 잣대는 읽기와 학습 경험을 개선할 수 있는 실용적인 생각, 바로 여러분 자신과 특히 우리가 지대한 관심을 갖고 있는 다음 세대에 관한 이해와 생각이다.

이제 시작해보자.

1부

우리의 읽기가 처한 현실

- 우리는 '읽기'의 종류와 '독자'의 유형에 대해 얼마나 알고 있을까?
- 읽는 눈의 움직임을 측정하면 무엇을 알 수 있을까?
- 성인과 어린이는 각각 얼마나 읽고 있을까?
- '어떻게 읽느냐'는 아이들에게 중요한 문제일까?
- 학생들은 교사가 내준 읽기 과제를 제대로 하고 있을까?
- 학습용 읽기를 위한 최선의 전략은 무엇일까?
- 종이책 읽기 전략 중 디지털·오디오 읽기에도 효과적인 것은 무엇일까?

1장

‘읽기’와 ‘독자’를 되돌아보다

» **우리가 몰랐던 '읽기'의 다양한 유형**

» **문해력의 개념이 변하고 있다**

» **읽기에서 촉각·후각·청각의 역할**

» **읽는 눈 들여다보기: 안구 추적**

안구 운동에 관한 간략한 설명

안구 운동, 읽기 기술, 텍스트 복잡성의 관계

종이로 읽을 때와 디지털로 읽을 때 안구 운동 차이

» **읽기를 측정하기**

무엇을 측정하고자 하는가

읽기를 통한 이해와 듣기를 통한 이해 비교

우리는 얼마나 많이 읽고 있을까?

» **'독자'를 이야기할 때 고려해야 할 요소들**

나이·학년·발달·단계

젠더

읽는 이유

읽기의 동기부여

매체 선호도와 시험 성적에 대한 예측

읽기 능력

우리는 다양한 것을 읽는다. 길을 가다 '멈춤' 표지판을 읽을 수도 있고, 장폴 사르트르의 작품을 읽을 수도 있다. 도움을 구하는 광고나 하이쿠를 읽을 수도 있다. 위키피디아의 글을 읽을 수도, 〈월스트리트 저널〉의 기사를 읽을 수도 있다. 이 모두가 읽기에 포함된다. 하지만 각각이 의미하는 바는 다르다. 우리가 종이와 스크린, 오디오를 통한 읽기의 장단점을 논할 때에도 어떤 읽기를 뜻하는지 아는 것이 중요하다.

우리가 몰랐던 '읽기'의 다양한 유형

읽기의 유형에 대한 표준적 접근법은 '훑어보기skimming'(텍스트를 훑으며 요지를 파악하는 것)와 '살펴보기scanning'(특정 정보를 찾는 것) 그리고 '선형적 읽기'(처음부터 끝까지 읽는 것)를 나눠서 보는 것이다. 우리는 글이나 책을 읽을 때 먼저 목차를 훑어본 다음 더 읽고 싶은지(혹은 더 주의를 기울여 읽고 싶은지) 결정할 수 있다. 종이로 출력한 텍스트를 가지고서 특정 단어나 이름, 날짜를 찾으려 할 때는 '살펴보기'를 하지만, 디지털 텍스트이면 곧바로 검색이나 찾기 기능을 실행한다.

'선형적 읽기'는 다시 구분해볼 수 있다. 읽는 작품의 범위에 초점을 둔다면 '폭넓은 읽기'와 '집중해서 읽기'로 나눠 이야기할 수 있다. '폭넓은 읽기'란 무엇일까? 광범하게 다양한 책(혹은 기사, 이야기)을 읽는 것을 말한다. 그렇다면 '집중해서 읽기'란? 보다 적은 수의 작품이나 주제에 집중하되 대개는 더 깊이 읽는 경우를 말한다.

하지만 여기서도 우리는 '선형적 읽기'를 너무 단순하게 생각한다. 실제로 한 편의 글을 처음부터 끝까지 다 읽는 사람이 얼마나 될까? 사실 많은 사람들이 책의 부분 부분을 휙휙 넘겨보거나 중간에 그만둔다. 우리는 수백 년 동안 그렇게 읽어왔다.[1] 3장에서 보겠지만, 선형적 텍스트라고 해서 모두 선형적 방식으로 읽힌다는 솔깃한 믿음은 진실이라기보다는 신화에 가까울 때가 많다.

텍스트를 완독할 때도 읽는 사람마다 목적(그리고 마음가짐)이 다를 수 있다. 어떤 작품은 단 한 번만 읽고 마는데, 대개 적당히 빠른 속도로 페이지를 따라간다. 이런 읽기를 나는 '일회성 읽기'라 부르고 싶다. 긴 비행이나 휴가 중에 흠뻑 빠져 읽기 위해 집어든 추리소설(종이책이든 전자책이든 오디오북이든)을 떠올리면 된다.

또 다른 유형의 선형적 읽기는 지속적인 주의를 요하는 텍스트를 읽을 때 나타난다. 많은 경우 이는 '다시 읽기'를 뜻한다. 《해리 포터와 마법사의 돌》을 특별히 재미있게 읽은 나머지 지금까지 다섯 번이나 읽은 열두 살짜리 아이를 생각해보라. 내 친구 중 한 명은 몇 년에 한 번씩 향수에 젖어 《오만과 편견》을 다시 꺼내 읽곤 한다. 성경을 되풀이해 읽는 경우는 말할 것도 없다. 여기서 생각해볼 질문은 이것이다. 우리가 글로 된 텍스트를 반복해서 읽듯 오디오북도 그렇게 다시 들을 가능성이 있을까? 생각해볼 질문은 또 있다. 종이와 디지털 버전 중 우리가 다시 읽을 가능성이 더 높은 것은 어느 쪽일까? 연구 결과를 보면 사람들은 오디오나 디지털 텍스트보다 종이 텍스트를 다시 찾게 될 가능성이 더 높다.[2]

주의를 좀 더 기울이는 또 다른 방법은 의도적으로 정신을 집중하는 것이다. 하버드대학교의 영어학 교수인 루번 브라우어Reuben Brower는 몇 년 전 학부생을 위한 문학 강좌를 개설했는데, 여기서 학생들에게 자신이 '느린 읽기'라고 부르는 것을 가르쳤다. 브라우어가 염두에 둔 것은 다음과 같다.

> 지금 일어나고 있는 것을 관찰하기 위해 읽기 과정의 속도를 늦추고, 단어들, 단어들의 쓰임 그리고 그 의미에 아주 면밀히 주의를 기울일 것.[3]

브라우어는 자신의 학문적 배경인 고전학을 토대로, 학생들도 마치 라틴어나 그리스어를 번역할 때처럼 단어 자체에 집중하는 법을 배우기를 바랐다. 요즘 즐거움을 위해 읽는 경우에도 느긋한 보속을 취하도록 권장하는 '느린 읽기' 운동이라는 게 있다.[4] 하지만 용어는 같아도 둘은 아무 관련이 없다.

브라우어처럼 단어에 집중하는 것은 20세기 중반 영미문학계에서

번성했던 이른바 신비평주의의 핵심이기도 하다. 신비평주의에서 문학 읽기와 분석의 목표는 작품(특히 시)을 자기 완결적인 것으로 보는 것이었다. 따라서 의미를 파악할 때 작가의 일대기나 작품이 쓰인 역사적 배경은 소환할 필요가 없다고 봤다. 신비평주의자들은 비평의 임무를 달성하는 데 필요한 도구를 '꼼꼼히 읽기close reading'라 불렀다. '꼼꼼히 읽기'는 명시적으로 문학 텍스트에, 좀 더 구체적으로는 텍스트 해석의 방법론에 적용되었다.

'꼼꼼히 읽기'라는 말은 전문 영역에서 기원했지만 우리에게 훨씬 더 친숙한 것, 다시 말해 한 편의 글에 면밀히 주의를 기울이는 것을 의미하는 데에도 사용되어왔다. 영어학 교수인 존 길로리John Guillory는 이를 더욱 포괄적인 의미에서 '자세히 읽기reading closely'라고 불렀다.[5] 사실 사람들은 문학 비평이 출현하기 오래전부터 수천 년에 걸쳐 '자세히 읽기'를 실행해왔다.

그런가 하면 여러 대학교의 작문 강사들은 '비판적 읽기'에 대해서도 이야기한다. '비판적 읽기'의 핵심은 저자가 말한 것을 분석하고, 해석하고, 비판하며 텍스트를 쌍방향으로 읽는 것이다. 지금 이야기한 과정들이 왠지 모르게 친숙하게 들린다면, 바로 이런 것이 '비판적 사고'라고 하는 무정형의 (하지만 너도나도 이야기하는) 개념에서 토대가 되는 뇌 활동의 일종이기 때문이다.

'꼼꼼히 읽기'나 '자세히 읽기', '비판적 읽기' 같은 개념은 요즘 여러 사람들의 입에 오르내리는 또 다른 용어인 '깊이 읽기'와 비슷한 정신 영역에 자리 잡고 있다. '깊이 읽기'라는 말은 문학 연구자인 스벤 버커츠Sven Birkerts가 1994년에 출간한 책 《구텐베르크 비가The Gutenberg

Elegies》에서 처음 소개되었다. 버커츠는 '깊이 읽기'를 이렇게 설명했다.

〔깊이 읽기란〕 천천히 생각에 잠기며 한 권의 책을 자기 것으로 만드는 것이다. 이때 우리는 그저 단어를 읽는 게 아니다. 그 주변에서 우리의 삶을 꿈꾸는 것이다.[6]

최근 몇 년 사이 버커츠의 말에 호응하는 사람이 더 많아졌다. '깊이 읽기'에 대한 더욱 최근의 (그리고 구체적인) 정의는 읽기 전문가인 매리언 울프와 미리트 바질라이Mirit Barzillai가 내린 것이다.

〔깊이 읽기란〕 이해를 촉진하는 동시에, 추론적 사고와 유추적 사고, 분석적 기술과 비판적 분석, 성찰과 통찰까지 포함하는 일련의 정교한 과정이다.[7]

'깊이 읽기'에 바치는 찬가는 비단 교육자와 읽기 전문가들뿐 아니라 다른 많은 분야에서도 나온다.[8]

"적절한 길이와 복잡성을 갖춘 '읽기 식단'이 주어진다면, 읽기는 정신 집중과 인내와 기율을 길러주고, 감정적이면서도 미적인 경험을 제공하며, 언어 지식을 키워주고, 경제적인 안정과 개인의 행복을 증진해줄 잠재력을 지니고 있다. 텍스트를 훑어봐서는 그런 혜택을 누릴 수 없다."

읽기의 미래에 관한 스타방에르 선언[9]

'깊이 읽기'는 사려 깊고 느린, 성찰적 읽기다. 앞으로 보겠지만 '깊이 읽기'는 대부분 인쇄물과 관련이 있다. 앞으로 읽게 될 장에서 '깊이 읽기'의 개념을 다시 논의하게 될 텐데, 평소 우리의 읽기가 이 기준에 정확히 얼마나 부합하는지, 스크린 읽기와 오디오 읽기는 '깊이 읽기'에 적합한지 질문해볼 것이다.

깊이 읽기의 반의어도 있다. '하이퍼 읽기hyper reading'다. 1990년대 후반 커뮤니케이션학 교수인 제임스 소스노스키James Sosnoski가 온라인 생활이 우리가 읽는 방식에 주는 영향을 설명하기 위해 도입한 개념이다. 소스노스키에 따르면 '하이퍼 읽기'란 '독자가 주도하는, 스크린 기반의, 컴퓨터 지원하의 읽기'이다. 여기에는 '긴 텍스트들로부터 조각들을 검색해 훑어보고 하이퍼링크하고 추출하는 것'이 수반된다.[10] 말하자면 '훑어보기'와 '살펴보기'를 합친 것을 한층 강화한 셈이다.

문학 교수인 캐서린 헤일스Katherine Hayles는 '하이퍼 읽기'라는 개념을 과잉 주의hyper attention 문제와 함께 논의하면서 대중화했다. 헤일스는 '하이퍼 읽기'를 이렇게 정의한다.

> 정보가 집약된 환경에 대한 전략적 대응으로, 자신의 주의를 아껴 관련 정보를 재빨리 파악하는 것이다. 그 결과 주어진 텍스트의 비교적 적은 부분만 실제로 읽게 된다.[11]

다시 말하지만 '하이퍼 읽기'는 '훑어보기'와 '살펴보기'의 일종이라 할 수 있는데, 여기에 약간의 변화가 더해진 것이다. 바로 색다른 동기가 추가되었다. 단편적인 조각들만 찾아 읽는다면 정신적인 에너지를 아낄 수 있을 것이라는 동기 말이다. 원리만 보자면 이 접근법은 종이 읽기나 스크린 읽기에 다 적용할 수 있다(오디오는 빨리감기를 하지 않는 한 단어가 하나하나 다 재생되는 것을 듣는 수밖에 없다). 하지만 실제로 보자면 사람들을 '하이퍼 읽기' 쪽으로 가장 강력하게 몰아가고 있는 것은 디지털 기술이다.

'하이퍼'라고 하면 또 다른 이분법이 떠오른다. 디지털 읽기와 관련이 있는 이분법으로, 이른바 '선형적 읽기' 대 '하이퍼링크 따라가기'다. 링크는 독자의 유형에 따라 축복일 수도, 저주일 수도 있다. 읽기 능력을 웬만큼 갖춘 데다 주제에 관한 사전 지식 수준도 높은 독자에게는 링크가 새로운 아이디어와 이해로 안내하는 경로를 열어줄 수 있다. 반면 읽기를 어려워하거나 주제 친숙도가 낮은 독자에게는 링크가 정신적 미로로 이끌어 오히려 이해를 저해할 수 있다. 5장에서 우리는 이런 결론을 뒷받침하는 연구를 보게 될 것이다.

읽기에 관련된 변수들을 하나둘 검토하다 보면, 텍스트를 대하는 우리의 마음가짐에 매체가 결정적 역할을 할 수 있다는 사실을 알게 된다. 심리학자들은 (먼저 제임스 깁슨James Gibson이 주창하고 나중에 도널드 노먼Donald Norman이 수정을 가하는 식으로) '유도성affordances'[12]이라는 개념을 이야기해왔다. 이 용어는 특정 사물이 자신을 유용하게 만드는 측면을 말한다. 가령 손잡이는 캐비닛을 여는 데 좋고, 코트는 추위를 막는 데 좋다. 컴퓨터(그리고 다른 디지털 도구들)는 검색과 멀티태스킹, '하이퍼 읽기'에 좋다. 디지털 기기들은 우리를 빠르게 혹은 선택적으로 읽게 강제하지는 않는다. 하지만 우리가 그렇게 하는 것이 가능하도록 (그리고 그런 쪽으로 유인되도록) 설계되어 있다.

읽기의 이분법에는 한 가지가 더 있다. '단일 텍스트 읽기'와 '복수 자료 읽기'다. 디지털 이전 시대에 자란 사람들은, 가령 연구 논문을 쓸 때 종이책이 진열돼 있는 곳 앞에 앉아서 썼다. 하지만 지금은 그런 복수의 자료들이 디지털 파일이거나 웹페이지인 경우가 많다. 오늘날

도표 1.1 '읽기'의 유형

구분
- 훑어보기(핵심 파악하기) - 살펴보기(특정한 무엇을 찾기) - 선형적 읽기(이어서 읽기)
- 폭넓은 읽기(광범하고 다양한 주제) - 집중해서 읽기(좁은 주제)
- 일회성 읽기(한 번 읽기) - 다시 읽기(여러 번 읽기)
- 꼼꼼히 읽기(신비평주의의 용어. 텍스트 자체에 세심한 문학적 주의 기울이기) - 자세히 읽기(일반적 용어. 텍스트에 면밀히 주의 기울이기) - 비판적 읽기(분석적으로 읽기)
- 깊이 읽기(분석적으로 읽기) - 하이퍼 읽기(재빨리 훑어보기, 살펴보기, 하이퍼링크하기)
- 선형적 읽기(이어서 읽기) - 하이퍼링크하기(온라인 링크 따라가기)
- 단일 텍스트 읽기(한 번에 하나의 자료만 읽기) - 복수 자료 읽기(동시에 여러 자료 읽기)

* 주: 지금의 관행을 보면 '꼼꼼히 읽기'와 '자세히 읽기', '비판적 읽기', '깊이 읽기'는 간혹 서로 바꿔가며 사용된다.

점점 많은 연구 영역에서 학생들이 자신들의 다양한 온라인 읽기 자료를 어떤 방식으로 처리하는지 조사하고 있다(그래서 우리도 그렇게 하려고 한다).

도표 1.1은 지금까지 이야기한 용어들의 혼동을 피하는 데 도움이 되도록 정리한 것이다.

문해력의 개념이 변하고 있다

읽기가 무엇을 뜻하는지 이야기하다 보면 자연스럽게 '문해력literacy'이라는 용어와는 어떻게 연결되는지 궁금해진다. 예전에는 문해력이 기본적으로 읽고 쓰는 능력을 의미했다('시각적 문해력'이나 '디지털 문해력' 같은 비유적인 확장어는 제쳐두자). 물론 여기에는 철자법과 (작문의 일부로서) 구두법, (말하기는 물론 읽기와 쓰기에서 중요한 기술인) 어휘력도 들어갈 수 있다. 손으로 쓴 것이든 타자기로 친 것이든 아니면 인쇄된 것이든, 어쨌든 본질적으로는 텍스트를 다루는 재능을 뜻했다.

하지만 1970년대 초 이같은 단순한 접근법에 금이 가기 시작했다.

교육에서 사회정의를 호소하는 내용을 담은 파울루 프레이리Paulo Freire의 《페다고지》가 1970년 영어로 출간되었다. 브라질의 교육가인 프레이리는 문해력이라는 개념이 단지 글을 읽고 쓰는 차원 이상의 것이어야 한다고 주장했다. 그는 문해력을 세계가 어떤 식으로(사회적, 문화적으로) 작동해서 불평등을 만들어내는지 이해하기 위한 도구로 봐야 한다고 했다. 비슷한 시기 미국에서도 일단의 언어학자와 교육가들이 문해력을 새로운 방식으로 생각하기 시작했다. 제임스 지James Gee, 브라이언 스트리트Brian Street, 셜리 브라이스 히스Shirley Brice Heath, 그리고 론 스콜런Ron Scollon과 수잰 스콜런Suzanne Scollon 같은 학자들은 글 읽기를 배우는 과정이 어떻게 사회문화적 맥락과 결부되어 있는지 질문했다. 문해력을 사회적 실천의 산물로 보는 것이 새로운 목표가 되었다.

이처럼 1990년대까지 문해력을 사회에 기초해서 보는 접근법이 힘을 얻었다. 1994년에는 자칭 뉴런던그룹(이들이 만난 곳이 뉴런던과 뉴햄

프셔였다)이라는 일군의 학자들이 문해력 교육에 관해 새로운 구상을 선보였다. 이들은 문해력이라는 (읽기와 쓰기에 대한 규범적 접근법을 포함한) 단일 개념 대신 '다중문해력multiliteracies'이라는 더욱 확장된 개념을 주창했다. 다중문해력 개념은 언어의 다양성과 그것의 사회적 · 문화적 · 정치적 원천들을 인정하는 것이었다. 또한 여기에는 글쓰기를 넘어 말과 몸짓, 시각적 의사소통까지 포함되었다. 좀 더 넓게 말하면 다중문해력 접근법은 '우리 사회에서 노동자, 시민, 개인으로 살아가는 학생들의 화용론에서 다중의 언어적 · 문화적 차이를 극복하는 문제가 얼마나 중요한지'를 강조한다.[13] 시간이 지나면서 다중문해력은 종종 '새로운 문해력'이라는 말로도 불리게 되었다.[14]

20세기 후반과 21세기 초 교육계에 불어닥친 주요 변화에는 문해력에 대한 새로운 접근법만 있었던 게 아니다. 훨씬 더 두드러진 변화는 바로 교실 내 디지털 기술의 폭발적 증가였다. 줄리 코이로Julie Coiro와 도널드 류Donald Leu를 포함한 새로운 문해력의 주창자들은 디지털 읽기와 인터넷은 물론 정보통신 기술까지 포괄하는 개념으로 문해력이라는 말을 사용하기 시작했다. 이들의 핵심 주장은 새로운 디지털 도구가 도래했으므로 이제 학생들이 정보에 접속하고 소통하기 위해 알아야 하는 기술들까지 감안할 필요가 있다는 것이다.[15]

이 책은 문해력을 광범한 렌즈를 통해 들여다본다. 여기에는 종이는 물론 디지털 스크린과 오디오, 일부 동영상까지 포함된다. 하지만 새로운 문해력의 기술을 모두 다루지는 않을 것이다. 가령 동영상 게임이나 동영상 제작 같은 활동은 논외로 한다.

읽기에서 촉각·후각·청각의 역할

읽기를 신체적인 활동으로 생각해보자. 여기에는 어떤 감각이 포함될까? 말할 것도 없이 시각이다. 하지만 시각만이 전부는 아니다. 종이로 읽을 때는 물론 스크린으로 읽을 때나 귀로 들을 때도 여러 감각이 개입한다.

> "책은 근본적으로 여러 감각이 관여하는 물건이다."
> **찰스 스펜스Charles Spence**[16]

텍스트를 읽을 때는 주로 초점이 단어에 맞춰진다(물론 사진으로 채워진 책이나 삽화가 들어간 어린이책 같은 몇몇 예외는 있다). 하지만 우리는 동시에 다른 특성들도 '읽는다'. 종이로 읽을 때 우리는 텍스트가 페이지에 어떻게 펼쳐지는지에도 주목한다. 표지 또한 눈으로 본다. 디지털 스크린으로 읽을 때는 시각의 역할이 종이책으로 읽을 때보다는 줄어든다. 이때 표지는 (엄밀히 말하자면 존재해도) 사실상 '가까이'에 있지 않다. 한 번에 볼 수 있는 텍스트 양도 설계자가 아니라 사용자의 재량에 달려 있을 때가 많다.

읽을 때는 촉감도 개입한다. 연구자들은 촉각을 이용한 종이책과의 상호작용('햅틱haptic')이 전통적 읽기의 핵심 구성요소라는 점을 상기시킨다. 우리는 책의 무게도 느끼고, 활자가 찍힌 종이의 종류에 대해서도 생각해본다. 물리적으로 책(혹은 잡지나 신문)을 쥐고, 손가락으로 페이지를 넘겨가며 발견한 것을 표시하고, 엄지와 검지를 집게처럼 사용해 얼마나 읽었는지 혹은 얼마나 더 남았는지 가늠한다. 그 과정을 안네 망엔Anne Mangen은 이렇게 묘사한다.

스크린 위나 종이책 안의 텍스트가 페이지마다 똑같아 보일지 모른다. 하지만 두 텍스트는 운동감각적 유도성 면에서 다르다.[17]

우리가 스크린 위의 텍스트와 상호작용할 때와 인쇄된 텍스트와 상호작용할 때 손을 사용하는 방식이 같지 않다는 이야기다.

촉감은 우리가 디지털 책을 사용할 때는 잘 고려하지 않는 변수다. 하지만 디지털 책에서도 촉감이 문제가 될 수 있다. 사용하는 디지털 기기에 따라 마우스를 사용해 가리키고 클릭하거나 터치스크린 위에서 손가락을 움직일 수 있다. 이런 상호작용은 성인에게는 물론이고 어쩌면 어린이들에게 더 특별한 의미가 있을 것이다.[18] 실제로 소비자 연구를 보면 사람들은 컴퓨터를 사용할 때보다 터치스크린을 사용할 때 스크린에 있는 것이 자기 것이라는 느낌을 더 크게 받는다.[19]

물리적 텍스트는 후각을 자극할 때도 많다. 나는 특정 연령층만 책의 냄새를 고려한다고 여겼다. 사실은 그렇지 않다. 대학생을 대상으로 한 실험을 보면 종이책을 읽을 때 가장 좋은 점이 책 냄새라고 답한 사람이 놀라울 정도로 많았다.[20]

더 넓게 말하면 읽기란 체화된 경험embodied experience이다. 읽기는 단순히 단어를 받아들이고 해석하는 것 이상의 활동을 수반한다. 우리가 읽을 때의 물리적 환경 또한 읽기의 한 부분을 차지한다. 아네슈카 쿠즈미초바Anežka Kuzmičová와 동료들이 기록했듯, 사람들이 읽기에 사용하려고 선택하는 매체는 그들이 어떤 물리적 공간에 있는지에 좌우된다.[21]

그다음으로 귀를 사용한 읽기가 있다. 오디오북과 팟캐스트 그리고 간혹 라디오를 통한 읽기가 여기에 들어간다. 우리의 감각 중 한 가지만 관여하는 이 청취의 과정은 단순히 말에만 국한되지 않는 어떤 미묘한 가능성을 보여왔다. 오디오북 마니아들이 일깨워주듯, 낭독자의 자질에 따라 읽는 목적이 이해든 즐거움이든 엄청난 차이가 날 수 있다. 오디오 읽기의 또 다른 요소는 재생 속도인데, 보통 이것은 청취자가 통제할 수 있다.

동영상도 빼놓지 말자. 여기에는 우리의 눈과 귀가 관여한다. 이 책은 학습에서 동영상이 차지하는 역할을 폭넓게 다루지는 않지만, 7장과 8장에서 교육학적 관점으로 종이책과 오디오를 비교한 내용을 일부 제시할 것이다.

읽는 눈 들여다보기: 안구 추적

물성과 읽기를 논의할 때 '눈' 부분을 좀 더 자세히 관찰해보면(말 그대로 눈을 들여다본다는 말이다) 도움이 된다. 실제로 한 세기가 넘도록 과학자들은 글을 읽을 때 우리 눈이 어떻게 움직이는지 연구해왔다. 이들이 내놓은 답을 보면 숙련된 독자와 미숙한 독자를 구분하는 데 도움이 되는 유용한 방법을 알 수 있다. 요즘 연구자들은 안구 추적eye-tracking 기술을 사용해 종이 읽기와 스크린 읽기가 어떤 차이를 가져오는지도 정확히 잡아낸다.

안구 운동에 관한 간략한 설명

선형적 텍스트를 읽을 때 우리 눈은 페이지를 가로질러 이동한 다음 그 아래의 다음 행으로 내려간다(논의의 편의상 지금 이야기하는 텍스트는 왼쪽에서 오른쪽으로 쓰인 알파벳 문서라고 가정하자). 심리학자와 읽기 전문가들은 이런 눈의 움직임을 '신속운동saccades'이라고 부른다. 영어로 'jump(뛰다)'에 해당하는 프랑스어 단어 'sauter'에서 온 말이다. 신속운동에는 세 가지가 있다. '앞으로'(전진 신속운동), '뒤로'(후진 신속운동), '그 밑의 다음 줄로'(줄 바꾸기)이다. 신속운동은 대부분 앞으로 가는 것이고, 전형적인 후진 신속운동은 전체의 10~15퍼센트에 불과하다. 전진 신속운동의 경우 이동 거리(한 번에 뛰어넘는 단어 수)나 이동에 걸리는 시간(평균은 약 0.02~0.035초 정도인데, 뛰어넘는 정도에 영향을 받는다)이 다양하게 나타난다.

읽는 눈에는 운동 외에 또 다른 결정적 구성요소가 있다. '응시fixation'이다. 응시란 여러분이 상상하는 바로 그것, 즉 눈이 가만히 머물러 있는 것이다. 우리는 응시가 지속되는 동안에 실제로 읽는다. 응시는 읽는 시간의 90~95퍼센트를 차지한다. 응시의 지속 시간은 다양한데, 보통 0.15초에서 0.5초 사이이고, 간혹 읽고 있는 단어의 종류에 따라 달라지기도 한다. 일반적으로 사람들은 기능적 단어(관사나 전치사 같은 것)보다 내용에 해당하는 단어(명사와 동사, 그리고 형용사와 부사)를 보는 데 더 많은 시간을 쓴다.[22]

안구 운동, 읽기 기술, 텍스트 복잡성의 관계

최근 몇 년 사이에 우리는 읽기 기술에 따라 눈의 응시 길이와 신속운동이 달라질 수 있다는 사실을 알게 되었다. 상대적으로 읽기가 부족한 독자는 후진 신속운동(방금 읽은 곳으로 다시 돌아가는 것)을 더 많이 하는 경향이 있다. 읽기 장애가 있는 사람은 더 오래 응시하며 머뭇거리는 경향이 있다. 숙련된 독자와 평균적인 독자를 비교한 연구를 보면 읽기 기술이 나은 독자가 응시도 짧고 후진도 적다.[23]

텍스트가 복잡해지면 상황이 다소 달라진다. 텍스트가 어려울수록 후진 신속운동이 잦아진다. 또 예상할 수 있는 것처럼, 쉽게 알아보는 단어보다 익숙하지 않은 단어를 더 오래 응시한다.

종이로 읽을 때와 디지털로 읽을 때 안구 운동 차이

여기서 자연스럽게 떠오르는 질문은 우리가 디지털로 읽을 때와 종이로 읽을 때 시선의 움직임이 같냐는 것이다. 초기의 몇몇 연구들을 보면 둘의 유사성이 높았다.[24] 후진 신속운동은 비슷했고 응시 횟수와 길이만 약간 차이가 있었다. 사람들이 해마다 점점 더 디지털 읽기에 숙달되었으므로 지금은 매체 간 응시의 격차가 줄어들었을 수도 있다.

읽기를 측정하기

21세기를 살아가는 데 읽기가 결정적인 삶의 기술이라는 점에 대해서는 논쟁의 여지가 없다. 관련 증거를 보더라도 글로 된 단어를 많이 접한 독자일수록 공식 학교 교육 기간을 거치며 습득하는 전반적인 언어 기술(말하기, 독해, 단어 인지, 철자법)이 더 우수하다는 것은 분명한 사실이다.[25] 읽는 양은 대체로 학업 발달과 상관관계가 있다.[26] 또한 연구 결과를 보면 읽기의 장르도 중요하다(이 문제는 2장에서 다룰 것이다).

무엇을 측정하고자 하는가

읽기는 다차원적 행동이다. 따라서 측정 방식도 다차원적이다. 초보 독자일 경우에는 해독의 기술(읽기 학습)에 초점을 맞추지만, 갈수록 강조점은 이해와 해석(학습을 위한 읽기)으로 이동한다. 또한 시선의 움직임과 읽는 속도는 물론 글로 된 텍스트에 딸린 표나 그래프, 삽화 같은 부속물을 독자가 어떻게 이해하는지도 측정할 수 있을 것이다.

지금 이해와 해석을 위한 읽기를 언급했는데, 이때 사용되는 단어를 알아보고 구문론을 이해하는 것은 확실히 도움이 된다. 그러나 또 다른 요소가 있는데, 이것이야말로 결정적으로 중요할 때가 많다. 바로 텍스트가 이야기하는 것에 관한 사전 지식prior knowledge이다. 이 점을 설명하기 위해 지금 들려줄 짤막한 이야기에 모쪼록 귀를 기울여주길 바란다.

내 아들이 고등학생이었을 때의 일이다. 아이는 (수백만 명의 다른 수험생들처럼) 미국 대학위원회가 주관하는 표준화 대입 시험인 SAT를 쳤다. 그보다 몇 달 전에 우리 가족은 스칸디나비아에서 휴가를 보냈는데, 머문 곳 중 하나가 스웨덴 웁살라였다. 웁살라는 명문 웁살라대학교 말고도 칼 린네와 그의 유명한 식물원으로도 유명하다. 린네는 18세기 식물학자로 라틴어로 된 동식물 분류 체계를 만든 사람이다. 지금의 린네 식물원은 재건된 곳이지만, 그럼에도 우리 가족의 여행은 기억에 남을 만했다.

내 아이는 미국으로 돌아온 후 SAT 언어 영역 시험을 쳤다. 운 좋게도 시험 지문 중 하나가 린네의 식물원에 관한 것이었다. 아이는 지문 내용에 대한 사전 지식이 있었기에 통상적인 속도보다 빠르게 읽고는 질문으로 옮겨갔다고 했다.

이처럼 사전 지식은 독자가 텍스트를 읽어나가는 속도뿐만 아니라 내용 이해도를 예측하는 데도 핵심 요소가 될 수 있다.

여기서 '이해'라는 단어를 잠시 생각해보자. 이것으로 우리가 실제로 측정하는 것은 무엇일까? 랜드RAND연구소의 리딩스터디그룹Reading Study Group이 발간한 2002년 보고서에 나와 있는 것처럼, 지금까지 수십 년 동안 읽기 교사와 연구자들은 '이해를 위한 읽기'의 중요성을 강조해왔다. 이 보고서와 함께 뉴욕 카네기재단의 지원으로 작성된 또 다른 보고서 《다음 세대의 읽기Reading Next》는 오늘날 미국의 중고등학생들이 이해의 기술에서 뒤처져 있다는 우려의 목소리를 담았다.[27] 두 보고서의 공통된 권고 사항은 교사들이 학생들에게 보다 분명히 이해의 기술을 쌓도록 지도할 필요가 있다는 것이었다.

이때 이해란 무엇을 뜻하는가? 텍스트의 표면적 의미를 이해하는 것뿐만 아니라 읽은 것을 토대로 추론하는 것은 물론, 새로 이해한 것을 이미 알고 있는 것과 통합할 수 있는 능력까지 포함한다(이렇게 말하면 꼼꼼히 읽기와 깊이 읽기 같은 개념이 머릿속에 떠오를 것이다). 어떤 경우에는 기억이 이해의 일부로 포함되기도 한다. 하지만 대개 기억은 이해와는 차원이 다르다. 기억 테스트는 맨 처음 읽기를 마치고 나서 어느 정도 시간이 지난 후에야 진행되곤 하기 때문이다.

이해를 측정하는 테스트는 설계하는 사람과 대상자에 따라 아주 다양할 수 있다. 표준화된 시험이 중학생을 대상으로 한 것인가, 아니면 고등학생을 대상으로 한 것인가? 종이 읽기와 디지털 스크린 읽기를 비교하는 실험인가? 읽기 능력을 측정하기 위한 공식 실험에서 사용되는 이해도에 관한 질문은 일반적으로 다음 두 가지 유형으로 나뉜다.

- **세부 내용 수준**: '지문 속에 담긴 주요 생각을 묻는 질문' 대 '세부 내용(간혹 '요점'이라고도 하는 것)에 관한 질문'
- **추상 수준**: '지문에서 곧바로 답을 도출할 수 있는 질문' 대 '추론을 거쳐야 하는 질문'

이뿐만 아니라 앞으로 보게 될 연구 중에는 이해의 척도를 좀 더 전문화한 경우도 있다. 가령 이야기 속에서 한 사건이 어느 시점에 일어났는지를 묻는다거나, 여러 자료에서 도출된 생각을 통합하는 능력을 묻는 식이다.

이해와 사전 지식 간에 관련이 있다는 사실도 반드시 기억해두어야 한다. 경험적 증거에 따르면, 이른바 내용 중립적인content-neutral(내용이 특정 수험생에게 유리하지 않은:역주) 지문에 대한 이해를 묻는 시험을 치렀을 때 지문의 주제(주요 문제는 물론 관련 어휘까지 포함)를 이미 아는 학생들이 모르는 학생들에 비해 성적이 더 높게 나오는 경향이 일관되게 나타난다.[28]

이해의 의미를 명확히 하는 일은 단일 텍스트를 종이로 읽는 것과 스크린으로 읽는 것을 비교한 연구를 살펴볼 때(4장) 특히 중요하게 다가올 것이다.

이해는 복수의 텍스트를 활용하는 것과 하이퍼링크를 사용하는 것에 관해 이야기할 때에도 대단히 중요하게 다뤄진다(5장). 여기에는 단어의 난이도나 추론하는 법을 아는 것뿐만 아니라, 어떤 페이지와 (특히 디지털인 경우) 얼마나 오랫동안 씨름해야 하는지 아는 것까지 복잡한 문제들이 포함된다.

읽기를 통한 이해와 듣기를 통한 이해 비교

텍스트 읽기를 통한 이해와 듣기를 통한 이해의 점수를 비교하면 결과가 어떨까? 증거에 따르면, 읽기 기술이 뛰어난 사람은 듣기 시험 점수도 좋다는 결과가 계속 쌓여가는 추세다.[29] 이런 상관관계는 9세쯤부터 줄곧 확연하게 나타난다. 9세 전까지 대부분 아이들은 글을 해독하는 법을 배우는 데 집중한다. 철자와 발음 간의 불일치가 심해 아이들이 특히 어려워하는 영어 같은 언어를 쓰는 언어권에서는 특히 그렇다. 읽기와 듣기의 비교에 관해서는 7장과 8장에서 더욱 자세하게 이야기할 것이다.

우리는 얼마나 많이 읽고 있을까?

18세기와 19세기까지만 해도 비평가들은 지나친 독서(특히 소설 읽기)는 위험하다고 걱정했다.[30] 왜 문제인가? 그들의 우려인즉슨, 대규모 새로운 독자들이 저속한 것이나 급진적인 사상, 혹은 삶의 가능성에 대한 비현실적인 기대를 접할 수 있다는 것이었다. 게다가 그때까지 나와 있는 숱한 읽을거리를 감안하면, 사람들이 읽다가 기력을 소진할 수도 있겠다는 생각이었다.

특히 여성들이 취약할 것이라는 우려가 컸다. 그러니까, 너무 많이 읽다가 불임이 되거나 심지어 정신이 나갈 수도 있다는 염려였다. 빅토리아 시대 정신과 의사 토머스 클라우스턴Thomas Clouston은 여성 교육까지 싸잡아 후려치며, 학습에 시간을 쓰는 여성들은 아이를 많이 낳는 경우가 드물 것이고,

> 왜소한 피조물만 낳을 터인데, 그마저 자신들이 기를 수도 없어서 아이는 어릴 때 죽거나 자라서도 허약한 정신의 족속이 될 것이다.[31]

라는 인상적인 말로 종지부를 찍었다. 다행히도 그와 같은 성차별주의 신화들은 잠잠해졌다. 오늘날 우리가 직면한 문제는 너무 많이 읽는 것이 아니라 너무 적게 읽는 것처럼 보인다. 3장에서 관련 통계들을 검토해볼 것이다.

'독자'를 이야기할 때 고려해야 할 요소들

독자에 관해 이야기할 때 모두를 만족시킬 만한 답은 없다. 관련 변수의 범위가 너무나 넓기 때문이다. 연령에서 젠더, 동기는 물론 그 사이사이에도 여러 변수가 있다. 이 중 많은 변수들이 교육적 맥락에서 볼 때 읽기에 최선인 플랫폼이 언제는 종이이고 언제는 디지털 스크린이며 언제는 오디오인지 생각하는 데에도 관련이 있을 수 있다.

염두에 둬야 할 요인 몇 가지를 소개하면 다음과 같다.

나이·학년·발달 단계

표면적으로는 발달 단계에 따라 독자를 구분하는 것이 쉬워 보일 수 있다. 하지만 그렇지 않다. 세계 각지의 아이들이 다 같은 나이에 학교 공부(그리고 공식 읽기 교육)를 시작하는 것은 아니다(미국은 입학 나이가 6세이지만 핀란드는 7세다. 여기에 아이의 출생일이 또 다른 변수가 될 수 있다). 고등학교도 같은 나이에 끝나는 것이 아니다(가령 영국은 13학년제인 반면 미국은 12학년제다). 문제를 더 복잡하게 만드는 것은, 용어 또한 모든 나라에서 일관되게 사용되지 않는다는 사실이다. 미국에서 '유치원kindergarten'은 1학년을 시작하기 전 1년 과정을 가리킨다. 노르웨이에서는 같은 단어가 1세부터 5세까지 전 기간을 포괄한다. 등급에 따른 반 편성과 상관없이, 아이의 나이가 반드시 읽기 수준과 일치하는 것도 아니다.

그럼에도 우리는 어딘가에서부터 시작해야 한다. 다음 쪽 도표 1.2의 범주는 미국의 교육 분류에 따른 것으로, 단지 편의상 길잡이로 제시한 것이다.

젠더

평균적으로 여학생이 남학생보다 많이 읽는다(어른이 된 후에도 여성이 남성보다 많이 읽는다). 이런 차이의 배경이 무엇이든 간에 통계 수치는 이런 일반화를 계속해서 뒷받침한다.

아이들의 읽기에서 젠더 차이를 확증하는 연구 결과는 미국과 영국, 국가 간 교차 분석 등 여러 곳에서 나온다.[32] 미국 성인의 경우에도 복수의 설문조사가 같은 이야기를 들려준다.[33]

도표 1.2 미국의 교육 분류

교육 내용	단계	나이
종이나 스크린으로 단어 소개하기 ('문해력의 생성')	출생~유치원	0~5세
읽기를 위한 학습	저학년 (1~5학년)	6~10세
학습을 위한 읽기	중학교 (6~8학년)	11~13세
	고등학교 (9~12학년)	14~17세
	대학교 이상	18세 이상

그러니 여학생의 읽기 평가 점수 또한 대개 남학생보다 높게 나온다는 사실은 놀라울 게 없다. 증거는 많지만 그중 몇 가지를 뽑아보면, 먼저 미국의 경우는 다음과 같다.

- 2017년 미국 전국교육성취도평가NAEP, National Assessment of Educational Progress에서 4학년과 8학년 모두 여학생이 남학생보다 점수가 높았다.[34]
- 2016년에 실시한 국제읽기문해력성취도연구PIRLS, Progress in International Reading Literacy Study와 별도의 컴퓨터기반평가ePIRLS 모두에서 미국 4학년 여학생의 평균 점수가 같은 학년 남학생보다 높았다.[35]

똑같은 젠더 간 불균형 양상이 국제 평가에서도 그대로 유지된다.

- 2016년 PIRLS와 ePIRLS에서 4학년 여학생이 남학생보다 점수가 높았다.[36]
- 2018년 국제학업성취도평가PISA, Programme for International Student

Assessment 중 평가 대상국별 읽기 평가에서 15세 여학생들의 점수가 남학생들보다 높았다.[37]

읽는 이유

읽기와 독자를 이야기할 때 사람들이 왜 읽는지에 관한 질문도 빼놓을 수 없다. 생각해볼 만한 동기로는 이런 것들이 있다.

- 즐거움을 위해
- 시간을 때우기 위해
- 찾고 있는 무언가를 발견하기 위해
- 알고 싶은 것을 배우기 위해
- 일이나 학업을 위해 읽으라고 요구받았기 때문에

우리는 학교 과제물에 집중할 것이다.

읽기의 동기부여

교사든 부모든 최선을 다한다 해도 아이가 늘 읽고 싶은 마음이 드는 게 아니라는 사실을 잘 안다. 어린 독자들은 스스로 읽을 것을 선택하게 하면 읽고 싶은 마음이 생길 가능성이 더 커진다는 증거가 있다.[38]

여러 고등학교에서도 사정은 같아 보인다. 하이네만출판사가 유튜브에 올린 놀라운 동영상에서 볼 수 있듯이, 과제로 내준 읽기는 거의 안 한다고 고백한 학생들이 직접 선택해서 읽게 했을 때에는 열렬한 독자가 되었다.[39] 하지만 교과목은 대부분 최소한의 공통 학업이 필수이므로 학생들에게 늘 자유로운 선택지가 주어지는 것은 아니다.

기술은 어떤 영향을 줄까? 종이로 읽는 것을 망설이는 학생들도 디지털로 읽는 데는 좀 더 개방적일까? 만약 그렇다면, 그 이유는 대개 디지털 읽기가 텍스트 읽기를 대체할 만한 수많은 대용물들과 인터넷으로 연결되는 플랫폼에서 실행되기 때문일 것이다. 그렇다면 학생들이 읽기를 따분하게 여기는 것은 종이로 읽기 때문일까?

그렇다. 따분하다. 내가 수행한 국가 간 교차 연구에서 여러 대학교의 학생들이 이야기한 것이 바로 이 점이었다.[40] 종이 읽기에서 가장 싫은 점이 무엇이냐는 질문에, 어떤 학생들은 "따분하기만 하고 읽기 힘들다"거나 "가끔 따분해진다"라고 답했다. 또 다른 연구에서 같은 질문을 두고 열 살 미만과 10대가 제출한 답변을 보면, 종이 읽기가 따분하다고 답한 비율이 훨씬 더 높다.[41] 두 설문조사에서 스크린 읽기가 따분하다고 답한 아이는 아무도 없었다. 10장에서 우리는 왜 이런 차이가 존재하는지, 또 왜 이것이 문제가 되는지 이야기할 것이다.

디지털 텍스트나 오디오 듣기가 학생들에게 읽기의 동기를 제공할 수 있을까? 다음에 나올 장들에서 둘 다 그럴 수 있다는 몇몇 증거들을 보게 될 것이다.

매체 선호도와 시험 성적에 대한 예측

성인을 대상으로 한 설문조사를 보면, 대다수는 아직도 종이책 읽기를 선호하는 반면 일부는 디지털이나 오디오를 선호한다.[42] 최근에 〈라이브러리 저널Library Journal〉이 수행한 연구는 흥미로운 세대 간 문제를 보여준다. 도표 1.3은 종이책과 전자책, 오디오북에 대한 선호도를 연

도표 1.3: 〈라이브러리 저널〉 연구: 종이책, 전자책, 오디오북 선호도[43]

단위: 퍼센트(%)

	16~22세	23~38세	39~54세	55~73세	74~91세
종이책	66.3	66.1	69.1	57.3	53.8
전자책	8.4	12.4	8.8	11.8	12.7
오디오북	7.4	7.6	3.7	2.8	4.1
없음	17.9	13.8	18.5	28	29.5

* 주: 반올림 때문에 구간별 비율 합산이 100퍼센트가 아닌 것도 있다.

령 집단별로 요약한 것이다.

조사 결과에서 놀라운 점은 10대부터 50대 중반까지 독자들의 3분의 2가 종이책을 선호한다는 사실이다. 젊은 세대는 선택지만 주어지면 종이책에서 멀어진다는 이론은 더 이상 유지되기 어렵다. 대조적으로, 비교적 나이가 많은 독자들(55~91세)은 젊은 층 대다수보다 전자책 선호도가 다소 높게 나왔다. 연구의 세부 질문들을 보면, 특히 최고령 집단은 디지털 읽기의 주된 매력으로 글자 크기 조절을 꼽았다.

마지막으로, (페이퍼북이 아닌) 양장본 도서를 선택하는 주된 이유가 무엇인지 묻는 질문에 16~54세 연령 집단은 책의 냄새와 느낌이라고 답했다. 우리가 앞에서 이야기했듯, 책의 물성은 읽기의 아주 중요한 요소가 될 수 있다.

어린이들에게도 읽기 매체의 선택에 대한 자기 의견이 있다. 미국의 스콜래스틱출판사가 반년마다 벌이는 "어린이와 가족 독서Kids & Family Reading" 설문의 2016년 조사에 따르면 6~17세 연령층에서,

- 45퍼센트는 종이로 읽는 것을 선호한다고 답했다.
- 16퍼센트는 전자책을 선호한다고 답했다.
- 38퍼센트는 선호하는 것이 없다고 답했다.[44]

스콜래스틱출판사가 좀 더 최근에 낸 보고서의 통계치를 보면,

- 71퍼센트는 기술이 읽고 싶은 책을 찾는 것을 더 쉽게 해준다는 데 동의했다.
- 오디오북을 들어본 사람 중 70퍼센트가 그것이 책을 더 읽도록 해준다는 데 동의했다.[45]

사람들이 선호하는 읽기 매체가 학습 가능성의 정도에도 영향을 미칠까? 아마도 그런 것 같다. 답은 복합적이다. 이유 중 하나는 지난 10년여 사이에 사람들의 태도에 변화가 일어나고 있다는 사실이다. 이전 연구를 보면 종이와 디지털 읽기의 점수가 실질적으로는 동일한데도 많은 대학생들이 종이를 선호한다고 답했다. 반면 최근에는 더욱 심층적인 이해도를 평가하는 문항에서 종이로 읽었을 때 점수가 높게 나오는데도 나이의 고하를 막론하고 학생들이 디지털을 선호하고 있다.

선호도를 묻는 질문을 변형한 것 중에는 예측을 묻는 것도 있다. 자신의 매체 선호도와 상관없이, 종이로 읽었을 때나 디지털 기기로 읽었을 때 주어진 질문에 답을 얼마나 잘할 거라고 예측하는지 물어볼 수 있다(오디오 듣기나 동영상 시청과 읽기를 비교할 때에도 똑같이 적용될 수 있다). 심리학자들은 사람들의 예측이 실제 평가 결과와 얼마나 일치하

는지 측정하기 위해 '가늠calibration'이라는 용어를 사용한다. 학생들의 예측이 얼마나 정확한지는 다음 장들에서 알아보기로 하자.

읽기 능력

마지막으로 읽기 능력reading ability이라는 오래된 문제가 있다. 같은 교실 안에서도 학교는 어린 독자들을 읽기 수준에 따라 한데 묶는다. 이런 조치의 근거 중 하나는 난독증이나 ADHD와 같은 임상 진단이다. 또 다른 근거는 제2 언어 학습자인지의 여부다. 혹은 알 수 없는 병인으로 인한 낮은 성취도인 경우도 있다.

종이의 대안(혹은 보완물)으로서 디지털 스크린이나 오디오 기술의 잠재적 유용성에 대한 몇몇 연구들은 읽기에 문제가 있는 저학년 학생들에 초점을 맞춰왔다. 이어지는 장에서 우리는 어떻게 새로운 기술이 이해와 읽기의 동기부여를 모두 증진시킬 잠재력을 발휘할 수 있는지 알아볼 것이다.

이 장에서는 '읽기'와 '독자' 개념의 뉘앙스가 얼마나 다양할 수 있는지 살펴보았다. 이들 용어를 단순하게 정의하기란 불가능하다. 따라서 읽기를 위한 최선의 매체가 종이인지 스크린인지 오디오인지에 대해서도 단순한 답을 제시할 수 없다. 이탈리아어로는 '디펜데depende'('경우에 따라 다르다'라는 뜻:역주)라고들 한다. 2장에서는 각 읽기 매체의 장단점이 텍스트의 종류와 연구자의 질문 유형에 따라 얼마나 달라질 수 있는지 알아볼 것이다.

2장

무엇을, 무엇으로 읽고 있을까

» **글의 '장르'가 읽기에 미치는 영향**

» **교육 현장에 밀어닥친 디지털 읽기**

» **읽기 연구에서 뜻밖의 결과가 나타나는 이유**

» **우리가 디지털 텍스트를 다루는 방식**

읽는 방식: 페이지 넘기기 vs 스크롤하기

주석 달기

» **기술이 문제일까, 마음가짐이 문제일까?**

외적(물리적) 요인

내적(정신적) 요인

“당신은 ‘무엇’을 읽고 있나요?” 무척이나 단순한 질문이다. 우리는 친구나 아이들, 공항 라운지 옆자리에 앉아 있는 낯선 사람에게 이런 질문을 한다. 그럴 때는 보통 답변으로 책 제목이나 저자의 이름, 어쩌면 그 뒤를 이어 그 책이 읽기 좋은지에 관한 의견까지 듣게 되기를 기대한다.

하지만 이 질문이 상대가 읽고 있는 내용에 어떤 매체(종이나 스크린 혹은 오디오)가 잘 맞는지 조언을 해주는 경우라면 다른 것을 의미할 수 있다. 그런 의미일 때 관련 있는 것 중 하나로 장르를 들 수 있다. 이번 장은 책의 내용에 해당하는 것들을 폭넓게 제시하는 한편, 각각의 것들이 왜 문제가 되는지에 대한 이야기로 시작해볼까 한다. ‘무엇’을 묻는 또 다른 질문은 좀 더 통계적인 것이다. 가령 ‘사람들은 읽기 매체로 무엇을 택할까’와 같은 질문이다.

‘무엇’에 관한 질문 다음에는 ‘어떻게’를 묻는 질문으로 이야기를 옮겨간다. ‘어떻게’를 물을 때 관심사 중 하나는 읽기의 성과에 관한 결론들이 어느 정도까지 평가의 맥락에 따라 형성되는가 하는 것이다. 또 다른 관심사는 우리가 텍스트와 물리적으로 어떻게 상호작용하는가 하는 것이다. 여기에는 디지털 기술을 사용하는 것까지 포함된다. 마지막으로 종이로든 디지털 스크린으로든 오디오로든 읽기 성공률이 어느 정도까지 기술의 영향을 받는지, 그리고 읽기 플랫폼에 대한 우리의 마음가짐은 읽기 성공률에 얼마나 영향을 주는지 생각해볼 필요가 있다.

글의 '장르'가 읽기에 미치는 영향

언어 사용자로서 우리는 같은 대상을 지칭하더라도 다양한 단어를 사용한다. 갯과에 속하는 우리의 친구는 개dog이지만, 부르기에 따라서는 푸치pooch(잡종개), 펍pup(강아지), 머트mutt(잡종개), 몽그럴mongrel(잡종개), 펠릭스Felix, 프레야Freya도 될 수 있다(펠릭스는 라틴어로 '행복한, 운이 좋은'의 뜻을 가진 남자 이름이고, 프레야는 북유럽 신화에 나오는 사랑과 아름다움, 풍요의 여신 이름으로, 여기서는 개에게 붙여준 이름을 말한다:역주). 하지만 과학적인 연구 결과를 읽을 때는 단어를 바꿔가며 사용하는 것이 혼란을 초래할 수 있다. 다양한 읽기 양식을 연구할 때도 그런 문제가 일어날 수 있다. 여러 보고서들은 시험 평가하는 장르를 구체적으로 명시한다. 하지만 불행하게도 연구자들이 늘 일관된 명칭을 사용하는 것은 아니다.

기본적으로 장르는 이야기와 정보로 구분된다. 하지만 사용되는 단

도표 2.1 읽기의 장르

용어	설명
픽션 대 논픽션	상상 대 사실
내러티브 대 정보성	'내러티브'는 전형적으로 픽션에 사용되지만, 일부 논픽션(전기나 성찰적 에세이)을 지칭할 수도 있다.
설명적	전형적으로 '정보성'과 호환적으로 사용되지만, 좀 더 좁게는 기술(記述)이나 설명을 지칭한다.

어가 늘 같지는 않다. 전형적으로 연구자들은 '내러티브narrative' 텍스트와 '정보성informational' 텍스트를 대비한다. 하지만 여기서 유의할 것이 있다. 다른 저자들은 '내러티브' 텍스트와 '설명적expositary' 텍스트로 구분하기도 한다는 것이다. 그런가 하면 '픽션fiction'과 '정보성' 텍스트로 나누기도 한다. 이런 식의 구분은, 사용되는 용어가 늘 똑같은 종류의 글을 가리키는 것은 아니어도 거의 대부분 이분법의 구도를 취한다. 도표 2.1은 다양한 용어의 일관성을 유지하는 데 도움을 주는 일람표다.

우리는 '내러티브' 대 '정보성'이라는 용어를 고수할 것이다. 다만 논의되는 연구의 저자가 다른 용어를 사용하는 경우는 예외로 한다.

내러티브 텍스트의 '좋은' 독자는 정보성 텍스트에서도 '좋은' 독자일까? 반드시 그렇지는 않다. 더욱이 정보성 텍스트를 이해하는 데 필요한 찾기와 통합, 해석 기술이 있다고 전제했을 때, 어린이와 어른 모두가 내러티브보다 정보성 텍스트를 더 읽기 힘들어하는 경향이 있음을 보여주는 증거가 있다.[1]

장르에 관한 질문은 또 있다. 매체가 중요할까? 4장에서 보게 되겠지만, 읽기에 사용되는 매체는 내러티브보다 정보성 읽기와 더 상관성이 크다는 증거가 있다. 내러티브 텍스트를 읽을 때에는 종이로 읽는 것과 스크린으로 읽는 것 사이의 이해도 점수에 별 차이가 없음을 수많은 연구들이 보여준다. 정보성 텍스트라면 종이가 승자일 때가 많다.

말할 것도 없이, 읽기의 장르를 내러티브와 정보성 텍스트로만 구분하는 것이 충분하다고 하기는 어렵다. 그럼에도 내러티브 장르로 국한해서 한 손에 꼽아본다면, 우리는 소설과 짧은 이야기, 희곡, 시, 그리고 마땅히 만화책도 포함할 수 있을 것이다. 또 다른 한 손에는 정보성 읽기 장르로 역사와 정치 논고, 신문 · 잡지 기사, 과학 연구를 꼽을 수 있다.

장르 문제는 그 유형과 젠더 패턴부터 읽기 평점에 이르기까지 다양한 문제들 간의 관계를 살펴볼 때 한층 더 흥미로워진다. 먼저 젠더로 시작해보자. 언어학자들이 수십 년 동안 관찰한 바에 따르면, 통계적으로 남성과 여성은 말과 글 두 가지 모두에서 서로 다른 언어 패턴을 보이는 경향이 있었다. 남성의 언어는 좀 더 정보에 초점이 맞춰지는 경향이 있는(다시 말하지만 통계적으로 그렇다) 반면 여성의 말과 글은 공통적으로 좀 더 사회적이고 상호작용적이었다.[2]

이렇게 볼 때 여성은 소설을 읽을 가능성이 더 높고 남성(역시 통계적으로 볼 때)은 논픽션을 고를 가능성이 높다는 사실은 그리 놀라울 게 없다.[3] 대체로 여성은 남성보다 더 많이 읽는다.[4] 반면 2016년 유로스타트Eurostat(유럽 통계치:역주)에 따르면 남성은 여성보다 신문을 더 많이 읽는데, 이것은 남성이 '정보'에 끌리는 성향과 부합한다.

학생들이 소설을 읽는 것은 중요한가? 존 제림John Jerrim과 제마 모스

Gemma Moss의 분석에 따른다면 "그렇다".[5] 두 저자는 2009년 PISA 평가(15세 대상) 자료를 사용해 이른바 '소설 효과'가 상당하다는 사실을 발견했다. 소설을 읽는 학생들이 그렇지 않은 학생들보다 읽기 평점이 높게 나온 것이다. 잡지나 신문, 만화, 논픽션을 읽었을 때에도 비슷한 향상 효과가 있었는지 확인해봤더니 답은 "아니오"였다. 11~15세 청소년을 대상으로 연구해봤더니 결론은 이러했다. "소설책 읽기는 추론하기라는 더욱 높은 수준의 이해 기술에 독보적이면서 확실한 도움을 주는 유일한 읽기 습관이었다."[6]

여기에는 더 많은 데이터가 있다. 독일의 중학생들을 대상으로 한 연구에서 막시밀리안 포스트Maximilian Pfost와 동료들은 소설을 뜻하는 내러티브 텍스트를 읽게 하는 과외 수업이 독해와 어휘 발달과도 상관관계가 있다는 사실을 발견했다.[7] 여기에 더해 미나 토르파Minna Torppa와 동료들은 7~16세 어린이들을 대상으로 한 연구 결과를 다음과 같이 요약했다. 여가를 이용한 읽기, 특히 책 한 권 분량의 작품(장르는 특정되지 않음)을 읽는 빈도가 높은 것과 독해 평점이 높은 것 간에 상관이 있다고 나타났다. 여가용 읽기물로 잡지나 신문, 만화를 택한 아이들은 읽기 평점이 오르지 않았다.[8]

소설(그리고 좀 더 일반적으로 책)은 문학 세계에서 장문longform의 읽기물로 알려져 있다. 신문 기사(그리고 한 발 앞서 이야기하면 대다수 웹사이트)는 길이가 상대적으로 짧다. 긴 글 읽기가 읽기 기술 향상에 도움이 된다고 했을 때, 학생들이 스스로 읽겠다고 선택하는(혹은 우리가 학생들에게 읽으라고 요구하는) 텍스트의 길이가 짧아진다면 어떻게 될까? 뒤에 나올 장들에서 꽤 짧은(때로는 대단히 짧은) 텍스트에 초점을 맞추는 읽기

"독해 능력은 어떤 다른 읽기보다 여가를 이용한 책 읽기를 통해 가장 강력하게 길러진다."

미나 토르파 등[9]

플랫폼들을 비교한 연구를 살펴볼 것이다. 만일 학생들에게 온라인 읽기를 점점 더 요구하고, 그 결과 학생들이 읽는 텍스트가 짧아진다면, 우리는 긴 글 읽기의 혜택을 부주의하게 없애버리는 결과를 초래할 수도 있다.

교육 현장에 밀어닥친 디지털 읽기

우리는 일부 읽기 기술이 아주 최근에야 등장했다는 사실을 쉽게 잊는다. 서구 세계에서 인쇄물이 등장한 지 6세기는 족히 되었지만 디지털 읽기와 현대 오디오 방식은 상대적으로 신출내기다.

디지털 책의 개념은 1971년까지 거슬러 올라갈 수 있다. 당시 일리노이대학교 내학원생이었던 마이클 하트Michael Hart는 몇몇 자원자들을 모아 고전 저작의 텍스트들(저작권이 만료된 것들)을 타이핑해 컴퓨터에 입력했다. 이 시스템에 접속만 하면 누구나 그곳에 입력된 저작들을 무료로 읽을 수 있었다. 이 사업(구텐베르크 프로젝트)은 지금까지 계속되고 있다. 물론 지금은 사업의 대부분이 구글은 물론 도서관과 아카이브, 대학교들의 대규모 활동으로 대체된 상태다.

전자책 독자와 전자책을 창출해보려던 몇몇 상업적 혁신이 시도된 뒤, 2007년 11월 진정한 지각변동이 일어났다. 아마존이 킨들kindle(전자책 읽기용 단말기)과 일군의 디지털 책을 선보인 것이다. 하드웨어 개선과 전자책 종수의 증가와 함께 고속 성장이 몇 년간 계속된 후, 전자책은 대다수 종이책을 위협하고 잠재적으로는 대체할 것처럼 보였다. 2010년대 초만 해도 전자책 판매는 매년 세 자릿수 증가세를 이어갔다.[10]

그다음 지각변동은 느려졌다. 된서리를 맞아오던 종이책 판매가 어느 정도 안정을 되찾았다. 하지만 근래에 와서 단연 최대 승자는 오디오북이다.

수치상으로는 어떨까? 판매 숫자는 이렇다. 종이책 데이터의 출처는 NPD북스캔NPD BookScan(이전의 닐슨북스캔Nielsen BookScan)인데, 미국 종이책 거래 전체의 약 80~85퍼센트를 파악하고 있다. 전자책과 오디오북 통계는 미국출판협회AAP, Association of American Publishers에서 나온 것인데, 이곳은 세 매체를 망라한 미국 출판사 1360곳을 대표한다(작은 출판사들과 자가출판 도서는 AAP 자료에서 빠져 있다). 완전한 자료라고는 할 수 없어도, 다음 쪽 도표 2.2의 데이터는 최근의 세 가지 역사적 추세를 일별하기에 좋다. 그 세 가지란 종이책의 적정한 안정 상태, 전자책의 하락, 오디오북의 급상승을 말한다. 표의 퍼센트 수치는 전년도 대비 상승 혹은 하락을 나타낸다.

종이책 판매는 초대형 베스트셀러의 유무에 따라 변동하는 경향이 있다. 전자책은 초기 두 자릿수 성장률을 기록하며 2013년에 정점을 찍은 이후로는 매년 하락세를 보였다. 오디오는 계속 성장 중이라 더 지켜봐야 하는데, 특히 종이책과 전자책 양쪽 모두의 소설 판매에 영향을 주고 있다.

이 책은 교육적 맥락에서의 읽기에 초점을 맞추고 있으므로, 교과서 산업에서 무슨 일이 일어나고 있는지 이해하는 것도 중요하다. 알아야

도표 2.2 종이책, 전자책, 오디오북 판매 추이[11]

단위: 퍼센트(%)

	종이책	전자책	오디오 내려받기
2019년	-1.3	-4.2	+22.1
2018년	+1.3	-3.6	+37.1
2017년	+1.9	-4.7	+29.7
2016년	+3.3	-16.9	+24.7

할 것들 중에서도 가장 중요한 것은 무엇일까? 교과서에 비용이 너무 많이 든다는 것이다. 나는 주로 대학교 교재의 비용에 대해 이야기하겠지만 K-12(유치원에서 고등학교에 이르는 미국의 정규 교육) 교과서의 가격 문제도 이에 못지않게 어려운 과제다.

몇 년 사이에 교과서 가격은 놀라울 정도로 올랐다. 1977년과 2015년 사이 책값이 1041퍼센트나 뛴 것이다.[12] 미국 대학위원회College Board(미국 내입 시험인 SAT 출제 등을 맡고 있는 비영리 교육 단체:역주)는 2018~2019학년도 학부생이 교재를 비롯한 관련물 구입에 지출할 예산을 약 1200달러로 추정했다. 하지만 실제로 그 정도까지 쓴 학생은 많지 않았다. 2018~2019학년도 학생들의 실제로 쓴 경비는 설문조사에 따라 평균 약 200달러에서 500달러 사이를 기록했다.[13] 예산 추정치와 실제 지출 간에 차이가 나는 이유는 무엇일까? 학생들은 헌책을 사거나, 책을 대여하거나, 급우들과 복사본을 나눠 쓰거나, 도서관에서 책을 빌렸고, 이도 저도 아니면 교재 없이 지냈다. 당연하게도 많은 교수진이 학생들의 교재 비용을 우려한다. 최근 연구 결과를 보면 미국 내 교수진의 55퍼센트가 학생들이 교재를 구하지 않은 주된 이유가 비용이라고 생각했다.[14] 그럼에도 주목할 부분은 교수진의 37퍼센트는 그 주된 이유로 학생들이 교재가 필요없다고 생각하기 때문이라고 보았다는 것이다.

교재 비용 문제를 해결하기 위한 지금까지의 움직임 중에서 가장 눈에 띄는 것은 OER(열린교육자원)이다. 특히 미국에서 활발한 OER 운동은 디지털 자원(특히 교과서)을 만드는 것인데, 누구나 무료로 내려받을 수 있고 맞춤형으로 바꿔 쓸 수 있다. 대학교 수준 과정에서 가장 유명한 OER은 오픈스택스OpenStax일 듯한데, 텍사스 휴스턴의 라이스대학교에 본부를 둔 비영리 사업이다. 오픈스택스는 거시경제학에서 물리학, 미국사에 이르기까지 다양한 주제에 걸쳐 학문적 기준에 엄격한 대학교 교재를 생산한다. 이외 다른 사업으로는 윌리엄앤드플로라휼렛재단William and Flora Hewlett Foundation이 지원하는 프로젝트를 비롯해 뉴욕주의 오픈NYS, 학술출판 및 학문자원연합SPARC, Scholarly Publishing and Academic Resources Coalition의 사업, 상원의원 딕 더빈Dick Durbin의 '적정가격 대학교재법Affordable College Textbook Act'에 힘입은 얼마간의 연방 지원 등이 있다.

K-12 교육에서 진행되는 OER은 상황이 좀 다르다. 우선 대학교와 달리 그 이하 교육(특히 11~14세 연령의 저학년 교육)에서는 모든 것이 담긴 교과서보다 비교적 짧은 모듈식 자료를 사용한다는 점을 문제로 들 수 있다. 또 OER 자료가 디지털 방식이어서 교사들은 접속할 수 있지만 저학년 학생들에게는 종이로 출력되어 배포된다는 점도 고려해야 할 사항이다.[15]

무료로 이용할 수 있는 모듈식 자료와 책 한 권 분량의 자료, 이 둘

다 점점 많아지고 있다. 규모가 더욱 큰 사업 몇 가지만 들어보면 다음과 같다.

- 인게이지NYEngageNY: 뉴욕주 교육부가 유치원부터 12학년까지 어학과 수학 자료를 제공하는 사업
- 유타교육네트워크: 유타주가 과학(3학년부터 12학년까지), 어학(중고등학교), 수학(중등교육) 과목의 자료를 제작하는 사업

유타교육네트워크의 OER 웹사이트는 다른 곳에서 이용할 수 있는 귀중한 OER 자료 모음 목록도 제공한다. 여기에는 다양한 가능성의 보고寶庫인 OER 커먼스 사이트 링크도 있다.

교과서 전문 출판사들은 OER 자료로 인한 비용 절감과 경쟁의 문제를 통감하고 있다. 그래서 대학교 교재가 디지털 버전으로 나오기 시작했을 때 가격이 일반적으로 종이책보다 낮게 책정되었는데, 이유 중 하나가 제작 비용 하락이었다. 또 미국 시장에서는 종이책과 디지털 분야 모두에서 도서 대여 서비스들이 고객 확보 경쟁을 벌이고 있다. 대여료는 종이든 디지털이든 구매가보다 낮다. 대여 서비스는 2008년경에 시작되었는데, 시장 규모가 대폭 커졌다. 대학교 교재 시장에서 대여 서비스의 점유율은 약 35퍼센트까지 상승했다.[16] 2019년 전국대학서점연합 설문조사에 따르면 질문에 답한 학생들의 44퍼센트가 책을 대여한다고 답했다.[17]

구매와 대여 간의 가격 차이가 상황을 잘 보여준다. 2019년 7월 아마존 웹사이트에서 뽑은 가격을 보자. 다음은 로버트 고든Robert Gordon

의 인기 도서인 《거시경제학Macroeconomics》 12판의 가격이다.

- 양장본 구매: 177.00달러(정가 286.65달러의 할인가)
- 전자책 구매: 99.99달러
- 종이책 대여: 20.99달러
- 전자책 대여: 69.99달러

경제 사정을 차치하고, 학생들이 교재를 구매하는 대신 대여하는 것은 왜 문제가 되는 걸까? 대여를 할 경우에는 수업 과정이 끝나면 학생들 수중에 책이 없어지기 때문이다. 물론 기말이 되면 많은 학생들이 종이책 교재를 되판다. 수십 년 동안 그렇게들 해왔다. 하지만 책을 구매했을 때는 그것을 가지고 있으면서, 심지어 다시 한번 들여다볼 가능성이 있다. 좋은 교수법은 학습이 누적적이며 복습되는 것이지 단발성 이벤트가 아니라고 가르친다.

그런가 하면, 너무 부담스러운 상업적 교재(종이나 디지털) 가격의 해독제로서 OER의 인기가 점점 높아지면서 교재 출판사들도 그것을 대체할 디지털 수익원을 모색하기 시작했다. 그중 하나는 '가치 부가형' 모델이라 불리는 것인데, 출판사가 무료인 OER 자료의 가치를 더 높여 주는 보충 자료를 (학생당 적은 비용에) 제공하는 방식을 말한다. 우리는 출판 산업계의 다양한 사람들로부터 여전히 자신들의 직업적 전문성은 값을 지불할 만한 가치가 있는 것임을 상기시키는 말을 듣곤 한다. 미국출판협회의 고등교육 사무국장인 데이비드 앤더슨David Anderson은 이렇게 말한다.

> 온라인으로 손만 까딱하면 무료로 이용할 수 있는 막대한 교육 콘텐츠가 있긴 하지만, 여전히 전문적인 연구와 검사를 거쳐 학습 회사가 생산한 자료가 필요하다.[18]

똑같은 심정을 피어슨의 CEO인 존 팰런John Fallon도 이렇게 직설적으로 표현한다.

> 만일 [교육 공동체가 공개] 노선으로 간다면, 그것에는 대가가 따르기 마련이다. 그런 방향의 접근법을 재정적으로 지원하고 유지할 방안을 찾아내야만 할 것이다.… 품질은 그에 대한 값을 물어야 한다.[19]

두 번째 전략은 갈수록 힘을 얻고 있는 것으로, '포괄적 접속inclusive access'이라는 시스템을 이용해 복수의 도서에 대한 접속권을 묶음으로 제공하는 방식이다. 대학교들이 출판사와 계약을 맺고 학생들이 수업 첫날 필요한 책을 내려받을 수 있게 하는 것이다. 책값은 수업료에 산입되어 학생들은 학교에 직접 지불하고, 학교가 출판사와 책값을 정산한다. 피어슨, 맥그로힐에듀케이션, 센게이지 등이 이런 포괄적 접속 요금제를 선도하고 있다.

가격 책정(과 디지털 대 종이책 출판)의 향배를 좀 더 잘 파악하기 위해 초대형 교과서 회사인 피어슨을 보자. 피어슨의 2018년 매출은 50억 달러가 넘는다.[20] 미국에서는 K-12 교사든 대학생이든 피어슨이 출판한 교재를 사용하고 있을 가능성이 높다. 피어슨이라는 이름이 생소하다면, 이 회사의 자회사들인 애디슨웨슬리, 프렌티스홀, 스캇포스먼 등은 들어봤을 것이다. 피어슨이 어떤 마케팅 결정을 내리면 미국 교육 출판업계 전체가 귀를 기울인다.

2019년 7월 16일, 피어슨은 자사의 종이책 출판은 점차 줄여나가고, '디지털 우선' 정책으로 대체할 것이라고 발표했다. 앞으로 미국 내 모든 교과서는 초기에는 디지털로 출판될 것이다. 종이책 교과서는 여전히 존재하겠지만, 개정 빈도는 줄어들 것이다. 게다가 종이책은 대여 비용도 더 높아질 것이다. 피어슨의 발표에 따르면 전자책 대여료는 약 40달러, 종이책은 약 60달러로 추산되었다.[21] 종이책 대여료가 더 높아질 것이라는 전망은 지금까지 패턴을 뒤집는 것이다. 피어슨 입장에서도 그렇다. 왜 이런 변화가 일어날까? 피어슨의 CEO 존 팰런은 언론에 배포한 보도 자료에서 "우리의 디지털 우선 모델에서는 학생들의 책값 부담은 낮아지고, 시간이 갈수록 우리의 수익은 늘어나게 되어 있다"고 밝혔다. 구매자나 판매자 모두 행동의 관건은 본질적으로 돈과 관련된다.

확실히 돈은 학생들이 (혹은 K-12 학교 시스템의 경우) 학습 자료를 조달하는 방법을 결정짓는 변수 중 하나다. 하지만 2020년 초 별안간 우리 의식 안으로 뛰어든 또 다른 변수가 있다. 바로 글로벌 팬데믹이다.

우리는 그 모든 것이 중국 우한시의 화난 수산물 시장에서 도살해 파는 박쥐와 더불어 시작되었다고 생각한다. 박쥐는 중국 일부 지역을 포함해 많은 나라에서 식용으로 여겨진다. 박쥐는 바이러스를 옮기는데, 이것이 인간에게는 치명적일 수 있는 것으로 드러났다. 바이러스 중 하나가 지금 우리가 사스코브2SARS-CoV-2라고 부르는 것이고, 코로나19로 알려진 질병을 유발한다. 그로부터 감염과 사망, 행사 취소, 국경 봉쇄, 경제 불안 등 끔찍한 역사가 전개되었다. 학교도 문을 닫았다. 최소한 대면 수업은 그랬다.

2020년 3월이 되자 수업을 온라인으로 옮기는 식으로 대응하는 곳이 점점 많아졌다. 특히 대학교들이 그랬다. 스탠퍼드, 컬럼비아, 프린스턴, 하버드 등이 미국에서는 가장 먼저 온라인으로 전환한 학교군이었다. 수십 곳이 그 뒤를 이었다. 유럽의 대학교들도 마찬가지였다. 학기 중 그때쯤이면 (적어도 미국에서는) 이미 학생들은 수업에 필요한 교재(종이나 디지털)를 조달했어야 했다. 장차 진행될 교육과정 계획을 위한 틀은 짜여져 있었다. 만일 모든 수업을 온라인으로 진행해야 하는 상황이 될 수도 있다면, (종이책이 아닌) 디지털 읽기 과제물을 사용하는 것이 더 타당하다는 생각이 힘을 얻어갔다.

이런 일들이 벌어지는 것을 보면서 나는 2009년에 이미 우리가 했던 '준비 운동'이 생각났다. H1N1 바이러스가 팬데믹 조짐을 보이면서 학교 폐쇄가 우려되던 때였다. 내가 속한 대학교는 (그리고 내 생각에는 다른 많은 대학교들도) 교수진에게 교내 디지털 학습 관리 시스템에 수업 자료를 최대한 많이 올려놓을 것을 요청했다. 만일의 경우 대면 수업을 취소해야 할 상황을 대비한 조치였다. 우리는 도서관 예비고에 따로 확보해 두었던 종이책이나, 학기 중에 학생들이 구입하거나 도서관 서가에서 대출하리라 예상한 종이책은 강의 계획서에서 빼는 쪽으로 조정했다. 우리는 책 전체를 사용하는 대신, 디지털 변환이 가능한 단일 장들로 대체해 온라인에 올렸다. 또 우리 도서관이 디지털 구독권을 갖고 있는 저널에서 논문들을 찾았다. 요컨대 질병의 위협이 완전한 한 권의 종이책으로부터 분절된 디지털 텍스트로 옮겨가는 데 일조한 것이다. 코로나19는 이런 이동을 가속화했다. 두 경우 모두 이동의 동기가 급작스러운 현실의 필요였지 교육적 선호에 따른 선택은 아니었다.

무엇으로 읽을지 선택할 때 결정적인 요소는, 돈과 팬데믹에 대한 대응의 차원을 넘어, 매체가 학습에 어떤 영향을 미치는지에 대한 연구에서 얻은 지식이어야 한다. 그런 연구가 도움이 되려면, 우리가 실제로 알고 싶은 것을 알려주는 실험을 설계하는 것이 대단히 중요하다. 그러나 성공적인 연구 설계라는 목표는 달성하기 쉽지 않을 때가 많다. 어떤 어려움이 있는지, 나의 고백을 일례로 삼아 이야기를 시작해 볼까 한다.

읽기 연구에서 뜻밖의 결과가 나타나는 이유

종이책과 디지털 읽기에 관해 더욱 큰 규모의 비교 연구를 하면서 나는 학생들이 각 매체를 사용할 때 멀티태스킹을 얼마나 많이 하는지 관심을 기울였다. 나는 스크린으로 읽을 때 멀티태스킹을 더 많이 한다는 것을 보여주는 데이터를 가지고 있었지만, 그것이 일어나는 동안의 과정을 기록으로 남기고 싶었다. 대학원생(마즈닌 해브왈라Mazneen Havewala)과 나는 심리학 학부생을 테스트하는 실험을 설계했다. 참여 학생 대다수는 수업의 요구 사항으로 이런 종류의 연구에 참여하고 있었다.

우리는 인터넷이 연결된 컴퓨터가 있는 방을 꾸미면서 학생들이 휴대전화를 놓아둘 수 있는 공간과, 학생들의 주의를 뺏을 수 있는 여러 가지 것(벽에는 흥미를 자아내는 사진들, 탁자에는 화려한 잡지들, 그리고 갖고 놀 수 있는 손장난감들)을 배치했다. 그리고 그곳에서 무슨 일이 일어나는지 관찰하기 위한 동영상 카메라까지. 사후 이해 테스트도 실시하지 않았고 시간 제한도 없었다. 우리는 대학생들이 종이책을 읽을 때보다 컴퓨터 환경 속에 있을 때 멀티태스킹을 하려는 경향이 더 큰지 관찰하고 싶었다.

실험은 참담히 실패했다. 주의분산이나 멀티태스킹의 신호라고는 없었다. 인터넷에 뛰어드는 일도 없었고, 휴대전화를 확인하는 일도 없었으며, 장난감을 갖고 노는 일도 없었다. 그 대신 학생들은 읽기 과제에 고도로 집중했다. 실험이 끝나고 돌이켜 생각해 보니, 충분히 예상해야만 했던 일이었다. 주의를 기울이게 되어 있는 학생들은 그저 지시를 따랐던 것이다. 우리는 읽으라고 했고, 그들은 그렇게 했다. 테스트 상황은 학부생들이 자신들을 향하는 카메라가 없을 때, 가령 도서관에 밤늦게 앉아 있거나 기숙사 소파에 편하게 드러누워 있을 때의 상황과 철저히 달랐던 것이다.

내가 이 이야기를 하는 이유가 뭘까? 우리는 테스트의 조건이 실제 삶 속에서의 체험과 같지 않으며, 따라서 공식적인 테스트 상황이 최상의 학습 척도가 아닐 수 있다는 점을 기억할 필요가 있다. 때로는 청소년이 테스트에서 얼마나 좋은 성적을 올리는지가 더 나은 지표가 될 수 있다. 공정하게 말하면, 테스트는 내용의 기억이나 정신의 민첩성, 혹은 더욱 미묘한 사고 기술 같은 학업 성취의 총량 지표를 제공해줄 수 있다. 하지만 학습과 테스트는 구분해야 한다는 사실을 늘 예민하게 인식하는 것이 대단히 중요하다.

테스트에서 공통 변수는 우리가 학생들에게 과제를 완수하는 데 얼마나 긴 시간을 주느냐는 것이다. SAT처럼 표준화된 테스트는 시간이 정해져 있는데, 원리로 보면 그럴 만하다(만일 그렇게 하지 않으면 어떤 학생들은 온종일 시간을 보낼지도 모른다). 그러나 우리는 같은 작업을 완료하는 데 더 많은 시간을 정당하게 요구할 수 있는 학생들을 돕기 위해 예외가 주어진다는 것도 안다.

"지문을 빨리 읽거나 수학 문제를 빨리 푸는 능력에 달려 있는 과제는 사실 인생에서는 드물다. 학문에서는 아주 드물다."

하워드 가드너[22]

나는 예전에 〈뉴욕타임스〉에 실렸던 하버드대학교 심리학자 하워드 가드너Howard Gardner의 기고문을 종종 떠올린다. 가드너가 2002년에 쓴 기고문인데, 여기서 그는 시간 제한을 둔 시험이 학생들이 실제로 아는 것과 할 수 있는 것을 파악하기 위한 지표로는 형편없다고 주장했다.

가드너의 말이 옳다. 교육자로서 우리가 해결해야 할 과제는, 현실적으로 잘 정의된 학습 평가 방법을 개발하는 것이다. 모든 학생과 국가를 대상으로 점수를 비교하려고 한다면 표준화된 척도가 필요하다. 그중 하나가 시간이다.

내가 평가에서 시간 제한 문제를 강조하는 이유는 두 가지인데, 둘 다 종이책과 디지털 읽기를 비교하는 문제와 직접 관련이 있다. 시간의 문제는 4장에서 우리가 이야기할, 대학생들을 대상으로 한 일부 연구들에서 적실한 것으로 판명되었다. 이 연구에서 참가자들은 정해져 있기는 하지만 충분한 시간이 주어진 상태에서 종이와 디지털로 된 지문을 읽게 했을 때 이해 점수가 비슷할 때가 많았다. 하지만 읽을 때 시간 제한을 두자 대체로 종이로 읽었을 때 점수가 더 좋았다. 시간 제한과 관련한 또 다른 문제는 독자들이 스스로 소요 시간을 결정(자율 규제)할 수 있도록 했을 때 드러난다. 우리가 이야기할 한 연구에서, 학생들이 자율 규제를 했을 때 디지털 과제 수행에 걸린 시간은 줄어드는 반면 이해도는 더 나빠지는 경향을 보였다.

이들 일화적 증거는 한 걸음 더 나아가, 종이로 된 선형적 텍스트와 디지털로 된 텍스트를 비교할 경우 사람들이 종이로 읽을 때 더 긴 시간을 보내는 경향이 있음을 시사한다. 내가 수행한 연구에서 한 학생은 이렇게 말했다.

> 같은 분량이라도 종이로 읽을 때가 디지털보다 시간이 더 걸린다.[23]

왜 이런 차이가 생기는 걸까? 우리 대부분이 읽기 기술과 전략을 종이책으로 배우면서 주의 깊게 읽으라는 이야기를 들었기 때문일까? 종이의 물리적 특성이 읽기의 패턴을 형성하는 걸까? 디지털로는 어떻게 읽게 '되어 있는'지에 관해 우리가 다른 가정을 갖고 있는 걸까? 범위를 더 확장하면, 디지털로 읽는 방식과 종이로 읽는 방식 간의 차이는 얼마만큼이 기술적 문제를 반영하는 것이고, 얼마만큼이 우리의 사고방식에서 기인하는 것일까? 이 책에서는 이런 문제들을 기존의 연구 결과를 가지고 최대한 풀어보려고 한다.

우리가 디지털 텍스트를 다루는 방식

우리가 상이한 매체를 읽는 법에서 차이를 보이는 원인 중 하나는 매체와 상호작용하는 방식에 있다. 앞의 장에서 우리는 읽기 경험의 일부로서 촉감의 역할을 이야기했다. 여기서는 또 다른 두 요소에 초점을 맞춰본다. 하나는 우리가 디지털로 된 선형적 텍스트를 어떤 방식으로 읽어나가느냐는 것이고, 다른 하나는 종이와 디지털로 읽을 때 주석을 다는지의 여부다.

읽는 방식: 페이지 넘기기 VS 스크롤하기

코덱스codex(오늘날 우리가 책이라 부르는 것)가 개발되기 전에 긴 글은 보통 두루마리에 쓰였다. 우리가 성경의 '책들'(창세기나 4대 복음서와 같이 성경을 구성하는 구약 39권, 신약 27권, 도합 66권의 책을 말한다:역주)을 이야기할 때, 이것들은 후대에 구분해서 붙인 이름들이다. 토라(구약의 첫 다섯 '책들', 이것은 두루마리다)나 사해 두루마리(우리말로는 흔히 '사해 문서'라 불린다:역주)를 생각해보라. 두루마리를 읽는다는 것은 수많은 풀고 되감기, 즉 '스크롤'을 뜻했다. 코덱스(양피지 페이지를 죔쇠로 한데 묶은 것)가 두루마리를 대체하기 시작한 것은 기원후 1~2세기부터였다.

코덱스는 두루마리에 비해 장점이 많았다. 페이지의 양면에 다 쓸 수 있었다. 들고 다니거나 손에 쥐기가 더 쉬워졌다. 읽던 곳을 더 빠르게 찾고 특정 단어 구간에 주의를 기울일 수도 있었다. 물론 두루마리로는 '훑어보기'나 '살펴보기'를 더 빨리 할 수 있었다. 둘 중 어느 것을 택할 것인지는 읽는 사람의 목표가 무엇이냐에 따라 결정되었다. 오늘날 디지털 기술 세계에서도 사정은 같다.

잠시 우리가 사이트를 옮겨 다니는 것이 아니라 선형적 텍스트를 읽고 있다고 가정해보자. 만일 내가 컴퓨터에서 읽고 있다면 텍스트의 후속 행에 접속하는 데는 두 가지 기본 방식이 있다. 한 가지는 (터치패드나 마우스, 스크롤 바를 사용하거나 '아래로' 화살표를 눌러) 아래로 스크롤하는 방식이다. 두 번째는 '페이지' 다운down 방식이다. 지금 내가 쓰는 맥 컴퓨터상에서는 'fn' 키와 '다운' 화살표를 동시에 잡고 아래로 내리는 것을 말한다(내가 쓰던 옛날 PC에는 페이지 업과 페이지 다운 키가 따로 있었다). 이런 페이지 기능의 단점은, 읽고 있는 텍스트의 포맷에 따라서는 한 번의 조작으로 완전한 '한 페이지 분량'을 접하지 못할 수도 있다는 점이다.

만약 텍스트를 읽는 목표가 빠르게 훑는 것이라면(가령 읽고 있는 글이 더 많은 시간을 들일 만한 가치가 있는지 점검하거나, 검색 기능이 작동하지 않는 상황에서 특정한 무언가를 찾는 중이라면) 스크롤 방식은 더없이 좋다. 하지만 목표가 더 세심하게 읽는 것이라면 어떨까?

인간이 2000년 가깝도록 뚜렷이 구분된 페이지를 읽어온(그리고 앞으로의 세대도 그렇게 하도록 사회화해온) 상황에서, 스크롤 방식으로 읽을 때보다 '페이지 분량'의 텍스트를 읽을 때가 더 주의 깊게 읽기 쉽다는 사실은 하등 놀라울 게 없다. 4장에서 우리는 이에 관한 연구와 그 차이에 대한 설명을 다시 살펴볼 것이다.

주석 달기

행간 이동 문제에서 초점을 바꿔, 이제 읽는 것에 주석을 달아 텍스트 내용 안에 우리 자신을 끼워 넣는 방법에 관한 논의로 옮겨가보자. 주석 달기의 가장 단순한 형식으로는 밑줄 긋기와 강조 표시하기, 동그라미 치기, 화살표 넣기 등이 있다. 정신적으로 더 많은 주의를 끄는 것으로 수 세기에 걸쳐 사용돼온 주석 달기의 또 다른 형식은 여백에 써넣기, 즉 책 페이지의 여백에 의견을 적는 것이었다.[24] 책에다 쓸 수 없을 때는 따로 적어두었다.

다음 장에서 우리는 성공적인 독자가 되기 위한 오랜 조언들을 이야기할 것인데, 조언 목록의 상단에 주석 달기(특히 여백에 써넣기)가 있는 것을 보게 될 것이다. 왜 그럴까? 글을 적는 것은 지금 읽고 있는 것과의 적극적인 관계 맺기를 수월하게 해주기 때문이다. 주석 달기는 또한 읽기 과정의 속도를 늦춰주는데, 끊임없이 앞으로 읽어나가기보다는 읽는 것을 멈추고 가끔은 멍한 눈으로 다른 곳을 떠올리며 생각에 잠기고 써야 하기 때문이다.

디지털로 읽을 때는 어떨까? 우리는 주석을 달까? 여백에 우리 자신의 기록을 추가하는 방식으로? 그런 경우는 많지 않다. 디지털 주석 달기의 어려움은 여러 측면에 걸쳐 있다. 첫째, 디지털 주석 달기를 위한 소프트웨어는 대부분 사용법이 펜이나 연필만큼 쉽지 않다(설문조사마다 학생들은 이 문제를 반복해서 이야기한다). 둘째, 많은 학생들은 디지털 주석 달기에 훈련이 되어 있지 않다. 그렇다 보니 실행에 옮기는 경우도 없다. 셋째, 촉각에 관한 연구들은 손 글씨를 위한 도구를 물리적으로 조작하는 것이 (컴퓨터 키보드나 터치패드와 비교했을 때) 기억에 더 도

움이 된다고 이야기한다.[25]

네 번째로, 태도의 문제가 있다. 우리는 주석 달기를 위해 멈출 필요가 있을 때 일어나는 더 느리고 주의 깊은 읽기의 장점이 디지털 텍스트에서도 발휘된다고 보는가? 우리를 특정 방향으로 읽게 유도하는 것은 기술일까, 아니면 우리의 마음가짐일까?

기술이 문제일까, 마음가짐이 문제일까?

작가와 학자, 교육자들은 종이책과 스크린 읽기에 대해 10년이 넘도록 찬반 논쟁을 벌여왔다. 시간이 흐르면서 논쟁의 수사와 연구의 성과는 모두 진화했다.

1단계: 동등하다는 주장의 개진

디지털은 읽기를 위한 또 하나의 매체일 뿐이다. 내용물이 같은 한, 그것을 담는 그릇은 문제가 되지 않는다.

2단계: 주장에 대한 테스트

어떤 연구 결과들은 이해도에서 동등함을 보여주지만 다른 연구 결과들은 차이를 보여준다.

3단계: 연구 설계 다시 생각하기

어쩌면 처음에 실시한 테스트의 질문들이 충분히 섬세하지 못했을 수 있다. 따라서 다른 연구 틀이 필요할지 모른다.

우리가 이야기해야 하는 것은 바로 이 마지막 사항(다른 연구 틀이 필요하다는 것)이다. 내가 제안하는 틀은 우리가 읽을 때 관여하는 외적(물리적) 사실과 우리가 읽기를 경험할 때 취하는 내적(정신적) 태도를 대조해보는 것이다.

외적(물리적) 요인

골수 스크린 마니아들도 디지털 읽기와 구분되는 종이책 읽기의 물리적 특성은 인정한다. 종이책에는 책 자체가 주는 촉감이 있고 그것과 상호작용하는 나름의 방식이 있다. 읽기 체험은 이런 식으로 물질적으로 설정된 환경(우리가 읽는 장소와 우리 몸이 자세를 잡는 방식, 즉 체화의 차원)에 뿌리를 내리게 된다.

스크린에도 나름의 외적 특성이 있다. 스크롤 대 페이지 넘기기, 스크린과 텍스트의 크기, 하이퍼링크와 내비게이션(컴퓨터 스크린이나 웹사이트를 오가는 행동:역주) 등이다. 연구의 난점 가운데 하나는 이런 외적 특성 중 어떤 것들(특히 하이퍼링크와 내비게이션)은 종이에는 대응하는 것이 없다는 사실이다. 그렇다 보니 연구를 하다 보면 종이와 디지털을 직접 비교할 수 없는 경우가 많다.

우리가 읽을 때 매체의 외적 특성은 얼마나 중요할까? 4장에서 보게 되겠지만, 종이의 경우 외적 특성이 갖는 중요성은 상당하다. 하지만 열혈 디지털 독자들은 종이책 애호가들을 두고 그저 향수에 젖어 있고 바뀐 시대에 적응하지 못하는 사람들로만 생각하는 경우가 많다.

정말 그런가? 이 문제를 해결하기 위해 심리학자와 읽기 전문가들은 반복해서 경험적인 비교 연구에서 답을 구하려 한다(앞에서 언급한 연구의 2단계와 3단계). 이 문제는 결국 우리 머릿속이 어떤가의 문제로 이어진다.

내적(정신적) 요인

누군가 우리의 모든 두려움, 가령 화성에서 온 녹색 난쟁이에 대한 두려움은 우리 머릿속에 있다고 말한다면, 그 말은 그런 생명체는 존재하지 않으며 우리가 그렇게 상상했을 뿐이라는 뜻이다. 물론 '우리 머릿속에 있는 것'이라는 말이 다른 것을 뜻할 수도 있는데, 그때는 우리가 '아는 것'을 말한다. 전자는 바뀔 수 있는 가정의 구조이고, 후자는 인지적 성취다.

종이와 스크린을 비교하는 연구 대다수는 인지적 성취에 주목해왔다. 이런 경우 테스트는 대개 정교함의 수준을 바꿔가며 텍스트 이해도를 측정하는 것이었다. 하지만 새로운 대안적 접근법은 읽을 때 독자의 선제적 가정이 개입하는 정도를 측정하는 것이다. 심리학에서 이런 차원을 지칭하는 공식 용어는 '메타인지metacognition'인데, 더욱 일상적인 용어로는 '마인드셋mindset'(앞에서 설명한 대로 우리말로는 주로 '마음가짐', 경우에 따라 '사고방식'으로 옮긴다:역주)이라는 말을 많이 쓴다.

'모두 우리 머릿속에'라는 말의 두 가지 의미는 우리가 기술(특히 모바일 기기와 같은 휴대용 기술)을 일상생활에서 어떻게 사용하는지 관찰할 때 한데 합쳐지는데, 이것은 많은 생각을 불러일으킨다. 알고 보면 그런 기기들이 실제로는 우리의 정신에 수동적인 상태로 있을 때조차 우리는 사회적으로나 인지적으로나 다르게 행동한다.

먼저 사회적 차원부터 보자. 이를테면 당신이 친구와 스타벅스에 앉아서 이야기를 나누고 있다고 가정해보자. 두 사람 모두 탁자 위에 자신의 전화기를 올려두었지만 사용하지는 않고 있다. 그냥 자리만 차지하고 있는 셈이라 치자. 두 사람의 상호작용에는 아무런 영향이 없을까? 그렇지 않다. 샬리니 미스라Shalini Misra와 동료들의 연구를 보면 말이다.[26]

이 연구자들은 커피숍에 짝을 이뤄 들어오는 사람들에게 다가가 실험에 참여해달라고 부탁했다. 참가자들은 음식과 음료를 받은 후 테이블에 자리를 잡고 앉는다. 그중 일부에게는 일상적인 주제(구체적으로 인조 크리스마스 트리에 관한 생각들)에 관해 이야기하게 했고, 다른 일부는 더욱 사적인 주제(작년 한 해 동안 가장 의미 있는 사건들)에 대해 이야기하게 했다. 관찰자들은 참가자들이 어떤 종류의 디지털 기기(휴대전화나 랩톱, 태블릿)를 탁자 위에 두거나 손에 들고 있는지 기록했다. 10분이 경과했을 때 참가자들에게 짧은 설문에 답해달라고 요청했다. 여기에는 심리적이고 사회적인 질문이 들어 있었다.

가장 눈에 띄는 결과는 다음과 같다.

- 모바일 기기가 자리에 없을 때 오간 대화가 기기가 눈에 띄게 자리 잡고 있을 때(심지어 사용되지 않았음에도)보다 높은 점수를 받았다.
- 모바일 기기가 없을 때 사람들은 대화자를 공감력이 더 높은 사람으로 평가했다.
- 서로 가까운 사이일수록 모바일 기기의 존재가 가깝지 않은 사이에 비

해 공감의 수준을 훨씬 더 낮아지게 만들었다.

요컨대 휴대전화를 손에 들고 있거나 탁자 위에 두고 있을 때, 심지어 기기가 무음 상태일 때조차 대면 대화의 공감도를 떨어뜨릴 수 있다. 특히 대화 상대와 강한 유대 관계에 있을수록 그렇다.

왜 그럴까? 이 물음에 대해서는 에이드리언 워드Adrian Ward와 동료들이 진행한 또 다른 재치 있는 실험이 얼마간의 단서를 제공한다.[27] 워드의 연구는 테스트를 세 가지 조건으로 설정해 진행했다. 매번 참가자들에게 두 가지 표준적인 인지력 측정 과제를 완료하게 했고, 수행력을 점수로 매겼다. 첫 번째 조건에서는 테스트가 진행되는 동안 참가자들의 휴대전화를 책상 위에 뒤집어 놓도록 했다. 두 번째 조건에서는 휴대전화를 주머니나 가방 속에 집어넣도록 했다. 세 번째 조건에서는 테스트가 시작되기 전에 휴대전화를 다른 방에 두고 오게 했다. 세 경우 모두 휴대전화는 '완전한 침묵' 상태에 두도록 했다. 벨 소리나 진동이 일어나지 않게 한 것이다.

휴대전화의 근접성이 테스트 결과에 차이를 가져왔을까? 물론이다. 참가자의 휴대전화가 물리적으로 가까이 있을수록(심지어 무음 상태인데도) 인지적 수행력이 나빴다. 왜 그럴까?

연구자들은 우리의 인지 능력의 한계 때문이라고 설명한다. 우리가 저마다 한 번에 사용할 수 있는 인지력의 양이 정해져 있다고 가정해보라. 그 정량의 인지력을 복수의 과제(이 실험에서는 인지력 테스트에 응하는 것과 자신의 휴대전화에 관한 생각)에

> "[휴대전화가] 있기만 해도 사용할 수 있는 인지 능력이 줄어든다."
> **에이드리언 워드 등**[28]

나눠 사용한다면, 그 과제에 사용할 수 있는 인지력은 줄어든다. 휴대전화를 방 밖에 두는 세 번째 조건의 실험이 최상의 결과를 낳은 것은, 말 그대로 '눈에서 멀어지면 마음에서도 멀어진다'의 경우다. 이때의 이점은 측정 가능할 정도로 뚜렷하다.

이 연구가 우리에게 보내는 경고는 더 있다. 휴대전화에 대한 참가자의 의존도가 클수록 휴대전화의 존재가 미치는 효과는 컸다. 의존도가 심한 사람일수록 휴대전화의 부재가 주는 이점이 컸고, 휴대전화가 존재할 때 낮은 점수를 받을 가능성이 높았다.

이 모든 것이 우리 머릿속에서 비롯하는 걸까? 그렇다. 인지적 측면 그리고 개인의 가정 모두에서 그렇다. 이 연구의 중요한 결론은 우리가 살아가는 현실 세계의 관행과 경험, 믿음을 감안해 볼 때, 우리가 사전에 걸러낼 수 없는 여러 요인들이 읽기(테스트)에도 적용된다는 사실이다.

4장을 필두로, 우리가 읽을 때 다양한 매체들을 어떤 식으로 사용하는지에 관한 생각을 확증하거나 반박하는 연구들을 더 심도 있게 살펴볼 것이다. 그러나 그 전에 준비 차원에서, 종이로 읽기가 다른 매체로 읽기를 평가하는 데 공정한 잣대가 될 수 있는지 정직하게 살펴볼 필요가 있다.

3장

종이책을 제대로 읽고 있다는 착각

» **여가용 독서의 당혹스러운 변화**

» **학생들은 읽기 과제를 성실히 하고 있을까?**

» **교육 현장의 현실: 미국과 노르웨이 교강사 인터뷰**

읽기 과제물의 양

학생들의 읽기 과제 수행에 대한 교수진의 기대치

최근 몇 년 사이에 읽기 과제물에 어떤 변화가 있었나?

교수들은 디지털 기술이 학생들의 읽기에 영향을 준다고 생각할까?

학생들의 읽기에서 관찰되는 보편적인 변화

비용의 문제

학생들이 처한 상황의 변화

» **효과가 입증된 읽기 전략들**

종이책 읽기를 위한 전통적인 전략

종이책 읽기 전략이 디지털 읽기에도 맞을까?

종이책 읽기 전략이 오디오 읽기에도 맞을까?

전통적인 읽기 전략은 정말 효과가 있을까?

아, 종이책! 나이에 따라서는 읽기를 대체로 혹은 순전히 종이 텍스트와 동일시할 가능성이 높다. 그런 사람에게는 엄청난 양의 읽을거리가 지금은 스크린에 있다고 해도 여전히 가슴 속에는 종이에 대한 애착이 남아 있다.

나도 그런 애착을 소중히 여기는 사람이다. 나의 집과 사무실은 제본된 책들로 차고 넘친다. 또 비록 매일 컴퓨터 앞에서 몇 시간씩을 보내기는 해도 여가용 읽기를 스크린으로 해결하는 데는 아직도 미온적이다. 하지만 지금 이 책은 즐거움을 위한 읽기에 관한 것도 아니고 나에 관한 것도 아니다. 학습과 객관성에 관한(이 장의 경우 종이로 읽기와 관련한) 책이다. 우리는 사람들이 어떻게 읽는지뿐만 아니라 얼마나 읽는지도 가늠해볼 필요가 있다. 또한 종이책 읽기에서 학생들이 더 나은 독자가 되게 하는 데 효과가 있다고 입증된 전략을 생각해보는 것은 물론, 그런 전략이 읽기가 디지털화한(스크린으로 보거나 귀로 듣거나 하는) 상황에서는 얼마나 적용 가능한지 물어본다면 분명 얻는 것이 있을 것

> "우리는 디지털 매체를 사용하는 방식을 마치 우리가 종이책 같으면 그렇게 사용하기를 바라는 방식과 비교한다. 즉, 진짜 사과를 이상적인 오렌지와 비교하는 꼴이다."
> **리아 프라이스Leah Price**[1]

이다.

왜 종이책에 관해 진솔한 이야기가 필요한가? 우리가 종이책 읽기를 낭만화할 때가 많기 때문이다. 그러다 보면 본능적으로 스크린 읽기는 결함이 있는 것으로 판단하게 된다. 그럴 경우 우리가 종이책을 바탕으로 상정한 (그리고 가끔은 비현실적인) 기준에 이르지 못했을 때, 디지털 읽기가 기대에 부응할 수 있는지를 두고 집착하는 것은 별 의미가 없어진다.

아네슈카 쿠즈미초바는 종이책 읽기와 오디오북 듣기를 비교한 연구에서, 종이책을 읽을 때 독자의 정신이 실제로는 헤매거나 텍스트의 세부 사항을 얼버무리고 넘어가는데도 아주 집중하는 것처럼 이상화하는 경향이 있다고 이야기했다.[2]

요즘 사람들은 얼마나 많이 읽을까? 한번 보기로 하자. 먼저 자발적 읽기로 시작해 그다음 학생들에게 과제로 주어지는 읽기로 옮겨가 보자.

여가용 독서의 당혹스러운 변화

미국의 교육가와 여론조사자들은 사람들이 얼마나 읽는지 오랫동안 추적해왔다. 측정한 것은 어떤 경우는 1일 평균 독서 시간, 어떤 경우는 1년에 읽는 책의 권수다. 설문조사 대부분의 목표는 대체로 즐거움을 위한 읽기를 조사하는 것이고, 간혹 문학적 읽기를 조사하는 경우도 있다. 잣대가 무엇이건 두 경우 모두 핵심 결과는 동일했다. 미국의 경우 사람들은 이전보다 적은 시간을 독서에 쓰고 있다.

이 절에서 우리의 주된 관심사는 미국 사회의 읽기 패턴이지만, 국제적으로 봤을 때는 다양한 편차가 존재한다는 사실을 기억할 필요가 있다. 가령 노르웨이에서는 최근 조사에서 성인의 88퍼센트가 지난 한 해 최소 한 권의 책을 읽었다고 답한 반면, 미국은 그 수치가 73퍼센트였고, 이탈리아는 42퍼센트에 가까웠다.[3]

이 책은 교육적 상황에서의 읽기에 초점을 맞춘다. 그렇다면 왜 사람들의 일반적인 독서, 특히 즐거움을 위한 독서의 양이 문제가 되는가? 즐거움을 위해 읽는 학생들이 통계적으로 학문적인 읽기에서도 더 나은 독자이기 때문이다. 관련 증거는 앞서 2장에서 인용된 것 외에도 허다하다.[4]

요즘 청소년들은 자유 시간에 책을 많이 읽을까? 많이는 아니어도 적당히 아니면 간헐적으로는 읽을까? 그들보다 나이가 많은 동기나 부모, 조부모는 어떨까?

이 문제에 대한 대답은 먼저 어느 한 계절, 이를테면 여름철의 독서량을 바탕으로 시작해볼 수 있을 것이다. 원칙적으로 여름철이 학생들로서는 여가 독서를 위한 시간이 나는 계절이기 때문이다. 《어린이와 가족 독서 보고서Kids & Family Reading Report》 7판에 실린 여름철 독서에 관한 학자들의 논의를 보면 시간 경과에 따른 추세를 포함해 몇 가지 당혹스러운 통계치가 나와 있다. 다음 쪽 도표 3.1은 그중 몇 가지 주목할 만한 사실을 요약해 보여준다.

도표 3.1 여름 독서 패턴[5]

	여름 동안 책을 한 권도 읽지 않은 아동의 비율	
	2016년	2018년
9~11세	7퍼센트	14퍼센트
15~17세	22퍼센트	32퍼센트

놀랄 것 없다. 읽은 대로다. 15~17세 청소년 중 3분의 1이 2018년 여름 동안 책을 한 권도 읽지 않았다. 2년 전만 해도 그 비율은 5분의 1에 불과했다. 9~11세 집단은 그래도 조금 낫지만, 그럼에도 여름 내내 한 권도 읽지 않은 사람의 비율은 2016년과 2018년 사이 2배가 늘었다.

미국의 아이들은 저학년에서 중학교를 거쳐 고등학교로 진학하면서 즐거움을 위한 읽기의 (평균적인) 총량이 점점 하락한다. 커먼센스미디어Common Sense Media(미국의 어린이를 위한 미디어 교육 기술 습득을 돕는 비영리 기업:역주)가 최근 8~12세와 10대를 대상으로 즐거움을 위한 독서 빈도를 조사한 결과의 통계는 다음과 같다.[6]

즐거움을 위한 독서량	8~12세	10대
많이 읽는다	38퍼센트	24퍼센트
매일 읽는다	35퍼센트	24퍼센트
주 1회 미만이거나 전무하다	22퍼센트	32퍼센트

이런 패턴을 전제로 연도별로 수치가 더 떨어진다고 본다면, 특히 고

학년들 사이의 하락세는 고등학교 졸업에 임박한 10대들이 다음 교육 단계에서 독서를 어떻게 바라볼지에 관해 경종을 울린다.

이제 조사 연령 범위를 더 넓혀 통계치를 살펴보자. 이번에는 노동통계국(미 노동부 산하 부서)이 제공한 자료다. 노동통계국이 매년 발간하는 미국인의 시간 사용 조사에는 독서에 얼마나 많은 시간을 쓰는지 사람들이 스스로 보고한 수치도 들어 있다.[7] 첫 조사가 실시된 것은 2003년(발간은 2004년)이었다. 가장 근래의 데이터(이 책의 집필 시점 기준)는 2018년에 수집되어 2019년에 발간되었다.[8]

먼저 큰 그림을 살펴보자. 미국인이 여가 시간에 즐기는 독서의 양이 갈수록 줄어들고 있다.

	2004년	2018년
여가용 독서를 한 비율	28퍼센트	19퍼센트
여가 독서 시간	23분	16분

사람들의 독서량이 균등한 분포를 보이는 것도 아니다. 2018년 조사에서 여성은 즐거움을 위한 독서에 보내는 시간이 하루 평균 17분을 조금 넘긴 반면, 남성은 겨우 14분에 그쳤다.

나이 또한 중요 변수다. 최근 조사에서 즐거움을 위한 독서를 가장 많이 하는 연령층이 75세 이상(하루 평균 48분)이었고, 그다음으로 크게 뒤처지지 않은 연령층이 65~74세(37분 가까이)였다는 사실은 그리 놀라울 게 없다. 우려스러운 것은 연령 스펙트럼의 반대편 쪽 평균치다.

- 15~19세: 7.2분
- 20~24세: 6.6분
- 25~34세: 6.0분

독서량의 감소, 특히 10대와 젊은 성인층의 하락은 미국만의 현상이 아니다. 네덜란드 독서재단이 조사한 5년 사이 통계치에서도 유사한 패턴이 나타난다.[9]

- 13~19세: 23분(2013년) → 14분(2018년)
- 20~34세: 17분(2013년) → 13분(2018년)

청소년과 젊은 성인층이 정신없이 바쁘게 사는 경우가 많다는 점은 이해가 간다. 하지만 이 수치는(특히 미국의 수치는) 정신이 번쩍 들게 한다. 여기서 말하는 읽기에 온라인으로 소셜 미디어를 읽는 것까지 포함되었는지는 나로서는 알 수 없다. 만일 그렇다면 조사 결과는 훨씬 더 우려스럽다. 더욱이 2018년 미국인의 시간 사용 조사에는 젊은 연령대에 속하는 세 집단 모두가 하루 텔레비전 시청 시간으로 최소 2시간은 낼 수 있었다고 나온다.

미국 노동통계국의 자료가 이례적인 것도 아니다. 미국 국립예술기금NEA, The National Endowment for the Arts과 갤럽, 퓨리서치센터, 세 곳 모두가 시간의 경과에 따른 여가용 읽기 시간의 감소를 비롯해 이런 일반적인 경향을 확증한다.[10]

대학생들은 어떨까? NEA는 2007년에 펴낸 보고서("읽느냐 읽지 않느

냐: 국가적으로 중대한 물음")에서 2005년 대학교 신입생의 39퍼센트가 한 주 동안 즐거움을 위해 읽은 책이 한 권도 없다고 결론지었다. 응답자의 26퍼센트는 주당 독서 시간이 1시간 미만이라고 답했다. 1시간이 넘는 학생은 35퍼센트에 불과했다.

이보다는 조금 희망적인 연구 결과가 있기는 하다. 가령, 쿠이더 모흐타리Kouider Mokhtari와 동료들은 연구 논문에서 학부생들의 여가용 독서 시간이 주당 평균 5.7시간이라고 보고했다. 그럼에도 이 수치는 인터넷 사용(여기에는 아마도 온라인으로 상당량의 선형적 텍스트를 읽는 것은 빠져 있을 것이다) 시간이 주당 12시간 이상이라는 사실 앞에서는 무색해진다.[11] 황수화SuHua Huang와 동료들도 이와 유사한 불균형을 발견했다. 즉, 여가용 독서 시간은 주당 4.2시간인 데 비해 인터넷 사용 시간은 9시간에 가까웠다.[12]

즐거움을 위한 독서에 대한 연구들 사이에 이와 같은 차이가 나타나는 원인은 무엇일까? 아마도 연구 방법론의 차이라든가, 표본 집단이 어떤 학생들인지, 조사 당시에 디지털 기술이 학생들 사이에 얼마나 퍼져 있었는지(그리고 온라인으로 상당량의 텍스트를 읽는 것까지 집계에 포함되었는지) 등의 변수들이 다 영향을 주었을 수 있다. 중요한 것은 절대 수치가 아니라 경향이다.

이런 패턴은 다른 나라들에서 실시한 조사에서도 찾아볼 수 있다. 가령 일본의 전국대학생활협동조합연합회가 1만 명 이상의 학생들을 대상으로 실시한 연구 결과를 보자.[13] 2017년의 경우,

- 학생들의 53.1퍼센트가 전혀 읽지 않았다.

- 비독자 수가 지난 5년 사이에 18.6퍼센트 증가했다.
- 인문학과 전공자의 48.6퍼센트가 즐거움을 위한 독서 경험이 없었다.

좋다. 대학생들은 바쁘다. 아마 시간만 있었다면 즐거움을 위해 읽는 시간이 더 높게 나왔을 것이다. 우리는 학생들이 적어도 학업을 위한 과제로 부과된 읽기는 하고 있었다고 믿고 싶다.

학생들은 읽기 과제를 성실히 하고 있을까?

고등학교나 대학교에서 학생들을 가르치는 사람들은 학기를 앞두고 교과 강의계획표를 준비하면서 기대에 차 있을 때가 많다. 강의에 필요한 책과 장, 논문 혹은 온라인의 글들을 찾느라 수고하면서, 이것이 학생들의 이해를 증진하고 분석 능력을 길러줄 뿐만 아니라 심지어 재미까지 선사하기를 바란다. 하지만 이 모든 일이 일어나려면 학생들이 그것들을 읽어야 한다.

학생들은 그렇게 할까? 사실은 읽는 양이 많지 않다.

간단한 시험으로 학생들을 압박해보라. 그러면 대개는 올바른 방향으로 간다. 하지만 그런 압박 없이 학생들을 믿고 알아서 과제물을 읽게 했을 때는 종종 불쾌한 깨달음을 얻게 된다.

이런 현실 때문에 40년 가까이 연구자들은 학생들이 읽기 과제를 해당 수업에 늦지 않게 혹은 기말까지 얼마나 완수하는지 측량해보려고 했다. 이에 대한 상호보완적 접근법은 학생들이 학업을 위한 읽기에 쓰는 시간이 얼마나 되는지 주 단위로 살펴보는 것이다. '읽기 숙제 완수'에 관한 답은 대부분 학생들의 자기 보고self-reports에 바탕을 둔다. 널리 인정되고 있듯, 자기 보고는 부정확하기로 악명 높다. 그럼에도 보고 결과를 심각하게 여길 만한 이유는 지금까지, 특히 지난 20년 동안 이것이 보여주는 일관성이다.[14]

반복해서 인용되는 믿을 만한 연구는 콜린 버치필드Colin Burchfield와 존 새핑턴John Sappington이 수행한 '시간의 경과에 따른 독해율'의 비교 연구다.[15] 연구자들은 저학년 학부생부터 대학원생에 이르기까지 심리학 수업을 듣는 학생을 대상으로 각자 과제물 읽기를 실제로 얼마나 하는지 물었다. 1981년만 해도 전반적인 수치는 80퍼센트가 넘었다. 그러나 1997년 평균치는 20퍼센트 가까이로 떨어졌다.

20퍼센트? 정말인가? 슬프게도 사실이다. 대학생들에 관한 다른 여러 연구들을 보더라도 28퍼센트, 27퍼센트, 25퍼센트 등 같은 범위의 수치를 보여준다.[16] 에이미 리베라Amy Ribera와 롱 왕Rong Wang이 45개 미국 단과대학과 종합대학 4학년생 1만 8000명 이상을 대상으로 한 설문조사 결과를 보면, 전체의 21퍼센트만이 일반적으로 수업 과제물 읽기를 (짐작건대 학기가 끝나기 전까지는) 완수한다고 말했다.[17]

질문을 바꿔, 학생들에게 학교 과제물 읽기에 주당 얼마나 많은 시간을 쓰는지 물어보면 어떨까? 두 그룹의 연구자들이 미국 대학생을 대상으로 설문조사를 한 결과는 각각 다음과 같다.

- 주 10.9시간
- 주 7.7시간[18]

이 중 후자는 미국 전국학생참여조사NSSE, National Survey of Student Engagement가 펴낸 2019년 보고서에 나오는 대학생 조사 결과와 비슷하다.[19]

- 1학년생 주 6.4시간
- 3학년생 주 7.1시간

이 수치를 앞뒤 맥락과 관련지어 보자. NSSE는 학생들에게 일주일 동안 수업 준비에 보내는 시간이 대략 얼마나 되는지도 물었다. 여기서 말하는 수업 준비 활동에는 '공부와 읽기, 쓰기, 숙제하기, 실험실 작업, 데이터 분석, 시연, 기타 학과 활동'이 포함된다(수업 시간은 포함되지 않았다. 미국에서 정규 학부생의 주당 수업 시간은 보통 12~17시간이다). 수업 준비 시간에 대한 답은 다음과 같다.

- 1학년생 주 14.4시간
- 3학년생 주 15시간

이 정도 수치라면 낮지 않은가? 우리 중 다수는 대학생 시절 훨씬 많은 시간을 읽기(와 일반적인 공부)에 쓴 걸로 기억한다. 아마 그 기억이 크게 틀리지는 않을 것이다. 필립 뱁콕Philip Babcock과 민디 마크스Mindy Marks의 2010년 연구에는 과거 조사 결과가 인용되어 있는데, 1961년 미국 대학생들의 공부 시간은 평균 주 24시간이었다. 수업 시간까지 포함하면 정규 학생의 학업 시간은 주 35~40시간에 달했다. 물론 모든 '공부'가 읽기를 수반하는 것은 아니다. 하지만 주 7시간 이상이 읽기에 할애되었을 가능성이 매우 높다.

왜 이렇게 변했을까? 우선 지금은 40~50년 전보다 훨씬 많은 사람들이 대학교에 진학하고 있고, 그 배경도 점점 다양해지고 있다. 이들 중 상당수는 부업이나 전업으로 일을 하고 있고, 그러다 보니 학업에 쓸 시간이 줄어들 수밖에 없다. 인턴직(주 20시간 이상이 소요된다) 또한 극적으로 늘어났다는 점도 감안해야 한다. 여기에 소셜 미디어는 말할 것도 없고 운동, 자원봉사 활동까지 추가되면 공부할 시간은 크게 줄어든다.

학업용 읽기에 시간을 많이 할애하지 않는 것은 미국 학생들뿐일까? 여기서 이야기는 복잡해진다. 대학교 학점이 학기말에 치러지는 한 번의 시험으로 결정되는 나라들의 경우 학생들은 대개 읽기 과제를 해당 수업 전에 조금씩 하지 않고, 시험 직전 한꺼번에 몰아서 한다. 이런 현실을 나는 2019년 봄 이탈리아에서 석사 과정반을 가르칠 때 혹독하게 배웠다. 당시 동료들은 내게 학생들이 많은 과제를 할 것이라는 기대는 하지 말라고 미리 주의를 주었다. 그래서 나는 강의 계획서에 수업 전까지 다 읽고 와야 할 과제물의 양을 많지 않게 포함시켜 공지했다. 얼마 있지 않아 그 읽기 과제마저 사실은 아무도 하지 않고 있다는 사실을 알게 되었다. 학생들(이들은 총명한 집단인 데다, 대다수는 학습의 열의에 차 있는 것처럼 보였다)에게 왜 그런지 물었더니, 이들은 과제물을 조금씩 일정한 보조로 읽어 오라는 내 요구는 자신들로서는 이질적인 개념이라고 완곡하게 일러주었다.

어떤 나라나 대학교는 학생들이 주당 몇 시간을 읽기(혹은 더욱 일반적으로는 학습)에 써야 하는지 기대치를 정해두기도 한다. 헬렌 세인트 클레어톰슨Helen St Clair-Thompson과 동료들에 따르면, 영국 대학생들이 한 주에 읽는 시간은 평균 14.1시간이다.[20] 이 수치는 미국에 비하면 높다. 그러나 영국의 대학교 지침에 따르면 학생들은 읽기나 학습 자료를 사용하는 데 주당 최소 25시간을 썼어야 한다.

흥미롭게도 영국의 기대치는 미국의 단과대학과 종합대학의 공식 기준에 꽤 가깝다.[21] 인증 기준에 따르면 학생들은 매 수업 시간을 위한 별도의 예습(대개 읽기와 그 밖의 학습)에 2시간을 쓰게 되어 있다. 만일 학생들의 정규 수업 시간이 주 15시간이라면 예습 시간은 30시간이어야 한다는 얘기다. NSSE 보고서가 미국 학생들이 실제로 학습에 쓰는 시간이 대략 15시간이라고 한 것과 비교하면 천양지차다.

왜 많은 학생들이 읽기 과제물에 그토록 소극적일까? 학생들은 주된 이유로 시간 부족을 꼽는다.[22] 하지만 또 다른 이유는 학생들이 과제물 읽기가 좋은 성적을 얻는 데 꼭 필요한 것은 아니라고 여긴다는 것이다. 학생들은 (적어도 미국에서는) 읽기 과제물이 수업 시간에 논의되지 않거나 시험에 나오지도 않는다고 불평할 때가 많다. 카일리 베이어Kylie Baier와 동료들은 2011년 연구에서 조사 대상 학생들의 32퍼센트 가까이가 과제물을 읽지 않고도 수업에서 'A' 학점을 받을 수 있다고 믿는다고 보고했다.

교육 현장의 현실: 미국과 노르웨이 교강사 인터뷰

우리는 지금 학생들의 자기 보고를 토대로 학업용 읽기에 얼마나 많은 시간을 쓰는지 살펴보고 있다. 이를 대신하는 접근법은 교수진의 관행과 함께, 학생들의 과제 읽기 수행을 교수진은 어떻게 인식하고 있는지 조사하는 것이다. 학생들이 과제물 읽기를 하지 않는 것만 문제일까? 아마 교수들이 그동안 과제물을 줄여온 이유 중 최소한 한 가지는 학생들이 읽지 않기 때문일 것이다. 경험한 일화를 이야기하자면, 가르치는 사람들의 다수는 수업에서 읽기 비중을 줄여온 것으로 안다. 그럼에도 나는 이런 축소를 확증해주는 공식 연구를 전혀 찾아볼 수 없었다. 오늘날 대학교수들이 디지털 기술이 학교 수업 과제물이나 학생들의 읽기 패턴을 바꿔놓고 있다고 느끼는지를 파악하는 것도 중요해 보인다.

나는 한번 알아보기로 했다. 나의 공모자는 노르웨이 스타방에르대학교의 읽기 전문가인 안네 망엔이었다. 우리는 미국과 노르웨이 양국 교수들을 접촉할 수 있었음은 물론, 국가적 맥락이 교수진의 실행이나 인식에 영향을 주는지의 여부도 탐구할 수 있었다. 연구 대상을 이 두 나라에 국한한 이유는 단지 편의에 따른 것이었을 뿐, 양국의 유사성이나 차이에 관한 어떤 사전 가설 때문은 아니었다. 우리는 세계 다른 지역의 동료들도 소속 기관에서 나온 자료를 모아 우리가 발견한 것과 어떻게 비교가 되는지 알아보자는 우리의 요청을 받아주었으면 한다.

우리는 미국(내가 상주하는 아메리칸대학교)과 노르웨이(스타방에르대학교와 오슬로대학교, 베르겐대학교)의 교수들에게 보낼 온라인 설문지를 짰다. 아메리칸대학교에서는 78명이, 노르웨이에서는 71명이 응답했다.

설문 참가자들은 모두 인문, 사회과학 분야의 교수들이었다. 이 분야에서는 공통적으로 우리가 '강독 과정reading course'이라 부르던 수업(전통적으로 상당한 양의 읽기 과제를 부과하는 과정)도 포함되어 있다. 우리가 조사한 학과 중에는 영문학, 커뮤니케이션과 미디어학, 비교문학, 교육학, 역사학, 국제관계학, 철학, 정치학, 사회학도 있었다. 우리의 조사는 비교적 작고 다소 비공식적인 연구(참가자는 무작위 표본이 아니었고, 양국의 과정도 대칭적인 것이 아니었다)였고, 우리의 소박한 목표는 대략적인 경향을 알아보는 것이었다.

국가간 교차 연구를 수행할 때는 직접적인 비교를 어렵게 할 수 있는 다양한 국가 관행에 유의해야 한다. 우리가 직면했던 문제 중 하나는 '과정'의 정의를 내리는 것이었다. 미국은 대다수 대학교에서 일반 과정에 3학점을 주게 되어 있다. 노르웨이 학제는 유럽 48개국 간의 교육 협성인 볼로냐 프로세스를 따르는데, 이것은 역내 회원국들 간 교과 과정의 호환성을 높이기 위해 설계된 것이다. 연구 목적에 맞게 미국의 설문지는 교수들에게 3학점짜리 학부생 과정의 경우 읽기 과제를 얼마나 많이 내주는지를 물었고, 노르웨이의 설문지는 유럽학점이수시스템ECTS, European Credit Transfer and Accumulation System 10학점 과정에서 부과되는 읽기 과제의 양을 물었다.

또한 교과 과정에 관한 의사결정 방식의 차이도 생각해야 했다. 미국에서는, 특히 사립 단과대학과 종합대학에서 교수들은 강의 주제를 선정하는 것은 물론 읽기 양을 정하는 데에도 상당한 재량권을 행사한다. 반면 노르웨이에서는 국가 차원의 읽기 과제 지침이 있어서 대학교마다, 주제와 읽기 유형에 따라 부분적으로만 조정이 가능하다. 대략 계산했을 때 노르웨이의 인문학과 사회과학 분야 학생들에게는 한 학기 ECTS 10학점 강좌당 약 800~1000쪽의 읽기 과제물이 부과된다. 학생들이 소설을 읽는 문학 강좌의 수치는 좀 더 올라간다.

우리 연구진은 먼저 일반적인 인구학적 정보를 수집한 다음 참가자들에게 아래와 같은 질문을 던지는 것으로 조사를 시작했다. 질문은 교수진이 개설한 전형적인 입문 과정과 고급 과정에 공통으로 주어졌다.

- 당신이 학생들에게 학기 동안 완독을 요구하는 책은 몇 권입니까?
- 학기 동안 부과하는 읽기 과제물의 분량은 몇 쪽이나 됩니까? (답을 선택할 수 있도록 몇 개의 쪽수 구간이 주어졌다.)

그다음에는 교수진이 학생들이 실제로 수행(읽기 과제 준수)하고 있다고 믿는 읽기의 양에 관한 인식을 조사했다. 다시 한번 우리는 입문 과정과 고급 과정 모두와 관련해 공통으로 다음과 같이 질문했다.

- 당신은 학생들이 수업 전에 읽기 과제물의 몇 퍼센트를 실제로 읽는다고 생각하십니까?
- 당신은 학생들이 학기말까지 읽기 과제물의 몇 퍼센트를 읽는다고 생각하십니까?

세 번째 질문들은 참가자들이 지난 5~10년 사이 자신들이 부과하는 읽기 과제물의 양이나 복잡성 수준과 관련해 어떤 변화를 주었는지,

변화를 주었다면 이유는 무엇인지에 관한 것이었다. 보기로 제시한 이유의 선택지는 다음과 같았다.

- 학생들이 읽기 과제물을 완수하지 못하고 있었다. 그래서 나는 양을 줄였다.
- 학생들이 읽기 과제물을 이해하지 못하고 있었다. 그래서 나는 덜 어려운 읽기 과제물로 대체했다.
- 학생들에게 너무 많은 것을 읽으라고 하는 대신, 나는 오디오 자료(팟캐스트 같은 것들)로 대체한다.
- 학생들에게 너무 많은 것을 읽으라고 하는 대신, 나는 동영상 자료(유튜브 동영상, TED 강연, 영화 같은 것들)로 대체한다.
- 기타(직접 써주시기 바랍니다)

마지막 질문들은 디지털 기술이 학생들의 읽기에 영향을 준다고 생각하는지에 관한 것이었다. 구체적으로 응답자들이 다음과 같은 진술에 동의하는지 물어보았다.

- 디지털 기술은 학생들을 이전에 비해 학문적 읽기를 덜 하는 쪽으로 이끌 수 있다.
- 디지털 기술은 학생들을 이전에 비해 얕은 읽기를 더 많이 하는 쪽으로 이끌 수 있다.

온라인 설문조사는 맨 마지막에 빈칸을 두어 응답자가 직접 의견을 추가할 수 있게 했다. 온라인 설문조사 외에도 설문조사를 완성한 사람 몇 명과 면대면 심층 인터뷰를 진행했다. 이를 통해 다음과 같은 사실들을 알게 되었다.[23]

읽기 과제물의 양

설문조사에 참가한 노르웨이 교수진은 미국의 교수진보다 상대적으로 더 많은 책을 과제물로 내준다고 답했다. 특히 입문 수준에서 그러했다. 그럼에도 전체적인 수치를 보면 여전히 낮다.

	미국	노르웨이
입문 과정	1.7권	2.8권
고급 과정	2.3권	2.8권

이 수치는 평균일 뿐이라는 점을 기억하라. 미국의 역사학 교수들의 답변은 0권에서 8권까지 퍼져 있다. 입문 과정과 고급 과정 모두 그렇다. 노르웨이 역사학 교수들의 응답 범위는 0권에서 3권(입문 과정), 1권에서 4권(고급 과정)에 걸쳐 있다.

강좌당 읽기 과제물의 분량을 보면, 이 역시 노르웨이가 상대적으로 수치가 높다. 학기당 600쪽 이상의 읽기 과제를 내준다고 답한 응답자의 비율은 다음과 같다.

	미국	노르웨이
입문 과정	53퍼센트	72.7퍼센트
고급 과정	64.3퍼센트	75.7퍼센트

노르웨이의 수치가 더 높은 것은 적어도 부분적으로는 노르웨이의 규제가 반영된 결과일 가능성이 높다. 미국의 몇몇 참가자들이 추가한 의견들을 봤을 때, 또 다른 요인은 미국에서 고급 과정 수강생들은 연구 논문을 작성하기 위해 스스로 읽기 자료를 찾아야 하는 경우가 많은데, 그렇게 해서 읽은 책과 자료는 교수가 내준 과제물로 간주되지 않는다는 점일 것이다.

미국의 응답자들이 덧붙인 의견을 보면, 몇몇 사람들은 자기 강의를 듣는 학생들(혹은 자신들)이 읽기 과제물을 줄이는 방법을 찾아내려고 했다고 말했다. 그중 한 사람은 이렇게 말했다.

> 학생들은 읽기 대신 영화와 다른 대체물들을 기대하고 왔다가 수업이 읽기에 더 치중되어 있으면 실망한다.

노르웨이의 몇몇 참가자들은 이해의 깊이가 규제에 의해 손상되고 있는 것은 아닌지 우려했다.

> 읽어야 할 문학과 문헌의 양, 이것은 내가 결정한 것이 아니다.… 하지만 (나는 어떤 식으로든 문헌의 양은 줄인다) 나는 깊이 있게 '학습되어야 하는' 것에 집중한다.

학생들의 읽기 과제 수행에 대한 교수진의 기대치

먼저 교수진은 학생들이 (전체적으로) 읽기 과제물의 몇 퍼센트를 수업 전에 완수할 거라고 추정하는지부터 살펴보자. 입문 과정과 고급 과정 모두 미국의 평균치가 더 높았다.

수업 전 완수	미국	노르웨이
입문 과정	53.8퍼센트	31.4퍼센트
고급 과정	63퍼센트	41.6퍼센트

하지만 학기말까지 완수 추산치를 보면, 입문 과정과 고급 과정 모두 두 나라의 조사 결과가 거의 같다.

학기말까지 완수	미국	노르웨이
입문 과정	65퍼센트	65.7퍼센트
고급 과정	72.8퍼센트	72.3퍼센트

노르웨이의 '수업 전' 추정치가 미국에 비해 저토록 낮은 이유는 무엇일까? 아마도 미국에서는 학업 평가가 학기 내내 교차해서 짜여 있다 보니 학생들이 보다 정기적으로 읽게 만드는 압력으로 작용하기 때문일 것이다. 아니면 미국 학생들이 교수들의 눈을 속이고 있기 때문일 수도 있다.

설문 참가자들은 학생들의 읽기 과제 완수가 새롭게 불거진 문제는 아니라고 인정했다. 게다가 학생들은 무엇을 읽을지를 두고 전략적 선택을 한다. 미국의 한 교수는 읽기 과제물에 대한 짤막한 시험 위협이 학생들을 읽게 만드는 '설득력 있는 이유'라고 썼다.

최근 몇 년 사이에 읽기 과제물에 어떤 변화가 있었나?

설문조사에서 모든 응답자가 최근 몇 년 사이에 읽기 과제물을 바꿨다고 답한 것은 아니었다. 미국에서는 47명이 그렇다고 답한 반면, 노르웨이는 27명이었다. 그래서 우리는 읽기 과제물의 변화에 관해 통계를 낼 때 (아래 비율에서 보듯) 변화를 준 참가자만 포함시켰다.

두 나라 모두, 지금 부과하는 읽기 과제물의 양이 과거에 비해 적다고 답한 응답자가 40퍼센트를 넘었다. 이런 감소를 부추기는 결정적 요인은 학생들이 과제를 완수하지 않고 있다는 교수의 인식이었다(두 나라 모두 응답자의 3분의 1이 그렇다고 답했다). 이와 함께, 우리는 교수들이 지금 학생들이 텍스트를 이해하지 못하기 때문에 덜 어려운 읽기 과제물을 부과하는지도 물었다. 미국 응답자의 약 20퍼센트가 '그렇다'고 답한 반면, 노르웨이의 수치는 무려 56퍼센트에 달했다. 왜 이런 차이가 나는지 확신할 수는 없지만, 직감적으로는 최근 몇 년 사이에 노르웨이 대학교의 입학생 수가 크게 증가하면서 학문적 선별의 수준도 낮아진 것이 아닌가 싶다.

우리의 마지막 질문 두 가지는 지금 교수들이 문자 텍스트 대신 오디오와 동영상 자료를 더 많이 부과하고 있는지를 묻는 것이었다. 응답자들의 답은 다음과 같았다.

	미국	노르웨이
오디오 자료가 늘었다	14.9퍼센트	8.0퍼센트
동영상 자료가 늘었다	31.9퍼센트	24.0퍼센트

요즘 오디오와 동영상 자료의 접근성이 얼마나 향상되었는지를 감안하면, 이 두 가지(특히 동영상 자료)가 교과 과정 속으로 진입한 것은 조금도 놀랍지 않다. 이 추세는 미국에서 더 크게 나타난다.

몇 년 사이에 과제물에 준 또 다른 종류의 변화는 무엇이고, 그 이유는 무엇인지도 물었다. 미국 교수들 중에는 이렇게 응답한 사람도 있었다.

- “예전에는 에세이를 위한 읽기 과제를 추가로 내주고는 했다. 더 이상은 그러지 않는다.”
- “학생들이 학술 문헌을 읽고 분석하는 데 애를 먹는다. 그래서 비판적인 읽기 기술을 개선할 수 있도록 양을 줄였다.”

노르웨이 응답자들의 답은 이렇다.

- “학생들에게 너무 많이 읽게 하는 대신, 수업 시간에 공부 · 과제를 하게 한다.”
- “학생들 간 편차가 커져서, 우수한 학생들을 생각해 좀 더 어려운 텍스트를 택하는가 하면, 썩 뛰어나지 않은 학생들을 감안해 평균적으로는 더 쉬운 텍스트를 더 많이 택한다.”

교수들은 디지털 기술이 학생들의 읽기에 영향을 준다고 생각할까?

디지털 기술이 학생들의 학문적 읽기의 양이나 효과에 영향을 주는 것으로 보이는가? 조사에 참가한 교수들 중에서 "그렇다"고 답한 사람은 미국의 경우 88퍼센트에 가까웠고, 노르웨이는 73퍼센트였다. "그렇다"고 답한 사람에게는 두 가지 후속 질문을 던졌다.

	미국	노르웨이
디지털 기술이 학생들로 하여금 학문적 읽기를 전보다 덜하게 만든다고 생각하십니까?	62퍼센트	64퍼센트
디지털 기술이 학생들을 전보다 더 얕게 읽는 쪽으로 이끈다고 생각하십니까?	82퍼센트	80퍼센트

학문적 읽기의 감소. 얕은 읽기의 증가. 그리고 두 나라에 공통되게 나타나는 동일한 인식. 수치(특히 읽기의 깊이에 관한 수치)는 우리에게 심각한 고민거리를 던져준다.

이야기해야 할 것(긍정적인 면과 부정적인 면 모두)은 더 있다. 디지털 기술에 관한 미국 응답자들의 추가 의견 중에는 이런 것이 있었다.

긍정적인 면

- "내 생각에, 학생들은 전에 비해 학문적 읽기에 더 많이 노출되어 있다."
- "디지털 기술은 학생들의 비판적 읽기 기술을 개선했다."
- "접속은 쉬워졌고, 비용은 낮아졌다."

부정적인 면

- "디지털 기술은 학생들이 긴 시간 동안 집중하는 능력을 해친다."
- "나는 학생들이 온라인으로 읽을 때는 정보를 보유하고 있다는 생각이 들지 않는다. 그럴 때 학생들이 늘 필기를 하는 것도 아니고 텍스트와 상호작용하는 것도 아니기 때문이다."
- "요즘 학생들은 더 빨리 읽는다. 많은 것을 놓친다."

노르웨이 응답자들의 답 또한 긍정적인 면과 부정적인 면이 다 있다.

긍정적인 면

- "디지털 기술은 주요 자료원 접속 제공 면에서 환상적이다."
- "어떤 학생들을 더 많이 읽는 쪽으로 이끌 수 있다."

부정적인 면

- "디지털 기술은 집중력을 떨어뜨린다."
- "산만해지기 쉽다."
- "디지털화는 초점과 집중력, 많은 양의 텍스트를 깊이 읽는 능력에 부정적 영향을 준다."

다양한 교수들의 의견이 보여주는 것처럼, 디지털 기술이 학생들의 읽기에 미치는 영향을 모두 좋거나 모두 나쁘다는 식으로 볼 수는 없다. 하지만 두 나라 모두 응답자의 다섯 명 중 네 명꼴로 디지털 기술이 학생들의 읽기를 얕은 방향으로 이끌고 있다고 본, 정신이 번쩍 들게 하는 통계치를 간과할 수는 없다.

학생들의 읽기에서 관찰되는 보편적인 변화

설문 참가자들이 추가로 적어낸 응답 중에는 한층 더 예리한 의견들이 있었다. 미국의 한 참가자는 "아주 우수한 학생들을 제외하고, 학생들은 이전보다 적게 읽는다. 그리고 이들은 주요 주장을 파악하는 읽기 능력이 떨어진다." 노르웨이 교수들은 다음과 같은 여러 문제를 거론했다.

- 속도: "학생들이 너무 빨리 읽는다."
- 장르: "학생들은 서사를 이전보다 덜 읽는다."
- 주의집중 시간: "학생들의 주의집중 시간이 전보다 짧아졌다고 느낀다."
- 복잡성: "복잡한 것을 더 접근하기 쉽게 만들었으면 하는 학생들의 기대가 커지고 있다. 나로서는 학생들이 칸트의 《순수이성 비판》을 읽는 것은 생각할 수 없다."

이들 발언에 담긴 광범한 우려가 우리에게 이야기하는 것은 다음과 같다. 많은 교수들은 디지털 기술이 단순히 종이책과 같은 읽기 내용물을 담는 대체 용기가 아니라, 학생들이 무엇을 어떻게 읽을지를 좌우할 수 있는 플랫폼이라고 느낀다.

비용의 문제

미국과 노르웨이의 고등교육 비용을 비교하면 그 차이가 대단히 크다. 미국에서는 대개 아주 고액인 청구서를 학생들(혹은 그 가족들)이 책임지는 반면, 노르웨이에서는 약간의 등록금을 제외한 모든 것을 세금으로 지원한다. 따라서 교과서 가격 부담도 노르웨이보다 미국이 훨씬 크다. 그럼에도 교과서 비용에 대한 교수들의 걱정은 두 나라가 공통적이었다. 미국 교수들은 무료 자료의 소재를 학생들에게 알려주는 것이 중요하다고 강조했다.

- "양심상 학생들에게 터무니없이 비싼 책값을 부담하라고 요구할 수가 없다. 나는 웹에서 이용할 수 있는 자료와 학술지 논문들을 사용한다."
- "우리 중 대다수가 책은 줄이는 대신 무료 온라인 콘텐츠를 활용해 학생들의 비용 부담을 덜어주었다."

노르웨이에서는 디지털에서 구할 수 있는 자료를 활용하는 것 외에 책의 몇몇 장을 선별해서 출력해 요약본을 만드는 것이 공통적 모델이었다. 노르웨이의 한 응답자는 이렇게 답했다.

"내 생각에 지난 몇 년 동안 비용이 큰 문제가 되지는 않은 것 같다. 학생들이 책들을 다 사지 않아도 되도록, 책에서 필요한 장들을 추려 만든 요약본이 있기 때문이다."

미국에서는 출력 요약본이 1980년대와 1990년대에 유행했다. 하지만 저작권 문제 때문에 이 방식은 대부분 폐기되었고, 대신 도서관이 저작권 문제를 해결한 후 선별한 자료를 온라인에 올리는 방식이 선호되는 편이다.

학생들이 처한 상황의 변화

설문 참가자들은 학생들의 읽기에 영향을 주는 다른 변화에 대해서도 이야기했다. 그중 일부는 취업에서 오는 시간 압박이었다.

- 미국: "학생들이 유급 업무를 더 많이 하면서 읽을 시간이 줄었다."
- 노르웨이: "그들은 일을 더 많이 한다. 그리고 이런 추세는 지난 10년 사이에 증가했다.… 그들은 정규full-time 학생으로 등록하지만, 실제로는 학업만 하는 게 아니다."

또 다른 유형의 의견(특히 미국 쪽 의견)은 인문교양 교육에 대한 국가적 관심이 떨어지고 있다는 사실과 관련이 있다. "지금은 실용성을 훨씬 더 많이 강조한다. 이런 압력은 학교 당국과 학생들에게서 온다. 이런 반인문교양적인 환경 속에서 '긴 글' 읽기를 정당화하기란 불가능하다."

끝으로, 학생들의 학업 준비라는 문제가 있다. 이미 우리는 앞에서 많은 교수들이 읽기 과제물의 복잡성을 낮췄고, 이는 학생들이 읽기 과제로 내준 텍스트를 이해하지 못하기 때문임을 보았다. 한 노르웨이 응답자는 이렇게 말했다. "대중 교육은 읽기 능력 면에서 학생 집단의 훨씬 다양한 분화를 초래했다."

교수진을 상대로 한 조사 연구는 적어도 대학교 과정에 관한 한 학생들의 학문적 읽기에 대해 우리가 경험치로 갖고 있었던 인상을 한층 더 강화했다. 그 인상이란 첫째, 학생들이 '읽기 과제를 하지 않고' 있으며, 그 사실을 교수들이 의식하고 있다는 것이다. 둘째, 그 대응으로 많은 교수들이 읽기 과제물 양을 줄이고, 더 단순한 텍스트를 택하고, 오디오나 특히 동영상 자료로 대체하고 있다. 셋째, 적어도 몇몇 교수들은 디지털 기술이 읽기의 양과 깊이 혹은 두 측면 모두를 약화시키고 있다고 느낀다.

이 마지막 사실은 스크린 읽기의 장단점을 신중하게 따져보는 것이 얼마나 중요한지를 상기시킨다. 학생들을 가르치는 이들이 디지털 읽기가 학업에 해로울 수 있다고 우려한다면, 게다가 학생들도 비슷한 우려를 가지고 있다면, 우리는 이 문제를 어떻게 다뤄야 할까? 이 문제는 6장에서 이야기하겠다.

효과가 입증된 읽기 전략들

청소년들이 얼마나 많이(혹은 적게) 읽는지에 대해 부모와 교육가들이 관심을 갖는 것은 당연하다. 그래서 사전에, 우리는 학생들에게 (읽을 때) 그 경험에서 최대한 많은 것을 얻을 수 있게 돕는 전략을 생각한다. 이런 목적을 위해 생산적으로 읽기 위한 교육의 '황금 기준들'이 있어 왔다.[24] 공통으로 상위 목록에 오르는 제안 몇 가지를 간략히 살펴보자. 그다음 디지털 읽기와 오디오 읽기의 모델에는 이 전략들이 얼마나 적용 가능할지 질문할 것이다. 마지막에는 더욱 곤혹스러운 질문이 기다리고 있다. 과연 이 전략들은 실제로 종이책 읽기에는 얼마나 효과적일까?

종이책 읽기를 위한 전통적인 전략

10여 가지 전통적인 전략들(도표 3.2)을 세 가지 범주로 나눴다. '단지' 읽기만 하는 전략, 어떤 식으로든 쓰기도 포함하는 전략, 어떤 식으로든 리뷰나 테스트를 포함하는 전략. 물론 여기에는 (정신적 추론, 분석, 종합을 포함하는 것을 비롯해) 더 많은 전술들이 있다. 그리고 말할 것도 없이, 지금 열거한 것들이 모든 연령의 학생들에게 다 적합한 것도 아니다. 하지만 적어도 출발점으로는 삼을 만하다.

여기 있는 전략들은 모두 익숙한 것들이다. 하지만 몇 가지는 잘 살펴볼 필요가 있다. 첫째, 단락 필사는 아주 옛날 학교에서나 하던 것처럼 보일 수 있다. 우리 증조부모들이 저학년 시절에 했던 것 아닌가? 하지만 이를 무시하기 전에 달변의 작가 니콜슨 베이커Nicholson Baker의 말을 들어보자.

> 읽기는 빠르지만 손 글씨는 느리다(적정한 생각의 과정을 늦추고, 시간을 잡아먹고, 모든 경쟁적 발언들을 밀어낸다). 그리고 사실은 이것이 손 글씨의 최고 미덕이기도 한데, 그저 밑줄만 긋는 것보다는 물론 심지어 단락을 효율적으로 다시 타이핑하는 것보다도 낫다.[25]

밑줄 긋기와 강조 표시(대다수 학생들은 물론 우리 중 다수도 택하는 수단)

도표 3.2 학교에서 주로 택하는 종이책 읽기 전략

전략			설명
읽는 활동	예비 읽기		텍스트를 주의 깊게 읽기 전에 훑어보기
	차근차근 읽기		언제 건너뛰거나, 찾거나, 더욱 집중해서 읽을지 알기
	다시 읽기		대체로 시험을 위해 다시 볼 때 취하는 전략으로, 주석을 단 부분이나 따로 적어놓은 것을 다시 보는 것까지 포함(아래를 보라)
읽으면서 쓰는 활동	텍스트에 주석 달기	여백에 적기	구체적으로, 여백에 의견을 적는 것
		강조 표시하기	아주 흔하다
		밑줄 긋기	아주 흔하다
	따로 적기	노트하기	흔치 않아지고 있다
		단락 필사하기	점점 드물어지고 있다
반응적 활동	핵심어 열거하기		대체로 교사가 주도
	요약하기		대체로 교사가 주도
	질문에 답하기		가령, 교과서 각 장 끝의 질문
	퀴즈 보기		각 장에 딸린 간단한 시험

는 우리가 시속 90마일(약 145킬로미터)의 속도로 텍스트를 순항할 수 있게 하는 반면, 중요한 단어를 필사하는 것은 실제로 잠시 멈춰 생각할 시간을 갖게 한다.

목록 중에서 마지막 전략(퀴즈 보기)은 아마 읽기 전략 목록에서 보리라고는 예상하지 못한 것일 수 있다. 읽기 과정의 일부로 포함되는 퀴즈는 적응적 학습adaptive learning(컴퓨터 및 온라인 기반 학습으로 맞춤 강의 및 서비스를 제공하는 학습 형태:역주) 교재에서 더욱 흔하게 사용되는 전략인데, 이런 교재는 대개 디지털 버전(종이책 버전도 있다)이다. 그렇다면 왜 여기에 퀴즈를 포함시키는가? 이 장 말미에 답을 이야기하겠다.

종이책 읽기 전략이 디지털 읽기에도 맞을까?

새로운 기술이 부상하면 보통 우리는 이전의 기술을 보고 앞으로 나아가기 위한 아이디어를 모색한다. 익숙한 예로는 서구의 초기 인쇄 기술이 있다. 최초의 '구텐베르크 성서'와 '마인츠 대성서Giant Bible of Mainz'를 비교해보자. 둘 다 1450년대에 만들어진 것이다. 둘을 나란히 놓고 보면 (예전에 미국 의회도서관의 그레이트홀에 함께 전시된 적이 있다) 구텐베르크 성서는 인쇄된 것이고 마인츠 대성서는 전부 손으로 쓴 것이라는 사실을 알아차리기 어렵다. 두 권은 비슷한 크기에 양피지로 되어 있다. 둘 다 똑같이 고딕체(검정 글씨)로 쓰였고, 삽화가 많은 데다 손으로(붉은 큰 글씨로) 주서되어 있다.

15세기 성서들과 읽기 전략이 무슨 관계가 있는가? 초기에 인쇄된 책들은 인쇄물이 이후 수백 년이 더 걸려서야 (마침내) 표준화된 철자를 포함해 생산과 사용을 위한 나름의 특정 규약들과 함께 정당한 지위를 얻을 수 있었다는 사실을 상기시킨다. 디지털 읽기는 아직도 상대적으로 유아기에 있다. 이처럼 이른 시기에 스크린 읽기에 관해 생각하면서 인쇄물, 그중에서도 특히 선형적 텍스트를 읽기 위한 전략을 되돌아보는 것은 일리가 있다. 결국 종이나 디지털 스크린에 담긴 콘텐츠가 같은 (이번에도 선형적 텍스트로 된) 것을 의미한다고 믿고, 읽는 목적도 동일하다면 종이 읽기 전략은 디지털 읽기에도 곧바로 적용될 수 있어야 한다. 반면 디지털 읽기라 해도 비선형적 읽기(가령 하이퍼링크를 사용하거나 복수의 온라인 사이트를 오가며 찾아보는 것)는 읽기의 목적이 다르고, 그럴 때는 아마도 읽기 전략 또한 달라질 것이다.

잠시 이런 가정을 해보자. 표준적인 종이 기반 읽기 테스트에서 좋은 성적을 올린 학생들이 도표 3.2에서 제시한 전략 중 최소한 일부를 활용한다고 치자. 그런 다음 이렇게 질문해보자. 종이 기반 읽기 시험 성적을 가지고 디지털 읽기 시험 결과도 예측할 수 있을까?

답변은 일반적으로 '그렇다'이다. 예컨대 15세 청소년을 대상으로 한 2012 PISA(국제학업성취도평가)의 결과를 봐도 그렇다. 이 평가는 종이와 디지털 버전 두 가지로 실시되었는데, 결과는 두 가지 시험 성적 간의 높은 상관관계를 보여주었다.[26]

하지만 중요한 점은 두 시험의 구조가 달랐다는 사실이다. 종이 버전으로 시험을 본 학생들은 하나의 선형 텍스트를 읽은 반면, 온라인 버전에는 복수의 텍스트가 포함되어 있었다. 연구진이 PISA 결과를 분석해본 결과, 국가별로 디지털 성적이 훨씬 다양하게 분포되어 있었다. 한 가지 이유를 들자면, 학생들의 컴퓨터 활용 기술 수준이 달랐기 때문이었을 가능성이 크다.

종이책 읽기 전략이 오디오 읽기에도 맞을까?

읽기와 듣기는 언어의 두 가지 형태다. 글을 읽고 쓰는 사회에서 아이들은 텍스트를 해독하는 법을 배우기도 전에 먼저 듣는 기술을 키워간다. 하지만 듣기와 읽기는 똑같이 언어와 관계된 DNA의 대부분을 공유한다. 어느 쪽으로든 능숙해지려면 단어, 형태론(핵심은 단어의 형태다), 구문론(단어를 결합해 문장을 만드는 것)의 지식이 필요하다. 또한 언어의 소리 체계는 물론 공통의 작문 유형(가령, 시와 산문)을 이해하는 것도 도움이 된다.

그동안 어린아이들을 상대해온 교육자들은 아이들의 듣기 기술을 가지고 어느 정도까지 읽기 능력을 예측할 수 있는지, 또 그 반대는 어떠한지가 궁금했다. 많은 학생들이 듣고 이해하는 능력과 읽고 이해하는 능력 간에 강한 상관관계가 있음을 보여준다.[27] 2~3학년 학생들을 대상으로 한 연구 결과를 보면 듣기와 읽기를 상호 예측할 때 가장 유력한 변수는 '어휘vocabulary'이다.[28]

이런 예측력이 중요한 것은 지금 우리가 종이 읽기 전략을 오디오 읽기에도 적용할 수 있는지에 관심을 두고 있기 때문이다. 텍스트 읽기는 시각적인 반면 듣기는 귀로 하는 것이기 때문에 도표 3.2에서 제시된 읽기 전략의 다수는 오디오 읽기에 적용되지 않는 게 당연하다. 도표 3.3은 텍스트 전략 중 오디오에도 적용될 수 있는 것과 없는 것을 구분해 보여준다.

우리에게 남은 것은 들으면서 쓰는 것과 반응적 활동들로 이뤄진 짧은 목록이다. 모두 유용하게 사용될 수 있을 것이다(다만 몇 가지 단서에 대해서는 잠시 후 이야기하겠다). 물론 관건은 학생들이 오디오를 듣는 동안(혹은 동영상을 시청하는 동안) 필기와 메모를 하고 핵심어를 적고 요약을 하는지의 여부다. 명시적인 훈련과 지도가 있지 않고서는, 물리적 텍스트를 손에 들고 읽을 때보다 그럴 확률이 낮다. 단락을 필사하거나 질문에 답을 하거나, 퀴즈를 보게 한다면? 훨씬 나을 것이다. 앞으로 오디오(혹은 동영상)가 지금보다 더 큰 규모의 학습 매체가 된다면, 그에 대한 기대와 지도의 정도를 높일 필요가 있을 것이다.

도표 3.3 텍스트 읽기 전략 중 어떤 것을 오디오에도 적용할 수 있을까?

<table>
<tr><th colspan="3">전략</th><th>오디오 적용 가능성</th></tr>
<tr><td rowspan="3">읽는 활동</td><td colspan="2">예비 읽기</td><td>불가능</td></tr>
<tr><td colspan="2">차근차근 읽기</td><td>불가능</td></tr>
<tr><td colspan="2">다시 읽기</td><td>가능성 낮음</td></tr>
<tr><td rowspan="5">읽으면서
(들으면서)
쓰는 활동</td><td rowspan="3">텍스트에
주석 달기</td><td>여백에 적기</td><td rowspan="3">불가능</td></tr>
<tr><td>강조 표시하기</td></tr>
<tr><td>밑줄 긋기</td></tr>
<tr><td rowspan="2">따로 적기</td><td>노트하기</td><td>가능</td></tr>
<tr><td>단락 필사하기</td><td>가능(글로 옮기기)</td></tr>
<tr><td rowspan="4">반응적
활동</td><td colspan="2">핵심어 열거하기</td><td>가능</td></tr>
<tr><td colspan="2">요약하기</td><td>가능</td></tr>
<tr><td colspan="2">질문에 답하기</td><td>잠재적으로는 가능</td></tr>
<tr><td colspan="2">퀴즈 보기</td><td>잠재적으로는 가능</td></tr>
</table>

전통적인 읽기 전략은 정말 효과가 있을까?

디지털 스크린과 오디오가 점점 종이 읽기의 대체물이 되어가는 상황에서, 과거 오랫동안 학생들의 종이 읽기를 지도하는 데 사용돼온 도구들이 도움이 되리라 기대하는 것은 일리가 있어 보인다. 앞으로 살펴보게 되겠지만 주석 달기와 핵심어 파악하기, 요약하기 등은 연구자들이 권할 만하다고 생각하는 읽기의 기술들이다.

하지만 그 전략들이 종이 읽기에도 효과가 있긴 한 걸까? 이게 무슨 질문이냐고 할지도 모르겠다. 물론 이들 전략이 도움이 될 수 있다는 증거는 있다. 특히 그런 기술을 통해 읽기의 속도를 늦추고, 학생들이 자신이 단 주석들을 다시 볼 때는 확실히 도움이 된다. 하지만 교육심리학자들은 검증된 읽기 전략 중 일부가 정말로 효과가 있는지 의문을 제기해왔다.

심리학자 존 던로스키John Dunlosky와 동료들은 2013년에 발표한 중요한 논문에서 학생들의 읽기와 학습 전략을 검토했다.[29] 무엇이 문제였을까? 믿을 만하다고 여겨져온 읽기와 학습의 기술들 중 상당수가 지속적인 학습에서는 특별히 효과적이지 않은 것으로 나타났다. 던로스키의 말로는,

> 특히 학생들이 시험이 끝난 한참 뒤에도 학습하고 이해한 내용을 간직하고 싶다면 (이것이야말로 교육의 중요한 목표임이 명백한데도) 전통적 기술은 특별히 효과적이지 않았다.[30]

읽기와 학습 전략 중에서 어떤 것이 가장 좋고 어떤 것이 가장 못할까? 저자들은 연구 문헌을 리뷰하면서 열 가지 학습 기술의 효과를 검토해봤다. 여기서는 도표 3.2에 포함된 것들에만 집중할 것이다.

유용성이 높은 기술

- 실제 테스트 (우리 목록에서 '퀴즈 보기'라 부른 것)

유용성이 낮은 기술

- 다시 읽기
- 강조 표시하기와 밑줄 긋기

• 요약하기

> "100년 이상의 연구 결과들은 연습 시험을 보는 것이 (학습할 자료를 다시 읽기만 하는 것과 대비했을 때) 학생들의 학습을 뚜렷이 향상시킬 수 있음을 보여준다."
> **존 던로스키**[31]

던로스키와 동료들은 우리가 아는 것(그리고 모르는 것)을 적극적으로 활용하는 것이 학습을 증진하는 탁월한 방법이라고 강조한다. 읽기(혹은 교실)의 맥락에서 이런 접근법이 취하는 방식은 대개 부담이 없거나 적은 시험이다. 읽고 있는 교과서에 퀴즈가 딸려 나와 있지 않은 경우에는 최소한 스스로 자문해볼 수 있다. "내가 다른 사람에게 그 개념을 설명할 수 있을까?" 그런 다음 실제로 설명해보라. 듣는 사람이 상상 속 인물이어도 상관없다.

다시 읽기나 강조 표시하기나 요약하기는 무엇이 문제인가? 던로스키와 동료들의 연구는 그런 것들이 아무 쓸모없다고 하는 게 아니다. 다른 전략만큼 효과적이지는 않다고 이야기할 뿐이다. 가령 다시 읽기를 보자. 두 번째 읽는 것은 주제를 떠올리는 데는 도움이 될지 몰라도 세부 사항에 대한 기억을 개선하는 데는 효과가 낮다.

강조 표시하기와 밑줄 긋기는? 가장 큰 문제는 이런 전략들은 대체로 정신적으로 수동적인 활동이라는 점이다. 추수감사절 잔치 때처럼 우리는 섭취할 수 있거나(음식의 경우) 이해할 수 있는 것(텍스트 경우) 이상을 소화하려 들 때가 많다. 연구 결과를 보면, 학생들은 임의로 주어진 것보다는 강조 표시를 하거나 밑줄을 그을 수 있는 양에 제한이 있을 때 텍스트를 더 많이 기억한다는 (확정적이지는 않지만) 얼마간의 증거가 있다. 왜 그럴까? 표시할 수 있는 양에 제한이 있을 때는 적극적으로 정신 과정을 가동해 가장 중요한 것을 선별할 필요가 있기 때문이다.

그렇다면 요약하기는 무엇이 문제일까? 이것은 일종의 '나 혼자 퀴즈 풀이'가 아닌가? 퀴즈 풀이가 그렇듯이 이 역시 효과적인 전략이어야 하지 않을까? 사실상 요약은 단일한 기술이 아니다. 여기에는 한두 문장을 쓰는 것을 비롯해 단락 전체를 쓰는 것까지 포함될 수 있다. 글로 쓰거나 말로 할 수도 있다. 그리고 원본 텍스트가 곁에 있든지 없든지 다 가능하다. 말할 것도 없이, 잘 된 요약일수록 학습에도 더 도움이 된다. 원칙적으로 요약은 가치 있는 교육 기술이 될 수 있다. 문제는 많은 학생들이 효과적으로 요약을 하는 방법에 훈련이 되어 있지 않고, 그렇다 보니 그 기술이 특별히 효과적이지 않을 때가 많다는 점이다.

교사나 학생들에게 이런 읽기와 학습 전략들을 포기하라고 제안하는 사람은 아무도 없다. 여기서 핵심은 도표 3.2에 열거된 어떤 전략도 자동적으로 읽기와 학습을 개선해줄 것이라고 믿어서는 안 된다는 것이다. 종이든 디지털이든 오디오든 모든 매체에 다 해당되는 말이다. 효과적인 전략이란 우리의 정신을 적극적으로 관여시키는 전략이다. 우리의 과제는 그런 정신의 개입을 지원하는 것이다.

1~3장은 일반적인 읽기와 다양한 매체를 사용한 읽기, 두 가지에 대한 생각의 기초 작업이었다. 이와 함께 종이와 디지털 스크린, 오디오를 사용했을 때의 장단점에 관한 연구 결과들을 넌지시 언급했다. 이제 그 연구들을 자세히 알아볼 차례다.

2부

가장 첨예한 질문: 종이 읽기와 디지털 읽기

- 학생들이 생각하는 스크린 읽기의 장단점은?
- 글의 장르나 분량은 읽기에 어떤 영향을 줄까?
- 공식화된 평가로 학생들의 읽기 능력을 파악할 수 있을까?
- 소셜 미디어를 자주 사용하는 것은 읽기 능력에 어떤 영향을 미칠까?
- 디지털 읽기에 우리의 마음가짐이 미치는 영향은?
- 종이와 디지털 중에서 학생들이 자신의 독해력을 더 정확히 가늠하는 매체는?
- 복수의 온라인 자료를 잘 사용하게 하려면 어떤 기술이 필요할까?

4장

하나의 텍스트만 읽을 때
_읽기 연구 1

» **어린아이들에게 디지털 책을 쥐여줘도 될까?**

갈팡질팡하는 부모들

어린아이들의 읽기를 바라보는 세 가지 측면

'디지털 책'의 범위

연구가 말해주는 것들

» **학령 독자를 대상으로 한 읽기 연구**

테스트의 질문이 읽기에 영향을 미칠까?

텍스트 종류가 읽기에 영향을 미칠까?

기술의 형태가 읽기에 영향을 미칠까?

모든 것은 우리 정신의 문제일까?

» **핵심 정리**

디지털 텍스트는 종이 읽기의 가장 흔한 대체물이다. 원리로만 보면, 내려받은 전자책을 볼 때에는 그것에만 주의를 집중하게 되어 있다. 하지만 온라인에서는 동시에 하나 이상의 텍스트에 접속할 때가 많다. 이 장과 다음 장에서 보겠지만, 독자들은 텍스트가 (그것이 종이든 스크린이든) 하나일 때와 복수일 때 접근하는 방식이 아주 다를 때가 많다. 덩달아 연구자들이 묻는 질문도 달라진다.

먼저 단일 텍스트 읽기를 살펴보는 것으로 기존 연구들에 대한 탐색을 시작해볼까 한다. 논의는 두 부분으로 나눠 진행하는 것이 좋겠다. 어린아이 관련 질문은 학령 독자들에게 적합한 질문과는 아주 다르기 때문이다. 우선 연령대가 가장 낮은 아이들부터 살펴보자.

어린아이들에게 디지털 책을 쥐여줘도 될까?

갈팡질팡하는 부모들

당신은 당신의 아이(가령 출생 후부터 5~6세까지)가 종이책의 세계에 확고히 뿌리내려야 한다고 믿는 편인가? 아니면 어릴 적 아이의 디지털 읽기 접속을 막으면 소중한 기회를 박탈하는 게 아닌지 우려하는 편인가?

부모들은 갈피를 못 잡고 있다. 여러 영어권 국가에서 나온 연구들을 보면 많은 부모는 여전히 유아와 취학 전 아동들에 대해서는 종이책을 선호하고 있음을 보여준다.[1] 하지만 디지털로 제공되는 것들을 거부했다가 행여 아이들이 (오락이나 학습, 그리고 아이들이 입학 첫날 태블릿을 지급받게 될지도 모르는 초등학교 준비에서) 남보다 뒤처지지는 않을지 걱정한다.

그런 고민들을 생각하며 상충하는 연구들을 읽다가, 나는 혹시 논쟁의 초점이 빗나간 것은 아닌지 자문하기 시작했다. 많은 어른들이 어떤 목적에는 종이를 택하고 또 다른 목적에는 디지털을 사용하는 만큼, 어린아이들에게 어떤 때는 디지털이 적합하고, 어떤 때는 종이를 고수해야 한다는 근거 있는 주장이 있었던가? 이 질문의 답이 "그렇다"였다고 느끼며, 나는 그 비슷한 것으로 다른 것은 뭐가 있을지 생각해보기 시작했다. 바로 음식이 있었다.

음식이라고? 그렇다. 우리는 모두 전통적인 음식 피라미드[지금은 마이플레이트MyPlate(미국 농무부가 국민에게 권장하는 건강 식단:역주)]를 봐왔을 것이다. 시간이 지나면서 세부 항목의 비율이 바뀌긴 했어도, 피라미드(플레이트) 개념은 우리에게 균형 잡힌 식단이 여러 가지 요소로 구성되었음을 상기시킨다. 많은 양의 과일과 채소, 곡물? 물론이다. 그러나 여기에 약간의 오일과 소금이 필요하다. 육류와 가금류, 생선은? 선택에 달렸다. 채식주의자라면 식단 어디에서 어떻게 보충할지 계산해야 한다.

이제 어린 시절, 그리고 책으로 돌아가 보자. 우리의 책 읽기는 영아기(출생 후 대략 2세까지)부터 시작된다. 전문가들은 책 읽기에 관한 한, 종이책이 단연 옳은 선택이라는 데 의견을 같이한다. 하지만 특히 지난 몇 년 사이, 심지어 종이책을 사랑하는 소아과 의사들조차 두 살 미만 어린아이들이 터치스크린을 어느 정도 접속하게 해도 좋다는 건전한 이유들을 찾아내고 있다. 나탈리아 쿠시르코바Natalia Kucirkova와 배리 저커먼Barry Zuckerman 같은 유아 전문가들에 따르면, 터치스크린은 언어 발달을 촉진할 수 있을 뿐 아니라, 운동 제어와 손·눈의 조정에 도움이 되는가 하면, 가령 조부모와 화상 통화를 하거나 스크린으로 가족 사진을 교환하는 등 디지털 방식의 소통을 가능하게 해준다.[2]

그 다음 단계로 가서, 이때 책으로 간주되는 것들(종이책 혹은 디지털)에 대해서는 어떻게 해야 할까? 의미 있는 답을 찾으려면 읽기의 목적이 무엇인지 묻는 데서 시작할 필요가 있다. 부모들이 아이와 책을 들고 앉았을 때 혹은 아이들 혼자서 책을 들고 편안히 앉았을 때 달성하려는 목표가 무엇인가? 유아나 미취학 아동의 읽기를 생각할 때 취할 수 있는 관점은 다음 세 가지다.

> "종이책과 디지털 책에 대한 부모들의 상이한 읽기 전략은 자신들이 어린 시절 종이책을 좋아했던 것과 관련이 있을 수 있다."
> **나탈리아 쿠시르코바**[3]

- 사회적 측면
- 언어적 · 인지적 측면
- 참여적(관계 맺기) 측면

한 가지 유의할 점이 있다. 이렇게 세 가지로 구분하는 것은 연구 목적을 위해서는 편리할 수 있지만 실행 과정에서는 서로 얽혀 있다.[4]

어린아이들의 읽기를 바라보는 세 가지 측면

사회적 측면

몇 년 전 심리학자 제롬 브루너Jerome Bruner는 아이들은 말하기를 혼자 하는 활동이 아니라 자신을 돌봐주는 사람과의 사회적 상호작용 위에 더해지는 언어적 부과물로 배우기 시작한다고 주장했다.[5] 마찬가지로 우리가 어린아이들과 하는 읽기도 상당 부분은 책 자체보다는 함께 있으면서 경험을 나누는 것에 주안점을 둔다. 실제로 소아과 의사들은 부모와 아이들 간의 유대를 기르는 도구 중 하나로 함께 읽기를 추천한다.

학계에서 '대화식 말하기dialogic talk'라는 용어는 영아기와 유아기에 읽기를 둘러싸고 일어나는 아이와의 대화를 의미한다(당연한 일이지만, 영아와 대화할 때 어른은 일반적으로 양쪽 역할을 다 해야 한다). 책을 읽는 것은 당신이지만, 또한 당신은 질문도 하고, 책의 내용을 아이의 세계에서 경험하는 것과도 연결시킨다. "저 코끼리 좀 봐! 어제 동물원에서 우리가 본 코끼리 기억나니?" 이런 대화식 주고받기는 많은 가정에서 즉흥적으로 일어난다. 하지만 때로는 부모를 위해 설계된 대화 모형에서 도움을 받기도 한다.

수십 년 전 내가 한 연구의 대부분은 아동 언어 습득에 관한 것이었다. 당시 언어학자들은 모든 아이들이 똑같은 방법으로 언어를 배우는 것은 아니라는 사실을 인정하기 시작했다. 차이가 나는 이유 중 하나는 문화적 맥락이다. 가령 부모가 "피터, 여기 물고기 좀 봐. 이게 물고기야. '물고기'라고 할 수 있겠니?"라고 할 때처럼, 사물의 이름을 끊임없이 알려주는 미국 중산층의 영아들은 그렇지 않은 사회의 아이들보다 단어를 일찍 사용하는 경향이 있다. 예컨대, 볼리비아의 아마존 부족인 치마네족은 엄마가 하루 평균 1분 미만으로 아기들과 직접 대화한다. 미국 엄마가 하는 대화량의 약 10분의 1이다.[6] 하지만 문화적 양육의 형태와는 상관없이 이 아이들은 모두 말하기를 배운다.

이것과 똑같은 문화적 문제가 책을 둘러싸고 진행되는 어린아이와의 대화식 말하기에서도 제기된다. 문자를 사용하는 사회에서는 아이들이 자라면서 숙달된 독자가 되는데, 대부분 영아나 유아와의 주고받기식 읽기는 사회에서 흔히 볼 수 있는 모습이 아니다. 인도 출신인 내 남편은 높은 문해력을 지닌 가정에서 자라 네 살 무렵 혼자서 읽는 법을 배웠는데, 그를 볼 때마다 이런 차이가 떠오른다.

어린아이들을 위한 읽기 수단으로 종이책과 디지털 책을 둘러싼 논쟁을 보면 흔히 종이책이 디지털보다 대화식 말하기를 더 많이 북돋운다는 가정이 전제되어 있다(이 문제는 잠시 후 더 이야기하겠다). 하지만 이런 차이는 불가피한 것일까? 최근 노르웨이와 미국 두 나라에서 시작된 프로젝트들은 어린아이들과 함께 디지털 책을 읽는 방식 안에 대화를 구축하는 건설적 방법을 제시한다.[7]

이런 논의에서 흔히 빠져 있는 것은 어린아이들과 함께 읽을 때 책의 역할이 아이를 돌보는 사람과의 유대 너머까지 확장된다는 점이다. 우리는 그런 역할을 지원하는 데 어떤 플랫폼이 가장 좋은지를 포함해 읽기의 목표를 좀 더 폭넓게 생각할 필요가 있다.

언어적·인지적 측면

혼자서 읽을 수 있기 전에, 아이들이 책에서 흡수하는 것은 무척 많다. 이때 어른이 책을 아이에게 직접 읽어주거나, 디지털 책이라면 음성 활성 장치를 통해 들려줄 수도 있다. 어떤 방법으로든 어린아이들은 그림이나 글자로 적힌 단어, 혹은 말로 하는 단어와 대상(가령 코끼리) 간에 짝을 짓게 될 것이다. 또한 아이들은 이야기의 줄거리를 따라가면서 원인과 결과도 배울 수 있을 것이다.

우리는 아이들 주변에서 사용되는 언어가 풍부할수록 언어 발달도 더 강화된다는 사실을 안다. 특히 주변에서 단어나 복합적인 구문을 많이 듣지 못하는 환경에 있는 어린아이들은 추가 도구를 활용해 학습 기회를 높여주면 도움이 된다. 〈세서미 스트리트Sesame Street〉(미국의 최장수 어린이 교육 방송 프로그램:역주)는 아이나 어른 모두를 위한 좋은 본보기로 크게 성공한 사례다. 〔나는 걸음마를 시작한 어린 아들과 함께 1980년대에 방영된 1회분을 보다가, 주인공 마리아가 신발을 사러 간 곳에서 '푸스puce(짙은 적갈색이라는 뜻의 영어 단어:역주)'라는 단어를 배웠다.〕

디지털 책과 앱이 나오면서, 언어를 기반으로 한 학습에서 이런 도구들이 종이책과는 어떻게 비교가 되는지 교육자와 부모들이 알고 싶어 하는 것은 너무나 당연하다. 앞으로 보게 되겠지만 많은 연구자들이 이 문제를 조사하고 있다.

참여적(관계 맺기) 측면

아마 이런 부모를 본 적이 있을 것이다. 혹은 당신이 그런 부모일 수도 있다. 식당에서 옆자리의 두 살짜리 아이가 계속해서 울고 있다. 아빠는 필사적으로 아이폰을 가지고 와서는 만화 동영상을 열어 그 불쌍한 아기 앞에 세워둔다. 그러자 짜잔! 다시 평화가 찾아온다.

디지털 기술이 관심을 사로잡을 수 있다는 데에는 의문의 여지가 없다. 어린아이들에게 디지털 책을 건네는 것을 둘러싼 찬반 논쟁에서 '반대' 편을 드는 사람들은 아이들이 이야기 줄거리나 부모가 아이들과 함께 읽으려고 애쓰는 것보다는 기기에 더 집중하는 경향을 보인다는 연구들을 제시한다. 다 사실이다. 그런데 이 말은 디지털 기기의 그런 관계 맺기가 전적으로 부정적이라는 뜻일까? 인지적 또는 신체적 상호작용을 포함한 보다 넓은 의미의 관계 맺기와는 어떤 관계가 있는 걸까?

나탈리아 쿠시르코바와 테레사 크레민Teresa Cremin이 《디지털 시대 아이들의 즐거움을 위한 독서Children Reading for Pleasure in the Digital Age》에서 주장하듯이, 읽는 행위(또는 읽어주는 것을 듣는 행위)는 아이의 행동까지 포함하는 것일 때 가장 유익하다. 중요한 점은 이런 행동에는 아이가 듣는 것을 가지고 의미를 구성하는 것이 포함된다는 사실이다. 그뿐만 아니라 종이책에서는 아이가 보송보송한 표면을 쓰다듬거나 입체북의 창을 여는 것, 혹은 디지털 작품에서는 가령 음악을 선곡하거나 이미지를 살펴보는 것까지 포함될 수도 있다.

연구자들은 특히 부모들의 관점에서 종이책이나 디지털 책이 어린아이들에게 도움을 줄 수 있는 다양한 기능들을 분석하기 시작했다. 록산느 에타Roxanne Etta는 미취학 아동 부모 2000여 명을 대상으로 언제 종이책과 디지털 책이 더 적합한지 묻는 설문조사를 진행했다. 종이책은 아이와의 사회적 경험에 최선이라고 판단될 때가 많은 반면 전자책은 오락이나, 에타의 용어로는 애보기babysitting용으로 사용되는 경우가 많았다.[8] 전자책의 품질이 계속 개선되면서, 또 부모들이 디지털 기기를 사용하며 아이들과 대화식 이야기를 결합하는 방법을 배워가면서 앞으로 이런 패턴에 어떤 변화가 일어날지 지켜봐야 할 것이다.

'디지털 책'의 범위

연구 내용으로 들어가기 전에 먼저 아이들을 위한 '디지털 책'이라고 했을 때 무엇을 의미하는지 분명히 하고 넘어가자. 기본적으로 디지털 책이라고 할 때는 종이책에서 보는 글자와 그림으로 된 자료들을 복제한 것으로, 디지털 기기(전형적인 것이 태블릿이지만 컴퓨터나 전자책 리더, 휴대전화도 될 수 있다)로 접속되는 책(혹은 그것에 관한 앱)을 말한다. 기본은 PDF나 EPUB 파일이다.

그에 비해 증강 디지털 책(혹은 앱)은 디지털 읽기를 종이책과는 다르게 체험하게 해주는 부가물, 즉 애니메이션과 음향, 핫스팟hotspot(아이가 터치를 통해 시청각적인 반응을 경험할 수 있는 인터랙티브 기능:역주)과 게임 중 한 가지 이상을 포함하고 있다. 앞으로 살펴보겠지만, 디지털 책의 증강 유형은 어린아이들에게 디지털 책을 권해도 좋을지를 판단하는 데 결정적이다.

연구가 말해주는 것들

사회적 측면

지금까지 많은 연구들은 종이책과 디지털 이야기책을 읽을 때 어른과 아이 간의 대화를 비교해왔다. 단순한 디지털 책도 있었고, 증강형 디지털 책도 있었다(앞으로 보게 되겠지만 둘의 구분은 중요하다). 이 방면에서 상당한 주목을 끌어낸 두 가지 조사를 살펴보자. 줄리아 패리시모리스Julia Parish-Morris와 동료들의 초기 연구는 세 살 어린이에게 초점을 맞췄다. 이보다 더 최근에 이루어진 티파니 뮌저Tiffany Munzer와 동료들의 연구에서는 걸음마를 배우는 시기의 유아들을 관찰했다.[9]

결과는? 두 연구 모두 종이책을 가지고 어른과 읽을 때가 디지털 책으로 읽을 때보다 부모와 아이 간 대화가 더 많아진다고 결론 내렸다. 디지털 책을 가지고 읽을 때는 이야기가 기술적인 부분에 집중하는 경향이 있었다. 패리시모리스와 동료들이 내린 결론은 다음과 같다.

> 대화식 읽기 스타일(나중에 문해력 기술 향상을 예측하는 것으로 보이는 이야기책 읽기의 스타일)을 특징짓는 행동들이 〔디지털〕 책으로 읽을 때에는 줄어든다.[10]

미취학 아동을 대상으로 한 다른 연구도 종이책을 사용했을 때 어른과 아이 간의 대화식 상호작용이 더 많았다고 보고한다.[11] 걸음마 단계 유아로 돌아가, 뮌저와 동료들은 이런 조언을 제시했다.

> 전자책으로 읽을 때에는 부모와 아이 간 대화의 양과 상호작용의 질이

하락한다는 우리의 연구 결과를 감안하면, 소아과 의사들은 부모와 걸음마 단계의 유아가 함께 읽기를 할 때 주의를 분산시키는 특성이 있는 전자책보다 종이책을 권하고 싶어질지 모른다.[12]

어린아이와 (디지털 책보다는) 종이책으로 읽는 것이 부모와 아이가 책 내용을 둘러싸고 대화를 나누는 데 최선일 가능성이 높다는 말은 그리 놀랍지 않다. 하지만 이 말이 어린아이들의 삶 속에 디지털 책이 놓일 정당한 자리가 없다는 뜻일까? 그럴 리는 없다. 왜 그런지 알아보기 위해 잠시 위 인용문에 나온 '주의를 분산시키는 특성'이라는 구절을 생각해보자. 디지털 책을 읽으며 대화를 나눌 때 어린아이들의 주의가 분산되는 요인은 무엇보다 디지털 기기가 아이들의 주의를 끌어당기는 부분일 때가 많다. 그런 주의분산은 일반적으로 말해 대화식 소통에는 도움이 되지 않을 수 있다. 하지만 다른 어떤 것, 가령 언어적 혹은 인지적 발달에는 생산적이지 않을까?

언어적·인지적 측면

이 질문을 생각할 때는 기본 디지털 책과 증강형 디지털 책의 차이를 염두에 둬야 한다. 기본 디지털 책은 증강형 책(가령 핫스팟이나 음악 기능이 있는 것)보다 주의를 뺏는 기능이 적다. 이런 구분에 대한 초기의 경험적 증거는 조앤갠즈쿠니센터Joan Ganz Cooney Center의 연구에서 나왔다.[13] 연구진은 부모와 3~6세 아이들이 종이책과 기본 디지털 책, 증강형 디지털 책, 이 세 가지 중 하나를 가지고 함께 읽을 때 어떤 일이 일어나는지 비교해봤다. 종이책과 기본 디지털 책은 부모와 아이 모두

책 내용에 연결된 활동(가령 그림 보고 이름 붙이기, 가리키기, 이야기에 나오는 항목 꼽아보기)이 아주 비슷했다. 하지만 증강형 디지털 책은 책 내용과 관련된 활동이 부모와 아이 모두 적었다. 따라서 우리가 집중할 필요가 있는 것은 그런 증강 기능들일 듯하다.

살펴보면 어떤 증강 기능들은 학습을 증진하는 반면, 그렇지 않은 것들도 있다. 연구자들은 증강 기능 중에서도 '이야기에 알맞은 애니메이션과 음향, 음성이나 음악을 포함하는' 멀티미디어 특성과 '내장형 게임이나 활동처럼 아이의 관심을 이야기 내용에서 벗어나게 하는' 특성을 구분한다.[14] 당신은 이야기 줄거리와 맞지 않는 핫스팟과 게임을 마치 온라인 하이퍼링크처럼 주 텍스트로부터 벗어나게 만드는 기능 정도로만 생각할 수도 있다. 물론 내용물들이 어떤 식으로든 연결되어 있긴 하지만, 정신적으로 강하게 단련이 되어 있지 않고서는 처음에 읽고 있던 것을 놓치기 쉽다.

여기서 핵심은 관련성이다. 증강 기능이 이야기 줄거리와 관련이 있다면(혹은 적어도 벗어나게는 하지 않는다면) 디지털 특성은 중립적이거나 긍정적인 효과가 있다. 그렇지 않다면 증강 기능은 잠재적인 학습을 방해한다. 이런 구분은 직관적으로 타당해 보인다. 또한 이것은 성인의 멀티태스킹에 대해 우리가 아는 것과도 잘 들어맞는다. 가령 컴퓨터 앞에서 X에 대한 일(가령, 기술적인 보고서 작성)을 하다가 주의를 Y(가령 휴가용 비행기 표 구매)로 옮기면, 다시 보고서 작성에 정신을 모으는 데 시간이 걸린다.

어린아이들을 위한 교육용 디지털 소프트웨어에서 어떤 것이 승자와 패자인가? 몇몇 관련 증거들을 살펴보는 일은 잠시 후로 미루고, 먼저 점수표부터 보자.

☺: 애니메이션, 음향(배경 음악 포함)

☹: 대부분의 핫스팟, 게임

아마 여러분은 어린이용 디지털 책과 앱 설계자들이, 아이들의 참여를 끌어낼 거라고 봤지만 결과적으로는 '교육적 소프트웨어'의 '교육적' 부분으로부터 이탈시키고 마는 디지털 부가기능을 잔뜩 집어넣기 전에 교육 심리학자나 독서 전문가들의 자문을 거쳤을 거라고 생각할 것이다. 우리가 보기에는 그러지 않은 것 같다. 리사 건지Lisa Guernsey와 동료들은, 어린아이들의 문해력 발달에 초점을 맞췄다고 주장하는 인기 많은 앱과 웹사이트, 디지털 책들을 살펴본 후 이렇게 보고했다. 디지털 책의 경우,

- 전체 75퍼센트에 핫스팟이 있었고, 이 중 20퍼센트만 문해력 발달과 관련된 것이었다.
- 전체 65퍼센트에 게임이나 다른 활동이 포함되어 있었지만 이 중 25퍼센트만 문해력 활동과 관련된 것이었다.[15]

어린이용 디지털 책과 앱에 대한 더 최근의 리뷰들도 이보다 더 고무적인 내용을 담고 있지는 않다.[16] 희소식은 많은 연구자가 학습에 더욱 초점을 맞춘 디지털 기기를 설계하기 위해 노력하고 있다는 사실이다.[17]

이제 증강형 디지털 책과 학습에 관한 몇몇 증거들을 살펴보자. 나는

먼저 모든 연구 결과가 똑같은 결론에 이른 것은 아니라는 단서를 달고 시작하겠다. 하지만 전체적으로는 봤을 때는, 적어도 가끔은 증강형 디지털 책이 (제대로 되었을 경우) 종이책과 대등하거나 심지어 능가하기도 한다는 증거가 있다. 가장 흔히 사용되는 두 가지 기준에 초점을 맞춰보자. 두 가지란 이야기 이해와 어휘 발달이다.

전통적으로 어른이 어린아이에게 책을 읽어줄 때 주로 맡는 역할은 이야기의 '발판 놓기scaffolding'다. 발판 놓기란 개념적 구조물을 지어 그 위로 아이가 새로운 학습이나 이해를 더할 수 있게 하는 것을 말한다. 이야기에 나오는 새로운 단어의 어떤 것에 대해 미리 말하거나, 이야기에 나오는 것을 아이에게 자기 삶 속의 비슷한 경험과 연결시키도록 요구하는 것을 떠올려보라. 연구자들(물론 부모들까지)의 관심사는 잘 만든 증강형 디지털 책이 어른이 없는 상황에서 이런 역할을 해낼 수 있는지의 여부다.

네덜란드 연구진이 29건의 관련 선행 연구 결과를 살펴보았다. 여기에는 3~11세 아동 1200명 이상을 대상으로 어휘 학습과 이야기 이해를 측정한 내용이 포함되어 있었다. 관심사는 슬기롭게 제작된 멀티미디어(증강형) 전자책이, 특히 어른의 지원이 있을 때와 없을 때, 종이책과 얼마나 견줄 만한가였다. 결론은? 어른의 지원이 있을 때 멀티미디어 전자책을 사용한 학습의 양은 종이책을 통한 학습과 대등했다. 하지만 어른이 없을 때는, 애니메이션이나 배경 음악, 음향효과로 증강된 전자책을 사용했을 때 아이들의 어휘와 이해가 실제로 더 나았다.[18]

어른들을 다 스타벅스로 쫓아내기 전에, 다시 한번 말하지만 모든 연구가 같은 결론을 내린 것은 아니라는 점을 기억하기 바란다. 또 다른 연구가 있다. 앞의 연구 저자들 중 일부가 참여한 이 연구는 튀르키예에서 진행된 것으로, 4~6세 아동을 대상으로 증강형 전자책만 (다시 말해, 종이책과 비교 없이) 사용했다. 아이들은 어른의 지원이 없는 상태에서 녹음된 이야기를 듣는 방식으로 이야기를 '읽었다'. 이 연구의 목표는 시각적 증강 기능과 청각적 증강 기능이 어휘나 이야기 이해에는 어떤 차이를 불러오는지 알아보는 것이었다. 시각적 증강 기능은 이야기의 이해를 높여주는 것처럼 보인 반면, 청각적 부가물은 단어 이해에 부정적 효과를 낳았다.[19] 하지만 또 다른 연구도 있다. 이번에는 미국에서 4~6세 아동을 대상으로 아이들이 (출판사가 제공한) 녹음된 이야기를 혼자서 들을 때('읽을' 때) 전자책의 내용을 얼마나 기억하는지를 부모가 직접 읽어줄 때와 비교해봤다. 아이들은 혼자서 읽을 때(즉 오디오로 들을 때)에도 적지 않은 양을 기억했지만, 부모가 읽어줬을 때 텍스트를 더 많이 기억했다.[20]

여기서 희소식은 잘 만든 증강형 전자책을 사용했을 때, 심지어 부모가 없을 때에도 알찬 학습이 일어나는 것처럼 보인다는 것이다. 하지만 아직도 우리는 어떤 증강 기능이 어떤 종류의 학습에, 어떤 나이에, 그리고 심지어 어떤 인성에 가장 적합한지 알아내야 할 것이 많다.

또 한 가지 강조할 점이 있다. 이번에는 문화에 관한 것이다. 아이의 어휘 발달이나 이야기 이해의 증진을 위해 책을 사용하는 것에 대한 모든 논의는 조기 양육 모델을 전제로 하는데, 이 모델은 구체적으로 측량할 수 있는 이정표에 따른 교육을 강조한다. 또 다른 관점은 어린 아이들을 지도하려 드는 대신 스스로 탐구하고 발견하도록 권장해야 한다는 것이다. 미국에서는 첫 번째 모델이 지배적인 경향을 보여왔다

(취학 전 아동을 대상으로 판매되는, 유명 예술 작품이 그려진 플래시카드를 생각해보라). 두 번째 모델은 전통 사회와 초창기 진보적 교육 운동의 특징에 가까운데, 이들이 그런 플래시카드를 사용하느니 비건(엄격한 채식주의자:역주)이 베이컨을 먹을 거라 기대하는 것이 빠를 것이다.

여기서 우리의 목표는 특정 접근법을 옹호하는 것이 아니다. 어린아이들이 책으로 하는 경험을 두고 어른들이 기대하는 목표가 다양할 수 있음을 인식하는 것이다.

참여적 측면

이런 실험을 한번 해보라. 한 손에는 선명한 색깔의 바람개비를, 다른 손에는 희끄무레한 진흙 덩어리를 든 채 두 살짜리 아이 앞에 서보라. 아이가 어느 쪽을 택할지는 이야기하나 마나가 아닐까? 마찬가지로 우리는 어렵지 않게 많은 유아와 취학 전 아동들이 전자책(특히 증강형)을 더 관심 있게 볼 거라고 예측할 수 있다.

그렇다고 아이들을 탓하기는 어렵다. 문득 1919년에 나온 옛날 노래가 떠오른다. 1차 세계대전에서 돌아온 미국 병사들 눈에 그전보다 더 넓은 세계가 얼마나 유혹적이었을지 주의를 일깨우는 노래다.

> "파리Paris를 보고 난 그들을
> 어떻게 농장에 눌러 있게 할 수 있을까요?"

어린아이들에게는 전자책이 파리와 같을 수 있음을 보여주는 생생한 사례로, 여기 패리시모리스와 동료들이 연구 설계를 예비 실험했을 때 일어난 일을 관찰한 것이 있다.

> 먼저 〔전자책을〕 읽도록 한 아이들은 그 후로는 전통적인 책을 읽지 않으려 했다. 이 때문에 피험자 내(같은 시험 대상에 대한 반복 실험) 연구 설계에서 읽기 순서의 균형을 잡기가 불가능해질 수 있었다.[21]

저자들의 당초 계획은 아이들에게 종이책과 전자책을 둘 다 준 다음(피험자 내 설계), 절반의 아이들은 먼저 종이책을 읽고, 다른 절반은 디지털 책을 읽게 하는 것이었다. 하지만 예비 조사 결과 때문에, 연구진은 결국 한 집단에는 종이책만, 다른 집단에는 디지털 책만 주고 말았다(피험자 간 설계). 아이들이 '파리(디지털 책)를 보고 난' 후에는 종이책에 관심을 보이지 않을 것을 우려했기 때문이었다.

하지만 관계 맺기의 문제는 좀 더 미묘하다. 특히 디지털 책이 주의를 분산시키는 인터랙티브 사양을 갖추고 있지 않다면 더 그렇다. 보다 최근에 개브리엘 스트라우스Gabrielle Strouse와 퍼트리샤 개니어Patricia Ganea가 17~26개월 아동을 대상으로 전자책과 종이책 사용을 비교한 연구를 보면, 아이들은 전자책을 읽을 때 더 많은 주의를 기울이고, 읽기에도 더 '개방적'이었을 뿐 아니라, 책 내용과 관련된 말도 더 많이 하는 것으로 나타났다.[22]

모든 세부 사실들로부터 한걸음 물러나 보았을 때, 어린아이들이 종이책과 디지털 책을 사용하는 것에 대한 장단점과 관련해 우리가 알게 된 사실은 다음과 같다.

- 어린아이와 책을 읽을 때 **주요 목표가 무엇인지 명확히 하라**. 만약 목표가 사회적 대화(와 그에 따른 모든 개인적 · 교육적 풍요)라면, 종이책을 택하라. 그게 아니라 책 자체에 깊이 빠져드는 것이 목표라면 디지털 책이 적절한 선택이 될 수 있다.
- **디지털 책(혹은 앱)이라고 해서 모두 같지는 않다**. 가장 좋은 것은 증강 기능이 주의분산이 아닌 이야기 내용에 기여하는 것이다.
- 어린아이들의 학습에서 (비교 기준이 이야기 이해든 어휘 습득이든) 종이책과 디지털 책 중 어느 것이 더 나은지에 대한 **확정적인 답은 없다**. 책의 내용과 어른 · 아이 관계, 문화, 아이의 성격에 따라 학습의 기회는 다양하다. 연령도 문제가 될 수 있지만, 늘 좋은 잣대인 것은 아니다. 36개월 된 아이도 발달 수준으로 봐서는 걸음마 단계의 유아와 더 비슷할 수도 있고, 미취학 아동과 더 비슷할 수도 있다.[23]

종이책으로 읽을지 스크린으로 읽을지를 둘러싼 문제는 아이가 커가면서 상당히 달라진다.

학령 독자를 대상으로 한 읽기 연구

'학령School-age'에는 아주 넓은 범위의 학생들이 포함된다. 미국에서는 초등학교(대략 6~10세), 중학교(보통 11~13세), 고등학교(일반적으로 14~17세)에 다니는 아이들을 뜻하는데, 각 집단의 나이는 아래위로 1년 차이가 날 수도 있다. 그다음 단계가 단과대학 혹은 종합대학이다

(다시 말하지만, 이 책에서는 이 둘을 같은 뜻으로 사용한다).

종이로 읽는 것과 단일 디지털 문서로 읽는 것을 비교한 연구를 보면, 대학교 연령 아래의 아이들을 대상으로 한 연구는 드물다. 반대로, 복수의 디지털 텍스트와 온라인 탐색에 관한 연구(다음 장의 주제)를 보면 대부분 대상이 중고등학생이다.

왜 종이와 단일 디지털 문서를 비교한 연구는 대학생을 대상으로 한 것이 많을까? 한 가지 이유는 적어도 미국에서는 연구에 참가하는 대상자의 나이가 보호자의 동의를 필요로 하는 연령을 넘어가면 연구자가 프로젝트를 승인받기 위해 통과해야 할 장애물이 적어지기 때문일 것이다. 더욱이 연구자들의 일터는 대개 대학 교육 기관이고, 실험에 참가할 후보군은 주변에 늘 대기 상태에 있다. 그렇다면 왜 복수의 텍스트를 가지고 대학생을 상대로 한 연구는 적을까? 짐작건대 온라인 탐색은 대학교에서 흔히 가르치는 기술이 아니기 때문이다. 여기에는 학생들이 이미 그 방법을 안다는 가정이 깔려 있다.

1장과 2장에서 우리는 읽기와 독자, 텍스트에 관한 여러 가지 관점들을 살펴보았다. 지금 이야기하려는 연구들은 그런 여러 가지 문제에 초점을 맞추고 있는데, 이를 요약한 것이 도표 4.1이다.

물론 개별 연구들이 이 문제들을 다 다루는 것은 아니다. 연구 결과들이 간혹 상충하는 것처럼 보이는 이유는 저자들이 그 결과를 특정 조건에만 적용할 수 있다는 점은 고려하지 않은 채 종이와 디지털 읽기를 비교할 때 일반화하기 때문이다. 연구자들을 탓하는 게 아니다. 그 누구도 모든 것을 통제할 수는 없다. 다만 연구 결과들을 비교하는 것이 때로는 사과와 귤을 비교하는 것과 같다는 점을 인식하면, 각각

도표 4.1 종이와 스크린을 비교할 때 쟁점 (텍스트가 하나인 경우)

테스트의 질문이 읽기에 영향을 미칠까?	· 사용자 인식 연구 대 실험 · 읽기 연구에서 사용하는 질문 유형 · 시간 제한과 읽는 속도, 매체의 관계
텍스트 종류가 읽기에 영향을 미칠까?	· 텍스트 길이 · 장르
기술의 형태가 읽기에 영향을 미칠까?	· 종이와 디지털의 유도성 · 디지털 페이지 넘기기와 스크롤하기 · 텍스트 보기 조정
모든 것은 우리 정신의 문제일까?	· 메타인지('마음가짐') · 예측과 매체 선호 · 동기 유발

문제없이 수행된 두 실험이 어째서 정반대의 결론에 이를 수 있는지도 이해하게 된다.

도표 4.1에 들어 있지는 않지만 기억해야 할 중요한 문제가 몇 가지 더 있다. 하나는 독자의 디지털 기기 사용 경험이다. 전자책을 한 번도 써보지 않은 사람이 시험에 참가했을 때 느끼는 편의성은 킨들을 자주 사용해본 독자와 다를 수 있다. 또 다른 문제(간혹 앞의 문제와 겹치기도 한다)는 연구가 수행된 시기다. 이제는 보통 사람들까지 스크린 읽기가 점점 익숙한 일이 되면서 사람들의 태도나 행동, 혹은 둘 다 바뀌고 있는 것 같다. 실제로 그런 변화를 보여주는 증거도 있다. 물론 변화의 방향이 늘 우리가 예상하는 대로는 아니다. 잠시 후 요즘 학생들은 디지털로 읽은 후에 시험을 더 잘 볼 거라고 여기는 경향이 강하다는 사실을 보게 될 것이다(학생들이 대체로 잘못 알고 있는 것인데, 왜 그렇게 생각하는지 알아볼 것이다). 마찬가지로, 최근에 와서 종이책이 이해력에 더 유

리하다는 연구들이 이전보다 많아지고 있다는 사실도 보게 될 것이다.

테스트의 질문이 읽기에 영향을 미칠까?

어떤 연구에서든지 결론은 제기하는 질문과 통제 변수에 크게 좌우된다. 이러한 사실은 학습을 위한 읽기에서 플랫폼의 중요성을 따질 때도 대단히 중요하다.

사용자 인식 연구 대 실험

아주 단순하게 말하면, 종이와 스크린 읽기를 비교한 연구에는 기본적으로 두 가지가 있다. 첫째는 사용자 스스로 제시한 각 읽기 매체의 장단점을 조사하는 것이다. 둘째는 참가자에게 종이나 디지털 기기로 선형적 단락을 읽게 한 후 인지적인 무엇, 대개는 '이해도'를 측정하는 것이다.

먼저 사용자 인식 연구부터 살펴보자. 지금까지 10여 건이 있었지만 나는 세 가지만 이야기하겠다. 둘은 대학생(학부생과 대학원생)을 대상으로, 나머지 하나는 중고등학생을 대상으로 한 것이다. 세 연구의 개요는 다음과 같다.

	대학생 연구 1	대학생 연구 2	중고등학생 연구
연구자	배런, 캘릭스티, 해브왈라(2017)	미즈라치, 살라즈, 쿠라보글루, 부스타니(2018)	타이오디커슨, 망엔, 배런, 해커멀더(2019)
연령	18~26세	전체 2/3가 18~24세	11~19세
참가자 수	429명	1만 명 이상	212명
연구 범위	5개국(미국, 일본, 독일, 슬로바키아, 인도)	21개국	스타방에르국제학교(노르웨이)
데이터 수집 기간	2013년 봄~2015년 봄	2014~2016년	2019년 봄

세 연구의 설문 문항은 모두 정확히 같지는 않지만, 인지적 문제에 밀접히 관련된 것들을 다뤘다. 결과는? 세 연구 모두 결과가 아주 비슷했다. 다음은 집중력과 학습, 기억에 관련된 질문과 답변이다. 비율은 질문에 답한 사람을 모집단으로 한 수치다.

집중하거나 몰두하는 데 가장 수월한 매체는 어떤 것인가요?

종이 (대학생 연구 1: 92퍼센트, 대학생 연구 2: 82퍼센트, 중고등학생 연구: 85퍼센트)

학습하기에 가장 수월한 매체는 어떤 것인가요?

종이 (중고등학생 연구: 71퍼센트)

기억하기에 유리한 매체는 어떤 것인가요?

종이 (대학생 연구 2: 72퍼센트)

숫자만 봐도 알 수 있다. 전체적으로 학습(집중과 기억 포함)에 관한 한 학생들은 종이가 더 나은 매체라고 느꼈다.

첫 번째 연구와 세 번째 연구에는 멀티태스킹 관련 질문들도 들어 있었다.

읽을 때 멀티태스킹을 (아주 자주 혹은 가끔) 하나요?

- 디지털일 때: 67퍼센트(대학생 연구 1), 46퍼센트(중고등학생 연구)
- 종이일 때: 41퍼센트(대학생 연구 1), 23퍼센트(중고등학생 연구)

학생들(대학생과 중고등학생 모두)은 디지털로 읽을 때 멀티태스킹을 할 가능성이 더 높았다. 왜 대학생이 (종이든 디지털이든) 멀티태스킹 비율이 더 높게 나왔는지 나로서는 확신할 수 없지만, 직감적으로는 이유 두 가지가 떠오른다. 첫째, 대학생 연구에서 학생들은 음악을 듣는 것을 멀티태스킹의 한 유형으로 간주했을 수 있다. 중고등학생들 연구에서는 질문을 할 때 명시적으로 음악은 멀티태스킹 유형에서 제외했다. 둘째, 대학생들은 소셜 미디어를 비롯해 최신 뉴스 읽기며 식당 예약하기, 신발 쇼핑과 같은 멀티태스킹을 해야 할 이유가 더 많은 경향을 보인다. 아닌 게 아니라, 대학생 연구에서 미국 학생들만 봐도 멀티태스킹 비율이 종이로 읽을 때는 26퍼센트인 반면, 디지털로 읽을 때는 85퍼센트로 훨씬 높게 나온다.

세 연구 모두 참가자들에게 개방형 질문도 제시했다. 내가 직접 관여한 첫 번째 대학생 연구와 중고등학생 연구에서는 학생들에게 종이와 디지털 읽기의 어떤 점을 가장 좋아하고 싫어하는지 물었다.[24]

집중력과 몰입, 주의분산에 관한 답변만 살펴보자. 비율에 대해서는 유의할 것이 있다. 모든 질문에 모두가 답한 것은 아니어서, 이 수치는 답을 한 학생들로만 계산했다.

종이로 읽을 때 가장 좋은 점은 무엇인가요?

집중하기 좋다거나, 주의분산이 없다는 점을 언급한 답변 비율

- 대학생 연구 1: 7퍼센트
- 중고등학생 연구: 29퍼센트

디지털로 읽을 때 가장 싫은 점은 무엇인가요?

주의분산이나 집중 곤란을 언급한 답변 비율

- 대학생 연구 1: 21퍼센트
- 중고등학생 연구: 47퍼센트

개방형 질문이었으므로 학생들은 다른 답을 할 수도 있었다. 실제로 그렇게 했다. 학생들은 종이의 향을 좋아하는가 하면, 나무를 죽인다는 사실에 반감을 표하기도 했다. 또 디지털의 편의는 누리면서도 그것이 눈의 피로를 유발한다고 불평했다. 놀라운 것은 참가자, 특히 중고등학생의 상당수가 디지털 기술이 읽기에 대한 집중력을 약화시킨다고 느꼈다는 점이다. 다시 한번 미국 대학생들만 보더라도, 43퍼센트(나머지 5개국을 다 합친 숫자의 2배)가 디지털로 읽을 때 가장 싫은 점으로 주의분산이나 집중 곤란을 꼽았다.

이런 개방형 질문에 대한 답변들과, 앞에서 살펴본 집중과 학습, 기

억, 멀티태스킹에 관한 비율을 종합해 보면, 종이로 읽을 때 기대되는 교육적 혜택의 미래에 대한 (학생들 관점에서 볼 때) 불길한 조짐이 보인다. 이런 인식이 학생들 자신의 실제 선택과 늘 일치하지는 않는다. 하지만 학습자 자신이 하려는 말을 아는 것은 대단히 중요하다.

3장에서 이야기한 설문조사에서 많은 교수들이 디지털 기술 때문에 학생들의 읽기가 더 얕아지는 것 같다고 답한 사실을 떠올려보기 바란다. 학생들과 교수들의 인식에 관한 연구들을 연결해보면, 이런 상황을 낳는 요인은 바로 디지털 기기로 읽을 때 일어나는 모든 멀티태스킹일 수 있다. 이와 관련된 또 다른 요인은 학생들이 학습과 무관하게 하는 온라인 읽기일 수 있다.

많은 연구자들은 디지털로 읽을 때 이해도가 낮게 나오는 것을 두고 '피상화 가설shallowing hypothesis'의 증거라고 말한다. 사람들은 디지털 기기로 읽을 때 종이로 읽을 때보다 정신적 노력을 덜 기울인다는 뜻이다.[25] 얕은 읽기를 낳는 주된 원인 한 가지는 젊은이들이 상대적으로 정신적 노력이 덜 요구되는 디지털 소셜 미디어에 막대한 시간을 쏟는 것이다. 몇몇 연구들을 보면, 소셜 미디어를 오래 사용하는 사람일수록 독해 점수가 상대적으로 낮았다.[26]

이제 학생들의 인식에서 정식 시험으로 옮겨가 보자. 이 분야의 연구는 엄청나게 많다. 이 장의 나머지는 실험 연구에서 얻은 결과들에 집중할 것이다. 대부분의 논의는 도표 4.1에 있는 범주에 따라 나뉜다.

그렇지만 전체를 보여주는 큰 그림은 있다. 여러 메타 분석(여러 연구 결과를 리뷰한 연구)은 동일한 결론에 도달했다. 즉, 독해 점수는 스크린으로 읽을 때보다 종이로 읽을 때가 나았다.[27] 모든 연구에서 종이가 우월하게 나온 것은 아니다. 간혹 두 매체의 독해 점수가 비슷하게 나오기도 했다. 하지만 디지털 읽기가 더 나은 경우는 대단히 드물었다.

어떤 경우에 매체가 문제가 되는지 파악하려면 좀 더 촘촘한 그물이 필요하다. 실험 결과의 차이가 어디서 비롯되었는지 설명하려는 연구자들은 다시 두 가지 요인, 즉 '매체 효과'('디지털 스크롤링' 대 '페이지 넘기기'처럼 읽기 매체 자체와 관련된 영향)와 '중재자 효과'(읽는 속도와 장르 같은 또 다른 변수)를 구분한다. 이 중 몇 가지를 살펴보자.

읽기 연구에서 사용하는 질문 유형

지난 2000년대 후반과 2010년대 초의 연구들과 보다 최근에 나온 연구 결과들을 비교하는 것으로 이야기를 시작해보자. 중요한 차이점 한 가지가 금방 눈에 들어온다. 앞선 시험에서는 종이와 스크린 읽기가 비슷한 결과를 보여줄 때가 많았다.[28] 지금은 그런 경우가 덜하다. 학생들이 디지털 매체에 점점 더 많은 시간을 쓰게 되면서, 스크린 읽기에서도 점수가 나빠지고 있는 걸까(피상화 가설)? 반대로, 요즘 연구자들이 묻는 질문이 좀 더 미묘해진 결과일까? 첫 번째 가설로도 어느 정도 설명될 수 있겠지만, 내 생각에는 질문의 변화가 또 다른 많은 부분을 설명해주지 않을까 싶다.

종이와 디지털 읽기를 비교한 연구들을 보면 설계가 대부분 비슷하다. 가장 비슷한 예는 SAT 같은 표준화된 시험의 언어 영역이다. 읽기 지문은 보통 약 250~750단어로 되어 있다. 1~3쪽 분량이라고 생각하면 된다. 학생들에게는 (종이나 디지털 기기로) 선별된 지문을 읽고 난 후 이해를 묻는 문항에 답할 시간이 주어진다.

하지만 질문의 종류에서 차이가 난다. 바로 이 부분에서 최신 연구들이 관심을 갖게 된 것이 있다. 그러니까 지금은 주로 ① 구체적인 질문과 추상적인 질문, ② 주제에 대한 기억과 요점에 대한 기억을 각각 구분해서 질문한다. 가령 구체적인 질문(해변의 조약돌처럼 답을 쉽게 찾아낼 수 있는 것)과, 답을 하려면 추상적인 유추나 추론이 필요한 질문의 차이를 보자. 제프 코프먼Geoff Kaufman과 메리 프래너건Mary Flanagan은 읽기 매체의 차이가 각 질문 유형과도 관련이 있는지 탐구했다. 답은 "그렇다"였다. 참가자들은 추론이 필요한 보다 추상적인 질문에 답해야 할 경우에는 종이로 읽었을 때 점수가 나았다. 하지만 이 연구에는 중요한 요소가 한 가지 더 있었다. 참가자들이 먼저 추상적인 추론을 포함한 활동에 돌입한 다음에 읽기 문제를 풀었을 경우, 추상적 질문에 대한 디지털 수행력도 개선되었다.[29]

이제 두 번째 구분, 즉 지문의 주제를 기억하는 질문과 요점을 기억하는(텍스트에 대해 보다 세부적인 기억이 수반되는) 질문을 비교해보자. 로런 싱어Lauren Singer(지금은 싱어 트래크먼Singer Trakhman)와 퍼트리샤 알렉산더Patricia Alexander는 학부생을 대상으로 종이나 디지털로 텍스트를 읽고 난 후 질문에 답하는 능력을 시험했다. 지문 주제에 관한 단순 질문에서는 두 플랫폼의 결과가 본질적으로 같았다. 하지만 질문이 텍스트 읽기에 좀 더 초점이 맞춰져 있는 것(여기서는 요점을 파악하는 능력)을 포함했을 때는 종이책의 점수가 높게 나왔다. 싱어 트래크먼과 동료들의 후속 연구에서도 결과는 같은 양상을 보였다.[30]

이러한 결과는 흥미롭게도 패리시모리스와 동료들이 세 살배기 아이들을 대상으로 한 연구의 결과를 떠올리게 한다.

> 인물과 사건(피상적인 정보)을 파악하는 과제를 수행할 때는 [디지털] 책을 읽는 아이들도 전통적인 책을 읽는 아이들과 성적이 비슷했던 반면, 이야기 구조의 보다 높은 층위와 세부 내용(더 심층적인 이야기 구조)을 이해해야 할 경우에는 [디지털 책을 읽게 한] 아이들이 더 힘들어했다.[31]

완전히 다른 두 연령 집단에 대한 연구 결과가 너무나 비슷하게 나온 것을 보고 나는 깜짝 놀랐다. 내 짐작으로는 두 경우 모두 디지털로 읽을 때는 종이로 읽을 때만큼 주의를 기울여 읽을 필요가 없다는 암묵적 가정이 그런 결과를 낳지 않았을까 싶다. 내가 수행했던 연구에서 한 학부생이 종이로 읽을 때 가장 싫은 점과 관련해 한 대답이 계속 떠오른다.

> "학생들은 디지털 텍스트가 제공하는 편리함을 누리기 위해서라면 텍스트의 상세한 이해는 흔쾌히 포기하는 걸까?"
> **로런 싱어와 퍼트리샤 알렉산더**[32]

> "더 주의 깊게 읽기 때문에 시간이 더 오래 걸린다."

시간 제한과 읽는 속도, 매체의 관계

텍스트는 같다고 가정했을 때, 당신은 종이와 디지털 자료를 같은 속도로 읽는가? 어떤 사람은 스크린으로 읽는 속도가 더 빠르다. 훑어보거나 고속으로 읽을 수 있다고 느끼기 때문이다. 다른 사람은 디지털로 읽을 때 더 느리다. 아마도 텍스트를 읽으면서 멀티태스킹을 하기 때문일 것이다. 만약 실험에서 사람들에게 읽고 난 후 내용에 대한 시험이 있을 거라고 주의를 준다면, 종이나 디지털이나 읽는 속도가 같아질 거라고 예상해도 무리가 없을 것이다. 실제로 버지니아 클린턴Virginia Clinton의 메타 분석 결과가 그랬다.[33]

하지만 읽는 속도의 선택은 간혹 그보다 미묘할 때가 있다. 사람들은 자연스러운 상황에서 읽을 때는 교실이나 실험실에서처럼 행동하지 않는다. 연구 결과, 실험을 진행하면서 읽기에 할당된 시간을 조절해보았더니 사용 매체에 따라 성인이 읽는(이해하는) 방식에 얼마간 중요한 차이가 나타나는 것을 알 수 있었다.

래커핏 애커먼Rakefet Ackerman과 모리스 골드스미스Morris Goldsmith가 이스라엘에서 한 실험을 보자. 학부생들에게 정해진 시간 동안 종이나 디지털로 다소 긴(1000~1200자) 텍스트를 읽게 했더니, 독해 점수가 두 매체 모두 비슷하게 나왔다. 하지만 학생들에게 같은 과제를 주면서 시간을 스스로 정하게 했더니 디지털로 읽을 때 두 가지 현상이 나타났다. 즉, 소요 시간은 줄었고, 독해 점수는 낮아졌다.[34]

앞에서도 이야기했지만, 모든 연구가 똑같은 결과를 낳는 것은 아니다. 래커핏 애커먼과 티르자 로터먼Tirza Lauterman이 한 후속 연구에서는, 학생들에게 스스로 시간을 정하도록 한 결과 종이로 읽었을 때나 스크린으로 읽었을 때나 점수가 비슷했고, 각 매체의 소요 시간도 같았다. 두 연구 결과의 차이는 어떻게 설명할 수 있을까? 첫 번째 연구에서는 학생들이 종이 읽기를 선호한 반면, 두 번째 연구에서는 그 선호도가 첫 번째만큼 강하지 않았다는 점을 들 수 있다.[35]

보다 최근에(이번에는 미국에서) 싱어 트래크먼과 동료들이 학부생들을 대상으로 한 연구에서, 컴퓨터 스크린을 사용할 때 읽는 속도가 종이로 읽을 때보다 더 빨라지고, 독해 점수는 더 낮아지는 것을 발견했다.[36] 좀 더 확실한 증거는 그보다 나이 어린 1~6학년 아동을 대상으로 한 연구에서 나온다. 아이들(특히 저학년생)은 종이보다 디지털로 읽을 때 속도는 더 빨라지고 실수는 더 많아지는 경향을 보였다.[37]

스크린으로 읽을 때 속도가 빨라지는 것이 독해력 저하로 이어진다는 사실에 놀랄 사람은 없을 것이다. 심리학자들은 오래전부터 읽는 속도와 정확성의 반비례 관계를 이야기해왔다.[38] 하지만 왜 종이로 읽을 때보다 디지털 텍스트로 읽을 때 속도가 빨라지는 걸까? 확실한 이유는 알 수 없다. 다만 이 장 뒤에서 몇 가지 가설을 살펴볼 것이다. 우선은 볼프강 렌하르트Wolfgang Lenhard와 동료들이 제시한 생각을 음미해보기 바란다.

> "디지털 읽기는 학생들이 텍스트를 읽는 속도를 점점 빨라지게 하고, 이런 처리 시간은 이해력 저하로 이어지고 있다는 점에서 문제가 있다."
> **싱어 트래크먼 등**[39]

> 시간 압력이 높고 과제의 복잡성이 낮을 때는, 컴퓨터를 사용하는 조건 속에 있는 수험자가 모종의 '컴퓨터 게임 모드'로 유도될 수 있다. 단순한 컴퓨터 게임에서 승리하는 데는 대개 속도가 정확성보다 더 중요하기 때문이다.[40]

생각해볼 문제다.

대학생들을 대상으로 한 또 다른 유형의 실험도 감안할 필요가 있다. 이 실험에서는 과제 수행에 필요한 시간은 충분히 주지 않은 채 참가자들을 압박했다. 읽는 시간을 제한했을 때는 학생들이 종이로 읽을 때보다 디지털로 읽을 때가 부진하다는 것은 이스라엘의 여러 연구에서도 확인된다. 종이로 읽을 때 학생들은 더 많은 정신적 노력을 기울인 것으로 보인다.[41]

왜 학생들에게 시간 압박을 가하는 실험에 관심을 가져야 할까? 너무나 많은 학생들이 그런 교육 환경 속에서 살고 있기 때문이다. 나는 2장에서 시간 제한이 있는 시험은 사람들이 아는 것이나 파악할 수 있는 것에 대한 최선의 지표가 아닐 수 있다고 주장했다. 하지만 사회가 그런 시험을 고수하는 한, 매체가 시험 응시에 미치는 잠재적 영향을 이해하는 것은 반드시 필요하다. 만일 당신이 시간 압박을 느끼는 상황에 있다면, 디지털 시험 당국은 당신의 편이 아닐 가능성이 높다.

텍스트 종류가 읽기에 영향을 미칠까?

이제 종이 읽기와 스크린 읽기의 성공률을 비교할 때 연구자들이 사용하는 텍스트의 종류를 생각해보자. 연구 결과에 영향을 줄 수 있는 두 차원에 초점을 맞춰보자. 바로 길이와 장르다.

길이

앞에서 이야기한 사용자 선호도에 관한 세 연구는 모두 학생들에게 텍스트가 짧거나 길 때 어떤 매체를 선택할 것인지 물었다. '길다'와 '짧다'는 애매한 용어이긴 하지만, 반의어들로 제시했을 때는 연구 참가자 대다수가 그 차이를 이해하는 것처럼 보인다. '짧은' 텍스트라고 했을 때 답변은 가끔 다르게 나오지만, '긴' 텍스트라고 했을 때는 선택이 명확하다. 바로 종이다.

학업을 위해 긴 텍스트를 읽을 때 어느 매체를 선호하나요?

종이 〔대학생 연구 1: 86퍼센트, 대학생 연구 2: 73퍼센트, 중고등학생 연구: 59퍼센트(19퍼센트는 선호 매체 없음)〕

대학생을 대상으로 한 두 연구에서는 참가자에게 질문의 답으로 종이 아니면 디지털을 택하게 했다. 중고등학생을 대상으로 한 연구에서는 세 가지 선택지, 즉 '종이', '디지털', '선호 없음'이 주어졌다. 그럼에도 중고등학생의 60퍼센트 가까운 수가 명시적으로 종이를 택했다.

텍스트 길이를 통제하는 실험 연구에서도 결과는 비슷했다. 싱어와 알렉산더의 연구 문헌 리뷰에서, 텍스트가 짧은(500단어 미만) 경우 독해 점수는 종이와 디지털 읽기가 비슷한 경향을 보였다. 하지만 텍스트가 긴(500단어 이상) 경우 독해 점수는 종이가 일관되게 더 높았다.[42] 종이 점수가 높게 나오는 것이 텍스트 길이 자체 때문인지, 아니면 종이는 읽을 때 페이지를 넘겨야 하는 반면 디지털은 스크롤을 해야 하기 때문인지는 불분명했다. 페이지 넘기기와 스크롤 비교에 관해서는 좀 더 뒤에 가서 더 이야기하겠다.

장르

2장에서 우리는 텍스트의 장르에 대해 이야기하면서 내러티브(주로 소설) 텍스트와 정보성 텍스트를 구분했다. 교육자와 부모들은 아이들이 두 가지 다 읽기를 바란다. 그동안 종이와 디지털 읽기를 비교한 연구들을 보면 정보성 텍스트를 사용하는 경우가 많았다. 여기에는 그럴 만한 이유가 있다. 시험에 사용되는 읽기 지문은 대부분 길이가 아주 짧다. 이 말은 지문으로는 내러티브 텍스트가(심지어 짧은 이야기조차) 부적당하다는 뜻이다. 게다가 독해에 관한 질문용이라면, 정보형 테스트가 자연스럽다.

그렇긴 하지만 내러티브 텍스트를 사용한 연구(혹은 내러티브와 정보성 텍스트를 비교한 것)도 몇 차례 있었다. 먼저 비교 연구부터 살펴본 후 내러티브 텍스트만 사용한 연구로 옮겨가 보기로 하자.

성인을 대상으로 내러티브 텍스트와 정보성 텍스트의 독해를 비교한 결과는 단일하지 않다. 어떤 연구는 두 장르에 대한 연구 결과가 종이든 디지털이든 비슷하게 나타난다.[43] 장르가 문제라고 볼 증거가 없다는 뜻이다. 하지만 이에 모든 연구자들이 동의하는 것은 아니다. 두 건의 메타 분석을 보면, 정보성 텍스트인 경우에는 종이를 사용했을 때 점수가 높았고 내러티브 텍스트에서는 매체 간의 차이가 없었다.[44]

이처럼 장르에 관한 상충되는 연구 결과들을 어떻게 이해해야 할까? 내 직관으로는, 질문의 종류에 따라 답변이 달라지기 때문일 것이다. 이 문제는 앞에서 이미 이야기한 바 있다. 안네 망엔과 동료들이 종이나 디지털로 짧은 이야기 읽기를 창의적인 방법으로 연구한 결과를 보면 이런 직감이 맞는 것 같다.[45]

이 연구는 두 가지 점에서 그전까지의 독해 실험과 다르다. 첫째, 참가자들에게 (종이로든 킨들로든) 주어진 텍스트가 정말 길었다. 총 28쪽에 달했다(읽는 데 한 시간 가까이 걸린다). 둘째, 참가자들은 두 가지 상이한 유형의 질문들에 답해야 했다. 유형 중 하나는 일반적인 독해 문항들로 구성되었다. 이 문항들에 대한 참가자들의 점수는 두 가지 매체에서 똑같이 좋았다. 하지만 또 다른 유형의 문항들은 장소와 시간에 관한 것이었다. 다시 말해, 어떤 사건이 일어난 곳은 이야기 속 어디이며, 사건들의 시간적 흐름상에서는 언제인지를 물었다. 이 문항들에서는 참가자들이 종이를 사용했을 때 점수가 높았다. 연구자들은 종이책의 물성(손으로 페이지를 넘기고, 눈으로는 얼마나 읽었고 얼마나 남았는지 본다)이 독자에게 이야기 속에서 자신의 시공간적 위치를 파악하는 데 도움이 되는 감각운동적 신호를 제공한다고 결론 내렸다.

망엔 등의 (성인을 대상으로 한) 연구를 읽고 나서, 나는 다시 한번 패리시모리스와 동료들이 세 살짜리 아동을 대상으로 했던 연구를 떠올렸다. 사건의 시간 순서에 관한 질문에서 아이들의 점수가 가장 좋았던 매체가 바로 종이였다. 인물과 사건을 파악하는 질문에서는 매체와 상관없이 점수가 좋았는데, 이 역시 망엔과 동료들의 연구 결과와 같았다.[46] 서사를 종이로 읽을 때의 물성이 (어린아이나 어른 모두에게) 언제 어디서 무엇이 일어났는지 독자가 기억하는 데 도움을 주는 것이 거의 확실해 보인다.

기술의 형태가 읽기에 영향을 미칠까?
종이와 디지털의 유도성

1장에서 우리는 유도성이라는 개념을 소개했다. 이 개념은 어떤 사물(혹은 여기서는 기술)의 유용성을 뜻한다. 컴퓨터(와 다른 디지털 도구들)는 검색과 멀티태스킹, 하이퍼 리딩(하이퍼링크를 오가며 읽기)에 유용한 반면, 종이책은 길고 상세한 읽기에 아주 적합하다.

확실히 종이와 디지털 텍스트에는 둘 다 다른 유도성도 많이 있다. 앞에서 이야기한 두 건의 사용자 인식 연구에서 중고등학생과 대학생은 종이로 읽을 때와 디지털로 읽을 때 각각 가장 좋은 점이 무엇인지 답했는데, 이를 통해 학생들이 가장 중요하게 생각하는 유도성이 무엇인지 알 수 있었다. 그중 일부는 다음과 같다.[47]

종이로 읽을 때 가장 좋은 점

- 감정적/미학적 장점: "한 권 한 권의 종이책에 대한 기억들"(중고등학생), "긴장을 풀 수 있고, (독서가) 일종의 의식처럼 느껴진다"(중고등학생), "더 진정성이 느껴진다"(중고등학생), "책 속으로 잠수할 때의 평온함"(중고등학생), "종이 냄새가 좋다"(대학생), "내가 실제로 읽고 있음을 느낄 수 있다"(대학생)
- 물리적 장점: "읽으면서 책이 두꺼워지는 것을 느끼게 된다"(중고등학생), "책을 읽다가 뒤로 돌아가기가 쉽다"(중고등학생), "손으로 종이를 느낄 수 있고, 그런 촉감과 느낌 덕분에 집중이 더 잘된다"(중고등학생), "지면에 강조 표시를 하거나 필기하기가 더 쉽다"(대학생), "물리적으로 페이지를 넘기는 것"(대학생)
- 인지적 장점: "주의가 흩어지지 않는다"(중고등학생), "종이로 읽으면 디지털로 읽을 때보다 인물과 이야기에 대한 개인적 느낌이 더 강하게 다가온다"(중고등학생), "집중이 더 잘된다"(대학생), "내용이 머릿속에 더 쉽게 달라붙는 것 같은 느낌이 든다"(대학생)
- 편리함: "내가 어디를 가든지 내 책도 가지고 갈 수 있다"(중고등학생), "그냥 내 생각에는 종이책이 더 읽기가 쉬운 것 같다"(중고등학생), "여러 책을 동시에 참고할 수 있다"(대학생), "텍스트를 앉아서든 누워서든 다 잘 볼 수 있다"(대학생)

디지털로 읽을 때 가장 좋은 점

- 감정적/미학적 장점: "좀 더 재미있을 수 있다"(중고등학생), "오락용으로만"(대학생), "내용이 짧으면 재미있다"(대학생)
- 물리적 장점: "스크린으로 읽으면 더 짧아 보인다"(중고등학생), "스크롤하기가 쉽다"(중고등학생), "자료가 메모리에 저장되니까 절대 잃어버리지 않는다"(중고등학생), "이해 못하는 게 있으면 즉시 찾아볼 수 있다"(대학생), "글자 크기를 키울 수 있다"(대학생)
- 인지적 장점: "깨어 있게 해준다"(중고등학생), "질서 있게 정리하고 보관하기가 아주 쉽다"(중고등학생), "가끔 이해에 도움이 되는 동영상이나 이미지들이 있다"(중고등학생), "읽는 동안 멀티태스킹을 할 수 있다"(대학생), "동시에 조사도 할 수 있다"(대학생)
- 편리함/접속: "종이책보다 디지털 기기를 사용하면 훨씬 더 많은 것을 발견할 수 있다"(중고등학생), "접속하기도 쉽고 불러오기도 쉬울 때가 많다"(중고등학생), "어디서나 접속할 수 있다"(대학생)
- 자원(생태학적으로나 금전적으로): "인쇄물은… 종이를 너무 많이 사용하기 때문에 환경에 나쁘다"(중고등학생), "환경을 구한다"(대학생), "인쇄 비용을 아낀다"(대학생)

이렇게 보면 학생들의 반응이 깔끔하게 범주화되는 것 같지만, 사용자들은 때때로 학습에 가장 좋은 방법에 대한 자신의 믿음과, 비용이나 편리함, 환경 같은 실용적 고려 사항 사이에서 갈등한다는 사실을 기억하는 것이 중요하다. 내가 초기에 했던 예비 연구에서 한 응답자는 추가 답변란에 이렇게 적었다.

> 나는 종이로 읽는 것을 선호하지만, 환경 문제만 생각하면 온라인 자료를 출력하고 싶은 생각이 들지 않는다. 그렇지만 나는 종이로 읽는 것을 아주 아주 선호한다. 이 점만큼은 분명히 하고 싶다.[48]

이런 반응은 다이앤 미즈라치Diane Mizrachi와 앨리샤 살라즈Alicia Salaz가 했던 대규모 국제 연구의 정성 분석에 나오는 한 학생의 의견과 아주 비슷하다.

> 나는 자료를 출력해서 읽을 때 더 많은 정보를 잊지 않고 기억한다. 하지만 기차와 버스 안에서 보내는 시간을 활용할 때에는 전자본으로 읽고 수정한다.[49]

이런 답변들은 적어도 일부 학생들이 인쇄와 디지털 읽기 플랫폼을 어떻게 느끼는지, 나아가 그것이 자신들의 즐거움과 학습, 혹은 공부 습관 전반에 주는 영향에 대해서는 어떻게 느끼는지를 보여준다. 하지만 읽기 기술의 유도성이 미치는 효과를 보여주는 실험적 지표들도 있다. 특히 디지털 플랫폼이 그렇다. 이 중 스크롤과 텍스트 크기 조절, 두 가지를 살펴보겠다.

디지털 페이지 넘기기와 스크롤하기

조금 전 디지털 읽기의 이점이 텍스트를 스크롤할 수 있다는 것이라는 한 학생의 답변을 보았다. 특정한 무언가를 찾고 있거나 텍스트가 읽을 만한지 판단하기 위해 훑어볼 때 스크롤은 축복이다. 하지만 학습을 위한 읽기의 경우, 특히 그 뒤에 시험이 있을 경우에는 어떨까?

> "많은 학생들이 보다 나은 학습 도구와 보다 나은 경제성과 편의 사이에서 의식적인 결정을 내려야 하는 상황에서 고민하는 모습을 본다."
>
> **다이앤 미즈라치와 앨리샤 살라즈**[50]

10여 년 전, 스웨덴의 한 연구진은 디지털로 긴 텍스트를 읽을 경우에는 독자가 기울여야 할 인지적 노력의 양이 늘어나 시험 결과가 나빠진다고 주장했다.[51] 또 다른 조사자들도, 비록 추가 조사가 필요하다는 점을 강조하긴 했지만 앞의 연구와 같은 결론을 제시했다.[52]

디지털 텍스트의 페이지를 한 번에 다 보는 대신 스크롤을 하면 어떤 문제가 생길까? 거트루드 스타인Gertrude Stein의 말마따나, 거기에는 '거기'가 없다는 게 문제다(미국 소설가이자 시인인 거트루드 스타인이 1937년에 출간한 《모두의 자서전Everybody's Autobiography》에서, 고향 오클랜드에 갔다가 어릴 때 살던 집이 개발에 밀려 사라진 것을 보고 "There is no 'there'"라고 표현한 것을 말한다:역주). 정해진 페이지의 테두리는 독자에게 비록 가상적이나마 지리적인 장소 감각을 주는 데 반해, 스크롤을 할 때에는 시작이나 끝을 표시하는 것이 아무것도 없다.

스크롤 방식의 읽기는 경계가 불분명한 정보를 이해하려 할 때 일어날 수 있는 더 큰 인지적 문제를 상기시킨다. 6장에서 보겠지만, 심리학자들은 다양한 곳에서 접하게 되는 정보들로 '개념 지도concept map'를 구축할 때 얻는 이점을 이야기한다. 온라인으로 탐색할 때 재료는 하나의 선형적 자료에서 끌어올 수도 있고, 복수의 자료들에서 끌어올 수도 있다.

스크롤 방식으로 읽을 때 생기는 인지적 문제는 어떤 독자들에게서는 좀 더 두드러지는 것 같다. 가령, 작업 기억Working Memory 역량(단기 기억을 사용해 한정된 양의 정보를 다루는 것)의 수준이 낮은 독자는 스크롤에서 받는 영향이 작업 기억 수준이 높은 독자보다 더 부정적이라는 증거가 있다.[53] 또한 작업 기억 수준은 대체로 종합 지능과 관련이 있기 때문에, 디지털 자료를 스크롤하는 것은 또 다른 교육적 장애가 있는 아이들에게 해로울 수도 있다.

대부분의 실험은 디지털 텍스트를 한 페이지로 제시하거나, 스크롤로 인한 복잡한 상황에 빠지는 것을 아예 피하기 위해 명시적으로 페이지 넘기기를 사용한다. 만약 내기를 한다면, 나는 학생들이 (그리고 우리도) 자료를 스크롤할 때보다 고정된 페이지를 읽을 때(한 페이지에서 다음 페이지로 '넘기기' 기능을 사용할 때) 집중도가 더 높아진다고 확정 짓는 연구가 앞으로 나올 거라는 데 돈을 걸겠다.

텍스트 보기 조정

앞에서 이야기한 사용자 인식 연구에서 많은 학생들은 디지털의 이점이 텍스트 크기를 조정할 수 있는 것이라고 말했다. 많은 사람들, 특히 특정 연령대의 사람들은 이 말에 공감한다. 하지만 여기서 쟁점은 개인의 선호도나 편함이 아니라 학습이다. 어떤 학생들에게, 특히 학습에 장애가 있는 학생들에게 디지털로 폰트 크기를 조정하는 것은 스크린에서 글자 간격을 설정하는 것과 더불어 교육적으로 중요한 적응 방법일 수 있다.

디지털 기기가 확산되기도 전에 심리학자와 읽기 전문가들은 어린 아이들, 특히 읽기에 장애가 있는 아이들을 위한 텍스트에서 철자와 단어, 행 사이의 간격을 조정하는 것이 얼마나 도움이 될지 연구하고 있었다. 이 문제를 기술적 용어로는 '시각 과밀visual crowding'이라고 부른다.

간격 조정은 누구에게 도움이 될까? 또 간격이라면 무슨 간격을 말할까? 글자 사이? 단어와 단어 사이? 행과 행 사이? 이런 세부 사항에 대해 모든 연구자들이 다 견해를 같이하는 것은 아니다. 가령, 네덜란드에서 난독증이 있는 학생을 (비난독증 학생과 비교) 연구해보니 두 집단(약 9~10세) 모두 일반적인 간격보다 글자와 단어 사이 간격을 넓혔을 때 문장 읽기에서 점수가 더 좋았다. 이스라엘 어린이들을 대상으로 한 연구에서는 1학년 학생들이 긴 글 읽기에서 글자 간격을 넓혔을 때 점수가 더 좋았다. 하지만 이 실험에서 3학년 학생들은 읽기 능력이 상대적으로 낮은 아이들만 간격 키우기가 도움이 되었다. 그다음으로 미국에서 난독증이 있는 성인을 대상으로 한 연구가 있다. 연구자들은 난독증이 있는 사람들 중 일부(전부는 아니고)는 시각 과밀의 문제가 있다고 주장한다. 실험에 참가한 사람들은 글자와 단어, 행 사이의 간격을 넓혔을 때 읽는 속도가 더 빨랐다.[54]

디지털에서 조정이 가능한 것으로 간격만 있는 게 아니다. 이미 우리는 글자 크기도 이야기했다. 글자 크기의 변화가 스크린으로 한 번에 볼 수 있는 텍스트 양에 영향을 준다는 것은 틀림없다. 그뿐만 아니라 스크린의 크기도 그렇다. 많은 사람들이 휴대전화를 사용한 읽기를 두고 불평하는 이유는 컴퓨터나 태블릿과 비교했을 때 한눈에 스크린에 들어오는 글자가 상대적으로 너무 적기 때문이다. 또 휴대전화로는 전자책 전용 앱이 아니고서는 스크롤 방식으로 읽을 수밖에 없다.

하지만 로마 시인 루크레티우스의 말처럼, 한 사람에게 독인 것이 다른 사람에게는 고기다. 학습 장애가 있는 어떤 독자들에게는 한 번에 접하는 텍스트 양을 제한하는 것이 이롭다. 한 연구는 난독증이 있는 고등학생을 대상으로 작은 스크린의 전자책 단말기(아이팟 터치)와 이보다 큰 디지털 기기(아이패드)를 사용한 읽기를 비교했다. 작은 스크린으로 읽은 학생들의 점수가 나았다. 읽는 속도도 빨랐고, 시선 고정이나 후진(되돌아가는) 안구운동도 적었다.[55]

모든 것은 우리 정신의 문제일까?

지금까지 학생들이 스크린이나 종이로 읽을 때의 결과를 두고 어떤 설명이 가능할지 이야기했다. 연구자가 제기하는 질문의 종류가 결과에 영향을 미치는지, 장르나 텍스트의 길이가 문제인지, 기술 자체가 우리를 특정한 방식으로 읽게 유도하는지 살펴봤다.

하지만 만일 결정적 요소가 종이나 디지털 스크린에 다가갈 때 우리 정신 속에서 일어나는 것이라고 한다면? 우리는 이미 사용자 태도와 가정의 중요성에 대해 암시한 바 있다. 일단의 연구자들은 (일부는 디지털 읽기 혁명에 앞서, 일부는 혁명이 한창일 때) 다음과 같이 유용한 연구 결과들을 제시했다.

메타인지('마음가짐')

심리학자들은 사고 과정을 파악하고 인지 자원을 배분하는 방식을 이야기하며 '메타인지'라는 단어를 사용한다. 우리는 당면한 정신적 과제에 어떻게 접근할지 판단할 때 바로 메타인지를 거친다. 메타인지라는 개념을 일상적인 말로 풀어 설명하기 위해 우리는 '사고방식'이라는 용어를 사용할 것이다.

이 장의 맥락을 감안해 두 가지 방향으로 사고방식에 대해 이야기하겠다. 첫째는 당신이 해결해야 할 과제를 쉬울 거라고 생각하는지 어려울 거라고 생각하는지 여부다. 만약 과제가 쉬울 거라고 생각하면 노력을 많이 기울이지 않을 것이다. 굳이 그러지 않아도 결과가 좋으리라고 여길 것이기 때문이다. 둘째, 예측에 관한 것이다. 가령, 독해 시험 같은 것에서 얼마나 잘 해낼 거라고(혹은 잘 해냈다고) 생각하는지다. 이럴 때 사회과학자들은 '가늠calibration'이라는 표현을 쓰는데, 이것은 예측과 실제 성공 사이의 차이를 말한다. 가늠에 대해서는 뒤에서 좀 더 이야기할 것이다.

과제가 쉬울지 어려울지는 어떻게 판단할까? 한 가지 방법은 자신이 갖고 있는 사전 지식을 가늠해보는 것이다. 만약 당신이 수행하거나 읽어야 할 것의 핵심을 이미 알고 있다면, 그 뒤에 있을 시험에서 최고 점수를 받을 거라 여겨도 무리가 없다.

하지만 세상이 늘 그런 식으로 돌아가는 것은 아니다. 대학원 시절 내 룸메이트는 프랑스인이었는데, 미국에 와서 미국 역사에 관한 박사 학위 논문을 쓰고 있었다. 학위 과정의 필수 과목인 언어 시험을 치러야 했을 때였다. 그는 프랑스어 시험을 수월하게 봤지만 뜻밖에도 탈락하고 말았다. 더없이 총명했던 이 여성은 프랑스어 시험을 치는 데 정신적 노력을 들이지 않아도 된다고 여겼고, 답안지를 마지막으로 확인하지도 않은 채 시험장을 가볍게 걸어 나왔다.

교육심리학의 전문 용어로 'AIME'이라는 말이 있다. '투입된 정신적 노력의 양amount of invested mental effort'이라는 뜻이다. 이 개념의 기원은 1980년대로 거슬러 올라간다. 가브리엘 살로몬Gavriel Salomon은 아이들이 영화를 텔레비전으로 볼 때와 텍스트로 읽을 때, 이해에 필요한 노력의 양을 어떻게 판단하는지 알고 싶었다. 그가 실험 대상으로 삼았던 6학년 아이들은 텔레비전으로 영화를 볼 때 이해를 더 잘할 걸로 느꼈다. 텔레비전 시청이 상대적으로 더 수월할 거라고 생각했기 때문이다. 실제로도 아이들은 텔레비전으로 영화를 볼 때 정신적 에너지를 덜 쓰는 것 같았다. 왜냐하면 텍스트로 읽었을 때 성적이 더 좋게 나왔기 때문이다.[56] 다시 2010년대로 오면, 동일한 AIME 개념을 사용해서 미시간대학교의 연구진은 학부생들이 디지털 검색을 어떻게 하는지 조사했다. 학생들은 검색 과정에서 웹을 사용하거나 대학교의 온라인 도서관 시스템을 사용했다. 연구 결과, 학생들은 웹을 사용할 때보다 도서관 사이트를 검색할 때 더 열심이었다(게다가 검색 결과들도 더 생산적이었다). 학생들은 웹을 사용할 때 정신적 노력이 덜 필요하다고 판단했던 것이다.[57]

우리는 이미 대학생들의 디지털 읽기와 종이 읽기에 대한 접근 방식에 관한 행동에서 '노력'의 문제를 살펴봤다. 애커먼과 골드스미스가 발견한 사실, 즉 디지털 읽기와 종이 읽기에 시간을 얼마나 사용할지 결정할 수 있을 때 학생들은 디지털 읽기 속도가 더 빨랐지만 독해 시험에서는 저조했다는 것을 기억할 필요가 있다. 연구 참가자들은 디지털 읽기에서 낮은 성적을 받을 거라고 예상하지 않았다. 오히려 그들은 종이보다 스크린으로 더 빨리 읽는 데 아무런 문제가 없을 거라고 여기는 것 같았다. 왜 그럴까?

래커핏 애커먼과 동료들은 연구 결과의 많은 부분을 설명하면서 메타인지의 역할에 관해 아주 폭넓게 이야기했다. 사고방식은 비록 정확히 측정하기는 어렵지만 아이와 어른 모두 온라인으로 읽을 때 습관적으로 취하는 방법을 형성하는 데 꽤나 뚜렷한 역할을 하는 것으로 보인다. 아마 원인은 우리가 온라인에서 보내는 숱한 시간들 때문일 텐데, 시험을 보는 상황이 아닌 한 우리는 온라인으로 읽을 때는 어떤 식으로든 하이퍼 리딩 형태로 읽는다. 어쩌면 시험을 보는 상황에서 디지털로 읽을 때 우리는 디지털 기기로 할 수 있는데 실제로는 하지 않는 다른 어떤 것들을 떠올리는지도 모른다. 2장에서 이야기한 미스라와 워드의 연구를 생각해보기 바란다. 그 연구는 휴대전화가 가까이 있을 때 사회적 행동과 인지적 수행력이 떨어진다는 사실을 보여주었다.

예측과 매체 선호

사고방식의 여러 측면 중 우리가 데이터를 꽤 많이 가지고 있는 부분은 가늠이다. 여기서 가늠이란 연구 참가자들이 독해 시험 같은 것을 칠 때 자기가 어떻게 할 것인지(혹은 했는지) 정확히 파악하는 정도를 말한다. 우리가 알고 싶은 것은 학생들이 종이와 디지털 중 어느 것으로 읽을 때 점수가 더 좋을 걸로 예측할 가능성이 크냐는 것이다. 2010년대 초부터 수행된 많은 연구에서, 대학생들이(그리고 어떤 경우에는 나이든 성인들도) 종이로 읽었을 때 시험을 더 잘 봤을 거라고 예측했다. 하지만 두 매체에서 치른 시험의 성적은 사실상 대등했다.

그러나 시대는 변하고 있다. 여러 연구들이 이제는 학생들이 종이보다 스크린으로 읽을 때 성적을 과대평가하는 경향이 크다는 사실을 보여준다. 증거는 중고등학교부터 대학교에 이르기까지 교육계 전반에 걸쳐 찾아볼 수 있다.[58] 많은 연구자들은 예측이 빗나가는 원인으로 학생들이 디지털 텍스트는 이해하기 쉽다고 생각한 나머지, 노력을 기울이지 않기 때문이라는 설명을 제시한다.[59]

내가 보기에 아직까지 많은 연구자들이 정면으로 다루지 못한 한 가지 질문은 왜 학생들이 자신의 수행 능력을 가늠하는 패턴이 시간이 지나면서 크게 변했는가 하는 것이다. 10년 전쯤만 해도 독자들은 종이로 읽으면 시험을 더 잘 볼 거라고(혹은 더 잘 봤다고) 예측했다. 그런데 왜 지금은 그토록 많은 학생들이 스크린으로 읽을 때 성적이 더 나을 거라고 짐작하는 걸까? 나는 여러 원인이 있다고 본다. 첫째, 지금의 학생들은 10년 전에 비해 디지털 기기로 읽는 경험이 훨씬 많아졌다. 그렇기 때문에 스스로 디지털 읽기를 잘한다고 가정한다. 둘째, 교사와 행정가들은 읽기 과제물을 종이에서 디지털로 바꿔왔는데, 이 과정에서 학생들에게 디지털로 읽는 것 외의 선택권은 별로 주지 않을 때가 많았다. 권위를 가진 사람들이 디지털로 읽는 것이 학습에 좋은 방법이라고 말할 때 학생들이 그 말을 믿는 것을 놀랍게 여겨야 할까?

일상생활과 학교에서 디지털 읽기가 표준이 된 상황에서, 그것이 학습에 관계된 것일 때 학생들이 왜 디지털을 선호하고 그 이유는 무엇인지 떠올려볼 필요가 있다. 내가 직접 진행한 연구에서는 대학생들의 87퍼센트가 학업용 독서를 위해서는 비용이 같다면 종이책을 선호한다고 말했다. 그보다 훨씬 더 많은 수(92퍼센트)는 종이로 읽을 때 집중이 더 잘된다고 했다. 중고등학생을 대상으로 한 연구에서는 85퍼센트가 종이로 읽을 때 집중이 더 잘된다고 답했다.[60]

매체 선호와 텍스트 이해 두 가지 모두를 살펴보는 실험 연구는 어떨까? 이 연구들은 사용자 인식 연구와는 결정적인 점에서 다르다는 점을 유념해야 한다. 사용자 인식 연구는 학업용 독서에 관해 질문하는 반면, 이런 실험들에서는 짧은 독해 지문에 이어 SAT 스타일 독해 시험이 뒤따른다. 동일한 학생들이 학교에서의 일반적인 읽기를 위해서는 종이를 선호하는 반면 짧은 독해와 후속 시험에 관한 것이 전부인 실험 상황에서는 디지털을 선호하는 일이 얼마든지 가능하다. 이와 관련해 대학생 인식 연구에서는 86퍼센트가 긴 텍스트 읽기에는 종이를 선호했지만 짧은 텍스트 읽기에는 선호도가 40퍼센트 가까이로 떨어졌다.

연구의 맥락을 이야기했으니 그 결과 중 일부를 보자.

학생들 자신이 선호하는 읽기 매체와 시험 결과를 보면 흥미로운 상관관계가 나타난다. 대학생을 대상으로 한 연구에서 참가자들은 자신이 선호하는 읽기 매체를 사용했을 때 독해 시험 성적이 얼마나 좋을지 예측을 더 잘하는 것으로 나타났다.[61] 또 다른 연구에서는 실험에 변화를 주어, 학생들이 '실제' 시험을 보기 전에 학습 전략(여기서는 연습 시험을 보거나 키워드를 뽑아보는 것)을 사용하게 했다. (종이를 선호한 학생들은 제외하고) 디지털 읽기를 선호한 학생들은 연습 시험을 본 후 디지털을 이용한 시험에 응한 결과 성적이 더 좋아졌다. 시험 전에 키워드를 뽑아보는 전략 또한 디지털을 선호한 학생들에게 더 유용한 것으로 나타났다.[62]

이제 5~6학년생을 대상으로 한 연구를 살펴보자. 이 실험에서 아이들은 디지털을 사용했을 때 성적이 더 높을 것으로 예측했지만 실제로는 종이로 봤을 때 더 높게 나왔다. 이와 함께 아이들에게 읽을 때 어떤 매체를 선호하는지도 물었다. 실제로는 학생들에게 두 차례 질문이 주어졌다. 실험에 응하기 전과 응하고 난 후(하지만 시험 결과는 아직 보기 전)였다. 실험에 응하기 전에는 61퍼센트의 학생들이 컴퓨터로 읽겠다고 말했다. 하지만 실험에 응한 후에는 이 수치가 57퍼센트로 떨어졌다.[63]

저자들은 적어도 몇몇 아이들은 시험을 보면서 상당한 정신적 노력이 필요하다는 것을 안 후에는 종이로 읽는 것이 유리하다는 사실을 깨닫게 되었을 수 있다고 말한다. 소 잃고 외양간 고치는 격이다. 이 분석을 읽으면서 나는 같은 내용을 팟캐스트로 듣거나 종이로 읽은 대학생들도 똑같은 깨달음을 얻은 사실을 떠올렸다.[64] 이 이야기는 7장에서 다시 살펴볼 것이다.

동기 유발

어떤 기술로 읽을 것인가를 선택할 때, 우리가 어떤 매체를 선호하고, 얼마나 빠른 속도로 읽으며, 시험에는 얼마나 도움이 될지 생각하는 데 개인의 마음가짐이 일정 역할을 한다는 사실을 앞에서 봤다. '우리 머릿속에 있다'라는 쟁점과 관련해 문제가 한 가지 더 있다. 바로 동기 유발 문제다. 당신은 읽도록 강제되지 않으면 자발적으로 읽으려 할까? 그리고 읽는 매체가 어떤 것인지에 따라 그 대답이 달라질 수 있을까?

이 장 앞부분에서, 디지털 텍스트가 특히 어린아이들을 읽기에 참여시키는 데 효과가 있다는 사실을 보았다. 어린아이들만 그런 게 아니다. 디지털 스크린은 다양한 학생들에게 읽고 싶은 마음이 들게 하는 동기 유발자일 수 있다. 특히 남학생과 읽기에 장애가 있거나 읽기를 꺼리는 독자인 경우에 그러했다.[65] 7장에서 우리는 디지털 오디오 또한 읽기를 꺼리는 독자에게 동기 유발자가 될 수 있음을 볼 것이다.

핵심 정리

이번 장은 길었다. 다루는 주제는 물론 세부 사항도 많았다. 단일 텍스트를 사용한 종이 읽기와 디지털 읽기의 비교 실험으로 알게 된 주요 교훈을 요약해보자. 먼저 두 연령 집단별 특징, 그다음에는 각 매체의 장점, 그리고 디지털에 관한 몇 가지 전제 조건 순이다.

어린아이

- 종이책의 장점
  - 사회적 상호작용(확실한 장점)
  - 어휘, 독해(꽤 확실한 장점)
- 디지털의 장점(전제 조건: 단순 디지털 기기를 사용하거나 증강 기능이 있는 경우 현명하게 사용할 것)
  - 참여(확실한 장점)
  - 어휘, 독해(개연성이 큰 장점)

학령 독자

- 단일 텍스트를 종이로 읽을 때 '확실한' 장점

- 집중
- 시간 제약하의 독해
- 심도 깊은 이해(추상, 추론, 요점)
- 긴 텍스트를 읽을 때 유용
- 이야기 속 장소와 시간의 기억
- 주석 달기가 쉽다

• 단일 텍스트를 디지털로 읽을 때 '확실한' 장점
  - 비용, 편의, 접속성
  - 글자 크기, 자간 간격의 조정 가능성
  - 검색 도구 이용
  - 자기 의견을 파일에 저장했다가 불러올 수 있다

• 단일 텍스트를 디지털로 읽을 때 '개연성이 큰' 장점
  - 표면적 이해(구체적 쟁점, 주제)
  - 읽고 싶은 동기 유발

디지털 읽기에서 고려할 사항

• 확실한 사항: 독해력의 과신, 빠르고 얕게 읽는 경향
• 개연성이 큰 사항: 페이지 넘겨 읽기 대 스크롤하기(페이지 넘겨 읽기가 독해에 유리), 내러티브 대 정보성(디지털로 읽을 때 독해는 정보성 텍스트일 때보다 내러티브 텍스트일 때 대체로 유리하지만, 질문 유형에 따라 다르다)

이제 5장으로 넘어가서 텍스트가 복수일 때 읽는 방식을 살펴보자.

5장

인터넷에서 여러 자료를 검색하며 읽을 때 _읽기 연구 2

» **인터넷이 초래한 의도하지 않은 결과**

» **학교에서의 디지털 전환**

» **온라인 탐색, 학습의 지형을 바꾸다**

복수의 텍스트 읽기: 오래된 공부의 방식

온라인 탐색의 짧은 역사

온라인 탐색의 세 가지 핵심: 검색, 정밀조사, 종합

종이로 읽기와 온라인 탐색, 어느 것이 수월할까?

» **온라인으로 복수의 자료 읽기**

대표적인 연구 결과들

'복수'의 의미

매체 선택의 문제: 종이냐 온라인이냐

복수의 온라인 텍스트를 읽을 때의 성공률을 예측하는 지표들

» **끝없는 논쟁: 내용이냐 그릇이냐**

'진짜' 자료가 주는 이점

변별성과 촉감

» **온라인 자료 읽기는 교육 현장을 어떻게 바꾸었나**

표준화된 시험에 온라인 복수 자료를 포함할 경우

온라인 탐색이 읽기의 의미를 바꾸고 있는가

» **핵심 정리**

발명품은 간혹 만든 사람이 예상하지 않았던 효과를 일으킨다. 이는 세상 전반은 물론 기술에서도 맞는 말이다.

인터넷이 초래한 의도하지 않은 결과

아스피린을 예로 들어보자. 버드나무 껍질에서 발견된 물질인 살리실산을 합성해 만든 아스피린은 100년간 진통제로 사용되어왔다. 아스피린이 알약으로 제조되어 시장에 나온 것은 1900년이었다. 하지만 1970년대에 와서야 과학자들은 아스피린이 염증을 줄이는 효과가 있고 관상 동맥 질환과 심장마비, 뇌졸중 예방에 도움이 된다는 사실을 발견했다.[1]

의도하지 않은 결과 중에는 그다지 달갑지 않은 것도 있다. 가령 칡을 생각해보자. 콩과 식물인 칡이 관상용 식물로 미국에 상륙한 것은

1876년이었다. 1930~1940년대에 정부는 남부 지역의 토양 침식을 막기 위해 칡 심기를 권장했다.[2] 효과가 있었다. 하지만 문제가 발생했다. 요즘 차를 타고 조지아 고속도로를 따라가다 보면 나무들이 온통 공격적인 칡덩굴에 뒤덮여 마치 무시무시한 영화 제작 세트 안에 와 있는 것만 같다.

기술 혁신이 낳은 의도하지 않은 결과로는 어떤 것이 있을까? 우리는 컴퓨터 키보드 앞에서 많은 시간을 보내는 것이 척추 이상과 손목터널증후군(손목 앞쪽의 작은 통로인 수근관이 좁아지면서 손바닥, 손가락, 손목이 아프고 저리거나 감각 이상 증상이 나타나는 것:역주)을 유발한다는 사실을 안다.[3] 하지만 인터넷 자체는 어떨까?

인터넷의 기원은 냉전 절정기였던 1958년까지 거슬러 올라간다. 미국 정부는 러시아의 핵 공격이 있을 경우 국가의 필수적인 통신이 마비될까 우려했다. 대응 방안이 바로 이른바 아르파넷ARPAnet이라는 컴퓨터 망을 개발, 통신을 분산해 취약한 전화선에 의존하는 상황에서 벗어날 수 있게 한 것이었다.[4] 시간이 지나면서 아르파넷은 인터넷이 되었고, 그 후의 이야기는 알려진 대로다. 지금도 미국 정부는 인터넷에 의존하고 있을 뿐 아니라, 수십억의 사람들도 사정은 마찬가지다.

인터넷이 초래한 의도하지 않은 결과 중에는 긍정적인 것도 있고 부정적인 것도 있다. 인터넷과 월드와이드웹World Wide Web을 함께 사용해 값진 정보를 무한정 발굴할 수도 있지만 동시에 온라인상의 온갖 주체들이 상업적 용도로 우리 검색 결과를 캘 수도 있다. 소셜 네트워크를 활용해 우정에 다시 불을 붙이고, 새로운 사람을 만나고, 고민과 기쁨을 나누고, 뉴스를 모을 수 있지만, 엄청난 시간을 잡아먹고, 가짜 뉴스를 퍼뜨리고, 민주주의의 과정을 전복할 잠재력도 가지고 있다.

또한 점점 정교해지는 소프트웨어에 힘입어 어디서나 개인 컴퓨터 기기를 사용할 수 있게 되면서 인터넷을 통한 새로운 방식의 읽기도 가능해졌다. 이제 하이퍼링크를 클릭만 하면 관련 페이지로 이동할 수 있다. 오늘날에는 디지털 기기의 처리 속도에 따라 사이트 사이를 쉽게 넘나들고, 되짚어 갈 필요가 있을 때를 대비해 디지털 빵 부스러기 digital breadcrumb(인터넷상에 흩어져 있는 개인 활동 정보:역주)를 남긴다. 또 인터넷을 활용하면 복수의 자료에 신속히 접근할 수 있고, 읽을 수도 있다.

우리 앞에 놓인 질문은 복수의 온라인 텍스트를 가지고 우리가 어떤 종류의 읽기를 하고 있느냐는 것이다. 또 그런 읽기 방식이 의도되었든 의도되지 않았든, 긍정적이든 부정적이든 어떤 결과를 낳을 수 있느냐는 것이다.

이 장에서는 가장 중대한 결과를 탐구한다. 즉 사이트를 찾고 탐색하고, 그런 다음 우리가 접하는 것을 판단하고 이해할 필요를 이야기할 것이다. 이런 탐색의 필요성이 학교 교육에는 어떤 영향을 주고, 표준화된 시험에는 어떤 변화를 불러오고, 읽기가 무엇인지에 대한 우리의 이해에는 어떤 변화를 가져올지 살펴볼 것이다.

학교에서의 디지털 전환

복수의 온라인 자료를 찾아 읽고 평가하는 방법이 어떻게 해서 가르치기와 읽기 평가에서, 특히 중고등학교 교육에서 그토록 주된 역할을 맡게 되었을까? 나는 이러한 변화가 의도되지 않은 결과였으며, 명시적인 목표는 아니었다고 생각한다. 그것은 온라인에서 활용할 수 있는 것들이 천문학적으로 늘어나면서 진행된 디지털 전환의 가차 없는 논리에 따른 것이었다.

1977년은 교육에서 컴퓨터 사용이 확산하기 시작한 해였다. 애플II를 비롯해 코모도어 PET, TRS-803 등 개인 컴퓨터 3종이 호기심 많은 소규모 대중에게 소개되었다. 이듬해에는 애플이 미네소타교육컴퓨팅컨소시엄MECC, the Minnesota Education Computing Consortium과 계약을 맺고 미네소타의 학교에 컴퓨터 500대를 제공했다. 1980년대 초에 이르러서는 스티브 잡스가 "캘리포니아의 모든 초중고등학교에 애플II 시스템을 무료로 제공했다."[5] 다른 제조업체들의 기계들이 뒤이어 수많은 교실 안으로 파고들었다.

이것이 하드웨어(와 이에 탑재 가능한 소프트웨어)의 혁명이었다면, 그 다음의 변화 또한 이에 못지않게 극적이었다. 바로 온라인화였다. 처음에는 데스크톱 컴퓨터, 그다음에는 노트북과 태블릿이 인터넷으로 연결되었다. 그러자 사이버공간에서 모든 콘텐츠를 수익화하는 바람이 거세게 불었다. 학생들은 자료를 찾고, 찾아낸 것을 생산적으로 활용하는 법을 배워야 했다.

여기에 발맞춰 또 다른 디지털로의 전환들이 이어졌다. 그중 하나가 교과목과 강좌의 디지털화였고, 급기야 전 학위 프로그램이 온라인으로 이동했다. 온라인 교육의 확대는 고등교육에서는 이미 잘 알려져 있는 사실인데, 이런 방향으로 변화를 이끈 가장 강력한 요인 두 가지는 물리적 거리와 (특히 미국의 지방 대학교과 4년제 공립 기관의 경우) 비용 부담의 해소였다.

미국에서는 어린 학생들이 온라인으로 공부하는 법을 의무적으로 알게 하는 조치들이 계속 늘어나고 있다. 2018년 현재 앨라배마를 비롯해 알래스카, 플로리다, 미시간, 버지니아 등 다섯 개 주에서 모든 학생이 고등학교 졸업 전 최소한 한 강좌를 온라인으로 듣는 것을 법으로 의무화했다.[6] 유럽연합도 꼭 온라인 강좌는 아니지만 학생들의 디지털 역량을 강화하기 위한 노력을 기울여왔다. 2018년 초 유럽위원회는 디지털 교육 실천 계획을 시작하면서 "유럽의 교육계가 전 연령대의 유럽인에게 디지털 역량을 제공하지 못한다면 경쟁력을 잃고 말 것"이라고 경고했다.[7] 코로나19 팬데믹으로 학교가 문을 닫고 수백만 학생들을 위한 교육이 온라인으로 이동하는 것을 볼 때, 조만간 온라인 학습의 의무화가 새로운 표준이 될 것으로 예상할 수 있다.

두 번째 디지털 전환은 학습 교재가 종이책에서 디지털 자료로 대체되어온 것이다. 이 부분에 대해서는 이미 2장에서 많이 이야기했다.[8] 종이책 교과서 가격이 계속 오르면서 전자책 시장도 계속 커졌다. 대학교는 학생들의 비용 부담을 덜어주고 온라인 강좌를 지원하기 위해 디지털 도서 읽기를 과제로 부여하기 시작했다.

교실 안의 컴퓨터(혹은 태블릿)를 필두로 온라인 강좌, 디지털 학습 자료, 인터넷에서 이용할 수 있는 다양한 자료에 이르기까지 이 모든 요인들이 합쳐지면서 교육에서 사이버공간의 역할이 전면에 부각되었다. 이런 디지털 자원들을 이용할 수 있는 상황에서 학생들에게 한 번에 한 가지 자료만 접하도록 제한한다는 것은 무모해 보인다.

온라인 탐색, 학습의 지형을 바꾸다

책을 읽을 때 복수의 텍스트를 활용하는 것이 새삼스러운 일일까? 물론 그리 새삼스러울 것은 없다. 이미 학자들은 오래전부터 하나 이상의 자료를 찾아서 보았다. 변한 것이 있다면 자료를 쌓아가며 읽거나 비교하며 읽는 일이 지금은 훨씬 수월해졌다는 것이다.

복수의 텍스트 읽기: 오래된 공부의 방식

이를테면 당신이 1300년대 잉글랜드로 돌아갔다고 가정해보자. 당신은 수도승인데 아리스토텔레스의 몇몇 저술을 읽고 싶어 한다고 치자. 아리스토텔레스의 저술이 라틴어로 번역되어 서구에 알려진 것은 아주 최근의 일이다. 그때만 해도 아리스토텔레스 저술을 읽으려면 좋은 말을 가지고 있거나, 아주 용감한 도보 여행자여야 했다. 찾고 있는 텍스트가 아주 먼 지역의 수도원 도서관에만 있을지 모르기 때문이다.

이제 시곗바늘을 빠르게 돌려 200년이 지난 시점으로 가보자. 1476년 런던에서는 인쇄업이 상륙하면서 점차 독자들이 집에서도 책을 읽을 수 있게 되었다. 책의 역사를 연구한 엘리자베스 아이젠스타인 Elizabeth Eisenstein의 말에 따르면, "다양한 책들을 참고하기 위해 굳이 떠돌이 학자가 될 필요가 더 이상 없었다."[9] 비교 연구는 이전보다 수월해졌고, 이제 연구자는 여러 작품을 동시에 나란히 눈앞에 늘어놓을 수 있게 되었다. 이런 '늘어놓기'식 읽기와 조사는 우리 세대의 많은 이들에게는 학창 시절부터 친숙했던 방식이다. 그럴 때 우리는 종이로 출력한 자료와 손으로 쓴 노트에 둘러싸여 있곤 했다. 적잖은 사람이 지금도 그렇게 한다.

이와 같은 물리적 배열에서 변함없는 한 가지 장점은, 아이젠스타인이 인쇄 혁명에 대해 이야기한 것처럼, "(텍스트 간의) 모순이 눈에 더 잘 띈다"는 것이다.[10] '모순'이라는 단어를 기억하기 바란다. 교육 현장에서 일어나는 복수의 디지털 텍스트 읽기를 이야기할 때 이 말이 단연 중요한 역할을 맡기 때문이다.

그다음에는 20세기로 가보자. 수백 년 동안 사람들은 관심 있는 주제를 조사할 때 복수의 자료를 사용해왔다. 하지만 그사이 교육계에서 또 다른 일이 전개되고 있었으니, 바로 교과서의 부상이었다.[11] 이제는, 가령 미국사를 배우고 싶다면, 상당 기간에 걸쳐 계속해서 이어지는 서사를 담고 있는, 경우에 따라서는 지도와 그래프, 원 자료의 복제물까지 들어 있는 단행본의 도움을 받을 수 있다. 교과서는 교육의 지형에서 빼놓을 수 없는 부분이 되었다.

이제 시선을 현재로 돌려보자. 물론 여전히 교과서가 사용되고 있다. 하지만 우리는 점점 학생들이 온라인으로 가서 복수의 자료들을 검색해 정보를 모을 거라고 예상한다. 그럴 때마다 종종 학생들은 여러 하이퍼링크들을 클릭해 정보를 찾는다. 게다가 우리는 학생들에게 복수의 온라인 문서를 사용하고 해석하도록 요구할 뿐만 아니라 학생들 스스로 자료를 찾을 때에도 인터넷을 탐색하도록 요구한다(이 장 조금 뒤쪽에 가서 복수의 온라인 자료를 사용하는 것과 복수의 출력 자료를 다루는 것이 어떻게 비교되는지 살펴볼 것이다).

그 과정이 어떤 식으로 작동하는지 기본 구조를 살펴보기 전에 먼저 탐색이라는 개념의 역사적 맥락을 알아두면 도움이 될 것이다.

온라인 탐색의 짧은 역사

요즘은 모든 사람이 온라인 '탐색navigating'에 대해 이야기한다. 이 말의 정확한 뜻은 뭘까? 분명히 이 단어는 배와 관계 있는 어떤 것의 은유적 확장이다. '항해navigation'라는 명사는 라틴어에서 왔는데, 배로 하는 여행이라는 뜻이었다. 이 용어가 영어에 편입된 것은 16세기였다. 당시에는 단순히 수상by water으로 간다는 뜻이었다. 그 후 '항해하다'라는 동사형이 기구와 비행기, 그리고 1970년대 중반에 와서는 마침내 컴퓨터에까지 쓰이게 되었다. 당시만 해도 컴퓨터를 사용해서 '항해했다'고 하면 대체로 데이터베이스 내부에서의 활동을 의미했다.

그러던 것이 어떻게 오늘날 '유비쿼터스ubiguitous(시간과 장소에 구애를 받지 않는:역주)' 온라인 탐색을 의미하게 되었는지 이해하려면 먼저 1945년 엔지니어이자 발명가인 바네바 부시Vannevar Bush가 쓴 에세이로 이야기를 시작할 필요가 있다. "우리가 생각할 수 있는 대로As We May Think"라는 흥미로운 제목의 이 글은 과학자들에게 모든 사람이 활용할 수 있는 공동의 지식 저장소를 어떻게 하면 만들 수 있을지 생각해낼 것을 촉구하는 외침이었다. 부시의 제안은 그가 '메멕스memex'라고 부른 새로운 기계를 만들어, 이것을 통해 사용자들이 마이크로필름에 저장된 문서들 간의 연결을 설정할 수 있게 하는 것이었다. 비록 부시가 말한 기기가 제작되지는 않았지만, 기술업계의 아이콘인 테드 넬슨Ted Nelson이 그것에서 영감을 받아 1960년대 중반 '하이퍼텍스트'라는 용어를 만들어냈다. 넬슨의 구상은 (콜리지의 시 〈쿠블라 칸〉에 나오는 유명한 장면을 연상시키는) 재너두XANADU라는 시스템에서 부분적으로 실행에 옮겨졌다. 부시의 메멕스와 유사하게, 재너두의 목표는 세계 모든 지식의 저장소를 위한 연결 체계를 구축하는 것이었다.

이제 실제로 구축된 연결 시스템인 하이퍼링크로 넘어가 보자. 컴퓨터 과학자 벤 슈나이더먼Ben Shneiderman은 대학원생인 댄 오스트로프Dan Ostroff와 함께 실제로 작동되는 문서 내 하이퍼링크를 처음으로 개발하는 영예를 차지한다. 작업은 1980년대 초에 시작되었다. 1980년대 후반에 이르러 문서나 데이터베이스 내부의 링크를 형성하는 개념은 상당한 관심을 끌었다. 그중 유명한 사업이 1987년에 출범한 애플 매킨토시 하이퍼카드였다.[12] 이것과 동일한 하이퍼링크 원리 덕분에 사용자들은 단일 문서의 차원을 넘어, 보다 넓은 지평을 검색하는 쪽으로 넘어갈 수 있었다.

1989년에는 엔지니어이자 컴퓨터 과학자인 팀 버너스리Tim Berners-Lee가 스위스에 있는 유럽입자물리연구소CERN, the European Organization for Nuclear Research에서 제안서 초안을 작성했다. 버너스리는 슈나이더먼의 하이퍼링크 개념을 활용해 전 세계 컴퓨터 기반 정보 자료들을 연결하는 시스템을 만들었다. 우리가 인터넷에서 사용하는 모든 URL 주소에 들어 있는 'HTTP'를 생각하면 된다. 이것은 'Hypertext Transfer Protocol(하이퍼텍스트 전송 규약)'의 머리글자에서 따온 말이다. 1989년 말까지는 프로토타입 시스템이 사용되다가 지금의 월드 와이드 웹이 탄생했다.

검색 엔진이 현재 우리가 당연시하는 강력한 탐색 도구가 되기까지는 그로부터 다시 5~6년이 더 걸렸다. 1991년 미네소타대학교에서 개발된 검색 엔진으로 학교 마스코트 이름을 붙인 고퍼Goffer가 있었고, 1993년 일리노이대학교에서 생각해낸 모자이크Mosaic에 이어, 스탠퍼드대학교에서 제작된 구글이 1998년 9월 27일 정식으로 출범했다. 그 뒤로 지금까지 전 세계 사람들은 온라인 검색으로 분주하다.

온라인 탐색의 세 가지 핵심: 검색, 정밀조사, 종합

학생들이 온라인으로 탐색하는 방법을 배웠으면 한다고 교육계 사람들이 말할 때 실제로 염두에 두는 활동은 다음 세 가지다.

- 사이트를 옮겨 다니며 자료를 모은다.
- 자료의 신뢰도를 평가하고 모순점을 해결한다.
- 찾아낸 것들을 이해한다.

'탐색'과 '평가' 그리고 '통합'은 학술 연구 논문에서 보는 용어들이다.[13] 하지만 보다 직관적으로 이해할 수 있게 이 세 가지 활동을 '검색', '정밀조사', '종합'으로 부르기로 한다. (명칭이야 어떻든) 온라인 읽기에서의 활동을 세 갈래로 나눠서 보는 것은 온라인상의 복수 자료 사용을 분석하는 데 적합한 동시에, 복수의 출력 자료를 사용할 때에도 적용할 수 있다.

검색

가령 당신이 계란 섭취가 건강에 좋은지 나쁜지를 두고 온라인 검색에 착수하려 한다고 치자. 검색 범위가 웹 전체가 될 수도 있기 때문에 다음과 같은 작업이 필요하다.

- 검색 용어를 선택한다.
- (언제 무엇을 볼지) 검색 경로를 그린다.
- 각 사이트에서 어느 정도 시간을 보낼지 정한다. 여기에는 어떤 것은 건너뛸지, 훑어볼지, 전부 읽을지도 포함된다.

특정 사이트를 보고 있을 때에도 다음과 같은 활동이 필요하다.

- 내부 하이퍼링크 중에서 어떤 것을 따라가고 어떤 것을 무시할지 파악한다.

이상은 성공적인 검색에 필요한 활동의 전부가 아니다. 좋은 출발점일 뿐이다.[14]

좋은 탐색자가 된다는 것은 단순한 과제가 아니다. 이 말을 하면서 내 머릿속에 불현듯 〈도박사The Gambler〉라는 컨트리 발라드 곡이 자연스럽게 떠오른다. 카드놀이의 조언을 담은 이 노래에서 케니 로저스는 카드를 쥐고 있거나, 포기하거나, 손을 털거나, 달아날 때가 언제인지 알아야 한다고 말한다. 인터넷 탐색 과정에서는 언제 계속 읽고 언제 옮겨 가야 할지를 모를 때가 너무나 많다. 인터넷 사용 경험이 많은 사람도 마찬가지다. 그러니 학생들이야 더 말할 것도 없다.

정밀조사

당신은 수많은 온라인 사이트들을 찾아냈다. 계란 섭취의 장단점에 관해 이야기하는 온라인 사이트들이다. 찾아낸 것들 중에는 메이오클

리닉(미국 미네소타주 로체스터에 본사를 둔 종합 병원으로 미국 최고의 병원으로 꼽힌다:역주)과 주간지 〈타임〉, 〈자마JAMA〉(미국 의학협회지), 미국 계란위원회에서 올린 정보와 계란 섭취의 장단점을 다룬 유튜브 동영상 5~6편이 있다. 이제 해결해야 할 쟁점은 다음과 같다.

- 각 사이트의 결론은 어디에서 차이가 나는가? 어느 사이트가 더 신뢰할 만한지는 어떻게 결정할 것인가?
  - 다양한 자료원은 어떻게 걸러낼 수 있을까?
  - 만약 자료 사이트(가령 어떤 온라인 뉴스 사이트)가 다른 누군가의 연구를 인용하면 직접 원문을 확인해야 할까?
  - 해당 주제에 관해 사전 지식을 활용하는가? 개인적 편견은 어떻게 할까?
- 사이트가 얼마나 전문적으로 보이느냐가 판단에 영향을 주는가?

첫 번째 쟁점이 염두에 두고 있는 것은 자료 사이트들의 상충 가능성이다. 온라인 자료들 간의 모순을 다루는 것은 학교 교육에서나 연구자에게서나 주요 부분을 차지한다. 그뿐만 아니라, 어떤 내용의 불일치를 판별하는 법을 배우는 것은 법정에서 증언을 저울질하는 것에서 어떤 정치인을 신뢰할지 결정하는 데 이르기까지 우리 삶의 너무나 많은 부분에서 대단히 중요하다. 읽는 과정에서 불일치는 텍스트들 사이에서 드러날 수도 있지만 하나의 문건 안에서 나타나기도 한다. 하지만 이 장의 뒷부분에서 다루겠지만, 주의 깊게 읽기의 모든 것을 모순을 찾고 해결하는 것으로만 축소해서 보고 싶지는 않다.

종합

자료들을 찾아낸 데 이어 그중 어떤 자료를 신뢰할지에 관해 적어도 첫 번째 관문은 통과했다면, 그다음에는 모은 자료들을 이해해야 한다. 이 작업에는 다음과 같은 것들이 포함된다.

- 찾아낸 자료들을 해당 주제에 관한 사전 지식과 통합한다.
- 찾아낸 자료들을 일관성 있는 논의로 종합한다.
- 결과를 해석한다. 즉 증거에 기초한 결론을 도출한다.

이 모든 단계는 오랫동안 학생들에게 과제로 주어졌거나, 연구자들이 맡아온 것과 같은 종류의 프로젝트에서는 낯익은 것들이다.

종이로 읽기와 온라인 탐색, 어느 것이 수월할까?

4장에서 단일 텍스트를 활용한 종이 읽기와 스크린 읽기를 비교했다. 읽기에 사용된 매체는 달랐지만 텍스트는 동일했다. 이에 못지않게 중요한 사항은, 앞서 논의한 모든 연구에서 사용된 자료들은 실험자가 제공한 것이라는 데 있다. 학생들은 직접 텍스트를 찾아다닐 필요가 없었다. 이 장의 초점은 학생들이 온라인에서 복수 자료를 어떻게 찾아내고, 읽고, 판단하고, 이해하느냐에 있다. 단일한 자료를 종이로 읽거나, 복수의 텍스트를 온라인으로 읽거나, 이 모든 경우는 읽기를 수반한다. 따라서 자연스럽게 떠오르는 몇 가지 질문은 다음과 같다.

- 두 종류의 읽기에서 유사점과 차이점은 무엇인가?
- 종이로 읽을 때의 기술로 온라인의 복수 자료를 읽을 때의 성공도를 예측할 수 있을까?

많은 연구자들이 두 가지 읽기를 비교하는 질문을 붙들고 씨름해왔다. 이들은 종이로 (단일 텍스트를) 읽는 것과 온라인으로 (복수 텍스트를) 읽는 것 간에는 중요한 공통점이 많다는 데 의견을 같이한다. 가령, 줄리 코이로와 엘리자베스 도블러Elizabeth Dobler가 파악한 능력으로는 다음과 같은 것들이 있다.

- 주제에 관한 사전 지식을 도출하는 능력
- 추론에 의한 추리 전략을 사용하는 능력
- 언제 되풀이해 읽을지, 읽은 것은 어떻게 평가할지 등을 포함해 읽기의 다양한 요소들을 연결하는 능력[15]

피터 애플러바흐Peter Afflerbach와 조병영Byeong-Young Cho이 꼽는 것은 다음과 같다.

- 텍스트 내용을 파악하고 학습하는 능력
- 전략을 추적 관찰하는 능력(가령, 목표를 확립하고, 진도를 감독하고, 해결해야 할 문제를 파악하는 능력)
- 전략을 평가하는 능력(가령, 정보의 정확성을 판단하고, 주장을 지지하는 증거를 찾고, 텍스트가 읽는 사람의 목적에 적합한지 판단하는 능력)[16]

전통적인 (종이로) 읽기 역량과 온라인에서의 성공적인 처리 능력을 구분 짓는 것은 무엇일까? 대체로 후자는 얼마간의 검토 기술(어떤 사이트를 신뢰할지 아는 것)과 검색 과정(효율적으로 탐색하는 법을 아는 것)이 결합된 것이다. 이런 것은 추가로 더해지는 기술이어서, 많은 연구자들이 인터넷에서의 읽기가 종이로 읽는 것보다 더 어렵다고 주장한다.[17]

이런 결론을 접했을 때, 나는 연구자들이 어떤 생각을 하고 있는지 이해할 수 있었다. 연구들의 차이는 온라인상에서 (학생들이 스스로 찾아내야 하는) 복수 자료를 가지고 작업하는 것과 (교사가 제공하는) 단일한 종이 텍스트를 읽는 것을 비교한 데에서 도출된 것이기 때문이다. 그렇지만 어떤 주제에 관해 종이로 읽는다고 할 때 그것은 단일 자료 읽기에만 국한되는 것은 아니다. 더욱이 종이를 사용해 조사할 때에도, 온라인상에서 하는 것과 똑같이 자료들을 찾고 또 평가할 필요가 있다. 하지만 평가에서는 대다수 종이 자료물이 전통적으로 사전 정제 과정을 거친 것들이기 때문에, 원칙적으로 온라인에 올라 있는 것들을 대할 때보다는 정밀조사 작업이 수월한 편이다.

도서관 서고 안에 있는 자신을 한번 상상해보라. 소련 해체에 관해 연구하기 위해 종이책 여러 권을 앞에 두고 가장 관련성이 높은 책들을 골라내려고 한다. 서가에서 어떤 책을 뽑아들지, 어떤 저자(혹은 출판사)를 인정할지(상대적으로 더 큰 신뢰를 부여할지), 언제 목차만 훑어봐도 되고, 언제 특정 장의 내용까지 자세히 들여다봐야 할지 결정해야 한다. 또 서가의 한 칸 아래 꽂혀 있는 책이 연구 주제와는 별 관련이 없는 것임에도 매력적인 표지에 끌려 잠시 걸음을 멈출 수도 있다. 혹은 전체 서가 목록이나 주제 색인에 접속하는 대신 직접 도서관 서고로 갔기 때문에, 연구에 가장 중요한 책은 이미 대출된 상태여서 결국 빼놓고 돌아오게 될 수도 있다.

물론 오늘날 연구는 상당 부분 온라인으로 이뤄진다는 사실을 나도 잘 안다. 또한 복수의 자료를 디지털로 탐색하는 것이 종이로 된 복수의 저술을 발굴하는 것과 정확히 일치하지는 않는다는 것도 안다. 여기서 경험적인 비교 연구가 도움이 될 것이다. 그럼에도 현실적으로 봤을 때, 그런 실험을 설계할 때 직면하는 주요 장애는 복수의 종이로 된 자료원을 파악하고 평가하는 법을 배우는 학생 수가 점점 줄고 있다는 것이다.

온라인으로 복수의 자료 읽기

연구자들은 온라인상의 검색과 정밀조사, 종합에 관해 뭐라고 말하는가? 교육학 연구의 근본 목표는 교육 개선이기 때문에 우리가 살펴보려는 연구들 대다수는 온라인 복수 자료 기술을 학생들에게 가르치기 위한 추천 사항과 실험을 결합한다. 연구자들이 제시하는 명시적 추천 사항들은 6장에서 살펴보기로 하자.

앞으로 논의할 연구들에 관해서 용어상 유의점 한 가지를 기억하기 바란다. 오늘날 많은 연구자들이 '온라인 읽기' 혹은 '디지털 읽기'에 관해 이야기할 때, 이는 구체적으로 '온라인으로 복수 자료 읽기'를 뜻한다. 즉, 자료를 찾기 위해 검색하고, 정확도를 판단하고, 텍스트를 오가며 찾아낸 것들을 종합하는 것을 지칭한다. 디지털로 흔히 접하게 되는 단일 텍스트 읽기를 말하는 것이 아니다. 이 두 종류의 읽기를 명확히 구분해서 이해하는 것이 중요하다.

대표적인 연구 결과들

현재 많은 연구자들이 학생들이 복수의 온라인 자료를 어떻게 검색하고 정밀조사하고 종합하는지 탐구하고 있다.[18] 이 책의 주요 목표는 읽기 플랫폼들을 비교하는 것이지 온라인으로 복수 자료 읽기의 세부 사항을 분석하는 것은 아니므로, 지금 소개하는 연구 결과들은 대표적인 예일 뿐 전부를 포괄한 것은 아니다.

검색에 관한 연구 결과

아래 소개하는 내용은 탐색(검색) 기술까지 포함된 연구에서 주요 부분을 가져온 것이다.

- 어린 학생들(중학생 전후)은 선별한 하이퍼링크를 강조 표시가 된 핵심어 같은 표면적 신호로 여기는 경향이 있다.[19]
- 탐색 기술은 나이와 함께 향상된다.[20]
- 시공간적 작업 기억(즉, 시각적으로 주어진 정보를 위해 단기 기억을 활용하는 능력)이 강한 것과, 찾는 주제와 무관한 내용에 시간을 적게 사용하는 것 사이에는 상관성이 있다.[21]
- 종이책 독해 기술은 온라인으로 관련 자료를 파악하는 능력을 알려주는 좋은 지표다.[22]

- 종이책 읽기 기술이 약하더라도 탐색 기술이 좋으면 디지털 시험에서 종합 점수를 높일 수 있다.[23]

1장에서 사람들이 종이나 스크린으로 어떻게 읽는지 연구하기 위해 시선 추적 기술을 사용하는 사례가 늘고 있다고 말했다. 스페인에서 라디슬라오 살메론Ladislao Salmerón과 동료들은 학생들이 온라인 검색을 어떤 식으로 하는지 더 잘 이해하기 위해 시선 추적 도구를 활용했다. 학생들은 온라인으로 탐색할 때 하이퍼링크에서 찾는 주제와 무관한 정보를 보는 데는 시간 소모를 최소화하고, 관련 있는 정보에 더 많은 시간을 써야 했다.[24] 연구자들은 궁금했다. 숙련된 연구자와 그렇지 않은 연구자의 시선 운동을 비교한 동영상을 활용해 학생들의 온라인 탐색 기술을 높일 수 있을까? 9학년 학생을 대상으로 이 기술을 적용해본 결과, 연구자들은 훈련용 동영상을 시청한 학생들이 온라인 독해 시험에서 성적이 좋아졌고, 주제와 관련 있는 페이지를 읽는 데 더 많은 시간을 보냈다는 사실을 발견했다.[25] 이 기술은 대규모로 적용하기는 어려울 수 있다. 하지만 이 연구를 통해 검색 능력이 명시적인 가르침을 통해 개선될 수 있는 기술임을 알 수 있다.

또 다른 중요한 요인은 사용자들이 검색 엔진을 얼마나 신뢰하느냐는 것이다. 2005년에 수행된 한 연구에서 18~29세 인터넷 사용자의 72퍼센트는 인터넷 검색 엔진이 '공정하고 편향돼 있지 않다'고 말했다.[26] 몇 년 후 에스터 하르기타이Eszter Hargittai와 동료들이 신뢰도를 검증해봤다. 약 100명의 학부생에게 검색 과제를 부과한 후 실험자들은 학생들이 검색을 하는 동안 옆에 앉아 있었다. 학생들은 자신의 생각을 이야기했다. 연구자들은 실험 현장 뒤에서 학생들이 방문한 사이트를 모두 스크린 캡처하고 있었다.

학생들은 방문 사이트를 어떻게 선택했을까? 4분의 1 이상이 검색 엔진이 보여준 첫 번째 사이트를 클릭했다. 이는 검색 엔진에 대한 '상당한 신뢰'를 의미한다. 하지만 '신뢰'가 '검증'으로 이어지지는 않았다. 학생들의 10퍼센트는 사이트의 저자나 신용에 대해 뭐라고 말은 했지만, 스크린 캡처 이력을 보면 그와 같은 자격을 실제로 확인한 사람은 아무도 없었다.[27]

정밀조사에 관한 연구 결과

분명히 학생들은 사이트를 선택하는 데 지도가 필요하다. 또한 자신들이 선택하는 사이트를 정밀조사할 때 따라오는 과제도 있다.

- 웹사이트의 정보가 신뢰할 만한지 판단하는 법을 훈련할 필요가 있다. 사이트가 얼마나 믿을 만한지 평가하는 것은 학생들(그리고 가끔은 교육가들)이 인식하는 것 이상으로 어려운 문제다.
- 학생들이 사용하는 기준의 다수(가령 사이트의 아름다움)는 신뢰도와는 별 상관이 없다.
- 가짜 뉴스가 기승을 부리는 시대에 평가 기술을 기르는 것은 특히 중요하다.
- 사실의 정확성을 평가하는 능력만 중요한 것이 아니다. 학생들의 판단은 또한 이념적인 선입견과 심리사회적 발달 수준에 영향을 받을 수도 있다.

자료의 신뢰도를 판단하는 법을 배우는 것은 디지털 혁명에 앞서 오래전부터 교육의 목표였다. 많은 사람들은 어릴 때 "네가 읽는 것을 다 믿지는 말라"고 배운 것을 기억한다. 그때만 해도 읽는 것이라고는 종이책뿐이었다. 하지만 지금은 온라인 정보와 소셜 미디어 게시물, 가짜 뉴스 등이 폭증하면서 해결해야 할 문제가 훨씬 커졌다.

샘 와인버그Sam Wineburg(잠시 후 그의 작업을 접할 것이다)가 주도하는 스탠퍼드역사교육그룹Stanford History Education Group은 자신들의 주요 프로젝트로 이른바 '시민적 온라인 추론'(여기서 '시민적'은 '민주 시민사회의 성원으로서 바람직한'이라는 뜻이다:역주) 능력을 평가해보았다. 시민적 온라인 추론이란 학생들이 특히 가짜 뉴스를 판별하는 것과 관련해 온라인 정보원의 신뢰도를 판단하는 것을 말한다. 연구자들이 시민적 온라인 추론으로 파악한 핵심 역량에는 학생들이 온라인에서 읽은 것을 두고 다음 세 가지 질문에 답하는 능력이 포함된다.

- 정보의 배후에는 누가 있는가?
- 증거는 무엇인가?
- 다른 정보원들은 뭐라고 말하는가?

프로젝트는 그물을 넓게 쳤다. 설문 조사에는 미국 12개 주에서 중학생 405명, 고등학생 348명, 대학생 141명이 참가했다. 매번 학생들에게 온라인 정보를 읽고 신뢰도를 평가하되, 자신이 평가한 것을 설명하게 했다. 학생들의 수행 성적은 초보Beginning, 성장 중Emerging, 완숙Mastery의 세 단계로 평가했다.[28]

결과는 정신이 번쩍 들게 한다. 그중에서도 가장 눈에 띄는 결과는

다음과 같다. 학생들은,

- 광고와 뉴스 기사를 구분하는 데 어려움을 겪었다.
- 자신이 접한 정보의 진짜 원천을 파악하는 데 애를 먹었다.
- 주장의 진실성을 평가하기 위해 하이퍼링크를 추적하기보다 개인적 의견을 제시했다.
- 사이트의 진실성을 판단할 때 아름다움이나 전문적 느낌을 주는 외관, 오디오나 그래픽의 품질 같은 것을 토대로 삼았다.

곤혹스럽게도, 심지어 대학생들조차 '완숙' 단계는 많지 않았다. 다른 연구에서도 대학생들은 간혹 웹사이트의 신뢰도를 판단할 때 저자의 신용도가 아니라 사용의 편리함이나 시각적인 아름다움을 기준으로 삼았다.[29] 학부생과 대학원생을 대상으로 한 어떤 연구에서는 학생들이 웹사이트의 신뢰도를 평가하기 전에 살펴보는 시간이 2~3초에 불과한 것으로 나타났다. 결코 숙고에 충분하다고 할 수 없는 시간이다.[30]

그뿐 아니다. 학생들은 온라인 자료를 정밀조사하는 과정에서 훨씬 더 큰 어려움에 직면한다. 특히 가짜 뉴스를 알아보는 문제에서 큰 어려움에 봉착한다. 종종 간과되는 (하지만 결정적으로 중요한) 변수가 바로 우리 자신이 읽는 것에 적용하는 편견과 선입견이다. 그런 유의 믿음은 정치 문제부터 인종,

"온라인에서의 시민적 사고는 학생들이 시민으로 살아가는 데 관련 정보를 잘 아는 참여자가 되기 위해 반드시 필요하다.… 우리의 연구 결과는 학생들이 온라인 정보의 거대한 소용돌이를 항해하는 데 준비가 돼 있지 않음을 시사한다."
새라 맥그루 등[31]

종교에 이르기까지 전반에 걸쳐 있다. 사람들은 사실 여부를 증거에 입각해서(시민적 추론을 생각하라)가 아니라 개인의 뿌리 깊은 믿음을 바탕으로 판단해버릴 수 있다.

H. 제임스 개럿H. James Garrett은 가짜 뉴스가 사람들에게 먹히는 원인을 분석한 연구에서, 많은 사람이 자기 입장에 도전하는 데이터는 물리치는 반면 자신의 견해를 지지하는 정보는 받아들인다는 사실을 상기시킨다.[32] 그러한 확증 편향은 연령에 상관없이 나타날 수 있다. 혹은 애브너 시걸Avner Segall과 동료들이 적절하게 표현한 것처럼,

> 학생도 성인과 마찬가지로 배우려는 마음이 들 수도 있지만, 그와 동시에 배우는 것을 피하고, 선입견을 굳히고, 지식을 거부하고, 자신이 품고 있는 가정에 어려움을 야기하는 증거와 뉴스, 사실, 그리고 자신과 타인, 더 넓게는 세계의 이해에 등을 돌리고 심리적으로 자신을 방어한다.[33]

끝으로, 온라인으로 읽는 자료를 정밀조사하는 과정에서 고려해야 할 요소가 한 가지 더 있다. 두뇌 발달이다. 엘런 미도Ellen Middaugh는 왜 사춘기 청소년들이 대부분 뉴스와 정보의 신뢰도를 평가하기 위한 전략을 배웠음에도 판단 실수를 저지르기 쉬운지 궁금했다. 미도는 부분적인 해답이 10대가 아직도 정신적으로나 정서적으로나 성장기에 있다는 사실에 있다고 주장한다. 여러 관점에서 문제를

> "시민적 행동과 정치적 지식 그리고 적극적인 참여는 증거를 평가하는 능력을 훨씬 넘어선 것으로부터 영향을 받는다. 바로 우리가 그런 문제에 들이는 심리적 투자에 영향받는다."
> **H. 제임스 개럿**[34]

생각하는 능력은 아직도 발달 중이라는 얘기다. 그런 청소년의 눈에 온라인의 선정주의(가짜 뉴스의 공통된 특징)는 대단히 매력적일 수 있다. 학생들에게 진실성을 검증해야 할 자료가 따분하고 자기 삶과 무관해 보이면, 진지한 평가에 나서려는 동기 자체가 떨어질 수 있다.[35] 이런 문제가 청소년의 성숙과 더불어 줄어들기를 우리 모두 희망할 것이다.

종합에 관한 연구 결과

온라인 자료를 읽을 때 사용되는 종합의 기술과 종이 자료를 사용할 때 우리가 권장하는 종류의 추론은 상당 부분 중첩된다. 둘의 가장 큰 차이는 온라인으로 작업할 때는 온라인 검색 과정에서 발굴한 것의 내용은 물론, 다시 참고할 필요가 있을 때를 대비해 그 자료가 어디에 있었는지를 머릿속에 기억해 둘 필요가 있다는 것이다.

온라인 자료를 가지고 작업할 때 사용되는 종합에 관한 다음의 연구 결과들을 보면 하등 놀라울 게 없다.

- 사전 지식은 종합 과정에서 도움이 되는 것처럼 보인다.[36]
- 독자의 언어적 작업 기억 수준이 여러 자료를 오가며 정보를 종합할 때의 성공률에 영향을 줄 수 있다. 사이트를 오가며 탐색할 때 인지적 부담이 늘어나기 때문에, 사용자에 따라서는 그런 탐색 부담이 작업 기억 용량을 초과할 수도 있다.[37]

원칙적으로 독자들은 작업을 해나가면서 다양한 도구를 활용해 (디지털로든 손글씨로든) 필기를 하거나 혹은 다른 방식으로 각 자료의 경로를 기록해둘 수 있다. 이것과 관련한 선택지에 관해서는 6장에서 이야기하겠다.

'복수'의 의미

오늘날 교육계가 학생들을 온라인에 잘 적응하도록 훈련하는 쪽으로 몰아가는 상황에서, 복수 자료를 활용한 최근 연구들이 디지털 자료(보통은 텍스트이지만 그래픽과 오디오, 동영상도 있다)에 초점을 맞추고 있는 것은 당연해 보인다.[38] 하지만 학생들의 복수 자료 해석 방식에 대한 연구자들의 관심은 디지털 혁명 이전에도 있었다.

고전적인 연구로는 1991년 샘 와인버그가 고등학교 고학년생들과 전문 역사가들이 상충하는 정보가 담긴 역사 자료(모두 종이책)를 해석하는 방식을 비교한 것이 있다. 이 연구에서 학생들은 자료의 신뢰도를 평가하고, 서로 진실이라며 경쟁하는 주장의 진위를 판단하는 능력에 한계가 있었다. 와인버그의 말에 따르면 "고등학생들은 역사에 대해 많은 것을 알고 있지만 역사적 지식이 어떻게 구축되는지에 대해서는 아직 아는 것이 거의 없다."[39] 30년이 지난 지금도 학생들은 종이든 온라인이든 동일한 문제에 직면해 있다.

복수의 텍스트 읽기를 살펴보는 또 다른 방식은 동일한 정보를 여러 출처로 쪼개진 상태로 읽고 해석하는 것과, 하나의 자료(가령 교과서의 한 장) 안에 합쳐진 상태에서 읽고 해석하는 것을 비교하는 것이다. 이런 방식으로 종이 자료를 사용한 연구에 이어 보다 최근에는 온라인 텍스트를 사용한 연구도 있다.

첫째, 종이를 기반으로 한 연구다. 제니퍼 와일리Jennifer Wiley와 제임스 보스James Voss는 역사에 초점을 맞추어, 학부생들에게 복수의 개별 자료 혹은 그것과 동일한 자료가 담긴 교재의 한 장으로 텍스트를 읽게 한 다음 두 가지 작문 시험을 보게 했다. 하나는 역사적 사건의 연대기(이름과 날짜)를 쓰는 것이었고, 다른 하나는 사건의 인과관계를 밝히거나 이유를 설명하는 에세이를 한 편 쓰는 것이었다. 연대기를 써 보라는 과제의 경우 결과는 교재의 한 장을 사용했을 때나 개별 자료를 사용했을 때나 비슷했다. 하지만 자신의 주장을 개진하도록 요구받았을 때는 개별 자료를 사용했을 때가 성적이 더 좋았다.[40]

학부생을 대상으로 한 후속 연구들도 결과는 같았다. 이 중 몇몇 연구들은 과학 기반 주제에 초점을 맞추고, 상충하는 정보를 다루는 데 방점을 두었다.[41] 어떤 조사들은 종이 자료를, 어떤 조사들은 디지털 자료를 사용했는데, 모든 자료가 학생들에게 제공되었다(즉, 검색은 배제되었다). 이 모든 연구를 종합했을 때 요점은 무엇이었을까? 복수의 자료를 사용했을 때 성적이 나았다는 것이었다.

복수의 자료를 읽어가는 과정에서 독자는 다양한 조각들을 연결해 자료들 사이의 논리적 공백을 채워 넣도록 자극받는다. 이런 과정은 다시 서로 상충하는 정보를 파악하고 정신적으로 재현하는 데 도움을 주었다.[42]

학생들은 복수의 자료를 가지고 각 조각들이 어떻게 서로 들어맞는지 알아내기 위해 정신적 근력 운동을 더 많이 해야 했다.

(종이 텍스트를 사용한) 단일 텍스트와 복수 자료 간의 비교 연구는 종

이 읽기와 디지털 읽기 간의 비교 연구와는 어떤 관련이 있을까? 이와 관련된 답변 중 하나는, 보고 느끼는 것과 관련이 있다는 것이다.

복수의 물리적 자료를 가지고 작업을 할 경우 각각의 자료는, 가령 아주 큰 지도책과 손으로 쓴 편지, 타블로이드판 신문 같은 것은 특징상 서로 구분된다. 반면, 교과서 한 장을 읽을 때는 제시되는 텍스트가 줄곧 똑같아 보인다. 똑같은 크기의 페이지에 똑같은 활자체, 문체까지 동일하다. 마찬가지로, 종이 읽기와 온라인 읽기 간의 근본적인 감각의 차이를 생각해보자. 종이 자료에는 각각 뚜렷한 '지문'이 있다. 그것은 여느 오래된 책이 아니라 등이 쪼개진 한 권의 책이다. 여느 지난 정기간행물이 아니라 표지에 달라이 라마가 실린 특정 호의 〈타임〉 잡지다. 그럴 때 우리는 정신적으로 그 책을 그저 '인쇄물'이 아니라 구체적인 특징들의 집합으로 꼬리표를 붙인다. 반면, 웹사이트들은 그래픽과 레이아웃에서는 시각적으로 서로 구분될지 몰라도 접속하고 조작하는 방법은 모두 동일하다.

이런 변별성의 중요함에 대해서는 이 장의 뒤에 가서 다시 이야기하겠다.

매체 선택의 문제: 종이냐 온라인이냐

이제 복수의 텍스트를 사용한 종이 읽기와 온라인 읽기를 비교한 연구를 살펴볼 차례다. 사례는 많지 않지만, 여기서 우리가 무엇을 배울 수 있는지 살펴보자.

모니카 매세도루엣Mônica Macedo-Rouet과 동료들은 학부생들이 낙태 문제에 관한 복수의 종이 자료와 디지털 자료를 가지고 학습한 과정을 비교했다. 두 경우 모두, 주 자료에 보조 자료(어떤 것은 텍스트, 어떤 것은 그래픽)가 딸려 있었다. 종이 자료는 각각 별개의 자료들인 반면, 디지털은 하이퍼링크된 자료들이었다. (지금 우리의 목적에 비춰볼 때) 연구자들의 주된 관심사는 학생들이 독해 시험을 어떻게 보느냐는 것과, 학생들이 종이 혹은 디지털 조건에서 과제를 수행할 때 인지적 노력이 더 필요하다고 인식하는지 여부였다.

주 자료에 관한 독해를 보면, 학생들은 종이로 읽든 온라인으로 읽든 점수가 거의 같았다. 하지만 보조 자료에 관한 독해 점수는 종이로 읽었을 때 점수가 훨씬 나았다. 읽을 때 얼마나 많은 노력이 따른다고 느꼈는지를 묻는 질문에는 하이퍼텍스트(디지털) 버전이 특히 정신적으로 부담스러웠다고 답할 확률이 훨씬 높았다. 다만, 그처럼 인지적으로 분투한 흔적이 점수에는 나타나지 않았다.[43]

또 다른 연구를 보자. 에밀리 피터슨Emily Peterson과 퍼트리샤 알렉산더가 학부생들이 종이나 디지털 자료원을 사용해 파워포인트 발표를 어떻게 개발하는지 분석한 것이다. 연구자들은 미국 교육 체계의 공통핵심기준Common Core Standards(미국의 48개 주가 공교육 수준을 끌어올리기 위해 합의한 공통 학습 표준:역주)에는 학생들이 '다양한 자료원에서 나온 정보를 종합하고… 정보를 통합해 조리 있는 이해에 이를 수 있도록' 하는 것이 (11~12학년 과정의 영어 수업을 통해 달성되어야 할) 필수 요건임을 상기시킨다.[44] 그런 점에서 연구자들이 파워포인트를 과제로 내준 것은 고등학교를 졸업하고 대학교에 입학한 학생들이 이런 목적을 얼마나 잘 달성하는지를 확인해보는 현명한 방법이었다.

피터슨과 알렉산더는 학생들에게 알츠하이머병에 관한 자료 16건을 제공했다. 이 중 8건은 종이, 8건은 디지털 자료였는데, 여기에는 교재와 신문 기사, 과학 저널의 논문, 그래프 같은 것들이 포함되었다. 복수 자료를 활용한 많은 다른 연구들과는 달리, 이번에는 자료에 모순되거나 상충되는 내용이 없었다. 학생들은 발표물을 제작하면서 원하는 자료는 무엇이든 활용할 수 있었다.

전체적으로 학생들은 디지털보다 종이 자료 사용에 더 많은 시간을 썼다. 또 참가자들은 종이 자료를 그대로 사용하지 않고 변형해 사용하는(가령, 그대로 옮기기보다 바꿔 말하거나 유추해 이야기하는) 경향을 보였다. 하지만 알츠하이머에 관한 학생들의 사전 지식을 감안했을 때는 이런 매체 사용의 차이가 상당 부분 사라졌다. 사전 지식이 많은 학생들은 알츠하이머에 대해 처음에는 잘 몰랐던 학생들에 비해 더 많은 자료(종이와 디지털 모두)를 사용했고, 더 많은 디지털 자료를 자신의 파워포인트 발표에 포함시켰으며, 종이 자료의 내용도 더 많이 변형한 것으로 나타났다.[45]

(자료를 그대로 베끼기보다) 스스로 유추하는 것이야말로 우리가 학생들에게 길러주고 싶은 기술임에는 틀림없다. 하지만 여기서도 다시 한번 사전 지식이 읽기 매체만큼이나 중요할 수 있다는 사실을 알 수 있다.

또 다른 연구는 나탈리아 라티니Natalia Latini와 동료들이 진행한 것으로, 읽기 플랫폼(종이 혹은 디지털)과 읽는 목적(즐거움 혹은 시험 준비)을 결합한 연구다. 이번에는 복수의 텍스트에 소셜 미디어의 효과에 대한 상충하는 견해가 담겨 있었다. 학부생들은 추론 능력을 측정하는 독해 필기 시험을 치렀다. 지금 우리의 관심사로 봤을 때 중요한 결과로는,

학생들이 시험을 준비할 때 종이 자료를 사용한 경우 답안이 더 길었고, 주제에 대한 이해(다시 말해, 독해)도 더 통합적이었다는 것이다.[46]

이쯤에서 이런 질문이 나올 수도 있다. "보다 정교하거나 정신적으로 집중을 요하는 과제를 수행할 때는 종이로 읽는 것이 유리해 보인다는 연구 결과는 이미 보지 않았나?" 맞는 말이다. 4장에서 단일 텍스트를 사용한 종이와 스크린 읽기를 비교한 바 있다.

복수의 온라인 텍스트를 읽을 때의 성공률을 예측하는 지표들

이 모든 연구의 궁극적인 목표는 학생들이 디지털로 읽을 때의 학습력을 길러주는 것이다. 따라서 그런 학습의 성공률을 예측하는 지표를 파악할 수 있다면 그만큼 진일보하는 것이 된다.

우선 눈에 띄는 몇 가지 예측 지표로는 종이로 읽을 때의 독해 수준과 읽기 주제에 관한 사전 지식의 양, 그리고 작업 기억 역량의 수준이 있다. 우리가 이야기하지 않은 다른 지표들(여기에는 지식이 고정된 것인지 진화하는 것인지에 대한 학생들의 믿음도 들어간다)도 있지만,[47] 여기서는 딱 한 가지만 더 추가할 것이다. 그것은 인터넷으로 정보성 자료를 읽으며 보내는 시간과 소셜 미디어 사이트에 접속해서 보내는 시간이다.

종이로 읽을 때의 독해 수준

종이 읽기에 필요한 기술과 복수의 온라인 텍스트의 의미를 파악하는 데 필요한 기술이 겹친다는 점을 감안하면, 종이 읽기 독해력으로 복수의 온라인 자료 읽기에서의 성공도를 예측할 수 있는 것은 당연하다. 3장에서 우리는 15세 청소년을 대상으로 한 PISA 시험에서, 종이 독해의 높은 점수가 인터넷 경로 탐색의 나은 점수로 이어졌고, 다시 이것이 온라인 독해의 좋은 성적으로 연결된 사실을 언급한 바 있다.

또 다른 연구에서도 이런 예측력은 확인된다. 줄리 코이로는 미국의 7학년 학생을 대상으로 오프라인(종이) 읽기 독해와 온라인 읽기 독해 간에 긍정적 상관관계가 있다는 사실을 발견했다.[48] 라디슬라오 살메론과 동료들은 스페인의 7~10학년생을 대상으로 온라인상의 행동을 조사한 결과, 종이 읽기 기술로 인터넷 읽기 독해 성적을 정확히 예측할 수 있었다고 결론 내렸다. 요컨대 종이 읽기 기술은 디지털로 전이될 수 있다는 얘기다.[49]

스페인에서 진행된 연구들은 좀 더 구체적으로 종이 읽기가 온라인 탐색(이른바 '검색') 기술을 예측하는 지표로서도 유용한지 질문했다. 탐색 기술이 독해에 도움이 되는 것은 맞다. 하지만 그와는 별개로 육성되어야 할 또 다른 탐색 행동들이 있다. 가령, 검색 속도와 효율 같은 것들이다. 연구자들은 다음과 같이 결론 내렸다. 효율적인 온라인 탐색 기술은 종이 독해력의 수준으로 예측될 수 있지만,

> 종이 매체를 활용한 연습만으로는 학생들이 인터넷 검색에 능숙한 상태에 이르지는 못할 수 있으므로, 인터넷에 맞게 짜인 환경에서 탐색하는 법을 배우고 연습해야 한다.[50]

사전 지식의 양

1장에서 나는 우리 가족이 우연히 스웨덴 웁살라에 있는 칼 린네의 식물원에 갔던 것이 내 아들이 SAT 언어 시험에서 좋은 성적을 얻는

데 도움이 된 일화를 회상했다. 이 장에서는 읽는 텍스트가 종이든 디지털이든 사전 지식이 독해 점수를 올릴 수 있다는 증거를 반복해서 보았다.

여기서 문제는 각자 다양한 배경을 가지고 있을 뿐 아니라 표준화된 시험에 나오는 내용에 익숙한 정도도 모두 다른 학생들에게 어떻게 고른 학습의 장을 마련해주느냐는 것이다. 교육시험서비스Educational Testing Service 같은 평가 기관은 오랫동안 이 고민거리와 씨름해왔다. 쉬운 해법은 없다. 하지만 학생들의 수행 능력을 평가할 때 사전 격차에 따른 결과를 늘 유념해야만 한다.

작업 기억 역량

우리는 이 장에서 작업 기억이라는 개념을 두 번에 걸쳐 이야기했다. 한 번은 시공간 작업 기억력이 좋을수록 목표와 무관한 온라인 내용물을 읽는 데 보내는 시간이 짧아질 것이라는 연구 결과를 소개하면서였고, 그다음 언어 작업 기억 수준이 높을수록 복수의 온라인 자료원을 종합하는 능력이 좋아질 수 있다는 사실을 이야기하면서였다. 너무 복잡하게 들어갈 것 없이, 잠시 작업 기억이 무엇이고, 왜 복수의 온라인 자료를 다룰 때 관련성이 그토록 높은지에 대해서만 이야기해보자.

심리학자들은 단기 기억과 장기 기억을 구분한다. 두 용어의 의미는 여러분이 생각하는 대로다. 단기간 동안 유지하는 기억(가령, 특정 건물에 이르기 위한 방향 같은 것) 대 그보다 길게 유지하는 기억(가령, 독일어 대명사의 격변화 같은 것)이다. 물론 단기 기억은 장기 기억 저장고로 옮겨질 수 있다. 작업 기억은 단기 기억 내용을 포괄하지만, '작업' 부분에도 뭔가가 더해진다. 다시 말해, 기억 내용뿐만 아니라 (잠시라도) 저장에 필요한 기구와 조작까지 포함한다.

온라인으로 복수의 자료들을 오가며 조종하는 과정에서 가장 어려운 과제는 자료가 금방 사라진다는 점이라고 여러 차례 이야기했다. 다음 사이트로 넘어가면 자료들은 눈앞에서 사라진다. 필기를 해두거나 스크린에서 동시에 여러 사이트를 보지 않는 한 방금 읽은 것을 놓치기 쉽다. 바로 이 부분에서 (단어나 이미지 혹은 둘 다에 대한) 작업 기억 능력이 강한 사람이 유리할 수 있다. 6장에서 우리는 학생들이 접하는 내용을 '매핑'하는 데 도움이 되는 도구들을 이야기할 것이다. 이 도구들은 온라인 탐색의 여정을 기억하는 데뿐 아니라 머물렀던 곳들을 연결하는 데도 도움을 준다.

정보성 자료 대 소셜 미디어 사용

지금까지 우리가 이야기한 연구들에서 빠진 연구 영역이 있다. 학생들이 혼자 온라인으로 복수 텍스트를 읽을 때 정보성 자료를 읽느냐 아니면 소셜 미디어를 보느냐는 것에 대한 연구다. 청소년을 대상으로 한 몇몇 흥미로운 연구 결과를 보면, 온라인으로 정보 검색을 하는 경험의 양은 독해 기반 인터넷 과제 수행의 성공 또한 예측할 수 있는 변수인 반면 소셜 미디어 사용에 보낸 시간은 그렇지 않았다.[51] 10대를 대상으로 한 후속 연구는 소셜 미디어를 지나치게 사용하는 것과 온라인 사이트를 평가(우리가 '정밀조사'라고 부른 것)하는 능력이 떨어지는 것 간에 상관관계가 있다고 결론지었다.[52]

이런 결과에는 일리가 있다. 온라인 정보 검색을 할 때는 보통 소셜 네트워크 사이트에 시간을 쓸 때보다 인지적 자원을 더 많이 끌어 쓴다. 전자는 과업의 형태를 띠는 경향이 있지만 후자는 오락과 사회화의 형태를 띠기 쉽다. 게다가 온라인 정보 검색 경험은 일종의 사전 지식, 여기서는 온라인 사이트를 이해하고 평가하기 위한 도구를 사용하는 방법의 지식으로 생각할 수 있다.

끝없는 논쟁: 내용이냐 그릇이냐

2장에서 '내용물'(여기서는 글로 쓰인 텍스트)과 '그릇'(우리 목적상에서는 종이 대 디지털의 비교)의 구분을 언급했다. 하지만 '종이'와 '디지털'의 범주 안에도 선택지가 있다. 디지털만 해도 데스크톱, 랩톱, 전자책 리더기, 태블릿, 휴대전화 등이 있다. 종이는 어떤가?

앞서 살펴본 종이와 디지털 읽기 비교 연구의 다수는 '종이책이라는 요건'을 갖추기 위해 낱장으로 된 종이를 사용하거나 텍스트 분량에 따라 손으로 묶거나 스테이플러로 찍은 소책자를 사용했다. 소책자를 물리적 책처럼 보이게 제작하려는 시도는 다양했다. 하지만 학생들에게 실제 책이 지급되지는 않았다.

라디슬라오 살메론과 로라 질Laura Gil, 이바 브로텐Ivar Bråten은 자신들의 재치 있는 연구에서 실제 책과의 유사성이 중요한지 살펴보았다.[53] 다시 말해, 독자들에게 복사본과 대비되는 진짜 인쇄물(가령 진짜 책)이 주어지면 어떻게 될까? 이 연구를 여기에 소개하는 이유는, 이 실험에서 복수의 자료(5장에서 우리가 다루는 주제)가 모두 종이에 인쇄되어 제공되었기 때문이다. 하지만 이 실험 결과를 단일한 종이 혹은 디지털 자료 읽기(4장의 영역)와 관련해서도 응용해 상상해볼 수도 있다. 이 연구는 자료의 진정성authenticity 여부에 초점을 맞추었지만 읽기 경험의 두 가지 다른 측면, 즉 텍스트가 물리적으로 얼마나 구분이 되느냐는 것과 읽기에서 우리 감각이 차지하는 역할과 관련해서도 의미가 있다.

'진짜' 자료가 주는 이점

이 실험의 개요는 다음과 같다. 학부생들(그리고 몇 명의 석사 과정 학생들)에게 기후 변화에 관한 두 가지 정보 묶음 중 하나가 주어진다. 첫 번째 묶음에는 원본 자료(교과서 인쇄본, 종이 신문, 대중적인 과학 잡지)가 들어 있고, 두 번째 묶음은 관련 있는 텍스트의 출력본으로 구성되었다. 자료를 읽은 후 학생들에게 기후 변화에 관해 자기주장을 담은 에세이를 쓰게 했다. 그리고 저자, 자료 유형(가령 잡지나 신문), 발행처, 발행일을 포함해 자료원에 대해 기억하는 정보를 모두 열거하게 했다.

진짜 자료를 사용한 학생들은 보다 세부적인 사실을 더 많이 기억했고, 에세이에도 자료에 관한 정보를 더 많이 포함시켰으며, 출력본을 사용한 학생들보다 더 조리 있게 에세이를 썼다. 이유가 뭘까. 저자들은 상호 연관된 설명 두 가지를 제시한다. 변별성과 촉감이다.

변별성과 촉감

이 장의 앞부분에서 똑같은 정보를 하나의 자료로 읽을 때와 복수의 자료로 읽을 때의 차이에 관해 이야기했고, 복수의 자료를 사용할 때 더 나은 결과를 낳기 쉽다는 것을 보았다. 아마 조각들을 한데 합하면서 인지적 과업이 더 늘어날 뿐만 아니라 조각들의 변별성이 늘어나기 때문일 것이다. 진정성 연구에서 살메론과 동료들은 진짜 자료의 시각적 변별성(표지와 크기)이 자료 각각을 보다 도드라지게 하는 데 도움이 되고, 결과적으로 기억하기 좋게 했다고 주장한다. 반면 출력본은 본질적으로 모두 똑같아 보인다.

자료의 시각적 특성 외에도, 진짜 자료는 만지는 방식에서도 달랐다. 무게가 다 다르거나 촉감도 달랐다. 독자들이 손으로 다르게 쥘 가능성도 높았다(책상 위에 둘 수 있는 교과서와 비행 중에도 쥘 수 있는 잡지, 접어서 봐야 하는 신문을 생각해보라). 4장에서 이야기한 인식 연구에서, 학생들은 종이로 읽을 때 촉감이 중요하다고 말한 바 있다.

온라인 자료 읽기는 교육 현장을 어떻게 바꾸었나

우리는 의도하지 않은 결과에 관한 이야기로 이 장을 시작했다. 무엇을 발명했을 때 (그것이 아스피린이든 인터넷이든) 새로운 사용처를 발견할 수도 있지만 예상하지 못했던 문제에 직면할 수도 있다. 온라인을 통한 복수 자료 읽기의 확산이 가져온, 특히 교육 현장에서 일어난 의도하지 않은 결과 두 가지를 한번 돌아보자. 하나는 표준화된 시험에 대한 우리의 접근 방식이다. 다른 하나는 읽는다는 것이 무엇을 뜻하는지에 대한 우리의 감각이다.

표준화된 시험에 온라인 복수 자료를 포함할 경우

표준화된 시험에 대해서는 1장과 2장에서 조금 이야기했다. 종이와 연필에서 온라인으로 옮겨간 것 외에 시험의 내용도 진화하고 있다. 핵심 변화 중 한 가지는, 특히 중고등학교 시험에 온라인 복수 자료를 포함시킨 것이다. 여기서 제기해봐야 할 질문은 두 가지다.

- 종이 시험과 온라인 시험의 성적을 어떻게 비교해야 할까?
- 지금처럼 시험에 온라인 복수 자료를 포함시킬 경우, 읽기의 어떤 측면이 유지 혹은 배제 혹은 덜 부각되는가?

질문이 동일할 때 학생들은 디지털 시험에서도 종이 시험만큼 좋은 성적을 거둘까? 예전의 데이터를 보면 답은 엇갈린다.[54] 하지만 보다 최신의 연구를 보면 학생들은 종이 시험에서 성적이 더 좋은 것으로 나타난다. 노르웨이에서 안네 망엔과 동료들이 10학년 학생들을 대상으로 연구한 결과를 보면 종이 기반 표준화 시험을 본 학생들이 디지털 시험을 본 급우들보다 성적이 나았다.[55] 이런 결론을 확증하는 연구들이 다음과 같이 줄을 이었다.

- 노르웨이의 5학년생들
- 뉴질랜드의 4~10학년생들
- 미국의 3~8학년생들[56]

미국의 경우 특히 고민스러운 것은 시험을 종이로 볼 때와 컴퓨터로 볼 때의 차이가 어떤 학생들을 다른 학생들보다 더 힘들게 했다는 점이다. 이러한 부정적 효과는 "학업성취 분포에서 바닥에 있는 학생들, 영어 학습자들, 특별 교육 학생들에게 더 강한 영향을 미쳤다".[57] 앞에서 언급한 (10학년생을 대상으로 한) 노르웨이 연구에서도 비슷한 양상이 나타났다. 여기서도 기본적인 읽기 기술이 부족한 학생들이 디지털 읽기의 부정적 영향을 더 강하게 받았다.[58] 상대적으로 더 취약한 학생들에게 시험 방식이 미치는 의도하지 않은 결과에 우리가 특별히 유념할 필요가 있음은 말할 것도 없다.

연구를 통해 알게 된 또 다른 중요한 사실은 시험에서 사용된 답안 작성 형식이 종이 기반 시험과 디지털 시험 사이의 차이를 규정짓는다는 것이다. 2016년에 시행된 PIRLS와 전자식 PIRLS에서 어떤 문항들은 객관식인 반면 어떤 문항들은 학생들이 직접 답을 쓰도록('작성하도록') 했다. 2016년 시험에서 노르웨이의 결과를 분석한 카트린 슐츠하이도르프Katrin Schulz-Heidorf와 힐데군 슈퇼레Hildegunn Støle는 5학년생들이 종이 방식으로 시험을 치렀을 때, 인지적 부담이 큰 '답안 작성' 요구 문항의 성적이 현저히 높게 나온 것을 발견했다. 반면 디지털 방식의 시험을 치른 학생들은 인지적 부담이 덜한 객관식 문항에서 성적이 약간 더 높았다.[59]

또 한 가지 연구 결과가 있는데, 이번에는 젠더 문제를 포함하고 있어서 언급할 필요가 있다. 노르웨이 5학년생들에 맞춰 특별히 설계된 시험 결과를 분석하는 과정에서 힐데군 슈퇼레와 동료들은 걱정스러운 패턴을 발견했다. 연구 대상인 소녀들의 읽기 성적에서, 전반적으로 최상위 수준인 여학생들이 디지털 시험에서는 가장 크게 타격을 입어 점수가 하락한 것으로 나타났다. 저자들은 시험이 종이에서 스크린으로 옮겨가는 과정에서 독서력이 가장 강한 여성들이 오히려 불리해지는 의도하지 않은 결과가 발생할 수 있다고 경고했다.[60] 만약 이런 결과가 다른 곳에서도 반복된다면, 디지털 시험의 정확성(과 공정성)에 대해 진지하게 우려해야만 할 것이다.

하지만 이미 말했듯이, 시험의 플랫폼만 변화하는 것이 아니다. 시험 내용도 변화하고 있다. 점차 학생들에게는 탐색하고 평가하고 통합할 복수의 자료가 주어진다. 이러한 전환을 지지하는 입장에서는 '학교 활동이 이제 온라인으로 복수의 텍스트를 검색, 정밀조사, 종합하는 것을 포함하기 때문에 이 영역에서 학생들의 성취 수준을 측정할 필요가 있다'고 주장한다. 2018년 PISA 시험 창설자들은 취지를 이렇게 밝혔다.

> 길게 이어지는 연속 텍스트(글로 된 텍스트 포함)를 이해하고 해석하는 능력의 가치는 계속 유지되겠지만, 학업 성취를 위해서는 복수의 텍스트(또는 정보)에서 얻은 관련 정보를 분석, 통합, 해석하는 것을 포함해 복합적인 정보 처리 전략 또한 알맞게 사용할 필요가 있다.[61]

학교 기반 표준화 시험은 종이에서 스크린으로, 단일 디지털 자료에서 복수의 디지털 자료로 단계적으로 이동해왔다(아직도 진행되고 있다). PIRLS와 PISA 시험의 궤적을 따라가 보자.[62]

PIRLS(4학년생을 위한 국제 시험)는 2001년 이래 5년마다 한 번씩 시행되었다. 이 시험은 '문학적 경험을 위한 읽기'와 '정보를 얻고 사용하기 위한 읽기' 능력 두 가지 모두를 균형 있게 평가하기 위해 설계되었다. (내가 이 장을 쓰고 있는 시점에서) 가장 최근에 시행된 것은 2016년이었다. 하지만 그해 시험 설계자들은 보충 시험을 도입했다. ePIRLS라 명명된 이 시험은 "학생들이 콘텐츠 탭과 내비게이션 바, 그래픽 아이콘, 스크롤 바로 구성된 온라인 환경에서 얼마나 잘 읽을 수 있는지"를 측정했다.[63] 중요한 점은 ePIRLS에서 제시된 모든 텍스트에는 정보성 텍스트가 들어 있었다는 사실이다.

학생들 대다수가 전통적인 PIRLS와 ePIRLS 시험 둘 다 치렀기 때문에, 두 시험의 성적을 비교할 수 있다. 전체적으로 봤을 때, 어떤 나라 학생들은 PIRLS 성적이 더 좋았던 반면 다른 나라에서는 ePIRLS 성적이 더 좋았다. 아마도 교실에서 컴퓨터를 주기적으로 사용하는 정도를 반영한 것 같다.[64]

2021년 현재 다음 PIRLS 시험 시행을 위한 준비가 한창이다. 새로운 '디지털 PIRLS'에는 PIRLS에서 출제되었던 문학적 질문과 정보성 질문 두 가지 다는 물론 2016년 ePIRLS의 내용도 포함될 예정이다. 모든 시험은 디지털로 시행된다. PIRLS 요소 중에는 스크롤링이 어느 정도 필요한 것도 있고, 특히 정보성 지문에는 그래픽 요소도 포함된다. 국가마다 수험생 절반은 새로운 디지털 PIRLS를, 다른 절반은 전통적인 종이 형식의 PIRLS 시험을 보게 된다. 그 결과가 어떻게 나올지 두고 볼 필요가 있다.[65]

15세 학생들을 위한 국제 시험인 PISA의 디지털 전환은 어떤가? 2000년에 시작된 이 시험은 3년마다 시행되는데, 매번 돌아가면서 다른 주제(읽기, 수학, 과학)가 특별히 주목을 받는다. 2009년과 2018년에는 읽기에 방점이 찍혔다.

과거와 지금 사이에 일어난 변화는 이렇다. PIRLS와 마찬가지로, 복수의 온라인 텍스트 숙련도를 측정하기 위해 별도의 읽기 시험이 만들어졌다. 새로운 ePISA는 2009년에 처음 시행되었다. ePIRLS와 마찬가지로, 이때는 정보성 텍스트만 포함되었다. 2012 PISA와 ePISA의 읽기 시험 결과는 폭넓게 분석되었다. 많은 학생들이 정규 PISA와 ePISA 시험 둘 다를 봤기 때문에 그 결과를 비교해볼 수 있다. 개인별 시험 결과는 상당한 차이를 보이긴 했어도, 일반적으로는 종이 시험(PISA)과 디지털 시험(ePISA) 결과 간에 강한 상관관계가 있었다. 전반적으로 종이 시험 성적이 낮은 학생들은 디지털 시험에서도 성적이 낮았다.[66]

2018 PISA 시험 시행을 준비하는 과정에서 학생들의 읽기 성취도를 측정하기 위한 또 다른 시험 틀이 개발되었다. 새로운 시험은 두 가지 요소로 구성되었다. 하나는 '고정된' 텍스트로서 단어와 다이어그램, 그림, 표, 그래프, 심지어 만화까지 들어간다. 모두 정적인 자료다. 반면 '동적인' 텍스트는 명칭에서 짐작할 수 있듯이, 학생들이 뭔가를 해야 한다. 가령, 하이퍼링크 이면에 얼마나 많은 정보가 있는지 추산한다든가, 페이지를 넘나들며 탐색한다든가, 복수의 사이트에서 찾아낸 정보를 종합해야 한다.[67] 2021 디지털 PIRLS의 설계와 유사하게, 2018 PISA도 전통적인 선형 읽기와 온라인 읽기(여기서는 PISA에 ePISA를 더한 것)를 한 묶음으로 합쳤지만 지금은 모든 시험이 컴퓨터로 치러진다.

2018 PISA의 주요 결과가 2019년 12월에 공개되었다. 하지만 내가 이 장을 쓰고 있는 시점에는 아직 고정 텍스트 시험 성적과 동적 텍스

트 시험 성적, 특히 선형적 읽기 성적을 비교한 분석이 나와 있지 않은 상태다. 시험과 교육의 성격이 계속 변하는 상황에서, 이 시험의 결과를 검토해보면 많은 교훈을 얻을 수 있을 것이다.

온라인 탐색이 읽기의 의미를 바꾸고 있는가

수정 구슬을 들여다볼 것 같으면 표준화된 시험의 미래는 디지털로 보인다. 종이 기반 시험의 PDF 버전을 보나, 복수 자료와 탐색적 읽기가 점점 늘어가는 상황을 봤을 때 이런 움직임이 어떤 결과를 낳을지 예상되는 점도 있다. 가령 비용 절감(긍정적 측면)이라든가, 읽기 장애가 있거나 컴퓨터와 인터넷을 사용한 읽기 경험이 많지 않은 학생들에게 돌아갈 수 있는 불이익(부정적 측면) 같은 것이다.

다른 결과로는 어떤 것이 있을까?

4장에서 단일 텍스트를 사용한 종이와 스크린 읽기를 비교하면서 네 가지를 물었다. 테스트의 질문이 읽기에 영향을 미칠까? 텍스트 길이일까? 기술의 종류일까? 아니면 모든 것은 정신의 문제일까? 이 중 시험이 문제인지에 대해서는 이미 앞에서 다뤘다. 다른 세 가지 질문 또한 표준화된 시험의 디지털화가, 특히 중고등학생들에게 초래할 의도하지 않은 결과에 대해 생각하는 데에 큰 도움을 줄 수 있다.[68]

텍스트 종류가 읽기에 영향을 미칠까?

여기서는 두 가지 요인이 두드러진다. 텍스트 길이와 장르다. 디지털 읽기 혁명(혹은 이 문제에 관해서는 인터넷 혁명)을 일으킨 사람들은 처음부터 긴 텍스트를 짧은 텍스트로 대체하거나 정보성 읽기를 문학이나 에세이 읽기보다 우위에 두려고 한 것은 아니었다. 하지만 두 경향 모두 온라인으로 읽는 방식을 조금씩 잠식해왔다. 오늘날 우리가 읽는 것의 너무나 많은 부분이 인터넷에 기반을 두고 있기 때문에, 기술은 텍스트를 점점 짧게 만들고, (적어도 겉보기에는) 소설이 아닌 사실 읽기에 점점 더 많은 시간을 쓰는 쪽으로 몰아가고 있다.

당연하게도, 수업 내용은 표준화된 시험 문항에 반영된다. 다시, 우리가 너무나도 자주 시험에 맞춰 수업을 진행함에 따라(사실을 인정하자) 악순환의 되먹임 회로가 완성된다. (단일 자료를 사용하든 복수 자료를 사용하든) 디지털 시험을 설계하면서 학생들에게 짧은 이야기 전부나 책의 장에 해당하는 길이의 지문을 읽게 하는 것을 상상하기란 어렵다. 공정하게 말하면, 종이 기반 시험에서도 일반적으로 긴 텍스트를 읽게 하지는 않는다. 하지만 디지털 스크린은 본성상 상대적으로 짧은 글을 선호한다.[69]

교사나 시험 설계자들이 보기에 이제 읽기 개념에 복수의 디지털 자료 활용이 포함되는 것으로 여겨지면서, 텍스트가 문학적인 것에서 정보 위주로 옮겨가는 상황은 피할 수 없어 보인다. 물론 문학을 공부하는 학생들에게는 복수의 텍스트(가령 셰익스피어의 《리어왕》과 소포클레스의 《오이디푸스왕》)를 비교하게 할 수는 있다. 하지만 표준화된 시험에서는 불가능하다. 새로운 디지털 PIRLS와 보다 최신의 PISA 시험에는 서사 지문이 어느 정도 들어간다. 하지만 학생들을 대상으로 탐색을 하고 다양한 자료원의 타당성을 저울질하는 능력을 평가하는 압력이 점점 커지면서, 정보성 텍스트는 결국 문학 작품을 읽는 데 들이는 시간을 줄이는 결과를 낳게 될 것이다.

걱정해야 할까? 물론이다.

2장에서 문학 읽기가 주는 혜택에 대해 살펴본 것을 떠올려보라. 다시 한번 요약하면 다음과 같다.

- 중학생들에게 학과 수업 외 소설 읽기 활동은 독해 어휘 능력 발달과 긍정적인 상관관계가 있었다.
- 11~15세 아이들에게 "소설책 읽기는 추론을 끌어내는 보다 높은 수준의 이해 기술에 탄탄하면서도 특별한 기여를 하는 유일한 읽기 습관이었다."
- 15세 청소년들 중에서 소설을 읽은 학생들의 PISA 시험 읽기 점수가 소설을 안 읽은 학생들보다 더 높았다.

장르와 상관없이 긴 글과 짧은 글 읽기를 비교했을 때는,

- 7~16세 청소년들에게 즐거움을 위한 읽기, 특히 책 한 권 분량의 저술을 자주 읽는 것과 독해 능력의 향상 간에는 상관관계가 있었다.[70]

독해력이 좋으면 온라인 복수 자료 읽기에도 강할 것으로 예측되는 경향이 있다는 연구 결과까지 이미 우리가 본 이상, 관련 증거는 긴 글(특히 문학) 읽기를 학교 읽기 프로그램에서 강등시키기 전에 깊이 고민해봐야 한다는 점을 반복해서 시사한다.

기술의 형태가 읽기에 영향을 미칠까?

온라인 복수 자료 읽기에 관한 한 의도하지 않은 결과를 초래할 수 있는 기술의 문제는 두 가지다. 첫째는 스크롤링에 관한 것으로, 4장에서 이야기했다. 눈앞에 확정된 페이지(이 경우에는 복수의 텍스트)가 없으면 정신적으로 전체 그림을 형성하기란 어려운 일이다. 그런 그림이 없으면 읽은 것을 이해하고 통합하기도 어렵다.

둘째는 디지털 역량이다. ePISA 시험 결과는 학생들이 학교에서 컴퓨터를 사용해본 경험이 제한적인 나라의 시험 점수가 낮은 것은 인지적 성취도보다 국가 간 디지털 기회의 불평등을 반영한 것일 수 있음을 시사한다.

모든 것은 정신의 문제일까?

4장에서 우리는 온라인 자료를 읽을 때 종이로 읽을 때보다 더 피상적으로 읽는 경향이 있다고 주장하는 피상화 가설에 관해 이야기했다. 온라인 검색의 경우, 이 장 앞쪽에서 소개한 연구에 따르면 대학생들은 사이트를 검색할 때 당면 과제를 위해 읽을 가치가 있는지 판단하기 위해 머무르는 시간이 2~3초밖에 되지 않는다는 사실을 알 수 있었다.

디지털 표준화 시험의 현황을 검토하면서 슈틸레와 동료들은 디지털 교육이 일반적으로 학생들에게 권장하는 사고의 깊이 수준에 의도하지 않은 결과를 초래할 수 있다는 점을 우려한다. 그들은 이렇게 쓴다.

디지털 평가 그 자체가, 성찰과 평가 같은 폭넓은 읽기 역량을 증진하는 데 적합할 수도 있지만, 그렇지 않은 '현대적인' 디지털 기반 학교 활동의 선봉이 될 위험도 있다.[71]

이 위험을 심사숙고해야 한다.

'폭넓은 읽기 역량'에는 성찰과 평가 외에 또 무엇이 들어갈 수 있을까? 반드시 추가되어야 할 한 가지는 텍스트, 특히 문학 작품에 대한 감정적 개입이다. 나는 안네 망엔과 매리언 울프가 우리에게 읽기에서 문학이 차지하는 중심 역할을 끊임없이 일깨워준 것에 감사한다.

감정적 개입의 중요성을 생각하면 자연스럽게 《텍스트 이해 너머 문해력Literacy Beyond Text Comprehension》이라는 흥미로운 제목의 책이 떠오른다. 저자들은 읽기를 바라보는 또 다른 렌즈를 제안한다. 이들은 이해를 위한 읽기를 강조하기보다, 읽기를 목표 지향적이면서 주어진 상황의 맥락에 따라 문제를 풀어가는 활동으로 봐야 한다고 주장한다.[72] 읽기의 의미를 재정의하는 과정은 수세기 동안 계속되어 왔고 지금까지도 이어지고 있다.[73] 지금의 분위기에서는 관조적 읽기와 읽는 즐거움 자체를 위한 읽기보다 정보 추구와 문제 풀이를 더 강조했을 때 일어날 수 있는 의도하지 않은 결과의 가능성을 예의주시해야만 한다.

에밀리 디킨슨은 이렇게 썼다.

책 같은 군함도 없다
먼 나라들로 우리를 데려간다

그 모든 항해를 목표에만 맞춘 훈련으로 축소한다면 부끄러운 일이 될 것이다.

핵심 정리

학생들의 복수 자료 읽기에 관해 알게 된 사실 중 강조할 사항을 소개한다. 이 요점들을 생각해보며 몇 가지는 머릿속에 기억해두는 것이 중요하겠다.

- **모든 연구 결과가 동일한 결론을 확증하는 것은 아니다.** 아래 강조 사항의 상당수는 확정적 진실이 아니라 '개연성이 강한' 사실로 여겨주기 바란다.
- **연구 결과들 간의 불일치는 참가자에게 던진 질문의 정교함 차이를 반영할 때가 많다.** 대체로 좀 더 표면적인 수준의 질문을 던졌을 때는 종이 읽기나 디지털 읽기나 유사한 결과를 낳는 경향이 있는 반면, 보다 성찰이나 분석을 요구하는 질문을 던졌을 때는 종이를 사용했을 때 나은 결과를 보여주는 경우가 많다. 이런 결론은 단일한 종이와 디지털 텍스트 읽기를 비교했을 때 얻은 결론과 비슷하다.
- **온라인으로 복수 자료를 사용하는 것은 아직까지는 비교적 새로운 읽기 관행이다.** 우리의 읽기 취향이 지금과는 다른 장르와 길이의 작품으로 바뀔 수 있는 것처럼, 우리의 매체별 읽기의 능숙도도 앞으로 수년 안에 바뀔 가능성이 높다.

온라인으로 복수 자료 읽기

- 구축해야 할 사전 역량: 종이 읽기, 사전 배경지식, 온라인 정보 검색 경험, 작업 기억
- 개발해야 할 역량
  - 검색: 상당 부분 새로운 역량(하지만 복수의 종이 텍스트를 가지고도 검색을 한다는 사실을 기억하라)
  - 정밀검사: 계속해서 많은 작업이 필요한 역량(디지털이어서 새로운 점: 온라인 텍스트와 종이 텍스트의 외적 결합이 덜하다)
  - 종합: 계속 작업이 필요한 역량(디지털이어서 새로운 점: 디지털로는 좀 더 얕게 읽는 경향. 복수의 텍스트를 동시에 보는 것의 어려움)

동일한 정보를 단일 자료로 읽을 때와 복수 자료로 읽을 때의 비교

- 복수 자료원을 사용할 때의 이점이 있다. 시각적 혹은 촉각적 차별성 덕분일 것이다.

복수 자료를 사용한 종이 읽기와 온라인 읽기 비교

- 인지적으로 보다 복합적인 과제는 종이로 수행했을 때의 성적이 나은 경우가 간혹 있다.

진정성과 변별성

- 물리적인 구분을 포함해 종이 읽기 자료의 진정성은 읽기 수행 능력을 향상시키는 것처럼 보인다.

표준화 시험의 경향

- 단일 텍스트의 경우 종이에서 디지털로 이동
  - 결과: 어떤 연구에서는 학생들이 종이로 봤을 때 성적이 더 나았다.
- 온라인 멀티사이트 자료를 읽기 시험에 포함하기(여전히 진보 중인 작업)
  - 핵심 이슈: 시험 문항 수에 현실적 제한이 있음을 감안할 때, 온라인 복수 자료 읽기와 단일한 정보성 텍스트와 내러티브 텍스트 읽기 사이에서 어떻게 균형을 잡아야 할까?

주의 사항

- 소셜 네트워크의 지나친 이용은 복수의 정보성 자료를 사용한 온라인 과제 수행력 증진에 도움이 되지 않는다.
- 학생들의 온라인 경험에 제약이 있으면 온라인을 사용한 복수 자료 읽기에서 점수가 낮아질 수 있다.
- 온라인 시험은 보다 일반적으로 읽기 장애가 있는 학생들에게 더 불리할 수 있다.
- 현재 (가르칠 때나 시험에서) 온라인을 사용한 복수의 정보성 텍스트 읽기를 강조하는 것은 학교 교과 과정에서 문학적 읽기와 긴 글 읽기를 주변으로 내몰 위험이 있다.
- 온라인 읽기는 단일 자료든 복수 자료든 종이로 읽을 때보다 덜 복합적이고 덜 성찰적인 사고를 권장할 위험이 있다.

6장

학습을 위한 최적의 디지털 읽기 전략

» **기억해두어야 할 것**

읽기의 목표가 무엇인가

어떤 독자를 염두에 두고 있는가

고려해야 할 요인에는 무엇이 있는가

능동적 학습과 연결시키기

종이 읽기의 장점을 디지털 읽기에 적용하기

종이냐 디지털이냐가 아닌 둘 다

» **어린아이들을 위한 디지털 읽기 전략**

'어린아이'의 기준

책을 읽는 목적에 맞게 선택하기

어떤 책을 골라야 할까?

아이 혼자 볼 것인가, 부모와 함께 볼 것인가

» **학생을 위한 디지털 읽기 전략 1: 단일 텍스트일 때**

읽기의 목적을 명확히 할 필요가 있다

텍스트의 길이와 장르, 복잡성의 고려

기술의 역할

읽기에 집중하게 해주는 제안들

두 가지 모두 이용하기

» **학생을 위한 디지털 읽기 전략 2: 복수 텍스트일 때**

복수 텍스트 읽기의 목표

주목해서 살펴봐야 할 읽기 전략

가짜 뉴스에 대처하는 법

온라인 자료의 진정성 가려내기

두 가지 모두 이용하기

» **디지털 읽기가 시민의식에 미치는 영향**

» **더 나은 선택을 위하여**

드디어 가장 중요한 시간에 이르렀다. 이제 디지털 세계에서 학습을 위한 읽기에 필요한 연구 기반 전략들을 살펴보자. 하지만 추천 사항에는 몇 가지 단서가 있다.

- **연구는 완전하지도 확정적이지도 않다.** 지금까지 봐온 연구 중 다수가 교수법상 의사결정을 위한 방향을 명확히 제시하는 반면, 다른 경우에는 그저 암시에 그치거나 심지어 상충되기도 한다. 원래 과학의 세계는 혼란스럽다!
- **기술은 변하지만 읽기는 지속된다.** 디지털 세계는 믿을 수 없을 만큼 빠르게 변한다. 그럼에도 5년이나 10년 후 우리의 기술이 무엇이든 사람들은 여전히 계속해서 읽고 있을 것이라고 안심할 수 있다. 문제는 어떤 기기를 사용하고, 그 혜택은 무엇이냐는 것이다. 우리는 텍스트와 그래픽, 오디오를 포함해 다양한 온라인 자료의 사용 범위가 점점 넓어질 것으로 예상할 수 있다.

- 어떤 학습 방법이 가장 나은가에 대한 학생들의 믿음 또한 변한다. 우리는 종이와 디지털 시험 중 어느 쪽이 성적에 더 유리할지 학생들의 생각에 변화가 일어난 것을 살펴봤다. 학생들은 계속해서 종이를 사용할 때 집중이나 학습이 더 잘된다고 말한다. 시험을 위한 학습은 장기적 차원의 학습과는 다르다. 학생들의 믿음에 관해 이야기할 때는 우리가 던진 질문이 무엇인지 명확히 할 필요가 있다.
- 부모와 교사, 행정가, 정책 수립자들을 위한 지침은 별로 없다. 대부분의 경우 연구에 기초한 의사결정이 내려지는 때는 드물다. 모든 신입생에게 태블릿을 나눠주는 것만 해도 그에 대한 확실한 근거가 있는 것은 아니다. 교과 과정의 설계와 무선 인터넷 인프라, 교사 훈련 등의 공통된 결점을 감안하면 더더욱 그렇다.[1]

이런 불확실성들에도 불구하고 우리는 행동해야만 한다.

기억해두어야 할 것

나는 이 장에서 종이와 디지털 텍스트를 사용한 학습 지원 전략을 비교해 논의하면서, 4장(어린아이들과 학령 독자를 위한 단일 텍스트)과 5장(복수 텍스트)의 구성 순서에 따라 이야기를 해나가려고 한다. 논의를 위해 다음 여섯 가지 핵심 주제를 기억할 필요가 있다.

읽기의 목표가 무엇인가

우리는 아이들과 청소년들이 주어진 읽을거리로부터 무엇을 얻기를 바랄까? 여기서 우리의 현안은 거의 모든 연구 데이터가, 대개 공식 시험 상황에서 짧은 읽을거리를 사용한 연구에서 나온 것이라는 점이다.

부모나 교육가가 자손과 학생들에게 갖는 바람은 그 이상이다. 즉, 읽기를 사랑하는 마음, 긴 글을 즐기고픈 욕구, 분석하고 숙고하는 능력, 배움을 성적 추구가 아니라 장기적 이로움으로 보는 눈을 길러주고 싶어 한다. 따라서 때로는 실험을 토대로 한 연구 결과를 가지고 좀 더 자연스러운 환경에서의 읽기는 어떠할지 추정해볼 필요가 있다.

어떤 독자를 염두에 두고 있는가

모든 독자에게 맞는 읽을거리는 없다. 이와 관련해 첫째로 고려해야 할 사항은 **사전 지식**의 역할이다. 독해 시험을 칠 때 종이로 읽느냐 디지털로 읽느냐의 문제보다 사전 지식이 더 중요할 수 있다는 연구 결과를 이미 앞에서 봤다. 같은 교실 내에서도 사전 지식의 수준 차이가 크기 때문에 어떤 아이들은 스크린으로도 잘 배울 수 있는 반면 어떤 아이들은 허우적댄다.

둘째는 개인별 선호다. 어른들은 각자 좋아하는 읽기 플랫폼이 있다. 아이들도 마찬가지다. 선호하는 매체에 따라 시험 결과도 달라진다. 사전 지식과 마찬가지로, 기술만 가지고 모든 것을 설명할 수 없을지 모른다.

셋째는 동기부여다. 어떤 아이들은 타고난 책벌레인 반면 어떤 아이들은 읽게끔 자극을 줘야 한다. 영국에서 아이들의 독서를 권장하기 위해 전자책을 사용한 사업을 시행했더니, 그 후 종이로 읽을 때의 즐거움이 크게 늘어났음이 밝혀졌다. 읽기의 즐거움을 느꼈다는 학생이 시작할 때는 10퍼센트에 불과했지만 끝날 때는 40퍼센트에 달했다.[2] 만약 전자책(혹은 다음 장들에서 보겠지만 오디오북)의 매력이 증명된다면, 읽기 매체로서 살펴볼 만한 선택지가 될 수도 있다.

학생들에게 디지털 기기를 사용할 수 있게만 해주면 자유 시간에 읽고 싶은 욕구가 마술처럼 솟구칠 거라고 가정하고 싶은 유혹이 든다. 마거릿 머가Margaret Merga와 세이디 로니Saiyidi Roni는 이와 비슷한 가설을 오스트레일리아에서 8~12세 아이들에게 시험해봤다. 그 결과 휴대전화 접속률이 높을수록 자발적인 자유 시간 독서율이 낮게 나타났다. 태블릿과 컴퓨터 접속은 사실상 아무 효과가 없었다.[3] 만약 교육가들이 읽기에 미온적인 독자에게 전자책으로 읽고 싶은 마음이 들게 하려면, 영국 사업에서처럼 읽기 체험의 발판이 필요할지 모른다.

마지막으로, 다양한 종류의 읽기 장애가 있는 독자의 요구에 주의를 기울여야 한다. 읽기 점수가 낮은 아이들이 디지털 시험에서 더 큰 어려움을 겪는 것 같다는 것과 작업 기억 용량이 부족한 학생들이 복수의 온라인 자료를 다룰 때 어려움을 겪을 수 있다는 사실을 앞에서 봤다. 이와 함께 염두에 둬야 할 집단으로는 제2 언어 학습자나 난독증이 있는 아이들이 있다. 경우에 따라서는 디지털 기술이 해법이 될 수도 있다.

고려해야 할 요인에는 무엇이 있는가

나를 포함해 연구자들은 가끔 자기만의 인식틀에 갇혀 산다. 데이터는 최선의 행동 경로를 제시할 수 있지만 실용성도 감안해야 한다. 가령 예방적 헬스케어는 결과적으로 건강 관리에 드는 비용을 줄여주지만 모두가 이용할 수 있는 것은 아니다. 읽기에서도 직면해야 할 현실이 있다.

그중에서도 가장 큰 문제는 **비용**이다. 2000년대 후반, 학교에서 디지털 도서를 사용하라는 압력이 일찍이 날아든 곳은 캘리포니아주였다. 당시 캘리포니아주는 미국 금융 위기의 벼랑 끝에 몰려 있었다. 아놀드 슈워제네거 주지사는 고등학교에서부터 학생들에게 무료 디지털 교과서를 지급하는 방안을 제안했다.

> 오늘날 정보를 전자식으로 너무나 손쉽게 이용할 수 있는 시대에 전통적인 종이책에 기대는 것은 불합리할 뿐만 아니라 비용도 많이 든다. 특히 지금은 우리 주의 학교구가 현금이 부족하고 주 예산도 적자여서 교실에서도 비용을 더 삭감해야 하는 상황이다.[4]

최근 들어 어려움을 겪고 있는 전 세계 여러 나라는 말할 것도 없고, 미국 전역의 학교와 대학교들이 디지털 도서에 의지해왔다. 대체로 전자책이 종이책보다 우수하거나 심지어 다를 게 없다는 믿음 때문이 아니라, 재정 사정상 다른 선택의 여지가 별로 없어 보여서다.

또 다른 쟁점은 **의사결정**에 관한 것이다. 개별 교사에게 자기 반의 읽기 플랫폼을 선택할 권한이 없을 수 있다. 간혹 소속 부서나 본부의 행정관이 교사나 학생의 선호와는 상관없이 학생들에게 디지털로 읽게 하는 결정을 내릴 때가 있다.

그다음으로 **표준화 시험**이 학생들의 읽기 성취도 측정을 위한 최선의 잣대가 아닐 수 있다고 우리가 아무리 주장해도 그런 시험은 조만간, 적어도 중고등학교에서는 사라지지 않을 것이다. 따라서 현재 우리가 취할 수 있는 최선의 방안은 학생들에게 장기적인 읽기의 열망을 놓지 않게 하는 것이다.

마지막으로 **또래 압력**이 있다. 부모도 학교 시스템도 자신의 아이들이 디지털 혁명에서 뒤처지는 위험을 무릅쓰고 싶어 하지 않는다. 어떤 교육 시스템(특히 발도르프학교)은 방침에 따라 교실에서 기술 사용을 최소화한다.[5] 하지만 그런 학교는 소수다. 남에게 뒤지지 않으려 애쓰는 것으로 유명한 **나라**(미취학 자녀가 스탠퍼드에 들어갈 수 있을지 걱정하는 나라)에서 부모들이 학부모 · 교사 연합회나 이사회에 하는 조언은 걱정스러울 수 있다.

능동적 학습과 연결시키기

1990년대에 주목받기 시작한 '능동적 학습'이라는 개념은 학생들이 유순하게 정보를 받아들이기보다 직접 나서서 '무언가를 하고, 자신들이 무엇을 하고 있는지 생각해야' 한다고 주장한다.[6] 초기에는 초중고 교육에서 영향력이 있었지만 점차 대학교 강의실에까지 진출했다. 만약 이 개념이 익숙하지 않다면, 밴더빌트대학교의 교수법연구소Center for Teaching에서 올린 탁월한 게시물을 추천한다.[7]

능동적 학습의 핵심은 학생들이 배우는 것에 대해 생각하고, '의미를 구성'하는 작업을 (혼자서 또는 다른 학생들과 함께) 하게 하는 것이다. 다소 모호하게 들리겠지만, 배우고 안다는 것은 본질적으로 자신이 직접 주제와 씨름해서 얻는 생산물이다.

> "능동적 학습을 촉진하는 접근법은 정보를 전달하기보다 학생들의 기술을 개발하는 데 더 집중하고, 학생들에게는 높은 차원의 사고가 필요한 활동(읽고, 토론하고, 쓰기)을 하게 한다.
> **신시아 브레임**Cynthia Brame[8]

능동적 학습의 육성을 돕기 위한 티칭 기술의 보고가 있다. 강의 중간에 학생들이 소집단별로 강의 내용에 대해 토론할 수 있게 잠시 멈추는 것에서부터 학생들에게 보여주려는 증명의 결과를 예측해보라고 하는 것, 또 학급이 '개념 지도'(개념 지도에 대해서는 이 장 뒤에 가서 더 이야기하겠다)를 구축해보게 하는 것에 이르기까지 다양한 보기가 있다. 앞으로 이 장에서 능동적 학습 개념이 구체적으로 어떻게 읽기에 적용되는지 보여주는 여러 사례를 보게 될 것이다.

종이 읽기의 장점을 디지털 읽기에 적용하기

종이로 읽든, 단일 디지털 텍스트를 읽든, 컴퓨터로 복수의 자료에 접속하든, 우리는 여전히 읽고 있다. 앞에서 우리는 단일 자료를 사용할 때든 복수 자료를 사용할 때든 종이로 읽을 때의 기술이 온라인으로 읽을 때의 역량과 겹칠 때가 많다는 사실을 보여주는 증거를 검토했다. 이런 종이 읽기 기술을 계속해서 쌓아가면 디지털 읽기에도 도움이 될 수 있다.[9]

종이냐 디지털이냐가 아닌 둘 다

4장에서 이야기한 음식 피라미드(식단) 비유를 기억하는가? 5~6년 전쯤, 일반서 출판업계에서 장차 책이 모두 디지털화할 것인지 아니면 종이책이 살아남을 것인지를 두고 '대논쟁'이 벌어진 후에 일어난 일에 관해 생각해보기 위해 든 비유였다. 그 후 일종의 휴전이 선포되었다. 이것이냐 저것이냐에 관해 이야기하는 대신 출판사들은 책의 세계는 계속해서 둘 다인 상태로 남을 것이라고 인정하기 시작했다.

> "학교는 종이책 독해와 인터넷상의 독해 교육 사이에서 올바른 균형을 찾아야 한다."
> **라디슬라오 살메론 등**[10]

'둘 다'의 논리는 교육계에도 적용된다. 이것 아니면 저것을 주장하는 대신 각 매체를 얼마나 사용할지 비율의 문제를 생각해보자. 그런 균형을 이야기한 좋은 사례가 크리스틴 홀리 터너Kristen Hawley Turner와 트로이 힉스Troy Hicks의 《연결된 읽기Connected Reading》이다. 이 책은 청소년들을 가르치기 위한 안내서다.[11] 이제 그 전략을 알아보자.

어린아이들을 위한 디지털 읽기 전략

만약 내가 어린아이들과 읽기를 위한 한 가지 전략을 형광펜으로 크게 강조해서 쓴다면, 이런 문장이 될 것이다.

> 오늘 자 언론의 머리기사만 보고서 종이책을 멀리하겠다는 생각을 하거나 디지털을 그만두겠다는 맹세를 해서는 안 된다.

뉴스 매체들이 주의를 끄는 연구 결과를 부각시키는 것은 이해가 간다. 문제는 대개 독자들에게 다른 관점이나 세부 내용은 제시하지 않는다는 것이다. 한 편의 뉴스 기사를 근거로 어린아이들을 위한 읽기 플랫폼을 선택하는 것은 '10명의 장님과 코끼리' 이야기에 나오는 실수를 저지르는 꼴이 될 수 있다. 그러니까, 각자 어느 부분을 만지느냐에 따라 전혀 다른 괴물을 상대하고 있다고 생각할 수 있다는 것이다.

디지털 기술이 어떤 식으로 어른과 아이의 사회적 상호작용과 언어 발달에 효과적으로 사용될 수 있는지, 이에 관한 새로운 어린이용 디지털 도서와 더 많은 연구가 매년 나오고 있다는 사실을 기억하는 것이 중요하다.[12]

"디지털 책을 읽는 것은 종이책의 이야기를 어른과 공유하는 것과는 아주 다른 활동일 수 있다."
아드리아나 버스 등[13]

한 가지 유념해야 할 것은 초기 PDF와 EPUB 파일 같은 형식에서 시작된 전자책이 진화하고 있고, 게임 형식의 텍스트가 지금도 새로운 형태로 계속 생겨나면서, 우리가 어린아이용 전자책을 디지털 방식의 종이 대용품이 아니라 그 자체의 별개 형식으로 생각하게 될 수도 있다는 것이다.

어린아이를 주제로 한 이 절의 나머지 부분에서 나는 종이 읽기와 디지털 읽기 모두에 대해 의견을 제시할 것이다. 하지만 독자들이 상대적으로 디지털의 선택지와 전략에 대해 잘 모를 가능성이 크므로 그 부분에 방점을 두겠다.

'어린아이'의 기준

'어린아이들'이라는 말은 출생 직후부터 초등학교 저학년까지 아동을 말한다. 두 살 미만 아이와 함께 읽을 때 디지털 스크린을 사용하는 것을 두고서는 아직도 얼마간 논쟁이 있지만, 어린이를 대상으로 한 독서 전문가들은 유아에게는 종이책을 고수하라고 조언한다.[14] 나탈리아 쿠시르코바는 이렇게 말한다.

> 시간이 지나면서 점점 더 많은 개발자들이 특별히 유아 집단을 위한 디지털 도서를 설계하면서 상황이 변할 거라고 생각할 수는 있다. 하지만 〔지금〕 상황으로 봐서는 아기를 위한 디지털 책의 품질을 아기 그림책에 비할 수는 없다.[15]

책을 읽는 목적에 맞게 선택하기

무엇으로 읽을지는 목적에 맞춰 선택해야 한다. 주 목적이 **사회적 상호작용**이라면,

- 보통 걸음마 단계나 취학 전 아동인 유아는 종이책이 더 낫다.
- 전자책과 앱의 설계가 점점 좋아지면서, 디지털 플랫폼은 아이가 기술에 빠지는 일 없이 어른과 아이가 사회적 상호작용을 할 좋은 기회를 제공할 수도 있다. 하지만 아직은 대다수 전자책이 그렇지 못하다.
- 읽기와 관련된 것은 아니지만, 태블릿과 스마트폰 같은 디지털 플랫폼을 잘만 사용하면 멀리 있는 부모나 조부모 같은 사람들과도 사회적 상호작용을 할 수 있다.

만약 주 목적이 어린아이들의 **언어나 인지 발달**이라면,

- 종이나 디지털 책을 사용했을 때 일어나는 아이들의 측정 가능한 발달을 두고 연구 결과가 엇갈렸음을 기억하라. 또한 공식적인 시험 결과가

보다 자연스러운 상황에서의 학습을 반영하지 않을 수 있다는 점도 기억할 필요가 있다.

- 어떤 읽기 플랫폼을 선택하든지, 텍스트를 아이들 자신의 경험과 연결시키는 것이 학습에 우호적인 환경을 만드는 데 도움이 된다.
- 당신의 교육적 의향이 얼마나 강한지 생각해보라. 어떤 부모와 문화는 책 읽기를 어휘 발달을 돕기 위한 기회로 보는 반면, 어떤 부모나 문화는 그보다 사회적 상호작용의 시간으로서 더 중시한다.

만약 주 목적이 어린아이들의 태도에 관여하는 것이라면,

- 아이들이 조용하게 무언가에 빠져 있게 하려고 디지털 기기를 사용할 때는 스스로 정직해질 필요가 있다. 디지털 기기로 아이의 혼을 빼놓는 것과 능동적인 몰입을 권장하는 것은 다르다.
- 우리 같은 대부분의 부모들로서는 어린아이들이 능동적으로 개입하는 (손으로 만지거나 조작하는 등의) 읽기에 동참할 때 디지털 책보다는 종이책이 낫다는 점을 알아두라. 이런 차이는 우리가 어린아이들을 상대로 종이책을 사용하는 데 훨씬 더 익숙하다는 사실과 디지털 책은 본질적으로 우리를 더 산만하게 만든다는 사실을 반영한다. 우리는 디지털 책 사용 경험을 점점 늘려가면서 (이와 함께 디지털 책의 교육적 품질 또한 개선되면서) 읽기 매체 사용 비율의 균형을 점점 더 잡아갈 수 있다.

어떤 책을 골라야 할까?

어린아이들을 위한 책은 어떻게 고를까? 수상작들도 있고 사람들이

좋아하는 고전도 있다. 서점이나 도서관에서 종이책을 고른다면, 표지를 살펴보고 책장을 넘겨도 보며 손수 결정할 수 있다. 전자책이나 앱의 선택 과정은 그보다 복잡하다. 온라인 리뷰를 읽어볼 수 있고, 사서와 친구, 교사들이 추천하는 책을 볼 수도 있다. 하지만 이런 경우에는 집에서 아이들이 하는 것처럼 책 전체를 경험할 기회를 갖기는 어렵다. 주의 분산물로 채워지지 않은, 잘 설계된 디지털 책이 드문 현실을 감안하면, 책 고르기는 한층 더 벅찬 과제가 된다.

우리가 할 수 있는 일은 4장에서 이야기한 바 있는 연구 성과를 염두에 두며 상식을 동원하는 것이다.

- **디지털로 증강된 전자책이나 앱을 고를 때는 심사숙고하라.** 만약 목표가 아이들이 줄거리에 집중하게 하는 것이라면, 인터넷 접속이나 게임, 동영상이 내장된 것은 대개 비생산적이다.
- **어린아이들도 더 큰 아이들과 마찬가지로 가끔씩은 책과 함께 시간을 보내기 위한 동기부여가 필요하다.** 종이책이 동기부여에 별 효과가 없을 때에는 디지털 방식의 이야기가 읽기에 대한 관심에 시동을 걸 수도 있다.
- **디지털 책이 얼마나 복잡한지도 생각하라.** 아이가 다루기에 너무 단순하거나 너무 복잡하지는 않은가?

나탈리아 쿠시르코바와 테레사 크레민은 그 밖의 적절한 조언을 많이 제시한다.[16] 감사하게 생각하며 그중 일부를 아래에 제안한 전략에 포함시켰다.

- 어른과 아이 간에 **긍정적인 상호작용을 북돋는** 디지털 책을 찾아라. 수전 르바추Susan Rvachew와 동료들이 운영하는 맥길대학교의 '어린이를 위한 디지털 미디어 프로젝트' 블로그에 가보면 연구에 기초한 몇 가지 제안들이 있다.[17]
- 디지털 책을 사용할 때는 **새로운 단어를 가르치는 것을 지원할 수 있는 멀티미디어 기능을 활용하라.** 아드리아나 버스와 동료들의 연구는 도움이 되는 접근법을 몇 가지 제시한다. 이를테면, 정적인 이미지보다 동적인 이미지를 사용한다든가, 읽기만 하는 대신 이야기에 관한 질문에 아이가 답하게 하는 것이다(능동적인 학습을 생각하라).[18]
- 읽는 사람이 이야기의 가능한 결말 중에서 하나를 선택하는 것과 같은 **다양한 쌍방향 기능을 사용해보라.** 그런 선택 과정을 통해 아이와 책 사이는 물론 어른과 아이 사이에 능동적인 관계 맺기가 일어날 수 있다. 어떤 결말을 택할 건지, 이유는 무엇인지 이야기해보라.
- **접촉은 어린아이들이 디지털 책과 상호작용할 수 있는 또 다른 방법이다.** 그 과정에서 미세 운동 기술이 발달한다. 전자책의 설계와 디지털 플랫폼에 따라 태핑(손가락으로 스크린을 살짝 치는 것:역주), 스와이핑(손가락을 스크린에 대고 일직선으로 미는 것:역주), 드래깅(대상을 손끝으로 누르고 끌고 가서 떼는 것:역주) 등의 선택지가 있을 수 있다.[19]
- **아이들과 함께 자신만의 디지털 책을 만들어보라.** 아이들의 이름과 사진, 그림, 경험들을 줄거리 속에 넣는 방법으로 책을 개인화할 수 있는 기회를 활용하라. 개인화는 책을 읽고 싶은 동기와 독해 능력, 어른과 아이의 대화를 촉진할 수 있다.[20] 쿠시르코바의 《아이들의 디지털 책, 왜 또 어떻게 읽고 만들까How and Why to Read and Create Children's Digital Books》는

이 방면의 탁월한 안내서로, 온라인으로 무료 접속해 볼 수 있다.[21] 조언들 중 어떤 것은 초등학생 연령의 아이들에게, 어떤 것은 취학 전 아동에게 적합하다.

- 교육적 목적에 맞게 설계된 디지털 책이나 앱의 **최신 정보를 놓치지 않는 것이 중요하다.** 내려받기 횟수나 판매 수치가 높다고 꼭 좋은 것이라고는 할 수 없다.

아이 혼자 볼 것인가, 부모와 함께 볼 것인가

부모가 아이에게 디지털 책이나 앱을 건넬 때 주된 동기는 전자식 보모 역할일 때가 많다. 그런 역할이 새로운 것은 아니다. 우리는 허드렛일을 하는 동안 아이들을 텔레비전 앞에 둔 사람이 누군지 기억할 것이다.

이제 자기만을 위한 시간을 찾는 경우가 아닌 상황들을 생각해보자. 그럴 때 어린아이와 함께 책을 읽는 것은 언제나 적절한 선택일 수 있다. 하지만 아이 혼자 두는, 특히 디지털 책 하고만 있게 해도 되는 상황이 있을까?

'혼자 읽기'의 의미는 아이의 나이나 발달 단계에 따라 다양하다. 글로 쓰인 텍스트가 없는 책을 가지고 있을 때 혼자 읽는다는 것은 아마도 기기에 내장된 소리와 음악을 활성화한 상태에서 디지털 페이지를 넘긴다는 뜻일 것이다. 텍스트가 있는 책인 경우에 혼자 읽기란 보통 쓰인 글에 해당하는 음성 내레이션을 작동시키는 것을 의미한다. 4장에서 우리는 아이들이 출판사가 제공한 오디오 내레이션보다 부모가 직접 소리 내 읽어줄 때 디지털 방식의 이야기 정보를 더 많이 기억한다는 사실을 보여주는 연구를 언급했다.[22] 하지만 현실적으로 부모가 몸소 아이에게 책을 읽어줄 수 없는 경우도 있고, 조금이라도 책을 경험하는 것이 하지 않는 것보다는 낫다.

아이들이 디지털 책을 혼자 읽게 해도 괜찮은 경우는 다음과 같다.

- 부모가 아이에게 혼자서도 책을 경험하는 것을 편안하게 느낄 수 있는 능력을 길러주려 할 때
- 부모나 돌보는 사람이 아이 곁에 있을 수 없는 상황에서 내레이션을 녹음해 두었을 때

다음 두 장에서 살펴보겠지만, 글로 쓰인 텍스트와 오디오 내레이션을 동시에 사용하는 것은 읽기를 막 시작한 아이들과 학습 장애가 있는 아이들부터 주의가 분산되기 쉬운 어른에 이르기까지 많은 학생들에게 성공적인 전략이 될 수 있다.

학생을 위한 디지털 읽기 전략 1: 단일 텍스트일 때

앞에서 어린아이들을 위한 디지털 읽기 전략을 소개할 때 나는 형광펜으로 강조하고 싶은 메시지를 한 문장으로 이야기했다. 학령 독자들에게는 세 문장이 필요하다.

- 디지털로 읽을 때 속도를 늦춰라.

- 텍스트에 집중하라(그리고 멀티태스킹 충동을 잠재워라).
- 얼마나 이해하고 흡수하는지에 대해 스스로에게 정직해져라.

말할 필요도 없이, 이 조언들은 훑어보기나 하이퍼링크를 오가는 읽기가 아니라 집중해서 읽기에 맞춰진 것이다. 부모와 교사의 역할 중 하나는 학생들이 어떤 종류의 글에 어떤 종류의 읽기가 적합한지 파악할 수 있도록 돕는 것이다. 로런 싱어 트래크먼과 동료들은 이렇게 말한다.

> 어떤 조건일 때 디지털보다 종이로 읽는 것이 좋다고 권할 만한지 생각해보라. 그런 조건이 명확해야 개인들은 조건이 충족된다고 판단될 때 선택적으로 종이로 옮겨갈 수 있다.[23]

그렇긴 하지만, 디지털은 점점 새로운 표준의 일부로 자리 잡아가고 있다. 종이로 읽기에 더 적합해 보이는 맥락에서조차 선택의 여지가 없을 때가 있다. 따라서 결정적으로 중요한 일은 어떻게 하면 종이와 디지털 사이의 운동장을 최대한 평평하게 만드느냐는 것이다. 이에 못지않게 중요한 것은, 맥락에 따라서는 심지어 집중적인 읽기에도 디지털이 현명한 선택일 수 있음을, 특히 학습이나 읽기 장애가 있는 학생에게는 그럴 수 있음을 받아들이는 것이다.

"지금 우리의 교육 시스템 안에 디지털 기기를 포함하는 것이 불가피하다고 했을 때, 학생들에게 디지털 매체로 읽기 과제를 수행하는 것을 훈련시키는 것은 물론 효과적인 디지털 학습 환경을 개발하는 법을 이해하는 데에도 더 많은 노력이 있어야 한다."
파블로 델가도 등[24]

단일 텍스트를 위한 제안에 앞서 틀을 짜기 위해 먼저 목표로 이야기를 시작해보자.

읽기의 목적을 명확히 할 필요가 있다

학습을 위한 읽기라고 하면 우리는 보통 학교를 생각한다. 학교 하면 읽기 과제물과 시험이 떠오른다. 이 두 가지 다 시간에 쫓기는 상황에서 일어날 수 있기 때문에, 조용한 성찰적 읽기(종이로든 디지털 자료로든)의 기회는 너무나 드물게 찾아올지 모른다.

우리는 학생들에게 바라는 읽기의 목적이 단기적인 것(내일이 시한인 연구 보고서 제출, 수요일 시험을 위한 벼락치기 공부)인지 장기적인 것인지 자문할 필요가 있다. 나는 대학생들을 가르칠 때 종종 이렇게 묻는다. "지금부터 5년 후 여러분은 이 강의를 통해 배운 것 중 무엇을 기억할까요?" 물론 나 또한 학생들에게 읽기 과제와 시험을 낸다. 하지만 내가 진심으로 관심을 기울이는 것은 읽기가 학생들의 사고에 변화를 낳느냐는 것이지 학점이 아니다. 교육을 설계하면서, 특히 고등학교와 대학교 교육에서 학생들이 스스로 자기 목표를 짜는 데 도움을 주기 위해 우리의 목표를 명확히 할 필요가 있다.

텍스트의 길이와 장르, 복잡성의 고려

먼저 텍스트 길이를 생각해보자. 학생들은 긴 자료를 읽을 때 대체로 종이를 사용하면 더 많이 이해한다는 연구 결과를 떠올려보라. 또한 인식 연구에서도 대다수 학생들은 긴 텍스트를 읽을 때 종이를 선호한다고 답한 사실도 기억하라. 따라서 학생들이 디지털로 긴 텍스트를 읽을 때 성공할 수 있게 돕는 전략을 파악하는 것이 대단히 중요하다.

텍스트가 디지털일 때 줄 수 있는 일반적 조언은 다음과 같다. 지금은 구식으로 들릴 수 있지만 반복해 이야기할 필요가 있는 것들이다.

- 속도를 늦춰라.
- 주의를 뺏는 것들을 없애라.
- 읽어서 얻고 싶은 것이 무엇인지 목표를 정하라.
- 텍스트에 적극적으로 개입하라.

이 장 뒤쪽에서 정신 집중에 대해 이야기할 때 적극적인 개입 능력을 기르는 법을 제시하겠다.

학생들이 접하는 짧은 텍스트도 많은 경우 주의를 기울여 읽을 만한 가치가 있다. 특히 내용이 자세하고 복합적이며 미묘한 텍스트일수록 그렇다. 일반적으로 줄 수 있는 좋은 조언은 다음과 같다.

- 텍스트가 짧다고 읽기 쉬울 거라고 여기지 말라.
- 특히 쉽게 읽히지 않을 때는 앞서 말한 긴 텍스트를 위한 조언을 따르라.

이제 장르에 대해 이야기할 차례다. 4장에서 서사적인 글(주로 소설)과 주요 목적이 정보 전달인 자료 간에 생길 수 있는 차이를 살펴봤다. 디지털 기기로 읽을 때, 내러티브형 텍스트의 이해도는 종이로 읽을 때와 (몇몇 예외적인 경우를 제외하고) 별 차이가 없는 데 반해, 정보성 텍스트의 이해도는 종이로 읽을 때 높을 가능성이 크다.

왜 그런지 생각해보자. '왜'는 읽는 목적이 즐거움을 위한 것인지, 학교 과제물이기 때문인지, 시험을 위한 것인지와 직결된다. 공식적인 연구는 시험 상황에 기초한 것이 압도적으로 많다. 이 경우 대부분은 비교적 짧은 독해 지문이 사용된다. 이럴 때 사용되는 지문은 평소 사람들이 자기 의사에 따라 읽는 것과 같은 종류의 텍스트가 아니다. 즐거움을 위해 읽을 때 디지털 기기를 사용하는 사람 수십 명과 몇 년 동안 대화를 나눠본 결과, 나는 디지털로도 즐거움을 위한 읽기가 얼마든지 '성공적'일 수 있다고 확신한다. 여기서 성공적이란 술술 잘 읽히는 책을 빠르게 독파하는 것일 수도 있고, 중간중간 멈춰가며 저자의 표현이나 복합적인 플롯을 음미하며 읽는 것일 수도 있다. 그럼에도 디지털 읽기의 경우에는 시간을 끌어가며 글을 읽는 독자의 수가 상대적으로 적을 것이다.

읽는 목적이 다르면 뇌가 텍스트를 처리하는 방식도 다를까? 오늘날 우리는 첨단 의료 장비를 사용해, 연구 참가자들이 다양한 인지 활동에 참여하는 동안의 뇌 상태를 한눈에 살펴볼 수 있다. 소설을 보자면, 문해력 전문가인 나탈리 필립스Natalie Phillips는 fMRI 스캐너를 사용해 문학 전공 대학원생들이 제인 오스틴의 소설 한 장을 학술적인 마음가짐으로 읽을 때(1장에서 우리가 '꼼꼼히 읽기close reading'라고 부른 것)와 즐거움을 위해 읽을 때를 비교해 뇌 활동에 어떤 변화가 일어나는지 점검해봤다. 그랬더니 꼼꼼히 읽을 때 학생들은 집행 기능(계획과 집중, 기억 능력을 포함)을 담당하는 뇌 부위에 혈류가 증가했다.[25] 정보성 텍스트를 읽을 때 뇌는 어떤지를 보여주는 fMRI 연구는 나는 알지 못하지만, 아마 비슷한 결과가 나오지 않을까 싶다.

요점은? 정신을 집중할 때는 (텍스트가 어떤 종류의 것이든) 대충 지나갈 때와는 다르게 읽는다. 디지털 읽기는 장르를 불문하고 대충 지나가도록 유도하는 경향이 있다. 따라서 정규 학습의 맥락에 초점을 맞추어 몇 가지 생각과 조언을 제시하면 다음과 같다.

내러티브 텍스트인 경우

- 과제로 주어지는 내러티브 읽기는 비교적 길 가능성이 높다(단편 소설이나 에세이, 소설, 희곡). 종이로 읽을 때는 우리가 읽어 나간(또는 그렇지 않은) 텍스트 양이 얼마나 되는지가 물리적으로 확연하다. 반면 디지털로 읽을 때는 이를 바로 알기가 어렵다.
- 읽기 전에 목적을 생각하라. 읽고 난 후 무슨 일이 일어날까? 수업 중 시험이 있을 수도 있지만, 학급 내에서 읽은 것에 대해 토론하거나 글을 써야 할 가능성이 더 높다. 읽는 동안 중간중간 멈추고 무슨 말을 할지, 에세이에 뭐라고 쓸지 생각해보라(종이로 읽는 경우에도 똑같은 조언을 할 수 있다).

정보성 텍스트인 경우

- 과제로 주어지는 정보성 텍스트는 책의 장부터 잡지와 뉴스 기사에 이르기까지 길이가 다양하다. 지금 읽고 있는 텍스트의 길이와 복합성을 고려해서, 텍스트에 합당한 시간과 생각을 쏟아라.
- 디지털 텍스트를 읽을 때 사람들은 주제와 구체적인 사실은 잘 기억하는 반면 세부 내용과 추상화, 추론에는 취약한 경향을 보인다. 읽을 때 이런 공통의 함정을 의식하라.

끝으로, **교사들을 위한** 몇 가지 결정적으로 중요한 장르별 **조언**이다.

- 교과 과정에 긴 텍스트, 특히 소설 읽기를 위한 시간을 마련하라.

지금 대학교에서는 관심이 점점 인문학(긴 글 읽기가 전통인 분야)으로부터 멀어져 보다 실용적으로 인식되는 (공교롭게도 읽기 강도가 약한) 과목들로 옮겨가고 있다. 인터넷은 정보에 대한 무한 접속을 제공하는 것처럼 보이는 데다, 우리는 이곳을 통해 정보를 빠르고 편리하게 단편적으로 소비하는 경향이 있다. 교육의 진정한 목적이 장기적인 학습이라면, 서사를 포함한 긴 글 읽기를 존중하는 교과 과정을 만들고 그 중요성을 옹호하는 것은 우리에게 달렸다. 학생들이 디지털 기기로 긴 글을 읽는 데 필요한 정신의 습관을 개발할 수 있도록 도와준다면 디지털은 종이의 실행 가능한 대안이 될 수 있을 것이다.

텍스트 유형에 대한 논의를 마치기 전에, 우리가 생각해봐야 할 범주가 한 가지 더 있다. 바로 복잡성이다. 우리가 학생들에게 과제로 내주는 텍스트는 (길든 짧든, 내러티브 텍스트이든 정보성 텍스트이든) 충분히 도전적인가? 3장에서 우리는 어떤 대학교의 교수진은 이제는 학생들이 예전의 과제물은 이해할 수 없다고 느끼기 때문에 덜 복잡한 읽기 숙제를 내주고 있다는 사실을 보았다.

문제의 원인 중 하나는 K-12 교육일 수 있다. K-12 과정이 복잡한 읽기 자료와 씨름할 때 요구되는 적절한 기초를 제공하지 않을 가능성이 크기 때문이다. 실제로 이것은 미국의 공통핵심기준 자료의 결론이기도 하다.

대학교와 노동자 훈련 프로그램, 일반적인 삶 속에서 읽기의 필요성은 지난 반세기 동안 계속해서 지속되거나 증가해온 반면, K-12의 교재들은 실제로 정교함이 점점 낮아졌을 뿐만 아니라, 복잡한 텍스트를 학생 혼자서 읽는 능력에 대한 관심은 상대적으로 낮았다.[26]

보고서는 나아가 여러 연구에서 이런 하락의 증거를 인용한다. 온라인에 올라 있는 공통핵심기준 자료의 최신 수정본에서는 읽기의 복잡성을 평가하고 높이기 위한 새로운 기획을 제안하고 있지만, 장기적으로 교실에서 어떤 결과를 낳게 될지는 더 두고 봐야 할 상황이다.[27]

바로 여기에 우려스러운 역설이 있다. 만약 과제로 주어지는 텍스트가 특별히 복잡할 게 없다면, 디지털로 읽는 것은 읽기 과제물이 더 많은 인지적 노력이 필요한 경우보다 문제를 일으킬 소지가 적어질 것이다. 하지만 복잡한 읽기 과제물을 내주는 것을 피할 때 우리는 사실상 학생들이 필요로 하고 받아 마땅한 교육을 베풀지 않는 것이 된다.

기술의 역할

디지털 읽기에 관한 한, 기술은 기회와 위험, 양면을 다 가지고 있다. 경계해야 할 부분이 있지만 새로운 가능성을 활용할 기회이기도 하다. 이 말은 비단 읽기 장애가 있는 학생들에게만 해당하는 것이 아니다.

우선, 잠재적 단점. 가장 확실한 것은 스크롤 문제다. 지금까지 증거가 확정적인 것은 아니지만, 디지털 텍스트를 (페이지 넘기기가 아닌) 스크롤 방식으로 읽으면 이해도가 낮아질 가능성이 대단히 크다. 그 이유는 페이지 단위로 정보를 읽을 때 우리가 단순히 단어들만 처리하는 게 아니라 읽고 있는 것이 자리 잡은 장소 감각도 확립하기 때문이다.

실제로 우리가 읽을 때 어떤 일이 일어나는가? 페이지 넘기기 방식이냐, 스크롤 방식이냐를 넘어 또 다른 변수들이 작용한다. 첫 번째 변수는 읽는 사람의 목적이다. 텍스트 전체를 읽을 것인가(4장에서 논의한 연구 조건), 아니면 의도적으로 스쳐 읽거나 훑어 읽을 것인가? 만약 스쳐 읽거나 훑어 읽으려는 것이라면 스크롤 방식도 전혀 문제가 없다. 또 다른 변수로는 단일 스크린에 어느 정도 분량의 텍스트가 들어가느냐는 것도 있다. 또 스크롤의 속도도 변수다. 달팽이 걸음인가 아니면 전속력인가? 게다가 페이지 넘기기라고 해서 실제로 페이지 속에 머물러 내용을 다 이해한다는 보장이 있는 것도 아니고, 스크롤 방식이라고 해서 영화가 끝난 뒤 올라가는 자막처럼 텍스트를 계속 움직인다는 뜻도 아니다.

이런 쟁점들을 감안했을 때, 디지털 텍스트 읽기를 위해 제시할 수 있는 몇 가지 전략을 소개하면 다음과 같다.

- 페이지 넘기기든 스크롤 방식이든 앞으로 읽어나갈 때 스크린에서 한 번에 편히 볼 수 있는 텍스트 분량이 최대가 되도록 (조절이 가능한 경우) 글자 크기를 맞춰라.
- 사용하는 디지털 기기에 '페이지 내리기'를 할 수 있는 방법이 있는지 찾아보라.
- 만약 목적이 선형적 읽기인데도 스크롤 방식으로 읽고 싶다면 읽는 동안에는 (적어도 한 곳에 맴도는 동안에는) 손가락을 스크린에서 떼려고 노력하라. 집라인 타듯 한 번에 읽어 내려가고 싶은 유혹을 억제하는 데 도

움이 된다.

- 한 페이지 분량을 읽고 난 후에는 다른 페이지로 옮겨가기 전에 읽은 것을 생각해보라.

지금 말한 마지막 사항과 관련해서는, 이 방면의 고전 《독서의 기술》을 쓴 철학자이자 교육가인 모티머 애들러Mortimer Adler의 조언이 생각난다. 이 책은 1940년에 처음 출간된 오래된 책이지만 담고 있는 교훈은 여전히 울림이 있다. 애들러는 독자들에게 매 페이지가 끝날 때마다 잠시 멈추고 방금 읽은 것을 되짚어process 보라고 조언한다. 멈출 때마다 자문해보면 좋을 질문들은 다음과 같다.

- 나는 무엇을 배웠는가?
- 나는 동의하는가, 하지 않는가?
- 이해되지 않는 것은 무엇인가?
- 지금 읽은 것이 내가 이미 알고 있는 것이나 다른 곳에서 본 것과는 어떻게 연결되는가?
- 내가 읽은 것이 왜 중요한가?

"읽기에는 가장 높은 강도의 정신 활동이 따른다. 읽고도 지치지 않았다면 제대로 읽지 않았을 가능성이 크다."
모티머 애들러[28]

또한 기술은 장점도 있다. 여기에는 디지털 읽기가 학습 장애가 있는 학생들에게 선사할 수 있는 몇몇 확실한 혜택도 포함된다. 4장에서 우리는 어떤 아이들(특히 난독증이나 읽기 능력이 떨어지는 아이들)은 텍스트의 자간, 단어 간격, 행간을 키우면 도움이 된다는 연구 결과를 살펴봤다. 또 다른 연구는 스크린의 텍스트 양을 제한하는 것이 난독증이 있는 학생에게 도움이 된다는 사실을 보여준다. 어떤 연구자들은 이런 어려움이 있는 독자들의 읽기에 실질적으로 도움이 되는 것은 종이와 디지털 사이의 선택이 아니라 텍스트의 행을 짧게 해서 읽는 것이라고 결론 내렸다.[29] 디지털 텍스트가 이미 글자가 찍혀 나온 책보다 조정이 더 쉬운 것은 당연하다.[30]

이 연구를 염두에 두고, 교실(특히 초중고 학급)의 학생들에게 유용할 수 있는 디지털 텍스트 조정 기술을 생각해보자. 그동안 대부분의 연구는 학습 또는 더 구체적으로는 읽기 장애가 있는 아이들을 대상으로 진행되어 왔다. 다른 많은 학생들은 별도의 읽기 장애 진단은 받지 않은 상태로 지내지만, 이들 역시 텍스트 조정 기술로 득을 볼 수 있을 것 같은 느낌이 든다. 아이들이 좀 더 편하게 읽을 수 있도록 해주는 디지털 텍스트 조정을 가지고 한번 실험해보는 것도 좋을 것이다. (꼭 시력 감퇴 때문이 아니어도) 글자 크기를 키웠다 줄였다 해보는 어른도 있는 것처럼, 한 가지 크기에 모든 학생을 맞출 필요는 없다. 가령 이렇게 해볼 수도 있다.

- 학생들에게 글자 크기와 행간을 한번 조정하게 해보라.
- 학생들이 스크린 위에서 텍스트를 읽기에 가장 편하게 느껴지는 분량을 파악하면, 그런 조정이 읽기에 도움이 되었는지 점검해보라.
- 눈의 피로감에 시달리는 학생들에게는 스크린 밝기를 줄여보게 하면 도움이 된다.

기술은 텍스트나 밝기 조정 외에도 다른 많은 종류의 맞춤을 가능하게 한다. 나탈리아 쿠시르코바는 물리적 혹은 인지적 장애가 있는 아이들에게 적합한 디지털 책과 앱에 관해 도움이 될 만한 조언을 한다.[31]

읽기에 집중하게 해주는 제안들

"정신일도하사불성(精神一到何事不成, 정신을 한곳으로 모으면 안 되는 일이 없다)!" 이 말은 요가에서 균형을 잡을 때나, 정원에서 바위를 움직일 때, 피아노 악보를 암기할 때는 물론 디지털 읽기에도 적용할 수 있다. 반복되는 이 말이 아마 지겹게 들릴 것이다. 하지만 스크린으로 읽을 때 집중하라는 조언은 여전히 이번 장에서도 핵심이다. 4장에서 우리는 종이 읽기와 디지털 읽기가 낳는 결과의 격차에서 상당 부분이 마음가짐으로 설명된다는 사실을 알았다.

이제는 익숙해진 조언, 그러니까 디지털로 읽는 동안 속도를 늦추라든가, 멀티태스킹의 유혹에 저항하라든가, 읽기의 목표를 정하라든가, 우리가 읽은 것을 어느 정도 이해하고 기억하는지에 솔직하라든가 하는 조언은 당연한 것으로 치자. 그러면 이제 다른 쟁점들로 옮겨갈 수 있다. 앞으로 살펴볼 여러 제안들(사전 마음가짐, 시험 보기, 핵심어와 요약, 혼자 주석 달기)은 협력적 학습 상황에 맞춰 설계되었거나 그런 상황에서 사용될 수 있다. 이들 영역 각각에 해당하는 권고들로 이야기를 시작해 뒤이어 맥락을 설명하겠다.

사전 마음가짐

- 읽기를 시작하기 전 텍스트에 정신을 모을 준비를 하라.

- 준비 사항에는 읽기를 위한 사전 힌트(즉, 읽으면서 생각할 주제들) 작성 혹은 텍스트의 복잡성이나 자세한 정도에 맞춰 행의 길이를 조정하는 것 등이 포함된다.

이 조언은 생각보다 분명하지 않다. 4장에서 독자들이 같은 자료를 종이보다 디지털로 읽을 때 더 수월하게 해낼 가능성이 크다는 사실을 보여주는 증거를 많이 봤다. 하지만 그와 함께 참가자들이 디지털로 읽기 전 추상적 사고가 포함된 활동에 참여했을 때 텍스트에 관한 추상적인 질문에 대한 점수가 올라간다는 것을 보여주는 실험도 언급했다.[32]

사전 힌트는 여러 중고등학교에서 흔히 사용하는 기법이다. 대학교에서는 그만큼 흔하지는 않다. 종이 읽기에서 오랫동안 사용되어 온 이 기법은 독자들이 디지털 텍스트를 읽을 때 너무 빨리 지나가는 습관을 극복하는 데도 도움을 준다. 그럼으로써 학생들의 스크린 읽기에도 가치를 더해줄 수 있다.[33]

연습 시험

- 긴 글 지문 중간중간에 짧은 연습 시험을 배치하라.
- 학생들 스스로 스스럼없이 자문해보고 읽은 것을 곱씹어보게 훈련시켜라.

대다수 학생들에게 '시험'이란 두려운 단어다. 하지만 3장에서 설명한 것처럼 종종 보는 시험(성적을 위한 것이 아니라 학습 과정에 들어 있는 시험)이 가치 있는 학습 도구로 사용될 수도 있다.[34] 그런 연습 시험은 읽기 플랫폼과 상관없이 유용하다. 하지만 디지털로 읽을 때 특히 이로운 점은 이러한 잠시 멈춤이 읽는 속도를 늦춰주는 효과가 있다는 사실이다. 또한 읽은 것에 대한 이해도가 자신이 생각하는 만큼 높지 않을 수 있다는 사실을 인식하는 데도 도움이 된다.

핵심어 찾기와 요약하기

- 읽기를 마치고 나면 그중에서 중요하거나 사고를 자극한 것을 생각하고 기억하는 데 도움이 될 핵심어(키워드)들을 적어보라.
- 읽고 난 후 읽고 배운 것을 요약해보라.

4장에서 우리는 디지털로 읽은 후에 핵심어를 열거하는 것이 기억과 이해에 도움이 될 수 있다는 사실을 알았다.[35] 이와 똑같은 전략이 종이로 읽는 경우에도 오랫동안 옹호되어왔다.

핵심어나 요약은 올바른 방향의 걸음이다. 그것들이 텍스트에 대한 적극적인 개입의 형식임을 감안하면 말이다. 하지만 얼마나 적극적이고 얼마나 유용할까? 3장에서 이야기한 연구 결과에 따르면, 연습 시험은 기억에 대단히 유용한 수단인 반면 다시 읽기나 강조 표시, 밑줄 긋기, 요약하기는 그 정도로 유용하지는 않았다는 사실을 기억하기 바란다.[36]

혼자 주석 달기

- 디지털 주석 달기 기능을 사용하라. 하지만 의미 있는 방식이어야 한다.
- 디지털 주석 달기의 대안은 별도의 디지털 파일이나 종이에 적어두는 것이다.

- 학생들이 디지털로 주석 다는 법을 안다거나 규칙적으로 연습을 할 거라고 가정하지 말라. 디지털 주석 달기는 종이에 주석을 다는 것보다 더 많은 수고가 요구될 수 있기 때문에, 학생들에게 주석 달기의 가치를 가르쳐줄 필요가 있다.
- 학생들이 디지털 주석 기능을 사용하기만 하면, 반드시 종이에 주석을 달 때처럼 많은 것을 배울 거라고 가정하지는 말라. 주석 달기의 결과는 그것에 에너지를 얼마나 쏟느냐에 달렸다.

'주석 달기'라는 단어가 뜻하는 선택지의 폭은 아주 넓다. 가장 흔한 것은 강조 표시와 밑줄 긋기다(또한 표시를 색으로 구별할 수도 있다). 하지만 강조 표시와 밑줄 긋기는 주석 중에서도 가장 수동적인 형태이고 학습 기여도도 가장 낮아 보인다. 텍스트가 종이든 디지털이든 마찬가지다.

여백에 써넣기는 보다 적극적인 형태의 주석이다. 자기 손으로 직접 써넣을 때는 형광펜이나 펜, 커서로 그냥 글을 따라갈 때보다 정신적으로 더 많은 노력이 필요하다. 여백에 써넣기는 독해 시험 점수를 높이는 데는 도움이 될 수도 있고 안 될 수도 있지만, 읽기를 보다 지적이면서도 개인적으로 의미 있는 것으로 만들어준다.

요즘 기술은 디지털식 여백 써넣기가 종이에 손으로 글을 써넣는 전통적인 방식과 좀 더 비슷하게 느껴지도록 하는 데 도움을 준다. 아이패드와 함께 사용하는 애플 펜슬 같은 도구를 가지고 사용자는 디지털로 읽으면서 주석을 달 수도 있다. 마찬가지로 마이크로소프트의 태블릿인 서피스 위에다 펜을 사용하는 방법도 있다.

요즘 관심을 끌고 있는 또 다른 형태의 디지털 주석 달기는 시각적 필기다. 다른 말로는 스케치노트sketchnote라고도 한다. 기본적으로 도해를 만드는 것인데(미술에 재능이 없어도 된다), 흔히 텍스트 속 핵심 사건이나 쟁점, 그들 간의 관계를 나타내는 표시와 화살표가 동반된다. 스케치노트의 확실한 장점은 학생들을 읽기 과정에 적극 참여하게 만든다는 것이다. 시각적 필기는 펜과 종이를 사용할 때는 물론이고 태블릿을 사용하면 디지털로도 할 수 있다.[37]

디지털 주석 달기의 기술은 종이에 손으로 주석을 다는 것과 마찬가지로 가르치고 길러줄 필요가 있다. K-12 교육 과정에서 학생들에게 디지털로 주석 다는 법을 가르치는 것이 중요하다는 인식이 높아져 가는 반면, 실제로 가르치거나 학생들이 활용하는 정도는 여전히 두서가 없다. 나와 동료들이 스타방에르국제학교의 중고등학생을 대상으로 실시한 연구에서는 10명 중 4명만 디지털로 주석 달기를 배웠다고 말했다. 반면 종이로 주석 달기를 배운 학생은 10명 중 7명에 달했다. 별도 필기에 대한 지도를 받았다고 한 학생은 85퍼센트가 넘었다.[38]

미국의 11~12학년 학생을 대상으로 한 로런 저커Lauren Zucker와 크리스틴 터너Kristen Turner의 연구에서는 좀 더 자세한 결과가 나온다. 이 연구에서 학생들은 디지털 주석 달기 전략을 배운 전과 후, 각각 종이와 디지털 주석 달기에 대한 선호도를 묻는 질문을 받았다. '후'의 상황에서도 여전히 학생들은 종이 주석 달기가 더 낫다며 여러 가지 이유를 댔다. 가령, 종이를 사용할 때 집중력이 더 높게 느껴지고, 좀 더 편하게 느껴지고, 강조 표시를 더 많이 하고, 더 빨리 읽고, 필기를 더 많이 한다고 했다. 디지털 주석 달기의 장점으로는 쉬운 접속과 함께 텍

스트를 잃어버리거나 잘못 두는 일이 없다는 점이 꼽혔다.[39]

저커와 터너의 연구 결과를 보다 큰 규모의 학생 집단에 일반화해서 말하면, 단순히 디지털 주석 달기를 가르치거나 직접 해보는 것만이 능사가 아닐 수도 있다. 디지털 주석 달기가 텍스트에 대한 정신적 집중이나 적극적 개입과 연동될 개연성을 높이려면 스마트 설계와 함께 스마트 교육이 병행되어야 할 것이다.

여러 사람이 함께 주석 달기

- 온라인 도구를 사용해 다른 사람들(동료 학생들이나 교사)과 읽고 있는 것에 대해 대화하라.
- 이 '대화'에는 여백에 써넣기나 질문, 다른 독자들의 의문에 대한 답변 등이 포함된다.

여러분은 아마 앞 절의 제목이 '혼자 주석 달기'라는 것에 주목했을 것이다. 우리가 그렇게 말은 안 했지만, 모든 논의는 학생들이 각자 자신의 책에 주석을 단다는 가정하에 이뤄졌다. 하지만 이제는 학교마다 함께 주석 달기로 옮겨가는 일이 점점 흔해지고 있다.

구글 독스Google Docs를 잠시 생각해보라. 이것은 디지털 텍스트(함께 일하는 사람이 작성했거나 이미 존재하는 문서)에 여러 사람이 주석을 달 수 있게 되어 있다. 학교에서 '문서'는 학생들이 소집단으로 나누어 함께 주석을 달게 되어 있는 과제물 읽기 자료를 뜻할 수 있다. 이때 주석 달기는 함께 사용하는 플랫폼의 정교함에 따라 평범한 밑줄 긋기나 강조하기, 여백에 써넣기이거나 아니면 급우들에게 답변을 구하는 질문들이 될 수도 있다. 공유 주석 달기 자료에 접속하는 교사들은 누가 '읽기 과제를 수행하는지'뿐만 아니라 학생들의 관찰과 질문, 그리고 답변들이 무엇인지 함께 알 수 있다. 학생들이 이해하는 것과 못하는 것을 사전에 파악할 수 있기 때문에 교사들은 다음 수업에서 초점을 어디에 맞춰야 할지 더 잘 알게 된다.

시중에 나와 있는 디지털 주석 달기 도구는 많다. 가령, 디이고Diigo, 에버노트Evernote, 하이포더시스Hypothes.is, 멘델리Mendeley, 나우코멘트NowComment 같은 것들이 있다. 비영리 기구인 커먼센스가 추천하는 K-12 환경에 적합한 교육 도구들도 있다. 프로그램들은 혼자서, 아니면 함께 읽으면서 필기할 수 있게 설계되어 있고, 두 가지 상황에서 다 사용할 수 있는 것들도 있다.[40] 7장과 8장에서는 동영상 주석 달기 도구도 몇 가지 소개하겠다.

디지털 방식의 협력적 주석 달기를 길러주기 위한 혁신적 프로젝트도 진행되고 있다. 대만에서는 5학년생을 대상으로 한 프로젝트에서 그런 디지털 도구를 사용했을 때 명시적인 독해는 물론 추론적 독해도 좋아졌다는 보고가 있다.[41] 대학교 수준에서는 에릭 마주르Eric Mazur와 동료들이 설계하고 하버드에서 개발한 퍼루즈올Perusall('숙독'이라는 뜻의 단어 peruse와 '모두'를 뜻하는 all을 합친 말:역주)이라는 이름의 정교한 시스템이 있다.[42] 물리학자인 마주르는 능동적 학습을 촉진하는 기술을 사용해 학생들이 최종 시험 후에도 배운 것을 오래 기억하도록 돕는 일에서도 선구적 역할을 맡고 있다.

퍼루즈올의 설계 방식은 이렇다. 미국에서 대다수 과정은 학생들이 수업 이전에 과제로 부과된 교재 읽기를 완수하게 되어 있다. 반면 퍼루즈올에서는 집단이 소규모 학습 공동체로 나뉘고, 구성원들이 온라인으로 가장 중요하다고 보는 단락을 공유하고 주석이나 논평, 질문, 답변을 올린다. 이때 청중은 동료 학생들일 뿐, 자신이 좋은 인상을 남기려는 상대인 교수가 아니다. 학생들은 서로 통찰을 공유함으로써 헷갈리는 부분과 함께 자료에 대한 이해를 서로 돕는다. 퍼루즈올의 또 한 가지 결정적 요소는 컴퓨터로 생성된 '혼동 보고서Confusion Report'이다. 강사가 다음 수업 시작 전에 받는 것인데, 학생들이 궁금해하는 주요 문제를 파악할 수 있게 한다.

평가들을 보면 퍼루즈올은 효과가 있는 것 같다. 과제물 읽기 수행에 관한 한, 학생들의 80퍼센트가 적어도 95퍼센트를 마쳤다. 대다수 교사들에게는 꿈만 같은 수치다(3장에서 본 통계치를 떠올려보라). 기말시험 결과를 보면, 퍼루즈올을 사용한 학생들이 사용하지 않은 학생들보다 성적이 훨씬 좋았다.

마주르의 함께 주석 달기 플랫폼을 보며 유추해낸 몇 가지 요점은 다음과 같다.

- 학생들이 읽고 있는 것에 대해 서로 이야기하게 만들 방법을 찾아라.
- 그런 대화가 어떻게 하면 의미 있는 것이 되게(한 사람의 독백이나 잡담 일변도로 흐르지 않게) 할지 전략을 짜라.
- 학생들 사이에 문제가 되는 영역(불일치 영역, 특히 인문학이나 사회과학 수업에서)을 파악할 방법을 알아내라.
- 마주르의 정교한 프로그램 도구(와 지원해줄 직원)를 갖출 수 있는 사람은 드물다. 그러나 대면 혹은 온라인 시스템 방식의 브레인스토밍을 활용

하면 학생들이 수업에서 꼭 다뤘으면 하는 문제를 공유할 수 있다.

희소식은 퍼루즈올이 무료 이용 도구가 되어 이제 어디서나 교사들이 다양한 디지털 자료를 가지고 사용할 수 있게 되었다는 사실이다. 2020년 10월 현재 퍼루즈올 사이트에는 퍼루즈올 프로그램으로 활용할 수 있는 디지털 자료가 30만 건 가까이 올라와 있다. 학생들이 부담해야 할 대가는 전자책을 사거나 빌리는 것이다. 또 무료 교육 자료나 자신이 직접 올린 자료를 사용할 수도 있다. 퍼루즈올은 다양한 학습 관리 시스템들과 함께 사용할 수도 있고, 지원 웹사이트도 알차다.[43] 프로그램을 내려받지 않은 채 사용해볼 수 있는 체험판도 사이트에 소개되어 있다.

개념 지도 그리기

- 읽고 있는 텍스트에 나오는 쟁점, 아이디어, 사람들 간의 관계를 눈으로 볼 수 있게 지도로 그려보라.

여기서 잠깐, 당신은 이렇게 말할지도 모르겠다. 이미 앞에 나온 혼자 주석 달기에 관한 절에서 스케치노트(시각화한 형태의 필기)에 대해 이야기하지 않았나? 그렇다. 하지만 여기서 짚고 넘어갈 좀 더 넓은 개념이 있다. 이 개념은 아이디어와 정보들 간의 연결을 그래픽을 사용해 지도로 나타내도록 설계된 교육 이론에서 도출한 것이다.

역사를 좀 더 살펴보면 이렇다. 1970년대 코넬대학교의 교육학 및 생물학 교수인 조지프 노박Joseph Novak은 개념 지도 그리기로 알려진 기법을 개발했다.[44] 노박의 목표는 과학 전공 학생들이 배우고 있는 개념들의 시각적 재현을 돕는 것이었다. 이 접근법은 심리학자 데이비드 오수벨David Ausubel이 옹호한 학습 이론에 기초한 것으로, 그는 학생들이 학습할 때는 새로운 정보를 사전 지식과 연결한다고 봤다. 개념 지도 그리기 기법은 과학 분야에서 인문학으로, 대학교에서 초등학교로, 교실에서 이사회 회의실로 널리 퍼져 나갔다. 개념 지도는 지도를 작성하는 사람이 알아야 할 것의 중심 개념들이 무엇이고 각 개념들 간의 관계는 어떠한지를 빠짐없이 생각해봐야 한다는 점에서 학습에 확실히 도움이 된다. 이런 작업은 능동적 학습을 위한 좋은 토대가 된다.

오늘날 교육 현장에서 일하는 사람들은 '지식 지도knowledge map'라는 범주에 포함되는 다양한 종류의 시각적 구성물을 이야기한다. 가령, '마인드 맵mind map', '공간 지도spatial map', '개념 지도' 같은 것들이다(개념 지도만 해도 종류가 다양하다). 이들 구성물의 공통점은 생각과 개념들 간의 관계를 도표 형태로 보여준다는 것이다.[45]

지식 지도가 등장한 초기에만 해도 직접 손으로 그렸다. 하지만 지금은 혼자서나 여러 사람이 함께 작업할 수 있는 디지털 도구들이 나와 있다.[46] 디지털 개념 지도는 흔히 여러 자료에 접속할 때 사용되기 때문에, 이에 대해서는 나중에 복수의 텍스트에 관한 절에 가서 더 이야기하겠다.

두 가지 모두 이용하기

- 읽기 플랫폼에 대해 이야기할 때, '두 가지 모두'라는 말은 동일한 읽기 과제를 수행할 때 종이와 디지털 방식 두 가지를 결합하는 것을 의미할

수 있다.

단일 텍스트 읽기를 위한 플랫폼을 선택할 때 우리는 이용가능성, 텍스트의 길이와 주제, 개인적 선호도 같은 변수에 따라 혼용한다(이런 경우에는 종이, 저런 경우에는 스크린을 사용하는 식이다). 하지만 두 매체를 동시에 사용하는 방법도 있다. 가령 이런 경우다.

- 읽기는 종이로 하되 필기는 디지털 방식으로(또는 그 반대로) 한다.
- 읽기는 디지털로 하되 개념 지도 그리기는 손으로 한다.

8장에서 우리는 이와 동일한 조합 원리를 텍스트 읽기(종이든 디지털이든)와 동시에 오디오 듣기에도 적용할 것이다.

학생을 위한 디지털 읽기 전략 2: 복수 텍스트일 때

복수 텍스트 읽기의 목표

요즘 온라인에서 이용할 수 있는 자료가 차고 넘친다는 사실을 감안하면, 교사들이(특히 중고등학교 교사들이) 복수의 디지털 자료를 찾고, 평가하고, 종합하는 법을 강조하는 것은 일리가 있다. 하지만 잠시 5장에서 우리가 이야기한 연구를 생각해보기 바란다. 연구의 대부분은 효율성과 자료들 간의 충돌을 해결하는 데 초점이 맞춰져 있었다.

오해 없기 바란다. 교사들이 강조하는 것은 학생들이 개발해야 할 중요한 기술이고, 이 기술을 기르기 위한 전략에 대해서는 잠시 후에 좀 더 구체적으로 이야기해보겠다. 하지만 그러기 전에, 모든 교육이 협소하게 목표 중심적일 필요는 없다는 사실을 인식하자.

- 학생들에게 남의 지도를 덜 받는 온라인 탐색의 기회를 고정적으로 마련해주라.

'뒤지다poke around'라는 말을 생각해보라. 발견과 학습 과정에서 만나는 뜻밖의 순간에 대해 생각해보라. 서점이나 도서관 서가를 훑어보며 보낸 시간을 떠올려보라. 그때 우리는 시간을 허비하고 있었을까? 아니면 토끼굴(책에 빠져드는 순간의 은유. 루이스 캐럴의 소설 《이상한 나라의 앨리스》에서 주인공 앨리스는 토끼굴에 빠져들면서 모험을 시작한다:역주)에 빠져들고 있었을까? 가끔 우리는 토끼굴에 빠져든다. 하지만 창의력이란 시간에 맞춰 꽃피는 게 아니다. 숨 쉴 여유가 필요하다.

그다음에는 자료들 간의 충돌이라는 문제가 있다.

- 자료들 간의 충돌 해결이 온라인 복수 자료 읽기의 유일한 목표는 아니다. 누적되는 정보의 중요성을 과소평가하지 말라.

우리가 읽는 것이 모두 토론을 위한 소재인 것은 아니다. 물론, 특히 오늘날 정치 과잉에다 사실 자체를 부인하는 분위기에서 학생들이 대안적인 주장들을 평가하는 법을 이해하는 것은 대단히 중요하다. 하지만 기원전 4세기 델피의 아폴로 신전에 새겨진 글처럼 "어떤 것도 지나쳐서는 안 된다.”

다음으로, 폭넓은 읽기 자료를 교과 과정에 포함시키는 방법을 찾아라.

- 표준화된 시험에서 읽기 평가의 상당 부분이 온라인으로 복수의 자료를 탐색하고 평가하는 것으로 구성되는 추세를 감안했을 때, 개인적으로 선형적 텍스트를 접할 시간을 충분히 유지하라.

되풀이해 말하지만, 어떤 것도 지나쳐서는 안 된다.

마지막으로, 우리가 교육에서 시간 제약을 강조하는 경향에 대해 한 번 생각해보라.

- 온라인으로 복수의 자료를 가늠하는 것이 속성 데이트처럼 되지 않게 하라. 인간관계에서도 그렇듯이 한번 힐끗 보는 것은 장기적으로 영향을 줄 수 있는 의사결정의 기초로는 너무 부실하다.

주목해서 살펴봐야 할 읽기 전략

교육의 초점에서 균형이 중요하다는 내 생각을 이야기했으니, 이제 복수의 온라인 자료를 효과적으로 사용하기 위한 전략을 집중적으로 살펴보자. 지침을 주는 연구 기반 문헌들은 대단히 많다. 여기서 나의 목표는 그중에서 강조할 점들을 이야기하고 그 밖의 추가 자료를 알려주는 것이다.

우리가 살펴볼 세 가지 요소(검색, 정밀검사, 종합)는 종이 읽기에도 대응물이 있다. 우리가 복수의 종이 자료를 읽기 위해 길러주려는 기술의 상당수는 디지털에도 그대로 적용된다. 더구나 개별 디지털 자료 읽기에 관해 우리가 제공한 조언의 상당수는 복수의 디지털 자료 읽기에서도 똑같이 중요하다('멀티태스킹을 하지 말라', '정신을 집중하라' 등등). 하지만 여기서는 특히 온라인으로 복수 자료를 읽는 데 관련이 있는 전략들에 집중해 이야기하려고 한다.

검색

맨 먼저 내가 '형광펜으로 밑줄을 긋는' 조언은 이것이다.

- **구글이 가장 잘 알 거라고 가정하지 말라.** 검색에서 가장 먼저 만나는 자료가, 관련성이 가장 높은 것이 아닐 수도 있다(가장 신뢰할 만한 것이 아닐 수 있음은 물론이다).

많은 사람들이 그렇듯이, 학생들 또한 온라인 검색에서 접하는 것이 중요도에 따라, 심지어 신뢰도까지 포함해 마술처럼 순위가 매겨진 것이라고 가정하는 경향이 있다. 사실은 그렇지 않다. 페이지 순위Page ranking(구글 창업자 중 한 명인 래리 페이지Larry Page 이름을 딴 것[47])는 실제로는 복합적인 알고리즘의 결과물이다. 구글 알고리즘은 주요 검색 결과를 위한 계산에 약 200가지 '순위 신호ranking signals'를 포함하는 것으로 알려져 있다. 200가지 중에는 해당 사이트의 HTML 코드가 어떻게 작성되었는지(문서 제목을 나타내는 타이틀 태그와 웹페이지 콘텐츠에 대한 간략한 설명인 메타디스크립션 포함), 페이지 화면이 뜨기까지 시간은 얼마나 걸리는지, 모바일로 사용 가능한지, 사람들이 그 사이트를 얼마나 자주 방문하는지, 트위터나 페이스북 같은 소셜 미디어 플랫폼에서 그 사이트가 얼마나 많이 언급되는지, 그 사이트에 연결된 다른 웹사이트는 얼마나 많은지 등이 포함된다.

콘텐츠의 객관성에 대한 이야기는 이 정도로 마치겠다. 결론은 이렇다.

- 학생들이 검색 과정에서 첫 번째로 뜨는 사이트나, 심지어 첫 번째 화면의 것들도 가장 유용한 정보가 아닐 수 있음을 인식하도록 도와주어라.

물론 학생들이 가능한 한 모든 사이트를 찾아보게 하고 싶은 사람은 아무도 없을 것이다[2020년 2월 구글에서 'impeachment(탄핵)'을 검색해보니 약 3억 8800만 개의 사이트가 떴다]. 하지만 조금만 조사를 해봐도 가치 있는 결과를 얻을 때가 많다. 균형을 잡기 위해서는 찾고 있는 것의 매개변수parameter(수학에서 함수에 투입되는 변수를 말한다. 여기서는 찾고자 하는 자료에 이르기 위한 관련 검색어를 뜻한다:역주)를 정의하는 것과 검색하는 동안에도 계속해서 매개변수들을 염두에 두는 것이 중요하다.

독자들은 한 사이트에서 다른 곳으로 이동하기 전에 얼마나 오래 머물러야 할까?

- 한 사이트에서 시간을 낭비하지는 말되, 그 사이트가 읽을 만한 가치가 있어 보이는지 타당한 평가를 할 수 있을 만큼 충분히 시간을 써라.

온라인에서 읽을 자료를 선택할 때 문제는 재빨리 훑어보고 곧바로 이동하기가 너무나 쉽고, 사이트를 제대로 살펴볼 겨를도 없이 지나칠 때가 많다는 점이다. 반면, 복수의 종이 자료를 사용할 때는 어떤가. 이때에는 자연적으로 시간을 지체할 수밖에 없다. 각각의 자료를 집어 들어야 하고, 맞는 페이지나 머리말을 찾아야 할 수도 있기 때문이다. 스톱워치를 사용해서 비교 실험을 한 데이터는 가지고 있지 않지만, 내 생각에는 독자들이 디지털로 자료를 찾을 때 이동 속도가 훨씬 빠를 뿐만 아니라, 대개는 지나치게 빠를 거라고 생각한다.

하이퍼링크가 있는 사이트를 보게 되면 다음을 기억하라.

- 반짝거린다고 해서 다 금은 아니다.

어떤 단어에 하이퍼링크를 의미하는 밑줄이 그어져(혹은 푸른색으로 씌어져) 있다는 이유만으로, 그 단어가 지금 당신이 찾고 있는 주제와 특별히 중요한 관계가 있을 거라고 가정하지는 말기 바란다. 온라인 뉴스 매체에 글을 기고해본 적이 있는 우리 같은 사람들은 편집자들이 필자에게 텍스트를 하이퍼링크로 가득 채워달라고 은근히 압력을 가한다는 사실을 증언할 수 있다. 학생들이 시각적으로 돋보이는 텍스트를 중요하게 여기고, 하이퍼링크를 따라가볼 가치가 있는 것으로 생각한다고 해서 나무랄 수만은 없다. 이런 경향은 관련 연구를 통해서도 확인된다.[48] 우리가 할 일은 학생들에게 사실은 늘 그런 것은 아니라는 점을 가르치는 것이다.

정밀검사

진부하긴 하지만 꼭 맞는 상투어로 시작해보자.

책을 표지로 판단하지 말라.

5장에서 학생들이 온라인 사이트의 신뢰도를 판단할 때 겪는 어려움을 이야기하면서, 사이트의 아름다움이나 전문적 외관이 내용이나 저자보다 더 중요하게 작용한다는 사실을 알았다. 또한 우리가 내리는 결론이 우리가 그 주제에 관심이 있는지나, 필자의 의견이 우리 생각과 일치하는지에 따라 왜곡될 수도 있다는 사실(확증 편향)을 잊지 말자.

사이트의 신뢰도를 판단하기 위한 현명한 대안들로는 어떤 것이 있을까? 연구자들이 파악한 몇 가지 평가 요소는 다음과 같다.

- 사이트를 만든 사람이 누구(어떤 개인이나 기관)인지 알아보라.
- 사이트가 제작된 시기와 장소와 이유를 (가능한 한 최선을 다해) 파악하라.
- 저자의 자격과 직장 소속을 알아보라. 이런 조사를 하다 보면 다른 온라인 사이트를 찾아봐야 할 때가 많다.
- 저자의 관점에 어떤 특징이 있는지 꼽아보라.
- '아주 낮음'부터 '아주 높음'까지의 척도로 봤을 때 각 자료의 신뢰도는 어느 정도인지 평가해보라.
- 각각의 자료(종이든 디지털이든)마다 이런 질문에 대한 답을 계속해서 파악해두라.[49]

이런 조치들은 흔히 서로 반대되는 입장들을 취하는 웹사이트들이 얼마나 믿을 만한지 심사할 때를 위해 제안되는 것이지만, 각 항목은 온라인 사이트를 평가하는 데에도 관련된다.

이런 심사 기술이 학생들이 어떤 자료원을 신뢰할지를 두고 보다 현명한 결정을 내리는 데 도움을 준다는 증거가 있다. 오슬로대학교의 연구진은 고등학교 학생들을 대상으로 자막 수업scripted lesson(화면에 뜨는 안내문에 따른 단계적 학습법:역주)에 기초한 훈련 프로그램을 개발했다. 수업을 활용한 학생들은 자료원을 다룰 때 훨씬 정교한 솜씨를 보여주었다. 이 학생들은 자신이 선택한 텍스트를 사용하는 데 더 많은 시간과 노력을 들였고, 자신의 선택을 정당화하는 데 더 공을 들였으며, 사이트를 재방문하는 횟수가 훈련받지 않은 대조군보다 더 많았다. 게다가 이때 사용한 기술을 새로운 복수의 온라인 자료를 평가할 때에도 다시 사용했다.[50]

종합

각 부분들을 결합해 하나의 일관성 있는 전체로 만드는 것은 어떤 연구나 글쓰기를 시도할 때든 어려운 일이다. 특히 자료가 디지털일 때는 (손에 잡히는 물리적인 것일 때보다) 각 부분들이 어디 있는지 하나하나 기억해두기란 훨씬 더 힘든 일일 수 있다. 이런 종합 과정은 세 가지 요소로 구분해 생각할 수 있다. 풀려는 퍼즐의 모든 조각들을 (정신의 눈으로 보거나, 손으로 만질 수 있게) 시각화하기, 각각의 자료원에 담긴 내용 비교하기, 종합한 전체를 창조하기가 그것이다.

시각화 부분은,

- 디지털이든 손으로든 도구를 사용해 조사에 필요한 질문을 짜라.
- 개념 지도(또는 손으로든 디지털로든 그와 비슷하게 만든 것)는 유용할 수 있지만, 보다 단순한 형태의 시각화(심지어 여러 색을 사용한 필기)로도 충분할 때가 있다.

다양한 연구 결과들이 개념 지도 사용을 지지한다. 단일 디지털 텍스트를 읽을 때나 온라인으로 복수의 자료를 다룰 때나 마찬가지다.[51]

개념 지도는 학교에서나 교육 심리학자들로부터 상당한 관심을 끌었지만, 그전까지 연구들에 대한 리뷰는 여러 요인들(가령 사전 지식, 읽기 기술, 시공간 기억 능력, 메타인지 기술, 지속적인 주의 능력)에 따라 지도 그리기의 유용도가 달라질 수 있음을 보여준다. 어떤 연구자들은 물리적 시각화가 비교적 읽기 능력이 낮은 학생들에게 가장 큰 도움을 줄 수 있다고 결론 내렸다.[52] 교육에서 너무나 많은 것이 그렇듯이, 한 가지 교육 방법이 모두에게 맞는 것은 아니다.

각각의 자료를 비교하는 부분은,

- 각각의 자료를 정밀검사할 때 작성한 기록을 다시 검토하라.
- 수집한 자료원들이 상호 보완적이거나 일치하거나, 불일치하는 부분을 비교해보라.

마지막으로, 온라인으로 복수의 텍스트를 읽은 후 종합한 전체를 창조하는 것과 관련해 효과적인 전략으로는 다음과 같은 것들이 있다.

- 알아낸 것을 해석하려 들기 전에 먼저 요약하라.
- 자신이 내린 예비 결론을 가지고 다른 사람과 논의해보라. 이때 자신이 그런 결론에 이른 이유를 제시하라.
- 지도 교사가 제공한 종합 모델이나, 혹시 그에 관한 동영상이 있으면 활용해서 스스로 분석해보라.

정밀검사와 마찬가지로 종합에 대해서도 이야기할 것은 훨씬 많다. 이에 관한 좋은 연구 기반 자료를 보려면 새리트 바질라이Sarit Barzilai와 동료들의 저술을 참고하기 바란다.[53]

가짜 뉴스에 대처하는 법

5장에서 학생들이 가짜 정보, 특히 가짜 뉴스를 식별할 때 겪는 문제에 대해 많은 이야기를 했다. 지금 우리의 과제는 그런 문제에 대처하는 데 도움이 되는 전략을 찾아내는 것이다.

첫걸음은 사실로 간주되는 것을 그렇지 않은 것과 구분하는 것이다. 스탠퍼드역사교육그룹이 시민적 온라인 추론을 개발하는 데 핵심적이라고 본 세 가지 질문을 떠올려보라(이 정보 뒤에는 누가 있는가? 근거는 무엇인가? 다른 자료원들은 뭐라고 하는가?). 학생들이 이 질문에 답하는 것이 얼마나 중요한지 알았으면 하는 마음에서 내가 줄 수 있는 핵심 조언은 다음과 같다.

- **스탠퍼드역사교육그룹이 개발한 자료들을 보라.** 이들의 웹사이트는 무료로 이용할 수 있는 교육 자료의 금광이다. 여기에는 '역사가처럼 읽기' 교

육 과정(내려받기 횟수가 이미 900만 회를 넘겼다)과 '시민적 온라인 읽기'에 대한 수업이 포함되어 있다.[54]

귀중한 자료를 하나 더 추가하자면,

- 《가짜 뉴스 풀어헤치기: 교사와 학생이 함께하는 미디어 항해 안내 Unpacking Fake News: An Educator's Guide to Navigating the Media with Students》. 이 책 6장, 7장, 8장을 보면 K-12 과정 교사들을 위한 구체적인 충고들이 담겨 있다.[55]

스탠퍼드역사교육그룹이 학생들이 조작과 사실을 구분하는 데 도움이 되도록 조언을 제시하면서 특히 강조한 점이 있다.

- 수직이 아니라 수평적으로 읽고 전문적인 팩트체커처럼 생각하라.

스탠퍼드역사교육그룹 구성원들은 전문적인 팩트체커들과 역사가들이 (스탠퍼드 학부생들 몇 명을 포함해) 온라인 콘텐츠의 신뢰도를 평가하는 법을 비교해봤다. 역사가와 학생들은 로고와 도메인명 같은 특징을 살펴보는 식으로 한 사이트에 ('수직적으로') 초점을 맞춘 반면, 팩트체커들은 최초의 자료원을 확인하는 것에 도움이 되도록 빠르게 다른 사이트들을 ('수평적으로') 찾아다녔다. 그 결과 전문 팩트체커들은 "순식간에 보다 근거 있는 결론에 도달한" 것으로 나타났다.[56]

만약 사실을 확인하고도 그 사실을 믿지 않는다면 어떻게 될까? 5장에서 가짜 뉴스에 대해 이야기할 때 증거를 넘어서는 심리적 요소가 있다는 사실을 상기한 바 있다. 확증 편향에 대항하는 것은 적어도 가짜 뉴스 식별을 위한 교육 과정 개설 못지않게 큰 과제다.

게다가 가짜 뉴스는 사람들을 자극하는 경향이 있다. 우리는 온라인 가짜 뉴스가 사실 보도보다 더 자주 공유된다는 것을 안다.[57] 마찬가지로 두려운 것은, 연구에 따르면 사람들이 허위정보를 반복해서 접하다 보면 허위정보 공유를 점점 아무렇지 않게(다시 말해 비도덕적이지 않다고) 느낀다는 사실이다. 심지어 그 정보에 가짜라는 표시가 분명히 붙어 있고, 발신자도 그 거짓 정보를 믿지 않을 때조차 그렇다.[58]

제2차 세계대전 당시 미국의 선전 포스터에는 이런 문구가 적혀 있었다. "가벼운 입이 배를 침몰시킨다." 부주의한 말이 적을 이롭게 할 수 있으니 조심하라는 뜻이다. 믿지도 않는 가짜 뉴스를 퍼뜨리다 보면 진실성뿐만 아니라 도덕적 나침반까지 손상될 위험이 있다.

여기서 내가 묘책을 제시할 수 있으면 좋겠지만 그렇지 못하다. 하지만 해법 중 일부가 학생(물론 어른들까지) 교육에 있다는 것만큼은 틀림없다. 즉, 소셜 미디어를 사용할 때 시민 사회의 일원으로서 책임은 '전송'이나 '공유', '좋아요', '리트윗'을 누르기 전에 그것이 초래할 수 있는 결과를 충분히 생각하는 데 있음을 알게 하는 것이다.

온라인 자료의 진정성 가려내기

5장 끝부분에서 우리는 온라인으로 복수의 자료를 읽는 것에 관련된 몇 가지 다른 쟁점, 즉 텍스트를 하위 요소로 나누는 것과 텍스트 자체의 변별성, 자료의 진정성에 대해 이야기했다. 불행하게도, 학생들에게 온라인 정보를 찾아보라고 시키면, 끝도 없이 이어지는 단락을 작은 절로 나누는 작업의 가치를 배웠음에도 어떻게 활용해야 할지를 잘 모른다. 또 변별성으로 말할 것 같으면, 앞에서 이미 사이트의 외관이 현란하거나 전문성이 있어 보인다고 해서 신뢰할 만한 자료원인 것은 아니라고 주의를 준 바 있다. 그러니 좀 더 현명한 대안이 필요하다. 어떻게 해야 온라인 자료의 진정성을 가려낼 수 있을지 상상하기란 정말 어렵다.

이런 점을 감안해 몇 가지 고려할 만한 아이디어를 제시하자면 다음과 같다.

- **텍스트에 어떤 요소들이 있는지 파악해보라.** 읽다가 부제어를 만나면, 그 순간은 잠시 멈추고 그 뒤에 무엇이 있을지 예상해봐야 할 때다. 종이로 읽을 때와는 달리 온라인 읽기에서 스크롤 방식은 멈춤(혹은 적어도 양보) 신호로 간주해야 할 곳에서 속도를 늦추지 않은 채 그냥 질주하도록 부추긴다.
- **서로 다른 사이트들을 볼 때에도 마치 일란성 쌍둥이를 분간하려는 것처럼 대하라.** 온라인에서 일어날 수 있는 최악의 시나리오를 상상해보라. 우리가 보게 되는 사이트들이 하나같이 동일한 시각적 포맷에다 같은 글자꼴과 크기를 하고 있다면 어떻게 해야 할까. 잠시 멈추고, 어쩌면 간단한 메모라도 해야 할 것이다. 사이트 1과 사이트 2의 독특한 점들은 무엇인가? 그렇게 해서 알아낸 답들은 정밀조사 단계에서 필요하다고 했던 전략(가령 저자의 신원과 자격을 파악하려고 노력하기)에 그대로 반영될 수 있다.
- **진정성에 관한 한, 최선의 도구는 상상일지도 모른다.** 아리스토텔레스의 말

을 빌리면, '의식적인 의심의 유보' 말이다. 학자들은 《켈스의 서Books of Kells》(서기 800년경에 라틴어로 채식된 사복음서. 아일랜드의 국보이며 서양 캘리그래피의 최고 걸작 중 하나로 꼽힌다:역주)나 피카소의 〈게르니카〉를 직접 보고 싶을 수도 있지만, 팩스나 사진 혹은 요즘 같으면 디지털로 저장된 복제품으로 만족해야만 한다. 여러분도 아마 그 책을 손에 쥐거나 그림의 원작을 지척에서 감상할 수는 없을 것이다. 하지만 가상도 결코 뒤지지 않는다.

종이로 된 진품은 미적으로나 물리적으로나 인지적으로나 많은 장점이 있다. 하지만 현실적으로 늘 이용할 수 있는 것은 아니다. 학생들과 함께 학습할 때 권할 만한 전략은 학생들이 실물과 가상 간의 관계를 이해하는 한편, 두 가지 다를 수용할 여지를 마련하는 것이 중요하다는 점을 깨닫게 돕는 것이다.

두 가지 모두 이용하기

학교 도서관이나 라운지를 거닐다 보면 많은 학생들이 복수의 자료를 가지고 '둘 다/동시에' 방식으로 공부에 몰두하는 것을 볼 수 있다. 아마 손으로 뭔가 적고 있거나 떠오르는 생각을 그래픽 형태로 그리는 것일 테다. 혹은 종이 교과서나 참고서를 읽으면서 온라인으로 다른 정보를 확인하고 있을 것이다. 손으로 쓴 노트는 너무 빨리 사라질 때가 많은 온라인 텍스트를 붙잡아두는 데 도움이 될 수 있다. 마치 《이상한 나라의 앨리스》에 나오는 체셔 고양이의 미소처럼, 손으로 쓴 글씨는 끈기 있게 남는다.

디지털 읽기가 시민의식에 미치는 영향

5장에서 디지털 읽기 혁명이 가져온 의도하지 않은 결과(긍정적인 것과 부정적인 것)를 이야기했다. 아직 살펴보지 않은 유력한 건설적인 결과는 학생들이 교실 밖에서 정보와 지식이라고 주장되는 것들과 맞닥뜨렸을 때 자신들의 디지털 기술을 적절히 활용할 수 있게 만드는 것이다.

1세기 전 철학자이자 교육가인 존 듀이는 이렇게 썼다. "교육의 주요 이점은 절대 속아 넘어가지 않게 한다는 것이다."[59] 오늘날 온갖 매체가 차고 넘치는 세계에서, 교육 내용에는 배경 지식과 분석 기술은 물론, 정보의 신뢰성이 갖는 결정적 중요성에 관한 예리한 인식까지 포함되어야 한다. 특히 정보가 걸러지지 않은 채로 전달될 때 더 그렇다. 여기에는 우리의 개인적 행복감뿐만 아니라 민주 국가 시민으로서의 성공까지 달려 있다.

2019년 가을, 나는 취리히사범대학교의 마이크 필립스Maik Philipps 교수를 만났다. 필립스 교수는 학생들의 온라인 자료원 평가를 돕는 전략을 개발하는 것에 관해 폭넓게 연구해왔다. 대화가 이어지면서 나는 좀 더 깊이 들어가, 왜 학생들의 자료 평가 기술을 그토록 중요하게 여기는지 물었다. 필립스 교수의 대답은 단순했지만 통찰력이 있었다. 즉, 우리가 학생들이 온라인 걸러내기를 통해 길렀으면 하는 자료 평가 기술은 그들이 정보를 접하는 곳이라면 어디서든지, 가령 종이책이나 신문, 라디오, 텔레비전, 대화 속에서도 적용될 수 있다는 이야기였다. 온라인에서는 말할 것도 없다.

디지털 기기를 가지고 있으면 우리는 모두가 팩트체커가 될 수 있다.

진위가 불분명한 정보가 어디에서 출현하든 상관없다. 이와 함께 우리는 가짜 뉴스를 남들에게 알리고 바로잡을 방법도 필요하다. 진실성 확립에 관심을 가질수록 우리는 제대로 알고서 투표하고 시민적 담론에 책임 있게 참여할 준비를 더 잘 갖추게 된다.

더 나은 선택을 위하여

연구 결과들은 행동에 나설 사람들과 공유될 때에 비로소 가치가 있다. 우리의 경우, 이 말은 지금까지 소개한 연구 결과들이 실제로 읽기 플랫폼을 고르고 지원할 때 적용되어야 함을 의미한다. 행동에 나설 사람은 교육의 장 안에 있는 모든 사람이다. 즉, 학부모와 교사, 사서, 행정가, 학생 그리고 더 큰 차원의 독서 공동체다. 최근 연구 결과는 우리에게 다음과 같은 책임을 일깨운다.

> 이번 연구를 통해 알게 된 것처럼, 아이들이… 스크린 읽기가 주는 해로운 효과를 자각하지 못한다는 사실은… 아이들이 자신들의 읽기 목적에 효과적이지 못한 매체를 선택할 가능성이 크다는 것을 의미한다. 따라서 아이들과 교사들이 읽기 목표를 달성하는 데 좀 더 나은 선택을 하게 도우려면 지금의 연구 결과를 널리 공유하는 것이 좋을 것이다.[60]

부디 이 조언을 명심했으면 한다.

3부

귀로 읽는 시대: 오디오와 동영상 읽기

- ‘구술 문화’와 ‘문자 문화’의 차이가 오늘날 시사하는 바는?
- 글을 눈으로 읽지 않고 귀로 듣는 것은 꼼수에 불과할까?
- 읽기와 듣기 중 더 많이 배울 수 있는 방법은?
- 글을 눈으로 좇으며 오디오북으로 듣는 것은 효과가 있을까?
- 팟캐스트는 학습 도구로서 얼마나 효율적일까?
- 동영상 과제물의 장단점은 무엇일까?
- 오디오와 동영상에 주석을 다는 효과적인 방법은?

7장

오디오북과 동영상 강의가 교과서를 대신할 수 있을까

» **구술 문화에서 문자 문화로**

구술 문화와 문자 문화

구술시험에서 필기시험으로

» **귀로 읽는 시대가 왔다**

오디오가 종이책을 대신할 것이라는 상상

오디오 듣기 1.0 시대

오디오 듣기 2.0 시대

듣기도 읽기라고 할 수 있을까?

듣거나 읽을 때 뇌에 일어나는 일

» **학습을 위해 오디오를 사용할 경우**

오디오의 학습 도입에 대한 의문

종이책이 오디오보다 우월한가에 대한 연구

팟캐스트의 학습 효과

오디오북의 학습 효과

오디오를 들을 때 얼마나 집중하는가

» **오디오와 텍스트를 함께 사용할 경우**

음향 효과가 입혀진 전자책의 탄생

오디오+텍스트: '몰입 독서'가 가능할까?

» **동영상 학습을 둘러싼 몇 가지 쟁점**

동영상의 급부상

동영상과 텍스트를 비교한 스페인, 독일, 미국 학생 연구

동영상 강의와 오디오, 어느 쪽이 효과적일까?

학생들은 동영상 강의에 얼마나 잘 집중할까?

» **핵심 정리**

문해 사회에서도 사람들이 의사소통을 하고 문화와 학습을 전달할 때 주요하게 쓰이는 수단은 말이다. 구어와 문어 사이의 균형에는 복잡한 역사가 있다. 이 역사를 알면 오디오가 장차 교육 매체로서 글로 된 텍스트를 보완하고 심지어 대체할지에 대한 전망을 이해하는 데 도움이 된다.

여기서는 구어와 문어의 역할이 어떻게 진화해왔는지 간략히 살펴보는 것으로 이야기를 시작해볼까 한다.[1] 그다음에는 허구적 상상의 산물에서부터 오디오북과 팟캐스트에 이르기까지 텍스트를 음성으로 대체하려는 시도들을 검토한다. 마지막에는 글을 대신하는 교육 수단으로서 오디오에 대한 연구들을 살펴본다.

구술 문화에서 문자 문화로

대학 시절 플라톤의 대화편이나 셰익스피어의 희곡을 읽어본 적이 있는가? 하지만 잠깐. '대화'라고 하면 말로 하는 것 아닌가? 셰익스피어가 희곡을 쓴 것도 실시간 극장 관객을 위해서이지 혼자서 읽기 위한 게 아니었다고 배우지 않았던가?[2] (실제로 그랬다.) 사실 1623년 최초의 셰익스피어 희곡 전집인 제1 이절판First Folio이 출간되고 나서야 비로소 사람들은 연극을 관람하기보다 작품을 읽어야 한다는 이야기를 듣기 시작했다. 플라톤의 대화편만 해도, 그런 대화가 오갔을 것으로 추정되는 기록에 해당한다.

이 두 가지 사례에는 결정적인 공통점이 있다. 기원전 5세기의 아테네와 엘리자베스 시대의 잉글랜드 두 곳 다 글을 읽을 줄 아는 사람들이 있긴 했지만, 글로 된 문화는 없었다는 것이다.

구술 문화와 문자 문화

'구술' 문화와 '문자' 문화란 무슨 뜻일까? 이 말은 한 사회에서 대다수 일상적인 일을 처리하는 방식을 뜻한다. 즉, 사람들이 새로운 소식을 어떻게 얻는지, 사람들의 오락물은 무엇인지, 교회 예배는 어떻게 보는지를 말한다. 이런 활동들이 대체로(때로는 유일하게) 구술을 통해 일어난다면, 그것이 구술 문화다. 여기서 균형이 다른 방향으로 충분히 이동하면 문자 문화에 이르게 된다.

어떤 기술이 등장하기만 하면 어떻게든 순식간에 사회가 돌아가는 근본 양식이 바뀐다고 가정하기 쉽지만 사실은 그리 단순하지 않다.

퍼스널 컴퓨터 혁명 초기를 봐도 그런 가정은 맞지 않는다. 1977년 애플II가 등장했을 때 구매자는 많지 않았다. 영어 표준어 철자를 보더라도 사정은 마찬가지다. 많은 사람들은 표준화가 1476년 잉글랜드에 인쇄업이 도입된 것과 함께 마법같이 일어난 것처럼 이야기하지만, 실제로는 그후로 거의 200년 이상 더 걸렸다.[3]

마찬가지로, 영어의 역사에서 글의 지위를 보자.[4] 17세기 대부분에 걸쳐 잉글랜드는 구술 문화로 남아 있었다. 물론 초서가 《캔터베리 이야기》를 쓰긴 했다. 하지만 그는 자신의 이야기를 귀족들 앞에서 소리 내어 읽어야 했다. 성경 또한 글로 쓰이긴 했다. 하지만 성경 역시 서민들이 혼자서 읽도록 권유받은 것은 프로테스탄트 혁명이 일어난 후였다. 누구나 함께 즐기는 오락은 곰 곯리기(쇠사슬로 묶인 곰에게 개를 덤비게 하는 놀이:역주)나 연극 같은 것이었지 혼자 책 읽기는 아니었다. 뉴스가 전파되는 것도 소문과 함께 대개는 포고를 알리는 마을 관원을 통해서였다.

구술에서 문자로 문화가 바뀌는 데는 두 가지 요소가 필수다. 먼저 글자로 인쇄된 텍스트의 가격이 낮아져 사람들이 사 볼 수 있어야 하고, 그만한 문해력이 뒷받침되어야 한다. 두 번째로 필요한 것이 교육이다.

구술시험에서 필기시험으로

구술 문화와 문자 문화를 구분하는 기준은 공식 학력을 평가하는 방법이다. 저학력층 사이에서 구술 기술인 암기와 암송은 긴 역사를 가지고 있다. 고학력층도 마찬가지다.

당신이 14세기 케임브리지대학교에 다닌다고 상상해보라. '기초 과정', 그러니까 3학(문법, 논리학, 수사학)에 이어 4학(산술, 음악, 기하학, 천문학) 공부를 마쳤다고 치자. 이제 시험 기간이다. 이른바 '논쟁disputation'이라는 시험들은 모두 구술식이다. 당신은 질문을 듣고 반박을 하거나 자기 의견을 개진해야 한다.

대학교에서 필기시험이 등장한 것은 수 세기가 지난 후였다. 1702년 케임브리지의 트리니티칼리지가 처음으로 시험 방식을 바꾸기 시작했다. 하지만 처음에는 수학 시험에만 국한되었다. 필기시험이 옥스퍼드에 도입된 것은 1800년이었다. 미국의 경우 하버드대학교에서 첫 필기시험(여기서도 수학에서만)을 본 것은 1833년이었다. 공립 학교에서 구술시험이 필기시험으로 바뀐 것은 1845년 보스턴에서부터였다.[5]

요즘 미국에서는 필기시험을 당연하게 여긴다. 하지만 내가 한 학기 동안 강의를 했던 이탈리아 대학교에서는 달랐다. 여기서는 학기말에 교수가 모든 학생에게 구술시험을 내주게 되어 있었다. 물론 지금의 이탈리아는 문자 문화에 속한다. 하지만 구술의 자취도 아직까지 남아 있다.

귀로 읽는 시대가 왔다

"책의 종언"이라는 제목의 글을 머릿속에 한번 그려보라. 아마 디지털 읽기가 종이책을 죽이는 것에 관한 글이라고 생각할 것이다. 퍼스널 컴퓨터에 이어 전자책이 부상한 이후 이런 주제의 변주곡들이 흔해지긴 했다(가령, 로버트 쿠버Robert Coover의 1992년 "책의 종말The End of Books"이나 샘 리스Sam Leith의 2011년 "이것이 책의 마지막인가?Is This the End for Books", 레이철 누어Rachel Nuwer의 2016년 "종이책은 정말 사라질까?Are Paper Books Really Disappearing?"). 하지만 앞에서 말한 글이 출판된 것은 스티브 잡스나 제프 베이조스가 태어나기도 한참 전인 1894년이었고, 그 후 종이책을 대체한 것은 문자를 위한 어떤 새로운 플랫폼이 아니라 '소리'였다.

오디오가 종이책을 대신할 것이라는 상상

이야기는 1844년 미국 연방 의회 의사당에서부터 시작된다. 화가에서 발명가로 전업한 새뮤얼 모스는 바로 그곳에서 "하나님이 행하신 일이 어찌 그리 큰가!What hath God wrought!"(구약성경 민수기 23장 23절. 모스가 전신 개발 과정에서 예일대학교 동문이었던 헨리 엘즈워스 당시 미국 특허청장이 그를 도와 의회의 지원 약속을 받아내자 고마움을 표하기 위해 엘즈워스의 딸에게 전신으로 보낼 공식 메시지를 부탁해 받은 구절이었다. 전신도 결국은 신의 창조물을 이용한 것이라는 말이다:역주)라는 메시지를 쳤고, 이것은 워싱턴과 볼티모어 사이에 가설된 최초의 장거리 전신선을 통해 발송되었다. 이제 편지를 보내지 않고도 문자로 교신하는 것이 가능해졌다.

다음 이정표가 세워진 것은 1876년, 알렉산더 그레이엄 벨이 연구소 조수를 호출했을 때였다. "왓슨 씨, 이리로 오세요. 당신이 필요해요." 이것이 바로 전화라고 알려진 벨의 기기를 사용한 첫 번째 음성 전송이었다. 이제 전화만 있으면 멀리 떨어진 곳에 메시지를 보낼 때에도 글을 쓸 필요가 없어졌다.

벨은 전화로 특허를 딴 첫 번째 인물이었지만, 그의 최대 경쟁자였던 토머스 에디슨도 그 뒤를 바싹 쫓고 있었다. 그로부터 1년 만에 에디슨은 새로운 발명품인 축음기를 세상에 선보였다. 이제 사람들은 소리를 녹음하고 재생도 할 수 있게 되었다. 에디슨의 맨 처음 구상은 비즈니스맨들이 속기사 없이도 편지를 받아 적을 수 있게 하는 것이었다. 음성 메시지를 원통에 새겨 넣은 것을 수신자에게 전달해 재생하게 하는 식이었다. 하지만 축음기는 결국 개인 메시지 전송을 위한 시스템이 아니라 녹음한 음악을 재생하는 데 안성맞춤인 기기가 되었다.[6]

축음기는 어떤 소리라도 녹음된 것이면 재생할 수 있었다. 여기에는 책 속의 글도 포함되었다. 1889년 에디슨의 한 지인은 이렇게 썼다.

> 심지어 수많은 책과 이야기들이 앞으로는 출판의 빛을 보지 않을 수 있다는 상상도 가능하다. 그것들은 음반phonogram의 형태로 읽는 사람이나 듣는 사람의 손에 들어갈 것이다.[7]

"편지 쓰기는 과거의 일이 될까? 충분히 그럴 수 있다, 송화기에 대고 말만 해도 우리가 말한 것이 종이 위에 기록된다면 말이다.… 장차 우리는 새로운 종류의 책을 갖게 될까?"
<사이언티픽 아메리칸>, 1877년[8]

잠시 21세기로 돌아와 보면, 실제로 이제 어떤 책들은 먼저 출판 과정을 거치지도 않고 곧바로 오디오 형태로 나온다.[9]

19세기 후반 저자들은 오디오가 종이책을 대신할 거라는 전망을 내놓기 시작했다. 미래주의자 에드워드 벨러미Edward Bellamy는 1889년에 발표한 글에서 책이 휴대용 기기에서 재생되는 녹음물로 대체되는 미래를 그렸다.[10] 그로부터 5년 후 프랑스 작가이자 출판인인

옥타브 우잔Octave Uzanne이 그와 관련된 시나리오를 "책의 종언"에서 엮어 보였다. 그는 여기에 기발한 가상의 장비까지 그려 넣었다.[11]

오디오 듣기 1.0 시대

20세기에 들어와서 우리는 종이를 오디오로 대체하는 것에 대해 꿈만 꾸는 단계에서 대체를 현실화하는 단계로 넘어왔다. 매튜 루베리의 《말하는 책의 못다 한 이야기The Untold Story of the Talking Book》는 그간의 과정을 알려주는 탁월한 역사서다.[12] 그중에서도 우리는 두 가지 주요 기획에 초점을 맞추려고 한다. 시각장애인을 위한 오디오 녹음과 비장애인을 위해 설계된 오디오 녹음이다. 하지만 그보다 먼저 라디오가 있었다. 이 플랫폼들을 다 합쳐서 오디오 듣기 1.0이라고 부르자.

라디오

라디오가 처음 기술로 구현된 것은 1900년대 초 이탈리아 전기공학자인 굴리엘로 마르코니가 만든 무선 전신radio telegraphy이었다. 처음에는 선박들 사이에 교신용으로 사용되던 라디오는 1920년대에 이르러 일반 방송 매체로 자리 잡았다. 미국에서 최초의 상업 라디오가 허가된 것은 1920년이었고, 영국에서는 1922년 BBC가 출범했다.

라디오 방송 프로그램에는 거의 처음부터 이른바 라디오 드라마가 포함되어 있었다. 이것은 사실상 이야기를 드라마로 각색한 것이었고, 성우의 음성과 음악, 음향효과로 짜여졌다. 여러 라디오 방송사가 전속 성우를 두고 있었다. 라디오 드라마는 1930년대부터 1950년대에 이르기까지 번창했다. 1960년대에 텔레비전이 퍼지면서 라디오 청중을 얼마간 잠식하긴 했지만, 라디오 드라마는 지금까지도 팟캐스팅에 이르기까지 계속해서 맥을 이어가고 있다.[13]

라디오에는 드라마 외에도 음악이 있었다. 그것도 아주 많이. 숱한 라디오 방송사가 자체 오케스트라를 운영했는데, 초기에만 해도 음반사에 저작권료를 물지 않기 위해서였다. 몇몇 라디오 오케스트라는 지금까지도 유지되고 있다. 스웨덴라디오교향악단이 대표적이다.

라디오는 처음부터 청중의 폭이 대단히 넓었다. 사회학자 폴 라자스펠드Paul Lazarsfeld의 연구에 따르면, 1940년대 후반 미국인의 90퍼센트 이상이 라디오를 가지고 있었다. 더욱이 같은 설문 조사 대상의 26퍼센트는 주중 하루 평균 6시간 이상 라디오를 듣는다고 답했다.[14] 뉴스를 듣는 것 외에도 청취자들은 대개 교육적 내용보다 오락물에 관심이 있었다. 라자스펠드는 이렇게 썼다. "교육 프로그램의 청취율이 낮다는 것은 잘 알려진 사실이다."[15]

라디오 방송이 시작된 초기만 해도 사람들은 집에서 들었다. 하지만 점차 운전을 좋아하게 되면서 라디오는 미국인의 자동차 안에 등장하기 시작했다. 최초로 차량에 라디오를 탑재한 곳은 1930년 갤빈 제작소Galvin Manufacturing Corporation였다. 재미있는 사실은, 갤빈 형제가 자신들이 만든 제품의 이름을 '모토롤라Motorola'라고 붙였다는 점이다. '모터 카motor car'(자동차를 가리키는 영어 단어)와 '빅트롤라Victrola'(당시 '말하는 기계'로 불린 축음기의 인기 브랜드)의 합성어였다. 차량 라디오가 대박이 난 후 갤빈 형제는 회사 이름도 모토롤라로 바꿨고, 이 회사는 지금 거대 다국적 통신 기업이 되어 있다.

라디오는 음악과 뉴스, 드라마, 그밖에 이야기를 토대로 한 오락물들을 대규모 청중에게 제공했다. 하지만 라디오가 제공하지 않은 것이 한 가지 있었으니, 바로 책이었다. 책이 라디오에 포함되기까지는 한바탕 전쟁을 겪어야만 했다.

시각장애인을 위한 말하는 책

모든 것은 보나파르트 나폴레옹에서 시작되었다. 전쟁터에서 야간에 글로 쓴 메시지를 주고받는 것은 치명적인 위험이 따르는 일이었다. 편지를 읽기 위해 불을 켰다가는 적에게 위치가 발각될 수 있었다. 나폴레옹은 병사들이 어둠 속에서도 메시지를 해독할 수 있게 해줄 장치를 개발하라고 지시했다. 이 난제에 뛰어든 프랑스 장교 샤를 바르비에 드 라 세르Charles Barbier de la Serre는 종이 위에 12개의 점자를 찍어 뜻을 주고받는 방식의 '야간 글쓰기'를 발명했다.

바르비에는 1821년 파리의 왕립시각장애청소년학교Royal Institute for Blind Youths에서 강의를 했다. 청중석에는 앞을 못 보는 열두 살의 루이 브라유Louis Braille도 있었다. 그로부터 3년 후 브라유는 바르비에의 '야간 글쓰기'를 다시 고쳐 6개 점자로 된 체계를 만들어냈다. 오늘날 우리가 아는 '브라유 점자' 체계다.

다시 백 년 가까이 지나서, 1차 세계대전이 일어나고 몇 년 뒤 영국 왕립시각장애인협회Royal Institute of Blind People가 전시에 시각장애를 입은 병사들이 들을 수 있도록 책 내용을 녹음한 음반을 제작하기 시작했다. 1942년에는 미국 시각장애인재단American Foundation for the Blind과 의회도서관도 비슷한 사업을 시작했다.

이제는 브라유 방식의 책 읽기를 대신할 만한 것이 있었다. 시각장애인 공동체가 브라유 방식보다 '말하는 책'이 낫다고 판단할지를 둘러싸고 논쟁은 계속되었지만, 두 가지 사실만큼은 분명했다. 첫째, 앞을 볼 수 없는 사람 모두가 브라유 점자를 읽을 수 있는 것은 아니다. 둘째, (일반 청중을 기준으로 했을 때) 평균 속도가 오디오 녹음물을 재생할 때에는 분당 약 190단어인 데 비해, 브라유 점자로 읽을 때는 분당 약 60단어에 불과하다.[16]

미국과 유럽 양쪽에서 시각장애인들을 위해 '말하는 책'의 대규모 모음집이 제작되었다. 하지만 앞을 볼 수 있는 사람 또한 녹음된 책을 얼마든지 자유롭게 들을 수 있었다. 미국에서 새로운 산업이 꽃피기 시작했다. 이를 주도한 회사가 캐드먼레코드Caedmon Records였다. 캐드먼이 1952년 처음 출시한 음반의 앞면에는 딜런 토머스의 시들이, 뒷면에는 그의 산문인 〈웨일스 아이의 성탄절〉이 수록되어 있었다. 둘 다 저자 음성으로 녹음된 것이었다. 캐드먼은 계속해서 20세기 문학의 명작들을 많이 녹음했고, 음반으로 된 문학을 즐기는 청중이 더 폭넓게 존재한다는 사실을 확인시켜 주었다.

캐드먼의 청취자들은 확실히 교양이 높은 사람들이었다. 이들은 녹음된 것을 들을 때에도 책에만 집중할 뿐, 동시에 다른 활동을 할 거라고 여겨지지 않았다. 심지어 캐드먼의 편집자들은 청취자들에게 종이책을 따라가며 들으라고 권하기까지 했다.[17]

하지만 그런 조언은 오디오와 책이 다음 기술 발전 단계를 거치면서 힘을 잃었다.

녹음테이프 책

1973년이었다. 한때 조정 선수로 올림픽에서 금메달까지 땄던 듀발 헥트Duvall Hecht는 캘리포니아에서 매일 먼 길을 출퇴근하던 중에 어느 날 교통 체증에 묶이게 되었다. 매튜 루베리가 전하는 이야기에 따르면, 헥트는 차량의 라디오에서 나오는 히트곡 톱 40과 뉴스, 광고의 뒤범벅이 자신의 뇌를 '코티지 치즈'(콩비지처럼 부드러운 흰색 치즈)로 바꿔 놓는 것만 같았다.[18] 참다못한 헥트는 그로부터 2년 후 북스온테이프 Books on Tape라는 이름의 회사를 세웠다. 책 전체 내용을 카세트테이프에 담아 대여해주는 회사였다. 그가 겨냥한 청중은 다른 일, 이를테면 운전을 하는 동안 자신의 정신을 더 나은 곳에 쏟을 수 있기를 원하는 사람들이었다.

북스온테이프는 대성공을 거뒀다. 특히 통근자들 사이에서 인기가 높았다. 1980년에는 미국에 소니의 워크맨이 들어오면서 (산책을 하거나, 체육관에서 운동을 하거나, 집안일을 하면서) 걷는 사람들뿐만 아니라 가만히 앉아 있는 사람들까지도 편리하게 책을 들을 수 있게 되었다. 휴대용 카세트에 뒤이어 나중에 콤팩트디스크도 대열에 합류했다. 시간이 흐르면서 다른 경쟁자들도 시장에 진입했고, 서점들은 테이프를 대여하는 대신 판매하기 시작했다. 사람들도 점점 자신의 귀로 읽는 방식에 적응하게 되었다.

오디오북은 소설(이른바 순문학을 포함)은 물론 베스트셀러와 논픽션으로까지 확장되었다. 1992년 북스온테이프가 실시한 설문조사에 따르면, 사용자들은 대다수가 오디오북을 듣는 동안 멀티태스킹을 하고 있는 것으로 드러났다. 약 80퍼센트가 운전 중에 듣는다고 답했다. 전반적으로 응답자의 4분의 3이 오디오북을 듣는 동안 '다른 것을 할 수 있다'는 것이 북스온테이프의 주요 이점이라는 데 의견을 같이했다.[19]

오디오 듣기 2.0 시대

21세기의 첫 10년 동안 우리 주변에는 모바일 디지털 혁명이 한창이었다. 데스크톱에 이어 노트북마저 전자책 리더기와 태블릿, 휴대전화에 밀려나고 있었다. 파일을 내려받을 수 있는 음악 혹은 스트리밍 형태의 음악을 아이팟에 이어 휴대전화, 그다음에는 스마트 스피커로 들을 수 있게 되었다. 새로운 출판이 종이책과 전자책뿐 아니라 오디오북으로도 등장하기 시작했다. 팟캐스트는 점점 인기를 더해갔고, 기술 전문가에서부터 저널리스트, 대학교수에 이르기까지 모두가 제작에 나서게 되었다. 오디오 듣기 2.0 시대로 진입한 것이다. 이 두 번째 단계로 넘어오면 현대식 오디오북과 팟캐스트가 등장한다. 하지만 전통적인 라디오도 잊지 말아야 한다. 특히 운전 중일 때 말이다.

오디오북

오디오북으로 이야기를 시작해보자. 2장에서 소개한 오디오북 내려받기의 막대한 수익은 이미 많은 사람들이 오디오북을 듣고 있음을 의미한다. 2019년 초 미국 성인의 5명 중 1명이 전년도에 오디오북을 최소 한 권은 들어본 적이 있는 것으로 조사됐다.[20] 가장 큰 비중을 차지하는 청중은 대학교를 졸업했으며 비교적 경제적 여유가 있는 30~49세의 성인이었다. 오디오북 청취자는 대다수가 여성이었지만, 종이책이나 전자책도 사정은 마찬가지다.

사람들은 어떤 오디오북을 들을까? 가장 인기 있는 장르는 추리물, 스릴러, 서스펜스였고, 그 뒤를 역사, 전기, 회고록, 유머가 이었다.[21] 청취자들의 상당수는 멀티태스킹을 하는 동안 오디오북을 듣기 때문에, 이런 장르가 인기 높게 나온 것은 충분히 이해가 간다. 이런 책들은 거기에만 완전히 몰입할 필요는 없을 때가 많기 때문이다. 이 목록은 앞서 북스온테이프가 벌인 설문조사에서 파악된 초기 청취자들의 선택과 크게 다르지 않다. 당시 조사에서는 베스트셀러 소설, 고전, 추리물, 모험, 전쟁과 역사, 전기 순으로 집계됐다.[22]

팟캐스트

팟캐스트는 오디오북과는 다른 궤적을 보였다. 그도 그럴 것이 팟캐스트는 종이책 모델이나 상업적 기반 위에서 구축된 것이 아니라는 사실을 감안할 필요가 있다. 그보다는 오히려 인터넷상의 수많은 콘텐츠처럼 모바일 기술을 적극 활용했으며, 만들어낸 사람들도 일반 대중인 경우가 많았다.

2000년대 초 블로그를 이용한 글쓰기가 인터넷에서 급증하면서 네티즌들은 오디오 파일을 만들고 공유하는 실험을 시작했다. 2004년 저널리스트 벤 해머슬리Ben Hammersley는 이런 생각을 했다.

> 뒤늦게 깨달은 사실이지만, 이 모든 게 아주 분명해 보인다. 많은 사람들의 주머니 속에 들어 있는 애플의 아이팟 같은 MP3 플레이어, 값이 아주 싸거나 무료인 오디오 제작 소프트웨어, 그리고 인터넷 안에 확고히 자리 잡은 웹로깅(블로깅의 원래 명칭). 이로써 아마추어 무선통신에서

새로운 붐을 일으키기 위한 모든 재료가 갖춰진 것이다.[23]

이제 필요한 것은 이 사용자 생성user-generated 공유 오디오 파일에 붙일 이름뿐이었다. 해머슬리가 제안한 이름 중 하나가 '팟캐스팅'이었다. '아이팟'과 '브로드캐스트'를 섞은 것이었다. 그 뒤로도 이 이름은 살아남았다.

팟캐스트의 인기는 폭발적이었다. 정확한 통계는 알기 어렵지만, 2019년의 한 추산에 따르면 팟캐스트 수는 80만 개가 넘었고, 이들이 만들어 올린 에피소드는 3000만 건이 넘었다.[24] 듣는 사람들도 적지 않았다. 에디슨리서치앤드트리턴디지털Edison Research and Triton Digital의 2019년 설문조사에 따르면, 12세 이상 미국인 3명 중 1명 꼴로 지난달에 팟캐스트를 들어본 적이 있다고 답했다. 또 남성이 여성보다 더 많이 듣는 경향이 있는 것으로 나타났다(오디오북과는 반대되는 양상이다).[25]

팟캐스트를 듣는 시간과 관련해서는 다수(49퍼센트)가 집에 있는 동안이었고, 운전 중이 22퍼센트, 업무 중이 11퍼센트, 대중교통을 타고 가는 동안과 운동 중이 각각 4퍼센트를 차지했다.[26] 애청자들 사이에서 가장 인기가 높은 장르는 음악, 방송과 영화, 코미디, 기술이었다.[27]

라디오

라디오가 이제는 '옛날' 매체라고 해서 청취자가 사라지고 있을 거라고 생각하지는 말기 바란다. 2018년 후반의 설문조사에 따르면, 미국 성인의 92퍼센트가 매주 라디오를 듣고 있는 것으로 나타났다. 성인들 사이에서 전체적으로 가장 인기 있는 장르는 컨트리 뮤직이었고, 다음으로 뉴스와 토크쇼 순이었다. 10대부터 50대 중반 성인까지 청취자들 사이에서는 팝 순위 프로그램이 두 번째로 인기가 높았다.

라디오 청취는 차량 안에서 이뤄지는 경우가 대부분이었다. 설문조사에서 지난달 차를 탄 적이 있는 사람들 중 81퍼센트가 AM/FM 라디오를 들었다고 답했다. 그에 비해 45퍼센트는 자신이 가지고 있던 디지털 음악을, 43퍼센트는 CD 음악을, 26퍼센트는 팟캐스트를 들었다고 했다.[28]

듣기도 읽기라고 할 수 있을까?

팟캐스트나 오디오북 듣기를 '읽기'라고 부르는 것에 모두가 수긍하는 것은 아니다. 오디오 파일의 인기가 높음에도 어떤 저자나 독자들은 눈으로 보는 방식의 읽기에 대한 별도의 명명법을 고수하는 것을 중요하게 여겨왔다.

스벤 버커츠는 이런 질문을 제기한다.

> 책을 듣는 것은 읽기의 확장인가, 아니면 읽기를 단순화하는 것인 동시에 모든 것을 오락물로 바꿔놓는 또 하나의 기발한 방법인가?[29]

버커츠의 근본적인 우려는 종이책과 비교했을 때 오디오북이 독자에게 줄 수 있는 몰입도와 관련 있다.

쟁점 중에는 텍스트 통제의 문제도 포함된다. 특히 텍스트가 복잡하고 미묘하거나 언어적으로 풍부한 표현들을 담고 있을수록 이 문제는 중요해진다. 우리가 종이책으로 읽을 때는 필요하면 언제든지 쉽게 한 페이지에 오래 머물 수 있다. 오디오인 경우에는 낭독하는 사람이 속도를 정한다. 앞서 1장에서 우리가 이야기한 '깊이 읽기'라는 말을 버커츠가 만든 것도 지금 이야기하는 것과 같은 에세이에서였다. 그는 이렇게 쓴다.

> 독서는, 우리 자신이 그것을 통제하기 때문에, 필요와 리듬에 맞춰 적응할 수 있다. 그 덕에 자유롭게 주관적인 일련의 충동에 몰입할 수 있다. 나는 바로 이 상태를 일컬어 **깊이 읽기**라고 부르겠다. 이것은 천천히 생각에 잠기며 한 권의 책을 자기 것으로 만드는 것이다. 이때 우리는 그저 단어를 읽는 게 아니다. 그 주변에서 우리의 삶을 꿈꾸는 것이다.

버커츠는 계속해서 이렇게 말한다. 반면에,

> 깊이 '듣기'를 경험할 수 있는 경우는 드물다. 그때 우리의 귀는, 그리고 그와 함께 상상에 관여하는 우리의 모든 기관은 말을 하는 사람의 지휘봉에 맞춰 행진하기 때문이다.[30]

정치 평론가이자 에세이스트인 데이비드 프럼David Frum은 오디오북에 대한 버커츠의 또 다른 우려를 전한다. 그것은 오디오북에서 상상과 해석을 하는 사람은 누구인지, 독자인지 낭독자인지에 관한 우려다.

> 〔낭독자의〕 해석은 그 자신을 앞으로 내세우고 끼워 넣어, 읽는 사람 자

신의 이해가 형태를 채 갖추기도 전에 그것을 질식시킨다.[31]

하지만 버커츠와 프럼 두 사람 모두 사람들이 오디오북 듣기에서 즐거움을 추구하는 것은 인정한다. 특히 아주 솜씨 있게 낭독이 이뤄질 때 그렇다. 오디오가 유용하다는 사실은 특히 교통 체증 속에 우두커니 앉아 있을 때나 끝이 없는 줄 속에서 기다릴 때와 같이 지루한 용무를 앞두고 있을 때 절감된다. 더욱이 버커츠는 자신이 소중히 여기는 깊이 읽기 모델이 실제로는 흔치 않음을 상기시킨다. 종이와 오디오를 비교 채점하는 일은 이로써 한층 복잡해진다.

우리는 진지한 책조차, 마치 조간신문을 뜻만 파악하느라 문장을 건너뛰거나 아코디언의 주름처럼 여러 구절을 한데 붙여 읽을 때와 같은 속도로 읽을 때가 너무나 많다.[32]

이런 경우에 오디오북은 적어도 책의 모든 단어를 우리에게 들려준다는 이점이 있다.

오디오북을 듣는 것은 일종의 속임수cheating인가 아니면 쉬운 방편인가? 심리학자이자 독서 전문가인 대니얼 윌링엄은 이런 질문을 받을 때가 많다고 말한다. 윌리엄은 뭐라고 답했을까? 북클럽에서 읽기로 한 책을 읽지는 않고 귀로 듣는 것이 속임수인지 아닌지 옥신각신하느니, 오디오와 종이책을 완전히 호환 가능한 것으로는 생각하지 말라고 윌리엄은 조언한다. 쉬운 텍스트라면 어느 쪽이든 차이가 없을 가능성이 높다. 어려운 텍스트라면 종이책이 이점이 있다. 하지만 운전 중이거나 러닝머신 위에서 운동 중일 때에는 오디오가 나을 수 있다. 그럴 때는 다른 일도 병행할 수 있기 때문이다.[33]

듣거나 읽을 때 뇌에 일어나는 일

우리 뇌는 듣기와 읽기를 구분할까? 답은 어떤 정신 활동을 이야기하는 것인가에 따라 "그렇다"일 수도, "아니다"일 수도 있다.

첫째, "아니다"인 경우를 보자. 버클리 소재 캘리포니아주립대학교에서 실시한 연구에 따르면, 이야기를 눈으로 읽을 때나 귀로 들을 때나 뇌가 단어를 표상하는 것을 보면 거의 동일하다.[34] 물론 뇌는 단어의 뜻을 읽어 들이는 것 이상의 일을 한다. 그러니까 문장이나 절과 같이 단어보다 긴 단위들도 이해한다. 여기에 더해, 읽은 것이나 들은 것을 단기간이든 장기간이든 기억도 한다. 이해와 기억의 문제에 관해서는 심리학자들이 다양한 종류의 실험을 통해 답을 얻으려 해왔다. 이에 관해서는 잠시 후에 이야기하겠다.

장르에 대해서도 생각해볼 필요가 있다. 캘리포니아주립대학교의 연구에서는 인기 팟캐스트인 〈모스 라디오 시간The Moth Radio Hour〉에 나온 이야기들이 사용됐다. 만일 연구진이 법정 준비 서면legal brief(소송당사자가 법정에 제출하는 사실과 의견 요약서:역주)을 연구에 사용했으면 어땠을까? 우리가 글을 읽을 때 단어 자체가 표시되는 뇌의 영역은 입력 매체와 상관없이 같을지 몰라도, 정신적 노력의 수준은 같지 않았을 가능성이 높아 보인다.

기초 준비 작업을 마쳤으니 이제는 오디오가 학습에서 차지하는 위상에 초점을 맞춰볼 시간이다. 먼저 오디오 한 가지만 사용한 경우를 살펴보고, 그다음에는 오디오와 텍스트의 병행 사용으로 넘어갔다가 동영상을 동반한 오디오로 옮겨가겠다.

학습을 위해 오디오를 사용할 경우

오디오의 학습 도입에 대한 의문

'학습을 위한 오디오.' 이 말은 자연스러울까 아니면 모순적일까? 답은 학습 내용이 무엇이며, 학습을 얼마나 진지하게 여기는가에 달렸다.

먼저 '학습 내용'에 대해 이야기해보자. 목표가 외국어 학습이라면 오디오는 발음과 이해의 기술을 높이는 데 확실히 도움이 될 수 있다. 음악의 역사나 이론 수업에 오디오가 포함되는 것은 의문의 여지가 없다. 소설이나 시는 어떨까? 도움이 될 수도 있다. 특히 적격의 낭독자가 있다면. 암기가 요구되는 분야에서는? 어쩌면. 선형대수학은? 내 생각에 그건 아닌 것 같다.

'학습을 얼마나 진지하게 여기는가'라는 요인은 학생들뿐만 아니라 어떤 주제에 호기심이 있는 사람이면 누구와도 상관이 있다. 이럴 때 논픽션 오디오북은 팟캐스트처럼 도움이 될 수 있다. 나는 남는 시간이 있으면, 야생동물의 멸종에 관한 팟캐스트를 간절히(심지어 아주 열중해서) 듣고 싶을 것이다. 하지만 이럴 때 내 목표는 뭘까? 아마 나는 내가 알게 된 재미있는 사실을 남편과 공유할 수 있을 것이다. 나는 그 사실을 내일도 기억할까? 다음 달에는? 그럴 수 있을 것이다. 내가 그 팟캐스트에 귀를 기울인 것은 나 자신의 계발을 위해서였지 시험을 보

> "[오디오북은] 책과의 모든 관계를 기꺼이 단절하려는 새로운 형식의 오락물이다."
> **매튜 루베리**[35]

기 위해서가 아니었던 것이다.

오디오북에 관한 한, 가장 인기 있는 장르가 추리물, 스릴러, 공포물임을 기억하라. 게다가 오디오북 사용자들은 대부분 듣고 있는 동안 멀티태스킹을 하는 것처럼 보인다. 아주 인기 높은 팟캐스트들도 일반적으로 가벼운 장르에 속해 있다. 더욱이 대다수 팟캐스트가 무료이기 때문에, 사람들은 주의집중이 필요한 매체로 보지 않는 편이다. 물론 우리는 멀티태스킹을 할 때가 많다. 부분적 주의 집중은 오디오 녹음물에 대해 논의할 때면 반복적으로 듣게 되는 주제다. 헬렌 애런Helen Aron은 북스온테이프 연구에서 이렇게 말했다.

> (설문조사에 참가한 사람들이) 오디오카세트에서 기대하는 것은 주의집중이 별로 필요 없는 활동을 하는 동안 얻을 수 있는 정보와 오락이었다.[36]

태도와 개인적 판단에 관한 이야기는 이 정도로 해두자. 연구 결과는 어떤가?

종이책이 오디오보다 우월한가에 대한 연구

지난 반세기 동안 심리학자들은 사람들이 듣는 방식과 읽는 방식을 비교해왔다. 대부분의 연구는 우리가 읽을 때 더 많이 기억한다고 결론 내렸다. 에이드리언 펀햄Adrian Furnham의 말에 따르면 '종이책의 우월성'이 있다.[37] 증거는 이런 것들이다.

- 같은 뉴스 기사를 종이로 읽은 성인들이 오디오로 들은 사람들보다 더 많이 기억했다.
- 소설의 일부를 종이로 읽은 성인들이 오디오로 듣거나 텔레비전 버전(동영상을 곁들인 오디오)으로 시청한 사람들보다 더 많이 기억했다.[38]

질문은 왜 그런가다.

말과 글의 물리적 차이에 초점을 맞췄을 때는 이런 이유들을 들 수 있다.[39]

- 글의 내구성: 오디오와 달리 글로 된 텍스트는 그대로 남아 있기 때문에, 다음과 같은 몇몇 유도성을 가능하게 한다.
- 속도에 대한 통제: 읽기의 경우 읽는 사람이 자신의 속도를 설정할 수 있다. 오디오는 낭독자의 속도에 좌우된다.
- 다시 읽기가 쉽다: 글로 된 텍스트는 읽는 사람의 뜻에 따라 다시 읽기가 쉽다. 오디오에도 다시 듣는 방법이 있지만 더 번거롭다.
- 단락을 훑어보거나 건너뛰는 능력: 글로 된 텍스트는 재미가 없거나 읽는 목적과 상관없어 보이는 대목은 미끄러지듯 넘어갈 수 있다. 오디오는 그러기가 쉽지 않다.
- 텍스트의 이정표: 글로 된 텍스트는 보통 마침표나 새로운 단락, 부제목, 페이지 나누기 같은 것을 사용한 시각적 이정표를 제공한다(5장에서 우리는 긴 텍스트를 분해하는 것이 왜 유용한지 논의한 바 있다). 반면 오디오는 하나의 흐름인 편이다.

좀 더 깊이 들어가 보자. 오디오와 종이 읽기를 기억이나 이해의 측면에서 비교했을 때, 텍스트의 길이나 복잡성까지 감안하면 어떤 결과가 나올까?[40] 연구 결과를 보면, 아주 짧은 텍스트(가령 몇 단어나 몇 문장)를 사용했을 경우 다시 떠올리기는 오디오가 더 나을 수 있다. 하지만 자료가 길어지면 종이가 유리하다.

복잡성과의 관계는? 안구 추적 연구에 따르면, 텍스트가 어렵거나 모호하거나 중요하면 역행 신속운동(시선이 텍스트의 뒤로 돌아가는 것)이 더 많이 일어난다.[41] 글로 된 텍스트로 읽을 때는 읽는 사람이 뒤로 돌아갈 수 있다. 오디오북도 마찬가지인데, 다만 분량이 짧을 때만 되감기 기능을 편리하게 이용할 수 있다. 더욱이 연구 결과에 따르면 학습 과정에서 학생들은 오디오를 이용했을 때 텍스트로 읽을 때보다 뒤로 돌아갈 가능성이 낮았다. 대학생들도 시험을 보기 전에 장문의 자료를 다시 읽어보거나 되감기를 해볼 기회를 주었을 때, 텍스트 버전이면 다시 읽기를 했지만 오디오면 되감기를 하지 않았다.[42]

듣기를 읽기와 비교한 연구는 이보다 훨씬 많다.[43] 하지만 여기서 우리는 키프로스대학교의 아이린애나 디아키도이Irene-Anna Diakidoy와 동료들이 한 연구에 초점을 맞춰 보려고 한다. 이들은 초등학교부터 중고등학교에 이르는 학생들을 대상으로 했고, 내러티브 텍스트와 설명형 텍스트 두 가지를 다 사용했다(저자들은 '설명형'이라는 용어를 사용했지만 사실상 '정보성'이라 생각해도 무방하다).[44]

읽기 학자들 사이에는 구술 이해와 문자 이해의 관계를 두고 상반된 두 이론이 있다. 한 이론('이중 처리 이론')은 듣기와 읽기가 몇 가지 공통점이 있기는 해도 본질적으로는 별개의 두 가지 인지 과정이라고 주장한다. 다른 이론('단일 처리 이론')은 듣기와 읽기가 모두 동일한 이해의 메커니즘에 기초한다고 본다. 디아키도이와 동료들이 지적하듯이, 만약 단일 처리 이론이 옳다면 학생들은 읽기에 필요한 독해 기술을 배우고 나면 구술 과제든 필기 과제든 독해 점수가 똑같아야 한다.

하지만 실제로 그런가? 더 넓혀서 말하면, 글을 읽는 기술이 발달하면 듣기와 읽기를 통한 독해에 어떤 영향을 미칠까? 나이가 어린 독자들이 듣기를 통한 이해에 더 강하다는 말은 이치에 맞다(그리고 연구에서도 확인된다). 하지만 나이가 들수록 어떻게 될까? 그리고 장르가 중요할까?

이 질문에 답하기 위해, 키프로스의 연구진은 아이들에게 두 가지 텍스트(하나는 내러티브, 다른 하나는 설명형)를 읽거나 녹음한 것을 듣도록 했다. 그 후 아이들에게 자료 내용에 관해 물어보았다. 결과는 다음과 같았다.

- 듣기와 읽기 기술의 관계는 아이들이 나이가 들면서 역전되었다. 2학년 학생들은 듣기를 통한 이해에 더 능한 반면, 8학년 학생들은 읽기를 통한 이해에 더 능했다.
- 전반적으로는, 내러티브 텍스트의 독해 점수가 설명형 텍스트보다 높았다. 텍스트를 귀로 들었을 때나 글로 읽었을 때나 마찬가지였다.

그렇다면 종이의 우월성은 실제로 존재하는가? 이 질문의 답은 초보 독자들의 경우에는 '아니다'인 것처럼 보인다(당연하다). 하지만 학생들이 점점 글로 된 텍스트에 숙달되면서 답은 '그렇다'로 바뀐다. 그러면 이제 나이가 더 많은 학생들이 팟캐스트를 접했을 때는 어떻게 되는지 알아보도록 하자.

팟캐스트의 학습 효과

학교에서는 팟캐스트가 주로 강의 형식으로 활용된다. 그럼에도 정보를 음성으로 저장하고 전달한다는 원리로 보자면, 팟캐스트는 글로 된 자료도 대체할 수 있다. 우리는 두 가지를 다 살펴볼 것이다.

이야기를 시작하기 전에 용어를 잠깐 짚고 넘어가는 것이 좋겠다. 대다수 사람들이 팟캐스트를 이야기할 때에는 뉴스나 오락물, 기타 일반적 대중 소비용 오디오 프로그램을 생각한다. 하지만 교육계가 점차 온라인 학습을 포용함에 따라, 지금은 많은 교사들이 대면 강의용 콘텐츠 전부나 일부를 가지고 학생들을 위한 오디오 녹음물을 제작하고 있다(교사들이 만든 동영상도 있다). 따라서 연구 문헌에서는 이런 오디오 제작물들도, 비록 공공 영역에서 보이는 팟캐스트와는 종류가 다르지만 팟캐스트라고 부른다.

잠시 후 살펴보겠지만, 간혹 교육적 내용의 오디오 팟캐스트는 파워포인트 슬라이드 세트와 결합되어 사용되기도 한다. 그럼에도 나는 이런 것을 모두 '오디오 전용'이라는 범주에 넣으려고 한다. 오디오를 들으면서 동시에 글로 된 텍스트를 함께 읽는 방식과 구분하기 위해서다. 이것에 대해서는 좀 더 나중에 이야기하겠다.

강의 팟캐스트(혹은 강의 녹음 자료)

지난 몇 년 사이 휴대용 녹음 기기를 누구나 사용할 수 있게 되면서 학생들 중에는 가끔씩 개인적으로 강의를 녹음할 수 있게 해달라고 요청하는 경우가 생겼다. 지금도 그런 학생들이 있다. 하지만 지난 10년 동안 이미 기관 차원에서 동영상 녹화는 흔한 일이 되었고, 오디오와 동영상 아카이빙까지 제공하고 있다.

학문적 팟캐스트(즉, 오디오 녹음물)에는 세 가지 유형이 있다.

- 교실 강의 배포용 복제본(오디오 또는 동영상)
- 역진행 수업(flipped learning, 학생이 강의자료를 집에서 읽고 와서 수업시간에는 교사와 문제 풀이에 집중함으로써 참여와 집중도를 높이는 학습 방식:역주)을 위한 미니 강의
- 보충 자료

먼저, 학교는 학생들이 교실에서 한 강의 녹음물에 접속할 수 있게 한다. 복습용이나 학생이 결석했을 경우를 위해서다. 두 번째로, 교사는 학생들이 수업에서 다룰 내용을 사전에 미리 들을 수 있도록(혹은 시청할 수 있도록) 자료를 녹음한다. 마지막으로, 수업에 필요한 내용을 추가로 다양하게 제공한다.

연구진들은 강의 팟캐스트를 대학생들이 어떻게 생각하고 사용하는지 조사해왔다. 의료 방사선학 프로그램 참가 학생들을 대상으로 한 연구에서 참가자들은 강의를 다시 들을 수 있을 뿐만 아니라, 자신들이 원하는 시간, 원하는 장소에서 탄력적으로 들을 수 있어서 유용하다고 답했다.[45] 그다음으로, 이번에는 다양한 사회과학 수업을 듣는 대학생들을 상대로 한 연구에서, 대부분 참가자들은 수업 자료를 복습하

기 위해 팟캐스트를 사용하는 것이 전반적인 이해를 높이고 배운 것을 기억하는 데도 도움이 된다고 답했다.[46]

하지만 글로 된 자료를 공부하는 것과 팟캐스트를 비교했을 때는 어떨까? 이때 우리가 말하는 '글로 된 자료'란 어떤 것인가?

팟캐스트가 텍스트를 대신했을 때

4장에서 종이 읽기와 디지털 읽기를 비교한 연구 결과를 논의하면서 우리는 학생들이 인식하는 것과 실험을 통해 측정되는 것을 구분했다. 또한 우리는 가늠calibration, 그러니까 학생들이 실제 시험 성적에 비해 자기가 받을 점수를 얼마나 잘 예상하는지를 비교하는 것에 대해서도 이야기했다. 두 가지 주제 모두 팟캐스트와도 관련이 있다.

오디오와 텍스트를 직접 비교하는 한 가지 방법은 동일한 강의를 오디오로 녹음한 것과 글로 받아 적은 것을 비교해보는 것이다. 연구진은 실제로 일군의 치대생들을 대상으로 그렇게 해봤다. 연구진은 참가자들에게 시험을 준비할 때와 자신들이 출석한 강의를 복습할 때, 놓친 강의를 다시 들을 때 각각 오디오와 텍스트 중 어느 하나를 사용할 기회를 주었다. 학생들의 선택이 오디오인지 텍스트인지에 따라 학점 차이가 나지는 않았음에도, 학생들은 매번 강의록보다는 팟캐스트를 사용하는 경향이 더 큰 것으로 나타났다.[47]

오디오를 듣는 학생의 절반 이상은 팟캐스트를 정상 속도의 1.5~2배로 재생했다. 나 자신이 의대생들과 대화한 것을 토대로 했을 때, 오디오 자료의 재생 속도를 높이는 것은 의학 분야 전공 학생들 사이에서는 일반적인 일이다. 그뿐만 아니라 일반 팟캐스트 사용자들 중에도 그런 사람들이 있다. 2018년 에디슨리서치앤드트리턴디지털의 조사에 따르면, 팟캐스트 청취자의 19퍼센트가 '더 빨리 듣기 위해' 재생 속도를 높일 때가 있다고 답했다.

원래 글로 쓰인 교육 자료(가령 교과서와 논문)와 동일한 내용을 오디오로 녹음한 것을 비교하면 어떨까? 이와 관련된 연구는 아주 조금밖에 찾을 수 없었다. 따라서 결론을 확정하기는 어렵다. 하지만 이 연구들은 생각해볼 필요가 있는 몇 가지 질문들을 암시한다.

첫 번째, 데이비드 대니얼David Daniel과 윌리엄 우디William Woody의 연구는 많은 교사들이 궁금해하는 질문을 던졌다. 만약 동일한 읽기 과제를 팟캐스트나 글로 된 텍스트로 내주었을 때 학생들은 어떤 매체를 사용했을 때 더 많이 학습할 수 있다고 생각할까? 그리고 실제로는 어떤 것이 학습에 더 도움이 될까?[48] 학생들이 팟캐스트의 장점을 즐기고 있다고 말하는 것을 생각하면 오디오를 사용했을 때 학습 성과가 더 좋다고 여길 것이라고 예측할 수 있다. 하지만 '종이의 우월성'에 대해 우리가 알게 된 것으로 보자면, 학생들의 성적은 글로 된 자료로 공부했을 때 더 높을 수도 있다.

발달심리학 수업을 듣는 대학생을 대상으로 3000자(약 10쪽 분량)의 글을 읽든지 아니면 똑같은 텍스트를 팟캐스트로 듣든지 양자택일할 수 있게 해보았다. 그리고 이틀 후 모두가 질문지에 답을 적었다. 질문 문항 중에는 자신이 얼마나 많이 알게 되었다고 생각하는지, 글로 된 텍스트나 팟캐스트를 얼마나 즐겼는지, '중요한 자료'를 학습하는 경우라면 읽기 대신 팟캐스트를 얼마나 더 선호할지를 묻는 것도 있었다. 그런 다음, 학생들은 단답식 시험을 쳤고, 다시 한번 학습용으로는

> "시험을 보는 것만으로도 학생들은 듣고 난 후 자신의 이해에는 한계가 있다는 사실에 대해 긴장했다."
> **데이비드 대니얼과 윌리엄 우디**[49]

어떤 매체를 선호할지 질문을 받았다.

먼저, 단답 시험 결과를 보자. 글로 읽은 학생들 모두가 팟캐스트로 들은 학생들보다 점수가 높았다. 게다가 텍스트로 읽은 학생들이 오디오로 들은 학생들보다 더 많이 기억하고, 더 많이 이해하고, 더 많이 배운 데 반해, 어려움은 덜 겪은 것으로 나타났다. '종이의 우월성' 가설이 이긴 것이다.

이제 가늠의 문제를 살펴보자. 팟캐스트를 듣고 난 후 (하지만 단답 시험을 치기는 전에) 학생들은 읽는 것보다 팟캐스트를 선호한다고 말했다. 하지만 단답 시험을 치고 난 후에는(결과를 알기 전) 팟캐스트로 들은 학생들의 팟캐스트 선호도가 낮아졌다.

단답 시험 후에 연구진은 팟캐스트 집단에서 몇 명을 따로 뽑아 면접조사를 했다. 팟캐스트가 학습에 어떤 어려움을 주는지 이해하기 위해서였다. 학생들은 거의 한결같이 다음과 같이 말했다.

- 팟캐스트에는 특별히 중요한 것을 강조해주는 굵은 글씨나 이탤릭체 같은 '표시 기능'이 없다.
- 팟캐스트에는 학습을 강화해주는 도표나 그래프 같은 시각 요소가 없다.
- 오디오로 들을 때는 같은 내용을 글로 읽을 때보다 일부를 다시 들을 가능성이 훨씬 낮았다.

첫 번째 답변은 오디오와 달리 글에는 텍스트의 일부를 따로 떼어내거나 강조해서 독자가 말의 흐름을 의미의 요소들로 조직할 수 있게

도와주는 자연스러운 메커니즘이 있음을 상기시킨다. 두 번째 답변은 학습 플랫폼으로서 오디오의 유용성은 시각적 보완물로 높일 수 있음을 시사한다. 앞서 언급한 의대 방사선과 학생들을 대상으로 한 연구에서도 팟캐스트를 이용해 강의를 복습한 학생들 대다수는 강의에 사용된 파워포인트 슬라이드도 같이 봤다.

내가 가장 오래 생각에 잠겼던 부분은 세 번째 답변이다. 앞에서 이야기한 바 있는 연구에 나온 학생들과 아주 비슷하게도,[50] 대니얼과 우디 연구의 참가자들 또한 오디오 자료를 다시 들을 수 있었음에도 그렇게 하지 않았다. 어떤 사람들은 팟캐스트를(그리고 오디오북을) 재미로 들을 때는 다시 듣기도 하는 반면, 학습용으로 들을 때는 다시 듣기 빈도가 훨씬 낮아지는 것처럼 보인다. 만약 학생들이 오디오로 학습 자료를 접할 경우 종이로 된 자료를 사용할 때보다 다시 듣는 경향이 낮다면, 팟캐스트로 배우는 것도 더 적을 가능성이 크다.

문헌을 더 뒤져보다가 나는 팟캐스트가 나오기 전이었지만, 학부생을 대상으로 종이 잡지 기사를 읽게 한 후와 (실험실과 유선으로 연결된) 오디오로 읽어주고 난 후 이해도를 비교한 실험을 접하게 되었다. 연구자들은 이해도를 살펴보는 것 외에 몇 가지 다른 변수들도 측정했다. 가령, 학생들이 읽거나 들은 것을 이해하는 데 얼마나 많은 노력을 기울이는지도 포함되었다. 결과는 이렇다. 글로 읽을 때, 그와 함께 더 많은 노력을 기울일 때 이해도는 높아진다. 저자들은 이렇게 말했다.

이 대학생들로서는, 듣고서 이해하는 것이 읽고서 이해하는 것에 뒤지

는 한 가지 명확한 이유는 들을 때 정신적 노력을 기울이지 못한다는 데 있다고 보는 것이 타당하다.[51]

내가 찾아낸 또 다른 연구는 독일 의대생들을 대상으로 한 것이었는데, 이번에는 실제 팟캐스트를 가지고 한 실험이었다. 정형외과 질환을 공부하는 과정에서 플랫폼의 역할을 시험해보기 위해, 한 집단에게는 교과서의 몇몇 장을 읽게 했고 다른 집단에게는 같은 주제에 관해 특별히 준비한 팟캐스트를 듣게 했다. 하지만 글로 된 텍스트와 팟캐스트에 실제로 사용된 문장은 동일하지 않았다. 뿐만 아니라 팟캐스트를 사용한 학생들에게는 스크린에 맞춰 따라 읽는 음성이 내장된 파워포인트 발표 자료도 함께 주어졌다. 읽기 혹은 듣기를 마친 후 두 집단은 시험을 쳤다. 그 결과, 팟캐스트(와 파워포인트)로 학습한 학생들이 글로 읽은 학생들보다 더 많이 배웠고, 학습 과정도 더 재미있었던 것으로 나타났다.[52]

이 연구는 여러 면에서 교훈적이다. 학생들에게 교과서를 건네고 "가서 공부해"라고 말하는 것이 학생들에게 학습 동기를 불어넣는 최선의 교육 방식이 아닐 수 있음을 우리에게 상기시킨다. 또한 교육적인 팟캐스트가 적절한 시각 자료와 결합되면 아주 성공적일 수 있다는 주장에 힘을 실어준다.

오디오북의 학습 효과

팟캐스트와 마찬가지로, 오디오북의 학습 효과를 같은 내용의 텍스트와 비교한 연구는 드물다. 연구자들이 겪는 난제는 학생들이 책 한 권을 다 읽는 데 얼마나 걸리느냐는 것인데, 이 점 때문에 비교 실험이 한층 어려워진다. 또한 오디오북은 휴식과 오락 면에서는 인기가 있지만, 일반적인 학문 세계에서 뚜렷한 자리를 차지하고 있는 것은 아니다.

그나마 베스 로고프스키Beth Rogowsky와 동료들의 연구는 오디오북과 글로 된 텍스트의 학습 효과 비교에 가장 근접한 사례다. 사용된 자료는 로라 힐렌브랜드의 실화 소설 《언브로큰》에서 발췌한 약 3000단어 분량의 글이었다. 이 자료는 (정형외과 질환에 관한 교과서의 장들과는 달리) 그 자체로 흡인력이 있었다. 연구자들은 세 가지 조건을 설계했다. 오디오만 사용한 경우, 텍스트(킨들 기기를 사용한 디지털 버전)만 사용한 경우, 오디오와 텍스트를 동시에 사용한 경우(이 조건에 대해서는 잠시 후 더 자세히 살펴볼 것이다).

읽기와 듣기를 마친 후에는 독해 시험을 두 차례 실시했다. 텍스트를 읽거나 듣고 난 후 곧바로 시험을 본 데 이어, 2주 후에 다시 본 것이다. 두 번의 시험에서 모두 세 가지 읽기 · 듣기 조건들의 독해 점수에 차이가 없었다.[53]

이런 결과는 학습에서 글로 된 텍스트가 팟캐스트보다 낫다는 대니얼과 우디의 결론과는 상충하는 것일까? 꼭 그렇다고는 할 수 없다. 로고프스키와 동료들이 지적하듯이, 연구 참가자들은 시험 전에 (글이든 오디오든) 텍스트를 다시 읽거나 들을 수 없었던 반면, 대니얼과 우디의 연구에 동원된 학생들에게는 허용되었기 때문이다. 그보다 훨씬 더 유의해야 할 부분은 저자들이 장르에 대해 한 말이다.

주의할 점은… 이 연구에 사용된 논픽션 텍스트 자료는 스타일에서 보다 서사적인 것이었으며, 따라서 교과서에서 흔히 볼 수 있는 서술 형태를 대표하지는 않을 수 있다는 것이다.[54]

이제 대학생을 대상으로 한 오디오북의 학습 전망에서 방향을 바꾸어, 중고등학생을 대상으로 한 연구를 살펴보자. 4장에서 우리는 디지털 책이 읽기를 싫어하는 학령 아이들에게 읽고 싶은 동기를 불어넣을 수 있는 잠재력을 이야기했다. 만약 우리의 첫 번째 목표가 아이들을 읽게 하는 것이고, 매체를 바꿔보는 것이 도움이 될 수 있다면, 상식적으로 새로운 매체를 사용해보는 것도 고려할 수 있다. 새로운 매체에는 오디오도 포함된다.

미국에서 읽기 장애가 있는 4~5학년 학생들을 대상으로 실시한 연구를 보자. 연구진은 이런 아이들을 도서관의 오디오북 클럽에 참여시키면 읽기에 대한 관심과 함께 읽기 기술에도 시동을 걸 수 있을지 질문했다. 얻은 답은 관심과 기술, 두 가지 다 '그렇다'였다. 연구진은 학생들에게 자신이 읽을 책을 직접 고르게 했고, 매번 오디오로 들으면서 동시에 글로 된 텍스트도 따라 읽게 했다. 연구진에 따르면, 시작할 때만 해도 스스로 읽기에 서툴다고 여기던 학생들은 1년간의 프로그램을 마칠 때에는 읽기에 능하다고 자신하는 쪽으로 옮겨갔다. 모든 참가자들이 이제는 더 많이 읽는다고 답했다. 표준화된 시험에서 읽기 성적도 눈에 띄게 개선된 것으로 나타났다.[55]

미국과 유럽 두 지역 모두에서, 아이들에게 읽기의 동기를 불어넣고 참여하게 하는 과정에서 오디오북이 할 수 있는 역할에 대한 연구자들의 관심이 점점 늘고 있다.[56] 영국 문해력재단National Literacy Trust의 최신 보고서에 따르면 오디오북은 읽기로 통하는 지름길은 아니다. 그보다는 어휘와 감정 지능을 구축할 수 있다.[57] 미국에서는 다음과 같은 제목의 석사 학위 논문이 모든 것을 말해준다. "오디오북을 효과적인 교육의 도구로 포용하기".[58]

오디오 산업은 아이들의 학습을 위해 오디오북을 사용하는 것의 잠재력에 주목해왔다. 미국의 오디오출판협회Audio Publishers Association는[59] '소리 학습'이라는 이름의 별도 웹페이지까지 두고 있다. 페이지를 아래로 내리다 보면 깜짝 놀라게 하는 인포그래픽이 보인다. 제목이 "오디오는 어떻게 문해력을 증진하는가: 오디오가 읽기 학습에 주는 이점"이다. 거기에는 인상적인 통계들이 가득하다. 가령 이런 것들이다.

- 읽고 싶은 동기가 67퍼센트 올랐다.
- 독해력이 76퍼센트 좋아졌다.
- 복합 모드로 학습했을 때 단일 모드보다 시험 성적이 21퍼센트 올랐다.
- 종이와 오디오를 결합했을 때 기억률이 종이만 사용했을 때보다 40퍼센트 높았다.

(우리는 잠시 후에 종이와 오디오를 결합한 학습에 대해 살펴볼 것이다.) 이 인포그래픽에는 모든 데이터의 출처가 담겨 있을 것으로 짐작되는 도서 목록이 나와 있다. 다만 내가 직접 대부분의 통계치를 실제 출처와 맞춰보지는 못했다. 따라서 이 수치들은 가능한 추세이지 확정적인 연구 결과는 아니라고 본다.

오디오를 들을 때 얼마나 집중하는가

지금까지 전통적인 독해 시험을 통해 오디오의 학습 효능을 측정하는 것에 대해 이야기했다. 하지만 그 외에 다른 유용한 측정 방법도 있다(아마 독해와도 상관관계가 있을 것이다). 우리가 읽고 있을 때 정신이 얼마만큼 방황을 한다고 여기는지 측정해보는 것이다.

트리시 바라오 소사Trish Varao Sousa와 동료들은 세 가지 조건에서 대학생들의 정신이 방황하는 정도를 비교했다. 세 가지 조건이란 소리 내 읽을 때와 조용히 읽을 때, 그리고 들을 때를 말한다. 시험 자료로는 인기 있는 과학책인 빌 브라이슨의 《거의 모든 것의 역사》를 발췌해 사용했다. 연구진은 정신의 방황을 측정하기 위해, 학생들에게 10초마다 "조사 직전의 순간에 당신의 정신은 방황하고 있었나요?"라는 질문에 '예' 또는 '아니요'로 답하게 했다.

정신의 방황이 가장 심한 경우는 오디오를 듣고 있을 때였다. 다음이 조용히 읽고 있을 때였고, 가장 낮은 경우가 소리 내 읽고 있을 때였다. 이 마지막 결과는 직관적으로 이해가 간다. 글의 행을 따라 눈을 움직일 때보다는 단어를 소리 내 읽을 때 훨씬 더 많은 주의 집중이 필요하기 때문이다. 뒤이은 기억 시험의 결과가 정신의 방황과 반비례 관계에 있다는 것은 새삼스러울 게 없다.

- 들을 때: 정신의 방황은 최고조, 기억은 최악
- 조용히 읽을 때: 정신의 방황은 중간 정도, 기억도 중간 정도
- 소리 내 읽을 때: 정신의 방황은 최저, 기억은 최고[60]

이야기는 이것으로 충분하다.

정신의 방황에 대해서는 나중에 동영상에 대해 이야기할 때 다시 논의하겠다.

오디오와 텍스트를 함께 사용할 경우

오디오만 사용하는 경우에 더해 파워포인트 슬라이드와 함께 사용한 사례들을 몇 가지 살펴봤다. 만약 오디오와 텍스트 전문을 결합하면 어떻게 될까?

4장에서 어린아이들이 디지털 책과 함께 오디오 트랙을 사용하는 것에 대해 이야기했다. 잠시 후에는 초보 독자와 발전 중인 독자, 읽기 장애 아동, 제2 언어 학습자를 대상으로 두 매체를 결합한 읽기를 비교한 연구를 살펴볼 것이다. 그 전에 먼저, 낭독이 아닌 음향효과를 텍스트 전문과 결합한 시도를 살펴보자.

음향 효과가 입혀진 전자책의 탄생

혹시 라디오 드라마를 들어본 적이 있다면, 극 중 대화를 실감나게 해주는 음향 효과를 떠올릴 수 있을 것이다. 문이 세게 닫히는 소리. 개가 짖는 소리. 늑대가 울부짖는 소리 등. 음향효과는 간혹 '말하는 책'에 덧입혀지기도 하고, 이제 수많은 오디오북에 들어가기도 한다.[61]

2011년 뉴질랜드 출신의 두 형제가 디지털 책과 영화 같은 사운드트랙을 결합한 새로운 조합을 선보였다. 신사업은 북트랙Booktrack이라 불렸다. 북트랙은 성인들을 대상으로 한 작품을 증강 텍스트와 일반 전자책으로 읽게 해서 결과를 비교하는 연구를 의뢰했다. 연구를 맡은 리엘 리버비츠Liel Leibovitz는 북트랙이 더 나은 학습 결과를 보였다고 보고했다.

> 북트랙의 소프트웨어로 읽은 사람들은 확실히 정보 기억 시험에서 더 나은 성적을 보여주었을 뿐만 아니라, 집중력도 높아졌고 더 명확히 이해할 수 있었다고 증언했다.[62]

이 연구 보고서는 유감스럽게도 (내가 아는 한) 온라인에서 구해 볼 수는 없는 것 같고, 출판된 적도 없다.

북트랙이 의뢰한 또 다른 연구가 있는데, 오클랜드대학교가 중학생들 중 읽기 기술이 중하위 수준인 학생들에게 초점을 맞춘 것이다. 이 연구에는 특히 읽기 장애가 있는 것으로 파악된 소집단이 포함되었다. 이 소집단이 논픽션을 읽었을 때 독해 점수를 보면, 북트랙을 사용한 경우가 일반 전자책을 사용한 경우보다 18퍼센트 높았다. 북트랙으로 읽은 학생들은 만족도에서도 35퍼센트가 더 높았다. 더 큰 학생 집단 (200명 이상) 차원에서는 역사 텍스트를 읽고 난 후의 독해율이 북트랙으로 읽은 경우보다 17퍼센트가 높게 나왔다.[63]

북트랙은 학습 기획 사업인 북트랙 클래스룸을 개발했지만 2019년 8월 사업을 접었고, 같은 시기에 전자책을 위한 사운드트랙 제작도 중단했다. 지금은 새로운 오디오북을 위해 낭독자를 제공하거나 기존 오디오북을 위한 사운드트랙을 개발하는 것과 같은 오디오북 서비스에 주력하고 있다.

북트랙이 처음 출범했을 때만 해도 회의적인 시선이 많았다. 가령 〈와이어드Wired〉에 실린 리뷰는 이렇게 평했다.

> 믿을 수 없을 만큼 거슬린다. 책의 미덕은 온 세계가 당신이 그럴 거라고 상상할 수 있을 만큼 현실적이라는 데 있다. 값싸고 번지르르한 효과를 더한다고 해서 그 경험이 향상되는 것은 아니다. 그것은 그저 모든 것을 가짜로 보이게 만들 뿐이다.[64]

겉으로 봤을 때는 더 많은 독서 대중도 이 의견에 동의했다. 학습 맥락에서의 음향 효과에 대한 연구가 드문 점을 감안하면, 초기의 연구들이 단지 새것 효과를 반영한 것인지 아니면 어쩌면 사운드트랙이 텍스트에 대한 학생들의 주의를 잡아두는 데 도움을 주었는지는 불분명하다.

오디오+텍스트: '몰입 독서'가 가능할까?

글로 된 텍스트에 음향 효과를 결합하는 대신, 텍스트 전문을 음성 낭독한 것을 추가하면 어떨까? 이것은 4장에서 대부분 아직 혼자서는 글을 읽을 수 없는 어린아이들을 위한 방식으로 이야기했던 것이다. 이런 기술이 읽기를 배우는 아이들이나 읽기에 장애가 있는 아이들에게 유용할까? 먼저 현실을 살펴본 다음 이론으로 들어가 보자.

우리가 어린아이들을 위한 "오디오 '더하기' 텍스트"라고 하는 것은 요즘 용어로는 '따라 읽기 책read-along book'(또는 간혹 '들으며 읽는 책listen and read book'이라고도 한다)에 해당한다. 상업 시장에는 이처럼 짝을 맞춘 제품들이 쏟아져 나와 있다. 어린이용만 있는 것도 아니다. 아마존은 성인은 물론 청소년을 겨냥해 전자책 플랫폼과 자사의 오디오 전문 자회사인 오더블Audible을 결합한 '낭독 추가 킨들 북스'를 출시했다. 오더블의 위스퍼싱크 소프트웨어를 사용하면 오디오와 전자책을 오갈 수 있다. 또한 두 가지를 한데 결합해 아마존이 '몰입 독서'라고 부르는 것을 즐길 수도 있는데, 이것은 오디오 동시 낭독을 통해 텍스트를 더 강조한다. 아이들을 위한 것으로는 무엇보다 북셰어Bookshare와 러닝 얼라이Learning Ally가 내놓은 맞춤 제작물이 있다. 러닝 얼라이에 대해서는 잠시 후에 좀 더 이야기하겠다.

대중매체들은 오디오와 글로 된 텍스트를 결합한 것이 아이나 어른 모두에게 좋다고 칭송해왔다. 하지만 연구자들도 그렇게 생각할까? 이 질문에 답하기 위해서는 멀티미디어와 인지 부하에 관한 이론을 얼마간 살펴볼 필요가 있다.

심리학계에는 한 가지 이상의 채널로 정보를 수신하는 것, 가령 문자 더하기 구술, 또는 텍스트 더하기 그래프 같은 것의 효과를 다룬 연구 문헌이 아주 많다.[65] 문제는 중복적 요소가 우리 정신에 같은 작업을 두 번이나 하게 할 때, 다시 말해 우리의 인지 능력에 부담을 가중할 때 학습을 강화하느냐 약화하느냐는 것이다. 연구 결과를 보면 어떤 종류의 중복(가령 그래픽 더하기 오디오 낭독)은 득이 되는 것처럼 보이는 데 반해, 그렇지 않아 보이는 경우(그래픽 더하기 오디오 더하기 스크린상의 텍스트)도 있다. 이와 같이 같은 정보를 두 가지 이상의 채널로 다룰 때 생기는 부정적 영향을 '중복 효과redundancy effect'라고 부른다.[66]

글로 된 텍스트를 따라 읽는 동시에 오디오 트랙을 듣는 것은 결국 중복 효과를 초래하고 수행력을 떨어뜨릴까? 아니면 학습 향상으로 이어질까?

초보 독자와 발달 중인 독자의 경우

유치원이나 초등학교 저학년 교실에 가보면 오디오 헤드셋이 있는 것을 보게 된다. 아이들이 혼자서도 오디오북을 들을 수 있게 해놓은 것이다. 간혹 텍스트를 보면서 오디오를 들을 수 있게 해놓은 교실도 있다. 오디오와 텍스트를 결합한 것이 반드시 초보 독자만을 위한 것은 아니다. 멀티 모드 접근법이 발달 중인 독자에게도 효과적일 수 있다는 증거가 있다. 9~10세 아이들을 대상으로 한 연구에서 《어린 왕자》를 읽기만 했을 때보다 듣기와 읽기를 동시에 했을 때 독해 점수가 더 높게 나왔다.[67]

아이들에게 오디오를 사용하는 것에 대한 여러 논의는 오디오만 사용한 것인지 텍스트와 오디오를 함께 사용한 것인지 구체적으로 밝히지 않는다. 하지만 둘을 결합했을 때 얻을 수 있는 몇 가지 이점은 데니스 존슨Denise Johnson이 리딩 로켓 사이트에 올린 블로그 게시물에서 볼 수 있다. 다음과 같다.

- 학생들에게 자신의 읽기 수준 이상의 책을 경험시킨다.
- 새로운 단어를 경험시킨다.
- 학생들에게 새로운 장르를 경험시킨다.
- 이름을 포함한 새 단어나 어려운 단어를 정확히 발음할 수 있게 본을 보

여준다.[68]

특히 첫 번째부터 세 번째까지 이점은 텍스트 없이 듣기만 할 때에도 똑같이 적용될 수 있다.

읽기 장애가 있는 아이들의 경우

다양한 읽기 장애가 있는 아이들을 위한 오디오 지원에 대해 이야기하려면 한 번 더 전쟁과 시각장애인 시절로 거슬러 올라가야 한다. 이번에는 1948년 앤 맥도널드Anne Macdonald가 시작한 사업이다. 2차 세계대전에서 시력을 잃었지만 그 후 참전군인을 위한 교육지원법에 따라 대학교에 다니고 싶어 하는 미군 병사들을 위해 녹음된 형태의 교과서를 제공하는 사업이었다. 이때 설립된 조직이 '시각장애인을 위한 레코딩Recording for the Blind'이었다. 교과서는 처음에는 레코드판이었지만 시간이 가면서 카세트테이프와 컴퓨터 디스크로 바뀌어갔다. 1995년에는 오디오 교재를 사용하는 사람이 점점 확대되어 다양한 학습 장애가 있는 사람들까지 포함하게 되었다. 여기에는 난독증이 있는 사람들까지 들어갔다. 조직의 이름도 '시각장애인과 난독장애인을 위한 레코딩Recording for the Blind & Dyslexic'으로 바뀌었다. 그 후에도 사용자가 늘어나면서 또 한 번 혜택의 범위는 확대되었고, 지금은 모든 연령층에서 이용할 수 있게 되었다. 2011년에 와서 또 한 차례 개명이 있었으니 바로 지금의 '러닝 얼라이'다.[69]

러닝 얼라이는 지금까지 8만 권이 넘는 오디오북(교재와 문학)을 제작해왔다. 모두 (컴퓨터 생성에 의한 '텍스트 음성 합성' 방식이 아니라) 사람의 음성으로 녹음되어 있다. 이 조직은 9만 9000명의 교육가들과 같이 일을 해왔는데, 교육가들이 러닝 얼라이가 제작한 오디오 자료를 가지고 시력 장애와 난독증 등 다양한 학습 장애가 있는 아동을 포함해 온갖 종류의 읽기 장애가 있는 학생 47만 2000명을 대상으로 읽기를 가르쳤다. 오디오북은 가능하면 글로 된 텍스트와 동기화해서 사용되도록 설계된다. 러닝 얼라이를 '오디오 전용'이 아닌 '오디오 더하기 텍스트'라는 범주에 넣어 이야기하는 것도 그런 이유에서다. 또 초보 독자와 발달 중인 독자의 경우에서 봤듯이, 학습 장애가 있는 학생들만 이런 도구의 혜택을 보는 것은 아니다.[70]

읽기 장애가 있는 학생을 위해 오디오와 텍스트를 결합하는 것이 갖는 효능에 대해 연구자들은 뭐라고 할까? 그런 학생들은 어디에나 있음을 감안하면, 공식 연구가 꽤 많이 발표되었을 성싶다. 사실은 그렇지 않다.

지금까지 보고된 연구들은 세 부류로 나뉜다. 첫 번째는 교사와 부모, 산업 분야 저널리스트들로부터 나온 비공식적인 권고와 보고들이다.[71] 이런 기사와 블로그 게시물 같은 것들을 보면, 학습을 목적으로 오디오 더하기 텍스트를 사용한 학생들의 경험이 긍정적이라고 이야기한다. 두 번째 부류는 학교에 특정된 연구들로서 일반적으로 학계의 읽기 전문가들이 조직한 조사가 수반된 것이다. 여기서도 결론은 긍정적이다. 다만 참가 학생 수와 집단 내 편차를 감안했을 때 매번 공식적인 통계가 산출되는 것은 아니다. 또 산출된다고 하더라도 결과가 늘 통계학적으로 의미 있는 수준에 도달하는 것도 아니다. 세 번째 부류는 공식 출간된 연구들로서 저널 문헌에서 찾아볼 수 있는 것들이다.

여기서 우리는 두 번째와 세 번째 것들을 살펴보려고 한다.

먼저 분명히 해둘 것이 있다. 우리가 살펴볼 보고들 중에는 '오디오북'이라는 용어를 사용하면서, 학생들이 글로 된 텍스트도 동시에 따라 읽었는지는 명시하지 않은 것도 있다. 하지만 많은 경우, 그 보고들(혹은 같은 저자들이 쓴 다른 출판물)의 논의 부분에서 '오디오북'이라는 조건이 실제로는 '오디오 더하기 텍스트'를 뜻한다고 밝힌 것을 보고 그렇다고 추론할 수는 있다.

학교에 특정된 연구를 선도한 것은 러닝 얼라이로, 대학교 연구자들과 협업을 진행하고 조사를 의뢰하기도 했다. 러닝 얼라이의 웹사이트에는 개별 성공담과 사례 연구 요약본이 올라와 있다.[72] 러닝 얼라이는 또 K-12 교육 과정에서 오디오북을 사용한 것에 대해 연구한 문헌을 리뷰하는 백서도 의뢰한 바 있다.[73] 이 두 번째 부류의 연구들 중에서 어떤 것들은 오디오 더하기 텍스트를 사용한 학생들이 다양한 읽기 지표['언어 발달', '독해' 그리고(혹은) '동기화'를 포함]에서 보여준 성취만 본다. 다른 연구들은 실험 집단과 통제 집단을 두고, 통제 집단은 글로 된 텍스트만 사용하게 한다.

여러 연령층과 읽기 장애 유형을 대상으로 한 이런 연구들로부터 나온 결과는 상당한 일관성을 보여준다. 그중 하나는 오디오북과 텍스트의 결합이 이런저런 긍정적인 결과를 가져다준다는 것인데 다음과 같다.

- 단어 파악과 독해 능력이 향상된다.
- 읽는 속도가 빨라진다.

- 더 많은 내용을 습득한다.
- 전반적인 읽기 능력이 향상된다.

세 번째 부류의 연구는 내가 보기에 보다 공식적으로 기술된 것들이다. 이 중 둘은 읽기 장애 문제를 보다 일반적으로 다뤘고, 하나는 난독증에 초점을 맞추었다. 셋 다 오디오 더하기 텍스트의 효과를 살펴보았다. 연구들이 찾아낸 것은 다음과 같다.

- 학습 장애가 있는 초등학교 고학년생은 오디오 없이 읽을 때보다 오디오 더하기 텍스트로 읽었을 때 읽는 분당 단어 수가 더 많았다.
- 난독증이나 읽기 장애, 학습 장애가 있는 학생들을 살펴본 메타 분석에 따르면, 오디오 더하기 텍스트가 독해에 긍정적 효과를 주는 것으로 나타났다. 다만 저자들은 확정적인 결론을 내리기 위해서는 더 많은 연구가 필요하다고 주의를 달았다.
- 발달성 난독증(뇌손상으로 인한 후천성 난독증이 아니라 발달 과정에서 읽기에 어려움을 겪는 장애. 선천성 난독증이라고도 한다:역주)이 있는 청소년들은 오디오 더하기 텍스트를 이용한 5개월 프로그램을 거친 후 읽기의 정확도가 텍스트만 사용한 비교 집단에 비해 나아졌음을 보여주었다.[74]

추세는 분명해보인다. 이중의 입력이 읽기 장애가 있는 많은 학생들에게 도움이 될 수 있음을 보여주는 지표는 대단히 많다. 하지만 교육 현장의 종사자들과 연구자들은 좀 더 확실한 증거를 찾고 있다. 아직도 공식적인 연구가 충분치 않기 때문이고, 그로 인한 긍정적 효과가 현재 측정할 수 있는 모든 읽기 지표에서 나타나고 있는 것은 아니기 때문이며, 한 학생에게 통하는 것이 다른 학생에게는 맞지 않을 수도 있기 때문이다.

제2 언어 학습자의 경우

텍스트를 겸한 오디오 읽기에 관한 연구의 상당수는 제2 언어 학습자, 특히 영어를 배우는 사람을 대상으로 한다. 때로 연구들은 오디오 더하기 텍스트와 텍스트만 사용한 경우를 비교한다. 다른 때는 오디오만 사용하는 조건도 연구에 포함된다.

대다수 연구는 오디오 더하기 텍스트가 제2 언어 학습자에게도 도움이 될 수 있음을 시사한다. 여기서 도움이란 대개 독해 점수로 나타난다. 이를테면, 영어를 배우는 대학생들을 대상으로 한 두 가지 실험에서 듣기와 읽기를 동시에 활용했을 때 성적이 더 높은 것으로 나타났다.[75] 6학년 학생들을 대상으로 한 또 다른 연구에서도 오디오 더하기 텍스트의 결합이 영어에 서툰 학생들에게 가장 유익한 것으로 나타났다.[76]

하지만 모든 연구자들이 동의하는 것은 아니다. 영어 학습자에 대한 연구 중 두 연구에서는(한 번은 13세를 대상으로, 또 한 번은 대학생을 대상으로 한 연구) 오디오와 텍스트의 동시 사용이 학습에 부정적인 것으로 나타났다. 이 두 연구는 모두, 두 가지 언어 신호를 처리해야 하는 데서 오는 인지적 부담의 가중(중복 효과)이 성적 부진을 초래했다고 주장한다.[77]

이 두 사례는 단지 우연이었을까? 연구에 사용된 독해력의 잣대가 어떤 것인지가 문제였을까? 아니면 시험 대상으로 삼은 학생들의 유형이 문제였을까? 답하기 어려운 문제다.

교사 토론회나 교사들이 만든 출판물들을 보면 멀티모드 읽기에 대한 찬사가 대단하다. 옹호자들은 오디오(단독으로든 텍스트와 함께든)가 읽기에 소극적인 학생에게 동기를 불어넣거나 독해에 어려움이 있는 학생에게 도움을 준다고 주장한다. 현재로서는 학습용 읽기의 방편으로서 멀티모드에 보내는 교육계 저변의 지지를 확증하거나 반박하는 연구가 더 필요하다. 내 느낌에는 앞으로 학계가 연구를 통해 입증하게 될 뭔가를 교사와 부모들이 알고 있는 것 같다.

동영상 학습을 둘러싼 몇 가지 쟁점

이 장은 오디오에 관한 장이지만, 교육에서 역할이 점점 커져가는 동영상, 특히 온라인으로 이용할 수 있는 동영상 자료를 무시할 수는 없다. 동영상에 관련된 몇 가지 쟁점을 살펴보려고 한다. 여기에는 동영상 학습과 텍스트 학습을 비교하거나, 동영상 학습과 오디오만 사용한 학습을 비교한 것이 포함된다.

동영상의 급부상

혹시 온라인으로 동영상을 보는가? 그렇다면 당신만 그런 게 아니다. 유튜브 동영상의 시청 시간은 매일 10억 시간이 넘는다. 학습에 맞춰진 동영상(흔히 유튜브에 올라 있는 동영상)에만 초점을 맞추었을 때, 3500편이 넘는 동영상을 골라 볼 수 있는 TED 강연을 생각해보자. 여

"학생들은 읽기 대신 영화나 다른 대체 자료를 더 많이 기대하고 와서는 수업이 읽기에 더 편중된 것을 보고 실망한다."

배런과 망엔의 설문조사에서 미국 대학교수의 응답

기에 50억 회의 조회 수를 기록한 TEDx 강연도 더하자. 매년 1억 명의 사용자가 보는 칸아카데미도 빼놓을 수 없다.[78]

3장에서 우리는 교실에서, 특히 미국 교실에서 동영상 자료가 점차 읽기 과제물을 대신하고 있는 것을 봤다. 나와 안네 망엔의 공동 연구에 참가한 미국 교수들의 32퍼센트 가까이가 지금은 텍스트 대신 동영상을 과제로 내준다고 말했다.[79]

동영상은 강력한 매체다. 극지방의 만년설이 녹는 것이라든가 침팬지가 도구를 사용하는 것을 배울 때 동영상은 대단히 소중한 것일 수 있다. 강연 실황(가령 TED 강연)을 담은 동영상 한 편이 같은 내용의 글을 읽는 것보다 더 흡인력이 있다. TED의 'E'도 'entertainment(오락물)'의 머리글자가 아니던가.[80] 하지만 동영상은 학문적 학습에도 효과가 있을까? 특히 글로 된 텍스트나 오디오만 사용하는 경우와 비교해 보면 어떻게 나타날까?

동영상과 텍스트를 비교한 스페인, 독일, 미국 학생 연구

동영상 학습과 글로 된 텍스트 학습을 비교하는 것으로 이야기를 시작해보자. 우리가 살펴볼 연구들은 모두 조금씩 다르게 설계되었다. 하지만 모두 합쳐서 보면 어떤 시사점이 보인다.

첫 번째 연구는 스페인의 4~6학년 학생들이 동영상이나 오디오 트랙의 녹취문 형태로 제시된 멀티소스 정보를 어떻게 종합하는지에 관심을 두었다. 주어진 자료들은 논쟁적인 주제에 관해 상반된 입장을 담고 있었고, 연구자의 목표는 학생들이 자기주장을 구성하는 과정에서 매체가 영향을 주는지 알아보는 것이었다.[81]

5장에서 우리는 학생들이 종이든 디지털이든 복수의 자료들을 어떻게 통합('종합')하는지 살펴보았다. 이 연구에서 비교한 매체는 동영상과 디지털 텍스트였다. 그 결과를 보면, 학생들이 병에 담아 판매하는 물과 수돗물 중 건강과 환경에는 어느 것이 좋은지에 관한 에세이를 쓸 때 정보의 출처를 기억하는 데는 매체 간에 아무런 차이가 없었다. 하지만 학생들이 자기주장을 구성하는 과정에는 매체로 인한 차이가 나타났다.

- 학생들은 정보를 텍스트로 제시받았을 때보다 동영상으로 제시받았을 때 자기 견해를 더 잘 변론하는 경향을 보였다.
- 텍스트를 읽은 학생들이 동영상을 본 학생들에 비해 두 배 가까운 추론을 했다.

첫 번째 차이에서 알 수 있는 동영상의 매혹을 볼 것 같으면, 학생들이 온라인에서 읽은 것에 대해서는 진실성을 의심하지 않은 채 믿는 경향이 있다는 사실을 떠올리게 된다. 추론에 관한 연구 결과는 4장에서 보았던 것, 즉 기본적 아이디어의 이해에서는 디지털이나 종이나 유사한 반면, 보다 상세하거나 추론적인 이해에서는 종이가 낫다는 연구 결과를 상기시킨다.

이 연구의 저자들은 학생들이 글로 된 텍스트보다는 동영상을 더 피상적으로 '읽고' 있을 거라고 가정한다. 왜냐하면 학생들은 주로 학습이 아닌 즐거움을 목적으로 한 동영상과 친숙하기 때문이다. 나는 이것을 '동영상에 의한 피상화video shallowing'라고 부르자고 제안한다.

다음으로는 독일에서 고등학생을 대상으로 한 연구다. 이번에도 동영상과 텍스트를 비교했지만, 여기서는 사용자가 자료들과 상호작용할 기회를 추가했다. 6장에서 설명했듯이, 오늘날 교육가들은 학생의 능동적인 참여가 보다 나은 학습으로 이어진다고 강조한다. 이 연구의 참가자들은 2차 세계대전 후 독일의 정치경제적 상황에 관한 16분짜리 영화(시청각 자료와 해설 음성으로 구성)를 시청하거나, 이 영화의 오디오 녹취록을 출력한 텍스트에 영화 장면 수십 장을 곁들인 것을 읽었다. 동영상은 탐색과 다시보기 기회를 주었고, 종이 텍스트는 목차와 색인을 제공했다(실제 연구는 두 가지 버전의 동영상을 사용하는 등 좀 더 복잡하게 설계되었다). 두 포맷에 모두 장 제목과 핵심 용어가 들어 있었다. 연구의 주요 결론은 동영상이 상호작용을 할 수 있는 것이라면(사용자가 정보를 접하는 속도와 방법을 조절할 수 있으면) 그 효능이 전통적인 종이와 비슷하거나 심지어 능가할 수도 있다는 것이었다.[82]

세 번째 연구 프로젝트는 미국의 대학생을 대상으로 한 것이었다. 참가자들은 두 가지 정보 자료(하나는 펭귄에 관한 것이었고 다른 하나는 바다거북에 관한 것이었다)를 읽거나 본 후에 주석을 달았다. 이때 어린 학생들이 그 자료를 더 잘 이해하도록 돕는 것을 의도적인 목표로 삼게 했다. 텍스트 버전에서는 학생들이 마이크로소프트 워드에서 '변경 내용 추적track changes' 기능을 사용했다. 동영상에서는 비디오앤트VideoANT라는 도구를 사용해서 주석을 달게 했다(이 도구에 대해서는 8장에서 이야기하겠다). 그런 다음 학생들에게 정보를 처리하기 위해 사용한 전략을 설명해보라고 했다.

이 프로젝트에 관한 한 연구 보고서는 이 전략들에 초점을 맞췄다. 필기와 주제 파악, 사전 지식과 내용의 연결을 포함해 몇몇 전략은 텍스트와 동영상에 공통적으로 적용되었다. 하지만 특정 매체에만 나타나는 것들이 있었다. 가령 텍스트를 읽을 때, 학생들은 강조 표시(동영상에는 없는 선택지)도 했다. 더 흥미로운 것은, 텍스트를 사용할 때 학생들은 어려운 단어를 이해하려고 더 열심히 애를 썼다고 보고했다. 또 학생들은 텍스트로 자료를 처리할 때 동영상보다 시간이 적게 들었다.[83]

프로젝트의 두 번째 보고서는 실제 주석을 살펴봤다. 학생들은 글로 된 텍스트에 더 자주 주석을 달았다. 아마도 워드의 주석 달기 도구 사용이 상대적으로 수월하기 때문일 것이다. 더 중요한 것은 학생들이 자료에 단 주석의 종류가 다르다는 데 있다. 글로 된 텍스트를 사용했을 때, 학생들은 답변할 때 사실상 자료에 나와 있는 정보를 그대로 읊기만 하면 되는 낮은 수준의 질문보다 추론이 요구되는 심층 질문을 할 가능성이 더 높았다.[84] 이런 결과를 보면, 스페인의 4~6학년 학생들이 동영상을 봤을 때보다 텍스트를 읽었을 때 자기주장에서 추론을 두 배 가까이 많이 했던 연구 결과가 생각난다.

이런 연구 결과는 판단의 근거로 삼기에는 부족하지만, 다음과 같이 얼마간 중요한 패턴은 보여준다.

- 동영상이나 텍스트가 학습에 도움이 되는지 가늠하는 데 기본적 이해만을 잣대로 삼아서는 안 된다. 심층 이해라든가 모르는 단어를 이해하

려는 시도 같은 잣대들도 고려할 필요가 있다.

- 동영상은 상호작용이 가능할 경우 학습 도구로서 가치가 올라가는 것 처럼 보인다.

동영상 강의와 오디오, 어느 쪽이 효과적일까?

플랫폼의 짝을 바꾸어, 동영상 강의를 시청하는 것(강사를 보면서 듣는 것)과 오디오만 듣는 것 중에 어느 쪽이 학습에 더 효과적일까?

한 연구는 동영상을 시청한 대학원생들과 오디오만 들은 대학원생들을 비교했다. 하지만 실험은 오디오와 동영상만을 비교하려던 것만이 아니었다. 두 경우 모두 글머리 기호가 달린 문장이 포함된 일련의 슬라이드를 동시에 보여주었기 때문이다. 주제는 미국 헬스케어 입법에 관련된 프라이버시 문제였다. 그런 다음 학생들에게 독해 시험을 치게 했고, 포맷에 관한 의견을 물었다. 시험 점수는 두 집단이 사실상 같았다. 하지만 경험에 관한 의견에서는 흥미로운 차이를 보였다.

- 오디오 집단: 대다수가 동영상도 봤으면 좋았겠다고 했다.
- 동영상 집단: 동영상이 학습에 도움이 된다고 느낀 사람은 절반이 안되었고, 3분의 1은 동영상이 주의를 분산시킨다고 생각했다.[85]

두 번째 연구는 이론적인 토대가 좀 더 충실했고 설계도 좀 더 복잡했다. 연구자들은 오디오에 동영상을 더하면 중복 효과 때문에 인지적 부담이 커지는지 시험해보고 싶어 했다. 또 다른 질문은 (동영상에) 강사가 나오는 것이 학습에 영향을 주는지 여부였다. 그밖에 조사자들은 참가자들에게 자신의 학습에 대한 인식에 대해서도 질문했다.

강의 자료는 오디오와 텍스트 전문, 텍스트 자막, 동영상 등을 각기 다르게 조합해 가며 여러 포맷으로 제시되었다. 참가자들의 나이는 19세부터 68세까지 다양했다. 연구는 시험 조건과 질문에 변화를 줘가며 모두 네 차례 실시됐다. 과제 자료에는 세계 인구 증가 문제와 영국 근대 초기 역사에 관한 대학교 수준의 강의들이 포함됐다.

연구 결과는 사용자 인식에 관한 내용을 필두로 다음과 같았다.

- 학습자들은 동영상에서 강사를 보는 것이 오디오나 텍스트만 듣고 보는 것보다 더 즐겁고 재미있다고 판단했다.
- 학습자들은 동영상이 자신의 학습을 수월하게 해준다고 믿었다.
- 학습자들은 주의를 기울이는 노력을 텍스트 전문을 읽을 때 가장 많이 하고, 동영상을 시청하거나 오디오와 텍스트를 동시 사용할 때 가장 적게 한다고 판단했다.

실제 독해 점수는 다음과 같았다.

- 동영상을 사용했을 때 학습량이 가장 저조했다.

다시 말해 동영상이 더 나은 학습을 하게 해줄 거라는 참가자들의 기대는 실제 시험 결과와는 잘 맞지 않았다. 동영상을 볼 때 많은 노력을 기울이지 않는다고 한 자기 보고 내용을 감안했을 때 이런 결과는 동영상 피상화의 또 다른 사례처럼 보인다.[86]

강사를 보는 것이 동영상 학습의 성과를 줄이는 데 어떻게 작용할까? 한 가지 가설은 강사를 보는 것이 학습자가 강의 자료에 집중하는 것을 방해하는 요인일 수 있다는 것이다. 실제 교실 풍경을 한번 떠올려 보기 바란다. 학생들은 교사가 이야기하고 있는 내용에는 얼마나 집중하고, 교사의 옷차림이나 헤어스타일, 교사가 교실 안을 돌아다니는 방식에는 얼마나 주의를 기울일까. 내 말이 의심스러우면 학생들의 강의 평가에 올라 있는 개방형 논평을 한번 읽어보라.

학생들은 동영상 강의에 얼마나 잘 집중할까?

오디오 듣기와 텍스트 읽기를 비교할 때 최종적으로 다루어야 할 주제는 마음가짐과 정신의 방황이다. 이 문제는 학교에서 학생들이 얼마나 동영상을 시청하기 쉬운지 이해하기 위해서도 중요하다.

벤저민 홀리스Benjamin Hollis와 크리스토퍼 워즈Christopher Was는 학부생들이 동영상을 보는 동안 정신이 얼마나 방황하는지 측정했다. 연구자들은 온라인 수업에 등록한 학생들에게 자신이 원하는 곳에서 자신의 디지털 기기를 사용해 두 개의 온라인 강의를 시청하도록 했다. 각 강의는 약 13분 분량이었다. 학생들이 각 강의를 시청하는 동안 네 차례에 걸쳐 중단되었고 그때마다 학생들에게는 "지난 5초 동안 무슨 생각을 하고 있었나요?"라는 질문이 주어졌다. 선택지는 ① 동영상, ② 내가 동영상을 얼마나 잘 이해하고 있는지에 대한 생각, ③ 과거 일의 기억, ④ 미래의 무엇, ⑤ 현재 나의 상태(가령, 배고픔), ⑥ 다른 기술을 생각하고 있었거나 사용하고 있었음(가령, 문자 보내기나 페이스북), ⑦ 기타였다.

종합했을 때, 학생들은 무려 43퍼센트에 이르는 시간을 동영상과는 무관한 무언가를 생각하고 있었다고 답했다. 또한 다른 기술에 대해 생각하거나 사용하고 있었다는 응답도 다수 있었다.[87] 여기서 잠시 '무엇에 대해 생각하기'라는 부분을 한번 생각해보자. 앞서 2장에서 곁에 휴대전화가 있기만 해도, 심지어 사용하지 않더라도 우리의 인지적 자원이 고갈된다는 에이드리언 워드와 동료들의 연구 결과에 대해 논의했다.[88] 학생들이 편안한 곳에서 동시에 트위터 확인까지 해가며 동영상 강의를 시청하고 있다면, 강의에 대한 집중력이 얼마나 떨어질지 충분히 상상할 수 있다

이 문제를 우리가 완전히 해결할 수는 없지만, 동영상 강의에 대한 다른 연구는 정신의 방황과 자기 수행력의 과대평가라는 두 가지 문제를 다 다루는 전략을 제공한다. 이 전략에서 요구되는 것은 일종의 능동적 학습, 이른바 간헐적 시험 보기다. 아마 우리가 3장에서 실습 시험에 대해 논의한 것이 떠오를 텐데, 그것이 바로 간헐적 단답 시험을 의미하는 것일 수 있다. 대학생을 대상으로 슬라이드 동영상에 음성을 입힌 것을 사용한 연구에 따르면, 동영상 사이사이에 간헐적 단답 시험을 배치했더니 최종 시험 성적이 좋아진 것으로 나타났다.[89] 이와 동일한 원리를 적용한 것이 바로 적응형 학습을 위한 디지털 교재 곳곳에 평가 척도를 넣어놓은 것이다.

실제 동영상 강의에 초점을 맞추어, 카를 슈푸나르Karl Szpunar와 동료들은 간헐적 시험이 정신의 방황과 가늠하기는 물론 학생들(이 경우에는 고등학생)이 강의 필기를 얼마나 자주 하는지에 얼마나 영향을 미치는지 알고 싶어 했다. 정신의 방황을 조사하는 질문은 동영상 강의에

삽입되었다. 강의 후에 학생들은 후속 시험을 얼마나 잘 볼 거라고 생각하는지 예측해보라는 질문을 받았다. 이외에도 어떤(전부는 아닌) 학생들은 강의가 진행되는 동안 중간에 몇 차례 단답 시험을 봤다.

동영상 강의 중 간헐적 단답 시험은 여러 가지 긍정적 효과가 있었다. 단답 시험을 본 학생들은,

- 최종 독해 시험을 잘 볼 거라는 과신을 덜했다.
- 최종 시험에서 성적이 더 좋았다.
- 강의 중 필기를 더 많이 했다.

정신의 방황 또한 줄긴 했지만, 그 정도는 미미했다.[90]

핵심 정리

이로써 오디오로 듣는 것이 글로 된 텍스트를 읽는 것과 비교했을 때 학습에 어떤 영향을 주는지 알게 되었다. 또 동영상에 관한 것도 얼마간 알게 되었다. 핵심은 다음과 같다. 오디오든 동영상이든 초점은 학습을 위한 기술의 사용에 있다.

오디오와 동영상의 추세

- 오디오와 동영상은 둘 다 현대 문화에 오락 플랫폼으로 깊이 뿌리 내린 상태다.

- 우리에게는 오디오와 동영상의 교육적 효과에 대한 연구가 상대적으로 희소하다. 특히 글로 된 텍스트와 일대일로 비교한 것이 드물다.

오디오만 사용하는 경우

- 읽기의 기본 기술을 이미 습득한 학생들은 오디오보다 텍스트를 사용했을 때 독해 성적이 대체로 더 낫다.
- 학생들은 글로 된 텍스트보다 오디오를 사용할 때 복습을 꺼리는 경향이 있다.
- 오디오로 멀티태스킹을 하는 것은 문제가 될 수 있다.
- 오디오를 사용할 때 정신의 방황은 문제가 될 수 있다.
- 텍스트 요소(가령 파워포인트 슬라이드)를 더하면 오디오의 학습 효과를 개선할 수 있다.

오디오 더하기 텍스트

- 오디오와 텍스트 결합 방식에 대한 공식 연구 결과는 서로 엇갈린다.
- 비공식적 증거로 보면 오디오와 텍스트를 결합한 것의 이점이 있다. 특히 초보자와 발달 중인 독자, 읽기 장애가 있는 어린이, 제2 언어 학습자에게 그렇다.

동영상

- 오디오만 사용할 때와 마찬가지로 동영상보다 텍스트를 사용할 때 독해 성적은 더 나은 것처럼 보인다.
- 오디오만 사용할 때와 마찬가지로 동영상을 사용한 가늠은 문제가 될

수 있다.

- 오디오만 사용할 때와 마찬가지로 동영상을 사용한 정신의 방황은 문제가 될 수 있다.
- 간헐적 상호작용 활동(가령 단답 시험 보기)을 활용하면 동영상의 학습 효과를 개선할 수 있다.

8장

학습을 위한 최적의 오디오·동영상 읽기 전략

» **오디오와 동영상이 글자 없는 교실을 만들까?**

» **기억해두어야 할 것**

독자는 누구이며, 목표는 무엇인가

오디오와 동영상 사용에서 공통되게 나타나는 문제

종이 읽기의 강점을 오디오·동영상에 적용하기

주석 달기

» **어린아이들을 위한 오디오·동영상 읽기 전략**

오디오

동영상

» **학생을 위한 오디오·동영상 읽기 전략**

오디오만 사용하는 경우

오디오+텍스트의 경우

동영상만 사용하는 경우

오디오(그리고 동영상)를 이용한 읽기에 관한 연구 결과들을 토대로 했을 때, 이런 비텍스트 기반 매체로부터 학습에 도움을 얻으려면 어떤 전략을 써야 할까? 이 장에서는 7장에서 관심사로 떠오른 네 가지 주제에 초점을 맞춰보려고 한다. 네 가지 주제란 멀티태스킹과 가늠, 정신의 방황, 간헐적 시험이다. 또한 능동적 학습 전략으로서 주석 달기도 이야기해보겠다.

그전에 준비 작업으로 잠시 구술 문화와 문자 문화에 대한 비교로 돌아가 보자.

오디오와 동영상이 글자 없는 교실을 만들까?

글이 도래하기 전에 소통 방식은 구술이었다. 7장에서 본 것처럼, 전체 주민의 일부만 문해력이 있는 사회 또한 더 넓게 보면 구술에 대한 의존도가 훨씬 컸을 것이다. 교육과 종이책 보급이 더 폭넓게 확산되고 나서야 비로소 문자 문화에 대해 제대로 이야기할 수 있었을 것이다.

20세기 초 라디오가 등장하고 수십 년 후 텔레비전이 그 뒤를 이으면서, 청각 매체와 시각 매체가 종이책의 기능을 상당 부분 떠맡음에 따라 종이책의 역할은 한층 격하되었다. 한때 마셜 매클루언Marshall McLuhan의 제자였던 월터 옹Walter Ong은 이 두 소리 기반 기술이 이른바 '2차 구술성'을 예고한다고 봤다.[1] 비록 라디오와 텔레비전이 제작 과정에서는 여전히 글에 의존하기는 해도, 글을 투영하는 방식에서 말이다. 이것은 수 세기 전 근본적인 소통 매개가 말('1차 구술성')이었던 것과 아주 흡사하다.

오늘날 새로운 얼굴은 오디오북과 팟캐스트다. 라디오와 텔레비전처럼 둘 다 말로 한다. 그렇다면 어떤 저자가 말하는 것처럼, 현대의 오디오 기술은 '새로운 구술 시대'로 이어질까?[2] 그렇지 않을 것이다. 그 이유를 말해보겠다.

역사적으로 구술 문화에서는 주의 깊은 듣기와 말하기가 가치 있는 기술이었다. 듣기 위해서는 다른 사람이 하는 말에 귀를 기울이고 정신을 모아야 했다. 기억 능력도 필수였다. 준비한 연설은 (시와 설교와 마찬가지로) 대개 외운 것이었다. 오늘날 교육계에서는 빠르게 사라져가는 기술들이다. 마찬가지로 발언을 하는 사람도 자기주장을 공들여 짜서 전달해야 했다. 그것도 즉석에서 그래야 할 때가 많았다. 다시 말하지만, 이것은 오늘날에는 교육 수준이 아주 높은 사람들 사이에서도 흔치 않은 기술이다.

만약 라디오와 텔레비전이, 그리고 지금 오디오북과 팟캐스트가 실제로 새로운 구술 시대를 선도하고 있다면 교육에 대해 획기적으로 재고해봐야 할 것이다. 학생들은 주의 깊게 듣는 것(실제로 육성하기는 어려운 것)과 기억(현대 교육이 기계적 암기 학습이라며 정색하고 일축한 것)을 아주 중시하도록 훈련받아야 할 것이다. 학습의 원천으로서 말하기와 듣기 기술이 목표로 하는 것은 아마 문자 문화가 종이책을 열망하는 것과 대단히 유사할 것이다.

이것이 바람직한지의 여부는 차치하고, 가능한 일일까?

7장에서 본 연구에 따르면 학생들은 글을 대하는 것처럼 오디오(그리고 동영상)를 대하지 않는다. 오히려 오디오와 동영상을 '가벼운 학습' 쯤으로 여긴다. 교사들로 말하자면, 특히 대학교수의 경우 매체 간의 교육적 차이에 대해 철저히 생각해본 사람이 드물다. 대학교수들이 채용된 것은 강의 주제에 관한 전문성 때문이지, 가르칠 때 어떤 플랫폼을 활용하는 것이 가장 좋은지 알기 때문은 아니다. 우리 대다수는 학생들이 듣거나 보는 것에서도 텍스트를 읽을 때만큼이나 많이 배울 수 있다고 가정하는 경향이 있다. 하지만 연구 결과를 보면 사실은 그렇지 않다. 듣거나 보는 것으로 읽는 만큼의 효과를 거두려면 학생들의 더 많은 노력과 더 많은 지도가 필요할지 모른다는 사실을 우리는 제대로 이해하지 못한 상태다.

나는 지금 오디오(그리고 동영상)를 텍스트와 같은 반열에 두기 위한 교육계의 실행을 개편하자는 데 표를 던지는 것은 아니다. 하지만 오디오와 동영상은 디지털 텍스트와 마찬가지로 앞으로 교육에서 역할이 계속해서 확대될 가능성이 커 보인다. 따라서 이 장에서는 학습 플랫폼으로 글을 사용할 때와 오디오·동영상을 사용할 때 발생하는 학생들의 성취도 차이의 문제를 실용적 측면에서 다뤄보려고 한다.

기억해두어야 할 것

독자는 누구이며, 목표는 무엇인가

교육계에서 '학습 스타일learning style'이라는 개념은 지난 수십 년 동안 숱한 논의를 불러일으켜 왔다. 아이에 따라 문자나 청각, 혹은 시각이나 운동감각을 활용한 교수법을 적용하면 성과가 더 나을까? 요즘 연구를 보면 학생들이 이런저런 방법에 대한 선호를 나타낼지 몰라도, 정작 시험 성적은 학생들이 선호하는 매체에서 더 잘 나오는 것이 아님을 알 수 있다.[3]

그러나 '학습 스타일'이 학습 효과를 알려주는지 여부를 떠나, 저마다 나름의 개성이나 호불호가 있다는 사실을 잊어서는 안 된다. 누군가에게 무언가를 하게 하는 것이 목표라면, 같은 목표에 이르기 위해 다른 경로를 택하는 것이 합리적일 때가 많다. 내 남편만 해도 당근이라면 아주 질색했다. 필수 영양소인 베타카로틴이 들어 있다고 반복해서 얘기해도 아랑곳하지 않았다. 하지만 결국 나는 몇 가지 조리법을 알아냈고, 이제 남편은 취향이 바뀌어 당근을 더 달라고 할 정도가 되었다.

마찬가지로, 우리의 목표가 아이들이 책을 읽도록 하는 것인 데 반해 아이들은 종이책을 내 남편이 당근 대하듯 한다면, 우리로서는 다른 대안 전략들을 찾아보는 게 마땅하다. 그 대안은 오디오는 물론, 어쩌면 동영상이 될 수도 있다. 저학년이라면 일단 어떻게든 학습에 걸음을 내딛게 만들고 그다음에는 바라건대 글로 된 텍스트도 똑같이 수월하게 읽는 단계로 넘어가게 해야 할 것이다. 고학년이라면 팟캐스트와 동영상에 끌리는 것과 이런 매체가 주의 집중을 요하는 학습에는 최선의 플랫폼이 아닐 수 있다는 개연성 사이에서 교사들이 균형을 잡아줄 필요가 있다.

이렇게 해서 우리는 다시 마음가짐의 문제로 돌아왔다.

오디오와 동영상 사용에서 공통되게 나타나는 문제

오디오(특히 오디오만 사용하는 경우)와 동영상에 대한 연구들을 검토해본 결과 두 플랫폼이 사용자와 관련해 공통적으로 두 가지 문제가 있는 것으로 나타났다.

- 가늠에 문제가 있을 수 있다.
- 정신의 방황이 문제가 될 수 있다.

또한 오디오만 사용하면 '멀티태스킹'을 한다는 증거도 많았다. 아마 연구를 해보면 동영상도 멀티태스킹이 문제로 나타날 게 틀림없다. 만약 우리가 오디오와 동영상을 진지한 학습 도구로 바꾸고 싶다면 이들 세 가지 우려 사항을 정면으로 다뤄야 한다.

종이 읽기의 강점을 오디오·동영상에 적용하기

6장에서 우리는 종이 읽기를 위한 전통적인 전략을 학생들의 디지털 텍스트 읽기에도 적용하는 법에 대해 이야기했다. 오디오와 동영상에도 같은 접근법을 적용할 수 있다.

텍스트 읽기의 전략이 이런 뉴미디어 플랫폼에도 유용할까? 확실히 도움이 될 것으로는 필기와 복습, 그리고 학생들이 듣거나 보게 될 것을 알려주는 질문 프롬프트를 사용한 프리뷰가 있다. 능동적인 학습(비공식적인 간헐적 시험도 포함) 방법은 언제나 좋다. 여기서 집중해서 살펴볼 능동적인 학습 형태는 주석 달기다.

주석 달기

읽는 동안 주석을 다는 것, 특히 자기 의견을 글로 적는 것이 얼마나 가치가 있는지에 대해서는 4장에서 이야기했다. 주석 달기가 무엇인지는 매체가 종이일 때는 물론 디지털 텍스트일 때도 어렵지 않게 알 수 있다. 하지만 '텍스트'가 말로 된 것이거나 시각적일 때는 어떻게 해야 할까? 말과 동영상은 둘 다 덧없다. 잠시 나타났다 순식간에 사라진다.

이와 비슷한 문제는 이전에도 있었다.

17세기 프랑스 루이 14세의 왕궁에 있다고 상상해보라. 아마 베르사유 궁전의 화려함이나 "짐이 곧 국가"라는 말이 먼저 떠오를 것이다. 하지만 춤에 대해서도 생각해봐야 할 것이다. 왜냐하면 루이 14세는 뛰어난 무용수이기도 해서, 궁정의 조신들도 춤 기술을 익힐 것을 강요했기 때문이다.[4] 누구나 새로운 춤을 배워야만 했다. 하지만 어떻게? 루이 14세는 무용 선생인 피에르 보샹Pierre Beauchamps에게 지시해,

사람들이 '개인 지도 없이도' 무용을 배울 수 있도록 '종이 위에다 무용 기술을 이해할 수 있게 해주는' 체계를 만들게 했다.[5] 그렇게 해서 태어난 것이 안무choreography라는 개념이었다. 안무란 말 그대로 '맞춰서 춤추기'(그리스어로 khoreia)와 '글'(-graphy)의 결합, 다시 말해서 글로 된 춤의 표기법이었다. 이제 사람들은 언제 나서거나 물러서고, 돌거나 뛰는지를 글로 나타낸 지시에 따라 새로운 춤을 배울 수 있게 되었다. 오늘날 춤의 표기 체계는 변했지만 원리는 그대로다.

이제 미국 수어ASL, American Sign Language와 같은 기호 체계를 생각해보자. 단어와 문장은 얼굴 표정이나 몸 자세와 함께 손 모양과 위치, 동작으로 표현된다. 수어를 배우는 가장 자연스러운 방법은 얼굴을 보고 하는 것이다. 하지만 그것을 글로도 쓸 수 있을까?

몇몇 19세기 프랑스식 제안을 따라 고로드대학교 교수 윌리엄 스토코William Stokoe가 첫 번째 근대 수어를 설계했다.[6] 언어학자들이 말의 소리를 분석하기 위해 음향학을 사용하는 것을 본따 스토코는 '수어 음운론cherology'('손'을 뜻하는 그리스 단어에서 파생된 말)을 만들었다. 소리 기반 음소와 비슷하게 수어소는 그림 같은 상징으로 표현되었다.[7] 다시 한번 새로운 표기 시스템은 진화했지만 금방 사라지는 신호를 구체적으로 만든다는 기본 개념은 그대로다.

왜 내가 춤의 표기와 수어 체계에 대해 이야기하는지 의아할 것이다. 춤과 수어에서처럼 오디오와 동영상이 글로 된 도구를 적용하기에 적절한 대상이 아니라고 가정하기 쉽다. 이 장 뒷부분에서 보게 되겠지만 학령 학생들에게 몇 가지 유망한 선택지가 있다. 하지만 먼저 어린아이들을 대상으로 오디오와 동영상을 사용하는 것에 대해 몇 마디

해야겠다.

어린아이들을 위한 오디오·동영상 읽기 전략

오디오

4장에서 어린아이들을 위한 디지털 책에 대해 이야기하며 시장에 나와 있는 디지털 제품의 다수가 아이들이 줄거리를 따라가는 것을 돕기보다 온갖 부가 기능들로 주의를 뺏기 쉽다고 경고했다. 오디오북과 관련해 우리는 보다 안전한 발판 위에 있다. 대부분 글로 된 버전이 이미 존재하고, 부모나 교사, 평가자들이 오디오북의 이점을 심사숙고해왔기 때문이다.

나이에 맞는 오디오 선택지를 어디에서 찾을 수 있을까? 여러분이 사는 곳의 서점이나 도서관이 언제나 좋은 출발점이다. 미국도서관협회 산하 단체인 '어린이를 위한 도서관 서비스 연합ALSC, Association of Library Services to Children'의 추천도 좋다. 만약 14세까지 어린이를 위한 최신 녹음물을 찾고 있다면 ALSC의 '주목할 만한 어린이 녹음-2020' 목록을 확인해보라.[8] 이 중 어떤 것은 오디오만 사용한 것이고, 어떤 것은 오디오와 텍스트 둘 다 사용한 것이다.

동영상

어린아이들을 위한 동영상은 완전히 새로운 지뢰밭이다. 우리는 7장에서 건드리지 않고 넘어왔다. 여기서도 건드리지 않겠다! 어린아이와 스크린 사용이라는 주제(텔레비전으로 시작해서 그다음에는 코로나19 팬데믹으로 이어지는)는 너무나 방대해서 지금 우리가 다룰 수 있는 범위를 넘어간다.

학생을 위한 오디오·동영상 읽기 전략

자동차가 처음 도입되었을 때만 해도 운전면허증은 필요 없었다. 그보다는 정비공을, 그것도 되도록이면 바로 옆자리에 앉혀 두고 가는 것이 훨씬 중요했다. 초기의 차량은 고장 나기 일쑤였기 때문이다. 헨리 포드의 모델 T가 출시된 것은 1918년이었다. 미국의 모든 주들은 차량에 번호판을 의무적으로 달게 했지만 운전자에게 면허증을 요구하지는 않았다.[9] 1930년까지도 운전자에게 의무적으로 면허 시험을 치게 했던 주는 15개에 불과했다. 1959년에야 사우스다코타주가 맨 마지막으로 대열에 동참했다.[10]

학습을 위한 오디오와 동영상 자료가 처한 상황은 자동차 역사의 초기와 조금 비슷하다. 사람들은 누구든 차량만 가지게 되면(바꿔 말하면 팟캐스트나 동영상 혹은 오디오북만 주어지면) 그것을 작동하는 법까지 알 거라고 가정한다. 몇몇 교사들은 학생들이 오디오나 동영상 과제물을 생산적으로 사용할 수 있게 하는 지도 전략을 개발하고 있지만, 그런 실천이 널리 퍼져 있지는 않은 상태다. 특히 고학년 학생들의 경우에 그렇다. 대학교 수준에서 내가 경험한 바로는 오디오와 동영상 자료를 강의 계획서에 올려두고는 태평스럽게도 학생들이 그것을 효과적으로 사용할 거라고 가정한다. 적절한 교육방식이라고 하기 어렵다.

더 나은 접근법이 있다. 그중 몇 가지를 살펴보려고 한다. 특히 오디오만 사용하는 경우와 동영상을 사용하는 경우에 집중하겠다.

오디오만 사용하는 경우

먼저 학습을 위해 오디오만 사용할 경우 각별히 유의할 사항은 다음과 같다.

- 오디오를 사용해 학습할 때에는 동일한 내용을 글로 된 텍스트로 학습할 때만큼이나 이해하고 기억할 거라고 가정해서는 안 된다.
- 듣는 것에 집중하라. 오디오로 들을 때 정신은 글로 된 텍스트를 읽을 때보다 더 쉽게 방황한다.
- 들으면서 멀티태스킹을 하려거든 다시 한번 생각해보라. 멀티태스킹을 하면 그만큼 주의 깊게 들을 확률은 낮아진다.

물론 이런 조언은 충분히 예상할 수 있는 것들이다. 그러나 오디오를 의미 있는 학습 플랫폼으로 활용하려면 반드시 다시 한번 명심해야 한다.

이제 학습의 목표와 텍스트 유형, 오디오만 사용할 때 정신을 모으기 위한 전략을 살펴보기로 하자.

읽기의 목적이 무엇인가

읽기의 목적이 다 같은 것은 아니다. 내키지 않는 독자에게 오디오는 동기를 불어넣을 수 있다. 숙달된 독자에게는 정보형 오디오가 새로운 배경 지식의 탁월한 원천이 될 수 있고, 내러티브형 오디오는 (멀티태스킹을 할 때조차) 텍스트로 읽을 때에 비하면 좀 가볍긴 해도 문학을 접할 기회를 넓혀준다.

학습에 문제가 있는 아이들에게는 오디오가 텍스트로만 학습할 때 생기는 걸림돌을 제거해줄 수 있을지도 모른다. 7장에서 우리는 캘리포니아주립대학교의 연구를 통해 우리 뇌가 구어와 문어의 의미를 같은 방식으로 다룬다는 사실을 알았다. 이 연구의 주 저자인 패트마 데니즈Fatma Deniz는 연구 결과가 난독증이나 읽기 장애가 있는 아이들과 관련해 어떤 의미를 띠는지에 관심이 있었다. 한 인터뷰에서 데니즈는 다음과 같은 가설을 제시했다.

> 난독증이 있는 학생의 뇌가 오디오북이나 다른 녹음물을 들을 때 풍부한 의미를 떠올린다는 것을 우리가 장차 알게 된다면, 교실에서 더 많은 오디오 자료가 사용될 것이다.[11]

물론 단어 의미의 파악에서 연결된 산문의 이해로 옮겨가는 것은 비약이다. 하지만 오디오는 공식 연구는 물론 교실 실험을 통해 한번 따라가볼 가치가 있는 길이다.

텍스트 유형의 고려

내러티브형 산문은 오디오와 자연스럽게 잘 어울린다. 문제는 독자로 하여금 듣기를 통해, 가령 소설을 오디오로 들음으로써 무엇을 얻기를 바라느냐는 것이다. 6장에서 나탈리 필립스의 fMRI 비교 연구를 이야기한 바 있다. 문학 전공 학생들이 제인 오스틴의 작품 한 장을 '꼼꼼히 읽기' 마음가짐으로 읽었을 때와 즐거움을 위한 읽기 방식으로 읽었을 때 뇌 상태를 비교한 것이었다. 뇌는 꼼꼼히 읽기에서는 다르게 작동했다. 같은 이야기를 같은 학생들에게 소리 내 읽어준다면 fMRI가 어떻게 나올지 나로서는 말할 수 없다. 하지만 우리로서는 생각해봐야 할 문제다. 특히 오디오와 '가벼운 학습'에 대해 우리가 알게 된 것들을 모두 감안하면 그렇다. 소설을 즐거움을 위해 듣는다면 문제가 될 게 아무것도 없다. 하지만 소설이 문학 수업 시간에 과제로 내준 것이라면 어떻게 될까?

학문적 목적에서 정보형 팟캐스트를 들을 때 일어날 수 있는 문제는 훨씬 분명하다. 7장에서 논의한 몇몇 연구에서 사용된 자료들이 바로 이런 유의 정보형 자료들이었다. 우리는 정보형 오디오가 추론적 사고는 물론, 간혹 이해에서조차 글로 된 텍스트에 비해 성취도가 낮다는 것을 알 수 있었다. 따라서 정신을 모으는 전략이 무엇보다 중요하다.

집중을 위한 전통적인 전략

앞에서 소개한 유의 사항들이 강조하듯, 오디오로 학습하려고 할 때에는 정신을 집중하는 것이 결정적으로 중요하다. 전통적인 전략들 중에는 글로 받아 적는 것도 들어 있다.

- 들으면서 필기를 한다.
- 듣고 난 후에는 핵심어 목록과 요약, 필요하면 개념 지도도 만든다.

또 다른 전략으로는 다른 누군가가 내용을 미리 글로 쓰는 것이다.

- 오디오를 듣기 전에 먼저 교사가 만든 '읽기' 프롬프트를 생각해본다.
- 듣는 동안 파워포인트 발표 자료 같은 문서나 관련 그래픽을 함께 보면서 따라간다.

그다음은 이제 다들 익숙한 복습 전략에 따른 것들이다.

- 두 번 듣기가 가능한 오디오의 부분을 다시 듣는다.
- 학습한 내용에 대해 스스로 약식 시험을 본다.

학생들이 글로 된 텍스트보다 오디오로는 복습할 가능성이 낮다는 것을 우리가 알기 때문에,

- 학생들에게 그저 "복습해!"라고만 하지 말고, 오디오로는 복습하는 경향이 낮다는 사실과 이유를 설명해준다.

약식 시험 문제로 말하자면, 우리는 약식 시험을 (특히 간헐적으로) 듣기의 자연스러운 일부로 만들기 위한 창의적인 방법을 개발해야만 할 것이다. 이 부분에서 교사들이 앞장설 필요가 있다. (7장에서 본 연구 설계 중에서 가져온) 한 가지 전략은 다음과 같다.

- 오디오를 몇 개의 덩어리로 쪼갠다. 여기에 각 절이 끝난 후에 할 만한

활동도 곁들인다.

6장에서 우리는 정보를 별개 단위로 나눠 사용할 때 얻을 수 있는 학습의 이점을 감안했을 때 (디지털이든 종이든) 텍스트를 작은 절로 나누거나, 심지어 분철해서 사용할 때의 장점에 대해 이야기했다. 똑같은 원리를 오디오에도 적용할 수 있다. 다만 자료를 분할하고 관련 활동을 짜는 부담은 교사가 맡아야 할 가능성이 높다.

또 다른 집중의 기술: 오디오에 주석 달기

종이로 된 텍스트에 주석을 다는 것에 대해서는 모두가 알고 있다. 6장에서 이야기한 디지털 텍스트에 주석 달기 기술에 대해서도 많은 사람이 잘 안다. 하지만 오디오에 주석 달기는 어떨까? 그런 도구가 있나? 혹은 그런 도구가 있을 수는 있나?

지금 시점에서는 '기술적으로 진행 중'이라고밖에 답할 수 없겠지만 이미 몇 가지 가능한 예비 수단들이 있기는 하다. 먼저 기본 개념부터 알아보자.

7장에서 오늘날 오디오북의 전신이 시각장애인이나 손상을 입은 사람을 위한 녹음 책자였다는 사실을 알았다. 그 후 기술이 발달하면서, 당연히 시각장애인이 이용할 수 있는 오디오 읽기 플랫폼도 진화했다. 이런 오디오북은 이제 디지털화했고, 이 중 상당수는 국제 데이지 DAISY 컨소시엄(디지털 접속 정보 시스템)이 관리하는 표준에 따라 관장된다.[12] 이 오디오북은 데이지 플레이어는 물론 컴퓨터나 휴대용 기기에도 적합한 소프트웨어와 함께 내려받아 들을 수 있다.

왜 지금 시각장애인을 위한 오디오 시스템을 이야기하는가? 이 중 어떤 특성을 살펴보면 오디오를 듣는 더 넓은 독자층에도 유용한 응용 방법도 생각할 수 있기 때문이다. 데이지 오디오북은 장과 절을 검색할 수 있을 뿐만 아니라 북마크도 하고 재생 속도도 조절할 수 있게 되어 있다. 사용자가 듣는 동안 별도로 구술을 하거나 필기를 하는 데도 아무 지장이 없다.

시각장애인을 위한 '말하는 책'의 상당 부분이 나중에 비시각장애인을 위한 상업적 벤처 사업으로 채택되면서, 아마존 오더블은 데이지 시스템의 몇 가지 사양을 자신들의 자랑거리로 삼았다. 제품의 세부 사항은 생략하기로 한다(시시각각 변하기 때문이다). 오더블 또한 북마크 기능이 있을 뿐만 아니라, 오디오 클립을 저장하고 거기에 메모를 추가할 수도 있다.

오디오 '텍스트'에 주석을 다는 방법들은 다양하게 나와 있지만, 이 장을 집필하는 시점에서 보자면 사용하기 쉽도록 매끈하게 완성된 시스템은 없다. 인터넷 검색만 해도 그 뒤로 여러 가지 접근법이 생겼다. 가령, 이제는 시리Siri 같은 디지털 개인 비서를 사용해 휴대전화에다 메모를 구술할 수도 있고, 들으면서 휴대전화에 별도의 메모를 타이핑할 수도 있다. 내가 본 방법은 오디오북을 들으면서 클립 단위로 북마킹을 하고, 책을 마친 다음에는 북마크 표시가 된 부분들에 대한 주석들을 한 번에 다 쓰는 것이었다.

오디오 주석 달기 기능이 현재로서는, 특히 종이 텍스트나 심지어 디지털 텍스트 주석 달기와 비교해서도 볼품이 없다는 점을 감안하면, 지금 학생들이나 교사들이 별도의 필기 방식 외의 오디오 주석 달기 쪽으로 마음이 끌릴 것 같지는 않다. 하지만 상업적 도구들은 진화할 것이고, 그에 따라 오디오 주석 달기도 쓰기 좋은 응용 도구가 될 것이다. 내가 읽어본 온라인 토론방의 게시글로 판단하자면, 그런 방향으로 가기 위한 힘은 오디오북 사용의 편의를 바라지만 종국에는 글로 된 주석을 생산해야만 하는 전문직 종사자들로부터 오지 않을까 싶다.

교육이 그런 혁신의 추동자는 아닐 수 있다. 하지만 그로 인한 수혜자가 될 것이다.

오디오+텍스트의 경우

읽는 사람에게 인지적 부담을 가중시킬 수 있는 중복 효과를 감안했을 때, 오디오와 텍스트를 결합한 방식의 유용성에 대해 모든 연구자들이 동의한 것은 아니라는 사실을 7장에서 보았다. 그때 내가 시사한 바대로 이중 입력이 특히 읽기 장애가 있는 아이들에게 효과적일 수 있다는 증거가 실제로도 있다. 하지만 여기서 최선의 조언을 제시하는 일은 부모와 실행가들에게 맡겨두기로 한다.

내가 다룰 수 있는 것은 몇 년 전 문학 분야의 석사 학위 후보자가 내게 처음 언급한 연구 전략이다. 그 후보자를 '베스'라고 하자. 베스는 책 읽기를 좋아했지만, 종종 주의가 분산되면서 책에 집중할 수 없다고 느꼈다. 그녀의 해법은 무엇이었을까?

- 글로 된 텍스트를 읽으면서 동시에 오디오북을 재생시켜 궤도를 유지했다.

그 당시만 해도 나는 회의적이었다. 하지만 지금은 3장에서 우리가 이야기한, 읽기 과제물을 하기 싫어할 때가 많은 학생들과, 1장에서 언급한, 종이책은 따분하다고 하는 학생들에 대해 생각하고 있다(종이책을 따분하게 여기는 학생들에 대해서는 10장에 가서 더 이야기하겠다). 오디오와 텍스트를 결합하면 도움이 될 수 있을까?

나는 베스의 기법을 골똘히 생각해보며, 뭔가 꾸준히 하는 데 도움이 필요한 다른 상황을 떠올려봤다. 달리기 파트너라든가 다이어트 단짝, 또는 체육관에서 고정 자전거를 탈 때 디지털 도전자를 상대로 '경쟁하는' 것도 그런 예일 수 있다. 심지어 그레이하운드 개 경주에서 페이스메이커로 사용되는 기계 토끼도 떠올렸다.

책을 읽을 때, 특히 좋은 낭독자가 읽어주는 오디오를 활용한다면 도움이 될 뿐 아니라 통제력도 행사할 수 있다. 오디오는 모든 단어를 하나하나 섭렵하게 하는 동시에 계속해서 앞으로 나아가도록 유도한다. 듣다가 어려우면 오디오를 멈추고 구절에 대해 생각해보거나, 다시 읽거나, 글로 주석을 달 수도 있다. 오디오와 텍스트 결합 방식은 모든 독자, 모든 책에 맞는 것은 아니다. 하지만 보조 장치의 도움을 받아 계속해서 읽으려는 사람에게는 또 하나의 선택지에 해당한다.

동영상만 사용하는 경우

또 한 번 다소 익숙한 메시지들일 수 있는데, 이번에는 학습용으로 제작된 동영상을 사용할 때 특별히 유의할 사항들이다.

- 동영상으로 학습하면서, 같은 내용을 글로 된 텍스트로 읽을 때만큼 많이

이해하고 기억할 거라고 가정하지 말라.

- 시청하고 있는 것에 집중하라. 글로 된 텍스트를 읽을 때보다 동영상을 시청할 때 우리 정신은 더 쉽게 방황한다(콘텐츠보다 강사에게 더 집중하는 것까지 포함해서 말이다).
- 동영상을 보면서 멀티태스킹을 하려거든 다시 한번 생각해보라. 휴대전화를 가지고 무엇을 하는 것은 확실히 멀티태스킹에 해당한다.

이 중에서 딱히 놀랄 만한 내용은 없다. 하지만 학생들은 이 주의 사항들을 귀담아들을 필요가 있다.

읽기의 목적이 무엇인가

우리처럼 가르치는 사람들은 정직하게 스스로 이런 질문을 해볼 필요가 있다. 왜 나는 학생들에게 동영상을 과제로 내주는가. 특히 그전까지는 글로 된 텍스트를 과제로 내주다가 동영상으로 바뀐 경우 이 질문이 더욱더 필요하다. 그 이유가 동영상이(특히 내가 과제로 내주려는 이 동영상이) 특별히 강력한 교육 매체이기 때문인가, 아니면 학생들이 읽기 자료보다는 동영상을 볼 가능성이 더 높기 때문인가?

우리는 동영상이 '가벼운 학습'에 대단히 유용할 수 있다는 사실을 안다. 또한 동영상은 배경 정보를 얻기 위한 자료원으로 탁월할 때가 많다. 하지만 목표가 집중이 필요한 학습일 때는 생산적 시청을 위한 전략을 생각해봐야 한다.

집중을 위한 전통적인 전략

앞서 '오디오만 사용할 경우' 절에서 본 것과 유사할 것이다.

- 시청하면서 필기를 한다.
- 시청한 후에는 핵심어 목록이나 요약을 작성하고, 필요하면 개념 지도도 만든다.
- 시청하기 전에 교사가 만든 '보기' 프롬프트를 생각해본다.
- 다시 시청할 만한 부분을 다시 시청한다.
- 학습한 것에 대해 스스로 약식 시험을 본다.

오디오만 사용할 때와 마찬가지로, 학생들은 글로 된 텍스트를 복습할 때보다 동영상을 다시 볼 가능성이 더 낮다는 것을 우리는 알고 있다. 따라서,

- 학생들에게 '복습해!'라고만 하지 말고 왜 동영상은 복습하기가 싫게 느껴지는지 설명해준다.

다시 한번, 오디오를 사용할 때와 마찬가지로,

- 동영상을 분할하고, 중간중간에 학습에 도움이 될 만한 적절한 활동(약식 시험 포함)을 추가한다.

또 다른 집중의 기술: 동영상에 주석 달기

동영상에 주석을 달기 위한 교육적 도구는 오디오에 비해 더 발달된 상태다. 우리는 유튜브를 선도자로 볼 수 있다. 유튜브가 출범한 것은 2005년이다. 2008년에는 주석 달기 기능을 추가했다. 물론 유튜브 주석 달기는 사용자들이 컴퓨터에서 스크린 크기가 줄어든(그 결과 주석을 보기가 어려워진) 휴대 기기로 옮겨가면서 공식적으로는 중단되었다. 하지만 동영상에 표시를 하는 것은 이제는 익숙한 개념이다. 요즘은 누구나 라이브 스트리밍되는 프로그램에 댓글을 달거나, 스카이프나 줌으로 얼굴을 보면서 채팅 기능을 사용하는 것을 떠올릴 수 있을 것이다.

교육계에서는 몇 가지 동영상 주석 달기 도구가 입지를 넓혀가고 있다. 그중 두 가지를 소개한다.

첫 번째는 컬럼비아대학교 교육대학원의 에드랩EdLab이 개발한 비얼로그Vialogues다. 목표는 동영상video과 대화dialogue의 결합을 통해 '동영상을 사용한 토론에 불을 붙이는 학습자 공동체'를 만드는 것이었다.[13] 이것은 하버드대학교의 퍼루스올 사업을 연상시킨다. 6장에서 이야기했던 일종의 디지털 소셜 주석 달기 말이다.

퍼루스올처럼 비얼로그도 무료다. 맨 처음에는 동영상 또는 유튜브나 비메오 음성파일 연결 링크를 올리는 것으로 시작한다. 그다음 사용자는 시간이 기록되는 댓글 혹은 설문이나 선다형 질문에 참여한다. 기본 구상은 동영상 콘텐츠 학습 공동체와의 상호작용을 통해 동영상 콘텐츠 참여율을 높이는 것이다.

두 번째 동영상 주석 달기 도구는 미네소타대학교에서 만든 비디오앤트VideoANT다. 이 또한 무료 플랫폼으로 비얼로그처럼 동급생들(그리고 경우에 따라서는 강사들까지)과의 동영상 제작과 댓글 공유를 활성화하도록 설계되었다. 이것 역시 다른 곳에서 제작된 동영상이나 자신이 만든 동영상을 내려받거나 링크할 수 있다. 비디오앤트는 동영상과 텍스트 상자 사이에 분할 스크린이 있고, 댓글을 동영상 타임라인상의 다른 지점으로 옮길 수 있다.[14]

흥미롭게도 웹사이트 시연 동영상의 설명에 따르면, 각각의 '앤트Ants'(주석이 달린annotated 동영상의 명칭)는 공유용 혹은 개인용으로 표시할 수 있다. 비디오앤트는 사회적 용도로 설계되었는데, 원리로 보면 개별 학생들이 자기 나름의 학습 목적에 따라 동영상에 주석을 달 수도 있다.

나는 지금의 학생들이 우리가 과제로 내주는 동영상을 모두 (내려받을 수 있다고 가정했을 때) 내려받고, 글로 된 텍스트를 사용할 때와 같이 주석을 달 거라고 생각하는 것은 아니다. 하지만 우리가 점차 학습 목표가 진지한 교과 과정에도 동영상을 포함시켜 감에 따라 이런 유의 시나리오를 계속해서 생각하게 될지도 모른다.

여덟 개 장에 이르는 우리의 여정에서 폭넓은 주제가 다뤄졌다. 1부에서 우리는 '읽기를 가늠하고' '독자'와 '읽기'란 무엇을 의미하는지 생각하고, 사람들이 실제로 얼마나 읽는지 살펴봤으며, 종이 읽기가 늘 우리가 그리는 황금 잣대인지 질문했다. 2부에서는 디지털 읽기의 효과를 개선하기 위한 추천 전략과 함께, 단일 텍스트 혹은 복수 텍스트에 대한 연구를 포함해 종이 대 디지털 읽기에 대해 우리가 아는 것들을 깊이 탐구했다. 3부에서는 오디오(그리고 얼마간의 동영상)로 방향을 돌려, 오디오와 동영상 학습에 관한 연구들을 살펴보고 개선 전략들을 추천했다.

이 책의 마지막 부분인 4부에서는 미래를 전망하려고 한다. 먼저 종이 읽기 자체가 디지털 혁명에서 어떤 영향을 받고 있는지 살펴볼 것이다. 그리고 더 큰 차원의 교육 목표를 생각해보는 한편, 주의 깊은 읽기가 그 목표를 달성하는 데 수행할 수 있는 역할을 숙고해볼 것이다.

4부

읽기의 미래

- 소유 대신 경험을 좇는 오늘날의 태도와 디지털 읽기의 가속화는 어떤 관계일까?
- 디지털로 읽을 때 우리의 마음가짐은 어떻게 달라질까?
- 스크린 읽기 방식이 종이책 읽기 방식을 바꾸어놓았을까?
- 왜 학생들은 종이책 읽기가 따분하다고 말할까?
- 교육의 목표가 변화하면서 학생들이 얕고 짧은 읽기로 내몰리고 있는 것은 아닐까?
- 비판적 사고를 증진하는 것과 읽기 플랫폼을 선택하는 것의 관계는?
- 인터넷에 너무 의존하는 나머지 우리는 우리 자신도 알지 못하게 된 걸까?

9장

디지털 세계에서의 읽기 전략 짜기

» **글에 집중하지 못하는 사람들**

» **'순간접속' 문화는 우리를 어떻게 바꾸었나**

소유보다 경험을 중시

물질보다 디지털을 선호

디지털을 가치 있게 여기지 않는다

» **종이책 읽기에 스며든 디지털 마음가짐**

'읽을 때의 디지털 마음가짐'의 정의

학생들이 디지털 읽기에 거는 기대

» **디지털 세상에서의 읽기 전략: 양손잡이 문해력**

옛날 방식은 낭만적으로 묘사되기 쉽다. "나 때는 말이야…." 이런 말 뒤에는 다양한 이야기가 따라올 수 있다. 주유소에서 기름은 셀프가 아니라 다른 누군가가 채워줬지. 우유는 문 앞으로 배달되었지. 사람들은 더 많이 읽었지.

이 책에서는 종이와 디지털 텍스트를 마치 링 위의 권투선수들처럼 맞대결시키는 데 많은 지면을 할애했다. 그 과정에서 독자인 당신이 이 책의 모든 논의를 종이책에 대한 '나 돌아갈래'식 향수를 불러일으키는 것으로 해석하고픈 유혹을 느꼈다고 해도 충분히 이해할 만한다.

만일 그랬다면, 부디 그러지 말기 바란다.

2장과 3장에서 우리는 옛날(디지털 혁명 이전)이든 지금이든 종이책 읽기에 대해 사람들이 가지고 있는 낭만적인 시각을 깨려고 했다. 학생들이 과제로 주어지는 (주로 종이책) 읽기를 다 마치지 않는 것은 어제오늘의 일이 아니다. 어른들도 여가 시간을 책 읽기에 쓰는 경우는 드물었다. 하지만 디지털 시대로 접어들면서 인쇄된 것을 읽으려고 집어들 때 또 다른 일이 일어나고 있다. 우리가 점점 종이책에 디지털처럼 접근하고 있는 것이다.

이 장에서는 지금 내가 한 말이 무슨 뜻인지, 그리고 어떤 결과가 일어날 수 있을지에 대해 설명하겠다.

글에 집중하지 못하는 사람들

휴대전화의 벨 소리를 듣거나 진동음을 느끼는데, 실제로는 그렇지 않은 경우가 있다. 혹시 그런 환각에 빠진 적이 있더라도 안심하시라. 당신만 그런 것이 아니다. 퓨리서치센터가 내놓은 보고서에 따르면, 설문조사에 응한 성인의 67퍼센트가 환청 신호음을 확인한 적이 있다고 털어놓았다.[1]

기술은 우리가 읽을 때에도 정신적으로 영향을 미치는 걸까? 사실 많은 사람들이 묵직한 내용이 담긴 글을 차분히 집중해서 읽는 데 이전보다 더 큰 어려움을 겪고 있음을 느껴 왔다. (에세이 "구글은 우리를 멍청하게 만들고 있나"로 유명한) 니컬러스 카와 (《책 읽는 뇌》와 《다시, 책으로》의 저자인) 매리언 울프 같은 진지한 작가와 독자들조차 점점 주의가 분산되는 경향이 커지면서 이제는 읽을 때 주의를 기울이는 시간이 짧아지고 있음을 우려해왔다. 카는 문제를 이렇게 요약했다.

> 예전에는 책이나 긴 글에 몰입하는 것이 쉬웠다.… 이제는 그런 경우가 드물다. 지금 내 집중력은 2, 3쪽만 넘어가도 표류하기 일쑤다.… 예전

에는 자연스러웠던 깊이 읽기가 이제는 투쟁이 되었다.[2]

> "나의 옛날 뇌가 그리웠다."
> **니컬러스 카**[3]

초점을 당신의 뇌에서 종이책 자체로 옮겨 보자. 내 마음속에는 예전에 한 대학생과 나눈 대화가 계속해서 떠오른다. 스무 살쯤 된 그 학생은 종이책으로 읽는 것을 좋아한다고 했다. 하지만 그의 말로는 이제는 책에 집중하기가 어렵다고 했다. 문제는 주의 지속 시간이 짧아져서가 아니었다. 자신이 책을 읽을 때면 마치 스마트폰에서 새로운 메시지나 신호가 도착할 때 소리가 나는 것처럼 책도 그럴 거라고 끊임없이 예상한다는 것이었다. 환청 신호음의 그다음 단계다.

이 장에서 우리가 풀어야 할 수수께끼는 디지털 기술이 종이책을 읽을 때의 태도와 접근법까지 바꿔놓는지의 여부다. 이 문제를 알아보기 위해 먼저 그보다 훨씬 더 넓은 차원의 추세에 대한 이야기로 시작해 보자. 더 넓은 차원의 추세란 우리의 관심이 점점 손에 잡히고 계속 유지되는(즉 '오래가는') 것에서 그렇지 않은('일시적인') 것으로 이동하는 것을 말한다.

'순간접속' 문화는 우리를 어떻게 바꾸었나

어쩌면 당신은 아직도 오래된 음반 모음이나 음악이 담긴 카세트테이프, 혹은 엄선된 CD 세트 같은 것을 소장하고 있을지 모르겠다. 그것들을 얼마나 자주 듣는가? 아이튠스라든가 스포티파이, 판도라, 애플뮤직, 그밖에도 당신이 좋아하는 음악 앱이 등장하면서 우리의 음악 감상도 온라인으로 옮겨가고 있다.

우리 삶에서 디지털로 바뀐 것은 음악뿐만이 아니다. 이런 것도 생각해보라.

- 개인 간의 소통(이메일, 인스턴트 메신저, 문자 메시지, 페이스북, 왓츠앱)
- 기록 보관(이메일 파일, 클라우드 저장소)
- 화폐(비트코인)
- 온라인 뱅킹

그리고 e스포츠에서는 팬들이 꽤 많은 돈을 주고서 새로운 유형의 선수들이 야구나 농구 실황이 아닌 비디오게임에서 승부를 겨루는 것을 관전한다. 당신의 아들이나 딸이 실제로 e스포츠 특기자로 대학교 장학금을 받을 수도 있다.[4]

이번에는 바로 당신이 뉴스나 오락물을 어떻게 접하는지 한번 생각해보라. 여전히 라디오는 물론 지상파 방송, 케이블 방송도 있지만, 디지털 형태로 온디맨드 서비스되는 것이 얼마나 많은지 헤아려보라. 또 팟캐스트와 웹캐스트, TED 토크, 그 밖의 유튜브 동영상, 넷플릭스, 오디오북, 전자책도 있다. 디지털은 점점 종이 신문과 책, 화요일 밤 9시에만 볼 수 있는 텔레비전 쇼를 대체하고 있을 뿐만 아니라, 사람들이 영화관에서 줄을 서야 할 필요도 없게 만들고 있다. 하지만 그보다 더 미묘한 일이 일어나고 있다. 즉, 사람들이 물리적인 형태와 무게, 내구성을 갖춘 것보다 단명하는(일시적인) 것에 더 끌리는 것이다. 앞으로 살펴보겠지만, 여기서 아이러니는 우리가 점점 더 일시적인 것을 선택하면서도, 객관적으로 그것의 가치에 대해서는 오래가는 것보다는 낮게 평가한다는 것이다.

이처럼 사람들이 일시적인 것에 점점 더 끌리는 경향은 다양한 방식으로 나타난다. 가장 뚜렷한 추세 중 하나는 소유보다 '경험'을 더 바란다는 것이다.

소유보다 경험을 중시

가령 당신이 이탈리아의 중세 도시이자 대학 도시인 모데나를 방문할 계획이라고 하자. 이곳은 발사믹 식초와 테너 루치아노 파바로티의 고향이기도 하다. 당신은 머물 곳이 필요하다. 그래서 온라인으로 에어비앤비에 가서 숙소를 찾는다. 사이트에 있는 동안 스크롤로 스크린을 내려가며 인기 있는 '경험들'을 점검해본다. '파르미지아노 레지아노의 비밀' 투어의 치즈 맛보기는 어떨까? 아니면 건강에 신경 쓰는 이들을 위한 '모데나의 아름다움을 발견하는 가벼운 달리기'는? 에어비앤비 같은 회사들은 '체험' 사업으로 뛰어들 것이다. 왜냐하면 점점 많은 사람들이 지속적인 소유보다 일회성 모험에 돈을 쓰고 싶어 하기 때문이다.

사회과학자들과 설문조사 회사들은 이런 추세를 추적해왔다. 연령대별 성인을 대상으로 한 미국의 연구에 따르면 '경험 구매'는 큰 만족을 주는데, 그 이유는 사회관계를 증진하고 사람들의 정체성에서 물질적 소유보다 더 큰 부분을 형성하기 때문이다. 사회적 비교를 유발할 가능성도 낮다.[5] 18~34세를 대상으로 한 영국의 연구에 따르면 설문 응답자의 66퍼센트가 같은 가격이라면 물건을 구입하는 것보다 삶의 경험을 채우는 것이 더 만족스럽다고 느꼈다.[6]

왜 손으로 만질 수 있는 것을 소유하는 것보다 경험하는 것을 더 가치 있게 볼까? 학자들은 사람들이 소비를 대하는 태도에서 지리적 이동성의 역할을 상기시킨다.[7] 만약 당신이 한 도시나 나라에서 다른 곳으로 이동할 때가 잦다면 물리적 소유물을 가지고 다니기가 힘들다. 내가 지도하는 학부생 한 명이 떠오른다. 그녀는 엄청난 독서가인 데다 특히 종이책을 대단히 좋아하지만 개인 서가를 마련할 생각은 없었다. 왜냐하면 졸업 후에 어디에서 살게 될지, 가질 수 있는 공간은 얼마나 될지 알 수 없었기 때문이다.

이동성 때문에 물리적 소유를 줄이는 것을 두고 이야기할 때 쓰는 기술적 용어가 '유동성 소비liquid consumption'다. 사람들이 물건을 가지고 다니고 싶을 때는 점점 디지털화된다.

물질보다 디지털을 선호

왜 디지털인가? 잠시 텍스트의 소재나 사진에 초점을 맞춰보자. 몇 가지 이유는 너무나 확연하다. 디지털 사물은 무게가 없다(추가한다고 해서 가방이 더 무거워지지 않는다). 보이지도 않는다(서고의 공간을 차지하지도 않는다). 편리하다(언제든지 이용할 수 있다). 한 연구는 휴대성의 이점을 이런 식으로 요약했다.

> 무장소성placelessness은 〔연구 참가자들에게〕 가상 소유물 모음이 사회적 · 물리적 맥락과 상관없이 어디든지 자신과 함께 여행할 수 있을 거라는

느낌을 주었다.[8]

하지만 여기에는 몇 가지 문제가 있다. 첫째, 많은 디지털 상품의 경우 당신은 실제로 소유하는 것이 아니다. 컴퓨터 과학자 애비게일 셀런의 말에 따르면, "사람들은 전자책을 소유하는 것이 아니라 사용한다고 생각한다."[9] 또한 우리가 알고 있듯이, 당신은 그 전자책을 (디지털 저작권 관리DRM, digital rights management에서 풀려난 것을 갖지 않는 한) 실제로 소유하고 있는 것이 아니다. 단지 대여해 쓰고 있을 뿐이다. 심지어 사진과 같이 우리가 실제로 가지고 있는 디지털 사물도 늘 소유하고 있다는 느낌을 주지 않는다. 한 연구에서 참가자가 말한 것처럼, 휴대전화 속의 디지털 사진은,

> 나의 소유이긴 하지만, 거기에 들어 있는 것이 정확히 무엇인지 더 이상 나는 모른다. 모른다는 이 느낌은… 그것을 소유하고 있다는 것의 느낌도 얼마간 다르게 만든다.[10]

또 다른 문제는 가끔씩 디지털 상품은 그 물리적 대응물보다 가치가 떨어진다는 느낌이 좀처럼 가시지 않는다는 사실이다. 한번은 두 명의 소비자 연구자가 기발한 실험을 위해 보스턴의 올드노스교회에 가게를 열었다.[11] 이 교회는 1775년 4월 18일 폴 리비어Paul Revere가 이곳의 첨탑에서 영국군이 '해상으로'(이 말은 찰스강을 건너 케임브리지로 들어온다는 뜻이다) 도착할 거라는 랜턴 신호를 받은 곳으로 유명하다. 리비어는 황급히 렉싱턴을 지나 콩코드로 가서 경고 신호를 보냈고, 곧이어

미국 혁명 전쟁으로 이어졌다.

실험은 다음과 같이 진행됐다. 연구자들은 조교 한 명을 폴 리비어처럼 분장시킨 후에 방문객들에게 같이 사진을 찍을 수 있는 기회를 제공했다. 사람들에게는 즉석에서 물리적 사진을 받거나 디지털 사진을 이메일로 전송받는 것 중에서 선택할 수 있게 했다. 이와 함께 방문객들은 그 교회를 유지하는 역사학회에 기부금을 내도록 권유받았다. 물리적 사진을 택한 사람들의 기부금이 세 배나 많았다.

동일한 연구자들이 또 다른 실험을 해봤다. 이번에는 경영학을 전공하는 학부생들을 상대로 한 실험이었다. 학생들에게 특정 과정의 교재로 종이책 혹은 전자책 중 선택하게 하고 값으로 얼마를 지불할 것인지 물었다. 그러면서 교재의 현재 판본은 올해가 마지막이라는 단서를 달았다. 이 말은 종이책을 중고로 다시 팔려고 할 경우 가격이 높지 않을 거라는 뜻이었다. 학생들에게 책(종이책이든 전자책이든)을 구매할지와 한 학기 동안 (이 경우에도 역시 종이책이든 전자책이든) 대여할지를 다 물어봤다.

구매에 관한 한, 학생들은 종이책의 가상 가격을 높게 불렀다(실제로 돈이 오가지는 않았다). 물리적 책은 설사 되팔지 못할 가능성이 높더라도 소유하는 쪽을 택했다. 하지만 대여에 관한 한, 종이책과 전자책 값으로 얼마를 낼 의향이 있느냐는 질문의 답에는 차이가 없었다. 왜 그럴까? 대여한 종이책은 물리적인 소유물이 아니라고 생각했을 가능성이 높다. 학기말이 되면 돌려줘야 할 뿐만 아니라, 페이지에 주석을 다는 것도 주저되기 때문이리라. 그렇게 했다가는 금전적인 불이익을 입을 수도 있으니까.

디지털을 가치 있게 여기지 않는다

한편으로 보면 많은 사람들이 소유보다는 경험을 쌓는 데 더 많은 관심을 보이는 것 같다. 이런 패턴과 결합해서 사람들이 디지털 공간에서 살아가는 경향 또한 점점 커져가고 있다. 하지만 다른 한편으로 우리가 인식하는 금전적 가치에 관한 물음에 직면했을 때는 내구성 있는 것, 물리적인 것이 맨 위에 온다.

이런 사실들이 디지털 읽기에 대한 우리의 태도에 관해 이야기해주는 것은 무엇일까? 스크린 읽기는 대단히 편리할 때가 많다. 하지만 그 모든 편리함에도 불구하고 우리는 또한 디지털 텍스트에는 '가치'를 많이 두지 않으려는 경향이 있지 않은가? 여기서 '가치'란 우리가 그것을 읽는 데 기꺼이 들이는 시간과 노력의 양으로 환산되는 것을 말한다. 만약 그렇다면, 디지털 플랫폼에서 진지한 읽기와 관련한 과제는 단지 '멀티태스킹을 할 수 있다'(그 결과 읽기를 얕게 만든다는 가설을 기억하라)는 것만이 아니다. 아마도 문제 중 일부는, 본질적으로 우리는 텍스트가 가상일 때는 말 그대로 종이에 찍힌 글자만큼의 가치가 있는 것은 아니라고 느낀다는 것과 관련 있을 것이다.

이와 똑같은 문제가 7장에서 오디오와 텍스트를 통한 학습의 비교에 관해 이야기한 연구 결과를 설명하는 데도 도움을 줄 수 있다. 오디오 매체는 금방 지나간다. 지나가는 오디오 신호와 비교했을 때에는 디지털 텍스트조차 내구성이 더 있는 편이다. (돈을 주고 구매한 오디오북의 경우에는 지금 이야기와 관련성이 떨어질 수 있다. 두고두고 반복해서 들을 수 있기 때문이다. 또 어떤 것은 비싸고, 심지어 전자책보다 훨씬 비싸기 때문이다.)

종이책 읽기에 스며든 디지털 마음가짐

우리의 일상생활에서 얼마나 많은 부분이 디지털 세계에서 이루어지는지 현실의 문제로 돌아가보자. 소셜 미디어를 포함해 인터넷에서 보내는 그 모든 시간을 한번 생각해보라. 교육 환경은 또 어떤가? 학교 온라인 학습 관리 시스템에서 나오는 필수 과제물이나 접속해야 할 정보가 있다. 출판사들이 디지털 교재에 힘을 쏟는 것과 나란히 온라인 읽기 과제물을 내주는 온라인 과정들도 있다.

이제 디지털이 기본 조건이 되면서, 읽기에 관한 한 이른바 디지털 마음가짐이라고 부르는 결과로 이어지고 있다. 디지털 마음가짐은 모두에게 영향을 줄 수 있지만, 여기서 우리가 주로 우려하는 것은 그것이 학습을 위한 읽기에 미치는 영향이다.

> "우리는 디지털을 기초로 한 대부분의 시간 동안 우리가 어떻게 읽는지를 토대로 읽기에 대한 무의식 중의 설정을 발달시킵니다.… 스크린을 끄고 책이나 신문을 집어들 때조차 그런 식으로 읽기 시작합니다."
> **매리언 울프**[12]

마음가짐이란 무엇이며, 또 그것이 디지털은 물론 종이 읽기에 초래할 결과는 무엇일까?

'읽을 때의 디지털 마음가짐'의 정의

나의 작업 가설은 다음과 같다.

읽을 때의 디지털 마음가짐: 문서를 읽을 때 디지털 기기의 유도성을 반영하는(즉, 디지털 기기로 읽기에 좋은), 특히 인터넷에 연결되어 있을 때에 두드러진 방식으로 접근하는 것.

문제가 되는 주요 디지털 유도성은 다음과 같다.

- 대충 읽기와 훑어보기 용이함
- 개념 아닌 정보에 초점
- 멀티태스킹의 기회
- 읽는 속도
- 오락적 가치

하나하나 뜯어보자.

대충 읽기와 훑어보기 부분은 쉽게 이해가 간다. 텍스트를 접했을 때 시간을 들여 자세히 읽을 가치가 있는지 판단하기 위해 먼저 재빨리 통독하는 것을 누가 싫어할까? 또 스캔 처리된 디지털 텍스트(하지만 검색 기능은 작동하지 않는 것)에서 특정 이름이나 구절을 찾으려 할 때 검색 기능을 아쉬워하지 않을 사람이 누가 있을까? 마찬가지로 검색 엔진은 구체적인 검색 용어를 사용할 때 가장 잘 작동하기에, 디지털식 읽기가 정보 위주의 텍스트와 자연스럽게 짝을 이루는 것은 조금도 놀랍지 않다. 멀티태스킹 가능성에 대해서는 여러분이 직접 자세히 채워 넣을 수 있을 것이다.

그에 반해 비교적 불분명한 것은 목록 중 마지막 두 항목, 읽는 속도와 오락적 가치다. 읽는 속도부터 살펴보자. 디지털 스크린이 고화질이라고 가정했을 때, 원리상 텍스트를 스크린으로 읽을 때나 종이로 읽을 때나 똑같은 시간이 걸려야 한다(논의를 위해, 독자는 텍스트를 읽기만 할 뿐 멀티태스킹이나 공상에는 빠지지 않는다고 치자). 하지만 디지털 텍스트는 더 빨리 넘어가는 독자 사례가 여러 건 있다.

그런 증거 중 하나를 우리는 4장에 나온 실험에서 보았다. 그 실험에서 대학생들은 디지털과 종이 텍스트로 읽는 데 얼마나 많은 시간을 쓸지 스스로 결정할 수 있게 했을 때, 디지털 버전은 더 빠르게 독파했고, 뒤이어 본 독해 시험에서 성적은 더 나쁘게 나왔다.[13] 내 연구에서도 몇몇 학생들은 디지털 읽기가 종이보다 시간이 덜 걸릴 거라고 가정했다. 종이로 읽는 것에 관해 가장 좋지 않게 생각하는 점이 무엇인지 물었더니 한 학부생은 시간이 너무 오래 걸린다(더 천천히 읽는다)고 불평했다. 그런가 하면, 이미 앞에서 언급했듯이, 또 다른 학생은 종이 읽기를 싫어하는 이유가 "더 주의 깊게 읽어야 하기 때문에 시간이 더 걸린다"는 점이라고 했다.[14] 그다음으로 우리가 4장에서도 이야기한 중고등학생들이 있다. 디지털로 읽을 때 가장 마음에 드는 점을 물었을 때 한 학생은 "읽기에 짧아 보인다"고 답했다.[15]

좋다. 사람들이 디지털 텍스트로 읽을 때 같은 내용을 종이로 읽을 때보다 더 빨리 읽어나가기 쉽다고 말할지 모른다. 하지만 여기서 뒤이어 물어야 할 질문이 있다. 학생들이 공부를 위한 읽기를 점점 디지털 형식으로 수행함에 따라, '적절한' 종이책 읽기 속도에 대한 태도가 일부 학생들이 지금 디지털로 읽을 때 취하는 접근법에 더 가까운 방향으로 옮겨가게 될까? 디지털 마음가짐이 종이책 읽기까지 포괄하게 될까? 우리는 아직 답을 가지고 있지 않다. 하지만 기후 변화의 꺼림칙한 결과에서 보는 것처럼, 쓰라린 경험을 통해 답을 깨닫는 일은 없기를 바란다.

학생들이 디지털 읽기에 거는 기대

디지털 읽기의 오락적 가치는 어떤가? 중고등학생을 대상으로 한 연구에서 한 학생은 스크린으로 읽을 때 가장 좋은 점이 무엇인지 물었을 때 요점을 정확히 말했다.

"좀 더 재미있을 수 있다."

또 다른 학생은 디지털 읽기를 이렇게 칭찬했다.

"그렇게 단조롭진 않다."

디지털 읽기에는 멀티태스킹은 물론 사람들이 바라는 일시정지 기능 이외에도, 일반적으로 종이 읽기에서 가능한 것 이상의 기술적인 장점들이 있다. 각종 애니메이션이나 소리, 그리고 사용자와 텍스트 간의 인터랙션 가능성이나 온라인 소셜 커뮤니티를 생각해보라. 종이가 경쟁할 수 있을까?

잠시 지난 40~50년 사이 종이 교과서의 궤적을 한번 반추해보자. 책은 총천연색 사진이나 삽화를 싣는 데 비용이 많이 들다 보니, 전통적으로 텍스트 비중이 높은 경향이 있었다. 점차 시간이 지나면서 교과서는 학생들이 읽기에 흥미를 갖도록 하기 위해 컬러 그래픽은 물론 다른 재료(만화도 포함)로 채워지기 시작했다. 이 과정에서 교과서 가격은 치솟았다. 하지만 그에 상응하는 만큼 학생들이 읽는 양이 늘지는 않았다.

디지털 책은 독자를 즐겁게 해줄 다양한 기회를 제공한다. 동시에 교육계에는 '게임화'를 학습에 도입하려는 움직임이 있다. 이런 흐름은 〈책 읽어주는 토끼Reader Rabbit〉(1983년 미국 러닝 컴퍼니에서 유아부터 9세에 이르는 아동의 독서 교육을 위해 개발한 게임:역주)와 〈매스 블래스터Math Blaster〉(1983년에 미국의 교육가 잰 데이비슨이 저학년생을 대상으로 개발한 동영상 수학 게임:역주) 같은 초기 교육 소프트웨어로까지 거슬러 올라간다. 성인들의 세계에도 그에 상응하는 것이 있다. 바로 인포테인먼트다. 이면의 목적은 무언가를 가르치는 것이지만 오락에 기초한 전달 체계를 사용한다.

여기서 우리의 목표는 오락을 아이나 어른의 학습을 위한 수단으로 사용하는 것을 평가하는 것이 아니다. 그보다는 디지털 혁명이 아이들이 흔쾌히 사용하려는 학습(이 경우에는 읽기를 통한 학습) 포맷이 어떤 것인지에 대한 우리의 기대를 바꿔놓고 있다는 것이 초점이다.

삶의 여러 측면에 대한 우리의 기대가 시대에 따라 진화하는 것은 자연스러운 일이다. 그 촉매는 특정 형태의 기술 발달일 때가 많다. 사례로 들 수 있는 것은 허다하다. 가령, 먼 거리를 횡단하는 데 걸리는 시간(마차로 몇 주 혹은 비행기로 몇 시간)에서부터 인터넷 연결 속도(일반 전화선 혹은 5G), 혹은 책을 읽기 위한 선택지(도서관에 앉아 종이책을 읽거나 해변에서 누워 휴대전화로 똑같은 텍스트를 불러 읽을 수도 있다) 같은 것들이다.

매번 제기되는 질문은 새롭게 생겨난 일련의 기대들이 예전의 기대를 지워버리느냐는 것이다. 가령, 인터넷의 접속 속도를 생각해보면 그리 좋지 않았던 옛날로 돌아가고 싶은 사람은 아무도 없을 것이다.

하지만 먼 길을 가야 하는 문제는 어떤가? 우리의 건강과 지구를 생각했을 때, 이제 사람들은 점점 비행기나 자동차를 대신할 수단들이 많다(그래도 짐마차는 아니다)는 사실을 깨달아가고 있다. 책을 읽기 위한 수단에 대해서는 어떤 기대들을 할까?

해변에서 휴대전화로 읽는 것에 반대할 사람은 없을 것이다. 여기서 근본적인 쟁점은 디지털 읽기에 맞춰 발달되어온 마음가짐이 지금 종이책 읽기의 '영공'으로 진입하고 있느냐는 것이다. 이 질문에 대한 답이 '그렇다'라면, 다음과 같은 여러 걱정스러운 결과가 뒤따를 수 있다.

- 학생들은 점점 종이로 읽기 싫어할 것이다. 왜냐하면 종이책은 디지털이라는 대체 수단에 비하면 따분하기 때문이다('따분하다'는 지적에 대해서는 다음 장에서 다시 이야기하겠다).
- 학생들은 종이로 읽을 때에도 디지털로 읽을 때의 마음가짐으로 다가갈 것이다. 이런 마음가짐은 결국, 이제는 디지털로 읽을 때 너무나 흔하게 나타나는 특징인 얕은 읽기로 이어질 수 있다.
- 종이책을 만드는 사람들도 점점 더 오락의 수준을 올리려고 애쓸 것이다. 이런 시도는 자칫 우리가 학생들이 책을 읽을 때 기울였으면 하는 노력을 약화시키는 결과를 초래할 수 있다.

내 말을 오해하지 않기를 바란다. 나는 학생들에게 독서는 "너한테 좋은 것"이지 그걸 즐길 수 있을 거라고 기대하지는 말라고 훈계하는 식, 학습에 대한 막무가내식 접근법을 옹호하는 것이 아니다. 종이든 디지털이든 텍스트를 주의 깊게 읽는 것은 즐거울 뿐 아니라 보람을 느낄 수 있으며 또 그래야만 한다. 우리 같은 교사와 부모의 책임은 학생들을 그런 깨달음으로 이끄는 방법을 찾아내는 것이다.

그 과제가 쉽다는 사람은 아무도 없다. 디지털 기술이 도래하기 전에도 쉽지 않았다. 하지만 지금은 훨씬 더 어려워졌다는 생각이 든다. 너무나 많은 사람들이 사색을 멀리하는 경향, 동시에 디지털 읽기 기술이 점점 종이 읽기를 잠식하고 있는 것은 경고 신호로 받아들여야 한다. 그저 학생들에게 읽기 과제를 주면서 최소한 일부만이라도 종이로 하라고 지도하는 것만 가지고는 우리가 마음에 그린 이상적인 읽기 체험을 보장하기 어렵다.

종이책은 학습의 만병통치약이 아니다. 또한 디지털 그 자체가 악당인 것도 아니다. 주요 관건은 우리가 읽을 때 취하는 정신적 태도다. 우리 같은 교육자의 과제는 읽기에 관한 한, 전형적인 디지털 마음가짐이 지배적이지 않게 하고, 종이가 대변해온 보다 신중한 독서법이 비록 늘 실천할 수 있는 것은 아니라 해도 완전히 사라지지는 않도록 돕는 것이다.

디지털 세상에서의 읽기 전략: 양손잡이 문해력

우리 모두는 습관을 형성한다. 어떤 것은 다른 것보다 칭찬할 만하다. 건강 식단으로 먹는 습관? 우리 대다수는 우리가 뭘 해야 하는지 안다. 하지만 끝까지 지키기가 가끔 문제가 된다. 운동? 마찬가지다. 성공을 위한 가장 중요한 열쇠는 목표가 무엇인지, 또 왜 그것을 목표로 삼는지 그 이유를 의식적으로 자각하는 것이다.

읽기 습관으로 말하자면, 세 가지 주요 난제가 있다. 첫째, 상이한 읽기 습관에는 상이한 수준의 정신적 초점이 필요하다는 사실을 잊는 경우가 많다("당신 말은 헤겔의 변증법을 분석하는 글을 쓰는 동안에는 넷플릭스를 시청해서는 안 된다는 뜻인가요?"). 둘째, 사람들은 대부분(교사나 학생들 모두) 디지털 읽기 마음가짐이 기본적으로 전통적인 종이 읽기 마음가짐보다 더 얕은 읽기를 하기 쉽게 설정되어 있다는 것을 알아채지 못한다. 셋째, 우리가 스크린으로 읽는 양으로만 보자면 종이로 읽을 때의 우리 마음가짐마저 디지털의 이미지에 맞춰 재편될 것이다.

만약 유치원부터 대학교에 이르기까지 교사들이 디지털 읽기가 종이 읽기의 적절한 대체물이라고 말한다면 학생들이 그렇게 믿는다고 해도 탓할 수 없다. 그 결과 디지털 읽기가 저주스럽거나 주의를 분산하는 경우가 많음에도 불구하고, 학생들이 디지털 읽기 접근법을 종이로 읽을 때와 '동등한' 경험으로 이어지는 접근법으로 여기게 되는 것을 무슨 수로 막을까?

4장에서 우리는 종이와 디지털 읽기의 비교에 관한 학생들의 믿음에 역설이 있는 것을 봤다. 보다 광범한 학습의 문제(집중이나 기억을 포함)에 관한 질문을 받았을 때 우리가 살펴본 연구에 참가한 사람들의 압도적 다수가 종이로 읽었을 때 성적이 나았다고 말했다. 하지만 종이나 디지털로 지문을 읽은 후에 본 독해 시험에서 성적이 어떤지 판단하라는 질문을 받았을 때, 참가자들은 특히 디지털로 봤을 경우의 성공률을 과대평가했다(7장에서 봤듯이, 똑같은 불일치가 오디오와 동영상에서도 나타났다). 저학년이든 고학년이든 모든 교육 과정에서 디지털 읽기를 강조하는 것을 감안할 때 우리는 학생들의 가늠 착오에 놀라서는 안 된다.

우리는 이 책에서 디지털 자료를 사용할 때 지속적인 심층 학습에 야기할 수 있는 여러 문제를 이야기했다. 동시에 우리는 종이가 일관되게 깊은 읽기로 이어진다는 과장된 가정은 사실이라기보다는 환상에 가깝다는 점을 분명히 했다. 물론 디지털은 종이와는 다른 접근법을 낳기 쉽다. 하지만 우리의 질문은 이것이다. 그것에 대해 우리는 무엇을 할 수 있을까?

어떻게 답하든 그 핵심에는 디지털과 종이 자료 두 가지 다를 사용한 학습법을 길러주려는 의식적 시도가 있어야 한다. 다시 말해, 우리는 먼저 매체와 상관없이, 너무나 많은 독자들이 읽기 과제에 접근하는 방식에 문제가 있다는 사실을 인정할 필요가 있다. 비단 텍스트뿐만이 아니라 오디오와 동영상도 마찬가지다. 매체는 중요하다. 하지만 훨씬 더 중요한 것은 자기의식과 마음가짐이다.

매리언 울프는 '양손잡이 문해력'이라고 부르는 읽기 모델을 제안했다. 이중 언어 사용자가 환경에 따라 두 언어를 바꿔가며 사용할 수 있듯이, 울프는 아이들이 이중 문해 능력자가 되어, 목표에 맞춰 읽기 방식(과 읽기 플랫폼)을 바꿔가며 적용할 수 있도록 교육하자고 주창한다.

> "궁극의 목표는… 매체와 상관없이 깊이 읽기 기술에 시간과 주의를 할애하는 능력을 가진 진정한 양손잡이 뇌의 발달이다."
> **매리언 울프**[16]

이 모델은 종이 읽기와 디지털 읽기 간의 대비점을 강조하는 동시에 각 매체 내에서 스타일을 바꿔가며 읽는 것에도 관심을 기울인다.

읽기 전략을 두고 난상토론을 벌이는 데

도움이 될 만한 생각들을 아래에 소개한다. 다수가 모든 매체에 다 적용되지만, 몇몇 사항은 스크린에 초점을 둔 것이다. 틀림없이 여러분도 이 목록에 추가할 게 있을 것이다.

읽는 이유를 분명히 하라

- 당신이 지금 읽으려고 하는 것에서 무엇을 얻고자 하는가? 읽는 목적에 따라 대충 읽기와 훑어보기, 선형적 읽기 중에 어떤 것이 텍스트에 적합한지 판단하라.
- 선형적 읽기에도 여러 종류가 있음을 명심하라. 즉, 한 번에 끝까지 다 읽는 방식(살인 추리물이나 뉴스 기사 읽기에 좋다)도 있고, 가끔 생각에도 잠기는 방식(일종의 깊이 읽기)도 있다. 양손잡이 문해력에 관한 매리언 울프의 아이디어는 우리에게 유용한 모델을 제공한다.

읽기 매체를 효과적으로 사용하는 데 필요한 노력을 기울여라

- 읽는 것에 적극적으로 참여하라. 우리는 읽기를 수동적 관중이 스포츠를 대하듯 하는 경우가 너무 많다. 필기라든가 주석 달기, 스스로 질문하기, 혹은 읽고 있는 것에 대한 타인과의 토론 같은 참여 수단을 활용하라.
- 텍스트에 적합한 속도로 읽어라. 여기에는 앞의 단락으로 되돌아가서 참조하거나 더 큰 절을 다시 읽는 것까지 포함된다. 대부분 '속도'는 당신 편이 아니다. 학교는 다르겠지만, 인생은 제한 시간이 있는 시험이 아니다.

당신의 주의 깊게 읽는 능력을 직시하라

- 디지털이 만연한 환경 때문에 주의가 더 필요한 텍스트를 대충 읽기로 독

파할 수 있다는 착각에 빠져서는 안 된다. 이 교훈은 디지털로 읽을 때 특히 중요하지만, 갈수록 종이 읽기에도 해당되는 말이 되고 있다.

- 읽기는 경쟁 스포츠가 아니다. 한 단락을 이해해가며(또 사람에 따라서는 통찰까지 기대하며) 읽는 데 걸리는 시간은 개인마다 다를 수 있다.

당신의 읽기 환경을 점검해보라

- 스크린에서의 주의 분산을 줄여라. 가능한 조치로는 (실제로 읽고 있는 문서 외) 탭이나 창을 최소화하는 것과 알림을 꺼두는 것 등이 있다.
- 언제 온라인 연결을 잠시 차단하는 것이 최선인지를 깨달아라. 디지털 기기에서 읽기로 선택하고서도 얼마든 바깥 세계의 접속을 제한할 수 있다.
- 나름의 '디지털 디톡스'를 고려해보라. 휴대전화가 근처에 있기만 해도 당신의 인지적 초점을 얼마간 빼앗아갈 수 있다. 사람들이 한 번에 며칠 혹은 몇 주 동안 '디지털 디톡스'를 하는 것처럼, 당신도 완전한 집중이 필요한 읽기물을 읽는 동안 약식으로 '디지털 디톡스'를 몸소 시험해보라.

읽기 매체를 선택할 수 없을 때는 맞춰 적응하는 법을 배워라

- 때로는 읽기에 어떤 매체를 사용할지 선택권이 당신(또는 당신의 학생들)에게 있지 않은 경우가 있다. 만약 당신이 속한 학교가 교재를 두고 디지털 전용 정책을 채택했다면, 디지털로 읽을 때 나타나는 우리의 경향성에 관해 배운 것을 토대로 학생들에게 디지털 텍스트를 가지고도 주의 깊은 독자가 되는 법을 알려주어라.
- 다양한 읽기 플랫폼을 사용할 기회를 권장하는 법을 추구하라. 아직도 종이책이 많다. 도서관과 서점, 집에서도 그렇다. 만약 양손잡이 문해력이라

는 목표를 이루고자 한다면, 우리는 읽기의 물리적 세계와 디지털 세계를 둘 다 지속적으로 경험할 필요가 있다.

10장

풍요로운 읽기의 시대를 만드는 법

» **학교에서 종이책이 처한 역설적 상황**

현장에서 밀려나는 종이책

종이책을 따분하게 여기는 학생들

» **오늘날 교육의 목적**

학생들이 대학에 가는 이유

디지털 기술은 비판적 사고를 길러줄 수 있나?

인터넷이 없을 때, 우리가 아는 것은 무엇인가

» **학생들을 어떻게 읽는 사람으로 길러낼 것인가**

읽기는 빠르고 느리게, 얕고 깊게

메신저만 탓하지 말라

당신의 영향력으로 해낼 수 있는 일들

인생은 제한 시간 내 시험이 아니다

» **모두를 위한 읽기 권장 식단**

"이것이 저것을 대체할 것"이라는 예측은 기술의 역사에서 흔하다. 그중에서도 통렬한 예언 한마디가 빅토르 위고의 소설 《파리의 노트르담》에 나온다. 이 장면에서 노트르담 대성당의 대부제Archdeacon는,

> 먼저 대성당을 가리키고 난 다음에 15세기에 출판된 책을 향해 오른손을 뻗고서 이렇게 선언한다. "Ceci tuera cela", 즉 "이것(인쇄된 책)이 돌에 새겨진 백과사전으로 수백년 동안 봉사해온 저것(대성당)을 죽일 것이다."[1]

하지만 나중에 지나고 보면 결과는 "이것 아니면 저것"이기보다 "이것이면서 저것"으로 드러날 가능성이 더 높다. 노트르담만 해도 지독한 화재로 막대한 피해를 입었지만, 종교의 역사가 아로새겨진 스테인드글라스와 함께 여전히 건재하다. 텔레비전은 라디오를 몰아내지 않았다. 오디오는 출판물을 없애지 않았고, 디지털 스크린 역시 마찬가

지다.

지금은 가상의 적과 싸우기보다 휴전을 선언할 때다. 종이책(그리고 읽기)은 죽지 않을 것이다. 그와 동시에 디지털 텍스트(그리고 오디오와 동영상) 또한 이제는 우리 교실의 일부가 되었다. 적어도 예견할 수 있는 장래에는 피할 수 없는 현실일 것이다. 그리고 그것이 교육을 더욱 풍요롭게 해줄 수도 있다는 사실을 감안하면 우리에게는 축복이다. 축복으로 만들기 위한 비결은 지금까지 주장해온 바와 같이 어떤 매체가 어떤 종류의 학습에 어울리는지 식별해내는 것이다.

이 책에서 우리는 종이와 스크린, 오디오로 읽는 것과 관련된 수많은 영역을 다뤘다. 관련 쟁점들을 펼쳐 보였고, 최신 연구 결과들을 검토했으며, 앞으로 읽기 자료를 고르거나 교과 과정을 설계하거나 가르치기 위한 전략을 짤 때 그 결과들을 활용하는 법을 제시했다. 이번 마지막 장에서는 종이책과 교육 사업 둘 다와 관련해 우리가 직면해야 하는 역설을 강조하는 것으로 시작해, 부모와 교사, 사서, 정책 결정자들이 앞으로 나아가는 데 필요한 몇 가지 제안을 고별인사로 건네려고 한다.

학교에서 종이책이 처한 역설적 상황

종이책과 관련해 나를 두고두고 곤혹스럽게 하는 역설은 두 가지다. 첫째는 시장의 힘이고 둘째는 독자, 특히 학생들의 태도다.

현장에서 밀려나는 종이책

만약 당신이 종이와 디지털 텍스트, 그리고 오디오에 대한 사용자 접근 방식 추세가 어떠한지 알고 싶다면 돈의 흐름을 따라가보면 된다. 사람들은 무엇을 구매하고 있나?

여기에 난제가 있다. 2장의 도표 2.2에서 봤듯이, 미국에서 도서 판매 패턴은 최근까지 꽤 일관성이 있었다. 종이책은 대체로 안정적인 상태에 있는 반면, 전자책은 계속 하락세이며 오디오북은 급상승 중이다. 내가 데이터를 갖고 있는 지난 2년 동안의 수치를 요약하면 다음과 같다.

	종이책	전자책	오디오북 내려받기
2019년	-1.3퍼센트	-4.2퍼센트	+22.1퍼센트
2018년	+1.3퍼센트	-3.6퍼센트	+37.1퍼센트

하지만 잠시 고등교육에 특히 집중해 살펴보자. 미국출판협회에 따르면, 고등교육 과정 자료의 총 판매액은 2018년 7.2퍼센트 하락을 기록한 데 이어 2019년에도 다시 10.7퍼센트 하락했다.[2] 2장에서 언급했던 통계치를 다시 떠올려보면, 대학생들은 수업에 필요한 자료에 돈을 점점 적게 쓰고 있다. 미국 대학위원회College Board가 제시한 학생들의 연간 예산이 약 1200달러 이상인 데 비해 실제 지출액은 설문조사에 따라서는 평균 200~500달러를 오가는 수준까지 떨어졌다. 2014년부터 2019년 사이 하락 폭은 조사에 따라서는 29~35퍼센트를 오간다.[3]

이것은 학생들에게 희소식일까? 그렇기도 하고 아니기도 하다. 교과서의 높은 가격 부담을 걱정하는 교수진들로서는 자연히 학생들이 돈을 절약할 수 있는 기회를 반긴다. 하지만 학생들의 교과서 비용이 떨어지고 있는 원인 중 하나는 학생들이 책을 사는 대신 대여하기 때문이다. 그러다 보니 학기말이 되면 교과서는 학생들 수중에서 사라진다. 확정적인 데이터가 있는 것은 아니지만, 학생들의 지출이 하락하는 것은 수업에 필요한 자료를 학생들이 구입하지 않는다는 사실을 어느 정도 반영하는 것일 수 있다. 우리가 파악할 수 있는 한 가지 중요한 요인은 2장에서 이야기한 대로, 주요 교과서 출판사들이 종이책보다 디지털 묶음 판매에 더 힘을 쏟기로 한 조치(가령, 출판사들이 발행하는 디지털 책에 학생들이 비교적 낮은 요금만 내고도 접속할 수 있게 한 '포괄적 접속' 같은 것)를 들 수 있다.

물론 학생들 다수가 긴 글을 읽을 때 종이를 사용하면 학습이나 기억, 집중이 더 잘된다고 이야기한다. 그리고 특히 미국에서 역설은 종이책 판매가 독자 전반에 걸쳐서는 안정적인 데 반해 출판사들이 종이책 교과서를 디지털로 대체하는 범위를 넓혀가는 것을 교육가들이 점점 수용하고 있다는 것이다.

고등교육에서는 이미 전환이 상당히 진행된 상태다. 초중등 교육에서는 준비 작업이 진행되고 있다. 2019년 11월 전국영어교사협의회가 주최한 콘퍼런스에서 나는 피어슨 전시관에 들러 K-12 학생들을 위한 출판사의 계획이 무엇인지 알아보았다(피어슨은 고등교육 텍스트를 위한 '디지털 우선' 정책을 채택했던 출판사임을 기억하라). 열광적인 판매 대리인은 점점 웅변조로 이제 출판사의 모든 책을 디지털과 종이 두 가지로 이용할 수 있을 뿐만 아니라 K-12를 대상으로 한 종이책은 조만간 관심에서 밀려날 거라는 말까지 했다.

교육계의 지배층이 점점 종이책을 대신해 디지털 자료를 택한다면, 학생들이 학교를 떠난 후에 읽기를 위한 플랫폼에 대해 어떤 결정을 내릴 거라고 예상할 수 있을까? 내가 우려하는 점은 우리가 다음 세대로 하여금 디지털이 언제나 종이책의 대체물로 적절하다는 생각을 갖게끔 사회화하고 있지는 않은가 하는 것이다. 종이책의 쇠퇴에 대한 책임은 기술에 있지 않다. 출판사와 교육가들이 책임을 져야 할 것이다.

아이들은 종이책과 작별할 준비가 돼 있는가? 스콜래스틱출판사의 데이터를 보면 그렇지 않다. 스콜래스틱은 《어린이와 가족 독서 보고서》의 기획 기사를 위해 여러 해 동안 아이들을 대상으로 다음과 같은 진술에 동의하는지를 물었다. "나는 읽고 싶은 책이 전자책으로도 나와 있더라도 종이에 인쇄된 책으로 읽는 것을 늘 선호한다." 2012년(미국에서 전자책 판매의 가파른 상승이 정점에 다다랐던 해) 설문에 응한 9~17세 아이들의 58퍼센트와 6~8세 아이들의 64퍼센트가 그렇다고 답했다.[4] 2018년에는 그렇다고 답한 6~17세 아이들의 전체 숫자가 69퍼센트로 상승했다.[5]

만약 아이들의 뜻대로 한다면, 종이책은 아직 멸종 위기에 처한 종이 아니다.

종이책을 따분하게 여기는 학생들

우리는 이 책에서 수많은 데이터를 살펴봤다. 그중 상당수는 상이한 읽기 매체의 장단점에 관한 우리의 직관 중 많은 것이 옳았음을 보여준다. 하지만 나로서는 예기치 않았던 발견이 한 가지 있다. 학생들은 종이로 읽는 것이 따분하다고 이야기한다는 사실이다.

그런 학생들의 불만은 개방식 설문 문항에서 종이로 읽을 때 어떤 점이 가장 마음에 들지 않는지 물었을 때 얼마간 표출되었다. 내가 대학생을 대상으로 수행한 국가 간 비교 연구에서 "따분하다"는 답이 여러 차례 나왔다. 그런 답의 비율은 스타방에르국제학교 중고등학생들에게 물었을 때 더 올라갔다.[6]

> "[종이책]은 아무리 재미있어도, 읽는 사람을 정말 빠르게 지치게 하고 따분하게 만들 수 있다."
> **스타방에르국제학교 재학생**

이후 나는 전자책이 아이들의 읽기 동기와 기술에 미친 영향에 관한 영국 문해력재단의 보고서를 접했다.[7] 프로젝트의 마지막에 가서 연구자들은 포커스 그룹 인터뷰를 진행했는데, 참가자들에게 종이나 스크린으로 읽을 때 어떤 점이 좋고 어떤 점이 싫은지 질문했다. 응답 중에는 이런 말들이 있었다.

> "종이로 읽을 때는, 정말 관심이 있는 것이 아닌 한, 좀 따분하다.… 태블릿으로 읽으면 더 재미있게 느껴진다. 이럴 때는 다른 누군가에게 문자를 보내는 순간이 떠오른다."
> "종이책을 읽을 때는 지루하다. 왠지 모르게 질질 끄는 것만 같다."

다른 응답들을 보면 '왜' 지루한지를 묻는 질문에 대한 답의 단서를 발견할 수 있다. 한 학생은 이렇게 봤다.

"종이책은, 페이지에 적힌 단어가 너무 많고 글이 너무 길어서, 혼란스럽다."

귀에 익은 이야기 아닌가. 우리는 앞에서 연구 리뷰를 통해 학생들이 같은 분량의 텍스트이더라도 스크린으로 읽을 때보다 종이로 읽을 때 더 길게 느낀다는 사실을 알 수 있었다. 영국의 연구에서 또 다른 학생은 전자책을 선호하는 이유가 인터넷과 유사하기 때문이라고 했다.

"우리 나이대는 인터넷 사용을 너무나 좋아해서, 대다수는 책 읽기를 싫어한다. 책은 인터넷상에 있는 게 아니기 때문이다. 우리는 전자책을 더 선호하는데, 더 인터넷 같아서다."[8]

종이책으로 읽는 것은 지겹다. 너무 길다. 단어가 너무 많다. 문자 보내기나 인터넷을 사용하는 것과 너무 다르다. 학생들이 우리에게 말하려는 것은 뭘까? 나도 확실히는 알 수 없지만 몇 가지 가설은 있다.

첫째, 스크린으로 읽을 때 가능한 여러 가지 일들과 비교해볼 때 종이책은 재미없어 보인다. 생기가 없고, 소리도 없고, 색상조차 없을 때가 많다. 다른 사양이라고는 없는 독립형 디지털 텍스트만 해도 종이책보다 더 현란하다. 설상가상 종이책은 온라인과도 연결되어 있지 않다. 종이책을 읽는 동안에는, 잠시 정신을 돌리려고 휴대전화를 보지 않는 한 멀티태스킹 기회도 거의 없다.

초중등학교와 대학교의 학생들이 종이책은 따분하다고 한 말을 생각할 때 나는 우리가 4장에서 이야기한 어린아이들을 상대로 한 실험을 떠올리게 된다. 디지털 책과 종이책 읽기를 비교한 실험 말이다. 연구진은 자신들의 연구를 설계할 때 당초 참가 집단의 절반은 디지털 책을 먼저 읽고 그다음에 종이책을 읽게 하려던 계획을 포기해야 했다. 무엇이 문제였나? 예비 연구에서 "〔전자책을〕 먼저 읽게 되어 있었던 아이들은 〔그런 다음〕 그 후에 전통적인 책을 읽지 않으려 했다."[9] 분명히 그리고 안타깝게도, 그런 저항감이 나이가 들어 책을 대할 때에도 지속되는 것 같다.

둘째 가설은 오늘날 학생들은 부지불식간에 종이책을 읽을 때에는 더 천천히 그리고 더 많은 노력을 기울여 읽어야 한다고 느낀다는 것이다. 다시 말해 어떤 마음가짐이 작동한다. 같은 텍스트를 놓고 종이와 디지털 중 선택권이 주어졌을 때 학생들이 종이가 부과한다고 여기는 추가 부담을 싫어한다고 해서 비난할 수 있을까? 바로 이와 같은 독자들의 다수가 종이책으로 읽을 때 집중이나 학습이 더 잘된다고 인식할 가능성이 높다고 하더라도?

셋째, 권위 있는 인물로부터의 정당화가 있다. 학년을 막론하고 교사들이 학생들에게 종이와 디지털이 (적어도 상당수의 읽기 유형에) 교육적으로는 동일하다고 이야기하면 학생들은 그 말을 믿는다. 그런 상황에서 어떻게 우리가 학생들이 '동일한 것들' 사이에서 비용이 저렴하고 더 편리할 뿐만 아니라 읽는 데 들여야 할 시간과 정신적 에너지가 덜해 보이는 것을 택한다고 해서 비난할 수 있을까?

학생들의 학습만이 문제가 아니다. PR(설득)이라는 과제도 있다. 학생들을 양손잡이 독자biligterate로 훈련시켜야 한다는 매리언 울프의 조언은 올바른 방향으로의 한 걸음이다. 하지만 아는 것과 실행에 옮기는 것은 별개다. 우리는 디지털 기술이 왜 그토록 유혹적인지, 그러면서도 그것이 왜 늘 최선의 선택은 아닌지 학생들에게 설명할(그리고 우리 자신에게도 상기시킬) 필요가 있다.

디지털 기술이 한계를 보일 수 있는 주된 이유는 우리 교육의 목표가 더 폭넓은 데 있기 때문이다.

오늘날 교육의 목적

나는 이 절의 제목을 수학자이자 철학자인 앨프리드 노스 화이트헤드의 1929년 에세이 《교육의 목적》에서 빌려 왔다. 우리가 무엇을 왜 가르치는지에 대한 물음은 달라진 시대와 달라진 문화, 달라진 우선순위에 맞춰 새롭게 제기되어야 한다. 우리의 대답은 화이트헤드의 것과 같지 않을 것이다. 하지만 교육의 명분을 통해 사고하는 일은 변함없이 중요하다.

나의 경험이 주로 고등교육에 바탕을 두고 있기 때문에, 거기서부터 논의를 시작하겠다. 하지만 절의 나머지는 연령 범위를 확장해 다른 교육 과정의 학생들까지 아우를 것이다.

학생들이 대학에 가는 이유

대학교에 입학하는 학생들이 학교 교육에 바라는 것은 무엇일까? 시간에 따른 인식의 변화는 경제와 맞물려 돌아갈 때가 많다. 로스앤젤레스의 캘리포니아주립대학교 연구진은 오랫동안 전국에서 온 신입생을 대상으로 수많은 주제에 대해 설문조사를 해왔다.[10] 대학교에 다니는 이유를 묻는 질문에 1971년과 2015년의 1학년생들은 다음과 같이 답했다.

	1971년	2015년
더 좋은 일자리를 구하려고	70퍼센트	85.2퍼센트
더 많은 돈을 벌려고	44.5퍼센트	69.9퍼센트
종합적인 교육과 다양한 사상의 이해를 위해	62.7퍼센트	71.5퍼센트

학생들이 폭넓은 기초 교육을 계속해서 가치 있게 여기고 있다니 좋은 소식이다. 하지만 그다음에 신입생들이 '필수'이거나 '대단히 중요한' 것이라고 여긴 목적에 대해서는 어떻게 답했는지 보라.

	1971년	2015년
경제적으로 부유해지는 것	37.1퍼센트	81.9퍼센트
의미 있는 인생철학을 만들어가는 것	72.7퍼센트	46.5퍼센트

몇 년 전(1967년)만 해도 '의미 있는 인생철학' 항목을 고른 비율은 훨씬 높은 85.5퍼센트였다. 지금은 경제적 성공이 앞자리를 차지하고 있다.

이런 추세는 미국인들이 대학교에 가는 것이 중요하다고 느끼는지를 묻는 설문조사에서 정신이 번쩍 들게 하는 통계 결과가 나온 것을 봐도 알 수 있다. 갤럽이 18세부터 65세 이상까지 성인을 대상으로 벌인 조사에서 대학 교육을 받는 것이 '아주 중요하다'고 생각한 응답자는 2013년 70퍼센트였던 데 비해 2019년에는 51퍼센트에 불과했다. 18세부터 29세 사이 응답자의 수치는 훨씬 오싹하다. '아주 중요하다'는 비율이 2013년에는 74퍼센트였다가 2019년에는 41퍼센트에 그쳤다.[11]

고등교육에 대한 가치 평가의 변화는 대학생들의 전공 선택에서도 나타난다. 미국에서 수여된 학사 학위를 보면 줄곧 선두를 달리는 전공 분야가 경영학business이다.[12] 미국에서 학부 과정으로 가장 명성이 높은 대학교들만 봐도, 2016년 기준으로 브라운, 컬럼비아, 다트머스, 하버드, 프린스턴, 예일의 가장 인기 높은 전공 학과가 경제학이었고 펜실베이니아에서는 금융이었다.[13] 컴퓨터과학과 공학(전공이 있을 경우)이 바로 뒤를 이었다. 목록 상위권에 들어 있지 않은 전공은 문학과 역사, 그러니까 전통적으로 긴 글 읽기에 기초를 두어 온 학과들이었다.

학생들의 전공 선택 과목에 대해서는 이 정도로 해두자. 우리는 학생들에게 무엇을 가르치려는 걸까?

디지털 기술은 비판적 사고를 길러줄 수 있나?

대학교의 총장이나 학장들이 자신들이 속한 기관의 장점을 격찬하는 것을 들어보면 학교가 약속하는 강점의 하나로 비판적 사고의 함양이 반드시 등장한다. 내가 속한 대학교도 분명히 숙지하고 있다. 온라인으로 잠시만 검색해봐도 경영학부터 정부학, 공공커뮤니케이션, 국제관계학, 문예창작, 여성학, 젠더학, 섹슈얼리티학에 이르기까지 학과

별 프로그램의 명시적 목표에는 비판적 사고가 들어 있다. 심지어 예술사와 스튜디오 예술학과의 목표에도 올라 있다. 도서관과 직업 센터 또한 학생들의 비판적 사고를 돕겠다고 한다. 대학교수 편람에도 이런 조언이 적혀 있다.

> 뛰어난 가르침을 통해 학생들은 지식을 습득하고 비판적 사고 기술을 기르며 학습 과정의 적극적인 참여자가 될 수 있다. (미국 대학교수 편람)

고등교육 과정뿐만이 아니다. 비판적 사고를 가르치는 데 대한 관심은 K-12 전 학년에 걸쳐 있다.[14]

비판적 사고라는 교육의 이 영약은 정확히 무엇을 말하는가? 누구에게 묻느냐에 따라 그 답은 달라진다. 일반적인 정의에서는 증거를 평가하고 복잡한 문제를 푸는 능력이 강조된다. 여기에는 알아야 하는 것이 무엇인지를 파악하는 능력이라든가, 일관성 있는 주장을 만들어내고 다른 사람의 주장에서 결함을 발견하는 능력이 포함되기도 한다. 우리는 잠시 후에 표본이 되는 몇 가지 정의를 살펴볼 것이다.

인식론 연구자들(안다는 것이 무엇을 의미하는지 연구하는 철학자들)은 가끔 지식을 '정당화된 참인 믿음justified true belief'으로 정의한다. 일반적으로 비판적 사고 운동의 중심에 자리 잡고 있는 것이 바로 이 정당화라는 개념이다.

사람들은 생각한다는 것이 무엇을 의미하는지 오랫동안 생각해왔다. 그중에서도 비판적 사고에 관한 이야기의 근대적 기초를 닦은 인물로 자주 인용되는 인물은 존 듀이다. 그는 1910년 《하우 위 싱크》에서

'반성적 사고reflective thought'를 다음과 같은 뜻으로 사용했다.

> 어떤 믿음이나 가정적인 형태의 지식에 대해 그것을 지지하는 근거와 그것에서 이르기 쉬운 결론에 비추어 적극적이고 지속적이며 주의 깊게 고려하는 것.[15]

그 후 수십 년이 지나는 동안 '반성적 사고'라는 용어는 '비판적 사고' 또는 '명확한 사고'로 대체되었다. 본래 이 개념은 교수법의 논리와 과학적 방법과 밀접한 관계가 있었다.[16] 또한 비판적 사고는 좋은 시민 정신과도 관련이 깊은 개념으로 사용되기 시작했다. 이즈음 심리학자 에드워드 글레이저Edward Glaser는 이렇게 썼다.

> 민주주의에서 역량 있는 시민에게는 읽고 쓰는 능력 이상의 훨씬 많은 것들이 요구된다. 무엇보다 필요한 것은 비판적으로 사고하는 능력이다.[17]

1950년대 들어서는 고등학교 과학 교사인 로버트 에니스Robert Ennis가 비판적 사고를 자신의 교육 내용에 포함시켰다. 그 후 그는 비판적 사고의 주요 대변인이 되었고, 나중에 2부에 걸친 비판적 사고 운동의 역사와 분석을 담은 책을 썼다. 1960~1970년대에는 비판적 사고 개념에 대한 공공의 관심이 한동안 잦아들었다가 1980년대에 와서 다시 새롭게 주목받기 시작했다.[18]

비판적 사고의 중요성에 대한 이야기가 100년 넘게 이어져 오는 동안 개념에 대한 정의도 쏟아졌다. 몇 가지만 소개하면 다음과 같다.

- "무엇을 믿거나 행할지 결정하는 데 초점을 두는 합리적인 반성적 사고"[19]
- "개선의 관점에 입각한 분석적이고 평가적인 사고의 기술"[20]
- "어떤 주제와 아이디어, 인공물, 사건에 대해 의견이나 결론을 받아들이거나 내리기 전에 포괄적으로 탐색해 버릇하는 정신의 습관"[21]

대체로 무슨 뜻인지 이해했을 것이다.

요즘은 학생들의 비판적 사고는 물론 결과를 평가하는 능력을 길러주기 위한 산업도 규모가 상당하다. 예를 들어보면 다음과 같다.

- 크리티컬싱킹컴퍼니Critical Thinking Company는 "표준에 기초한 읽기와 쓰기, 수학, 과학, 역사의 가르침을 제공함으로써 학생들의 정신을 명민하게 해주는 대단히 효과적인 수업을 통해 어떤 능력의 학생이든지 보다 나은 학습 결과를 얻을 수 있도록 도와준다."[22]
- 크리티컬싱킹재단Foundation for Critical Thinking은 연례 콘퍼런스를 개최하고 전 학년의 교사와 학생을 위한 책을 제공한다.[23]
- 린다닷컴Lynda.com(온라인 개인지도 자료원)의 비판적 사고 강좌는 지금까지 접속 횟수가 160만 회를 넘겼다.[24] 좀 더 격식을 갖춘 강좌를 찾는다면 코세라Coursera(미국에서 만든 세계적인 온라인 강의 플랫폼:역주)에서도 몇 가지 제공하는 것이 있다.[25]
- 비판적 사고에 관한 교재들은 현재 12판을 기록 중인 브루크 무어Brooke Moore와 리처드 파커Richard Parker의 공동 저서를 포함해 시중에 많이 나와 있다.[26]
- 온라인 학습 관리 시스템인 블랙보드Blackboard에는 "비판적 사고의 정

도를 얼마나 나타내는지에 따라 단어를 분류하는" 이른바 '비판적 사고 계수'라는 평가 도구가 있다.[27]

비판적 사고 기술을 가르치고 평가하는 이런 도구들은 효과가 있을까? 그렇지 않은 것 같다. "대학교는 정말로 비판적 사고 기술을 가르칠 수 있는가"[28]라든가 "비판적 사고의 성배"[29]와 같은 제목의 수많은 에세이들은 이런 도구들이 가지고 있는 몇몇 문제점들을 나열한다.

심지어 보다 객관적인 증거로 봐도 최근 여러 건의 연구들은 잠시 우리를 생각에 잠기게 한다. 우리는 이미 5장과 6장에서 스탠퍼드역사교육그룹이 학생들이 시민적 온라인 추론(분명히 비판적 사고의 범주에 속하는 기술)을 인터넷에서 읽는 자료에 적용하는 능력을 측정해본 결과에 대해 이야기했다. 결과는 우리가 봤듯이 암울했다.

스탠퍼드역사교육그룹의 또 다른 연구는 어려움이 학생들의 능력에만 있는 게 아니라 우리가 사용하는 평가 잣대에도 있음을 보여준다. 여기에는 사연이 있다.[30]

NAEP(전국교육성취도평가)는 수십 년 동안 미국 초중고 학생들의 학업 성취도를 측정해왔다. 여기서 12학년을 대상으로 한 미국 역사 시험의 목적은 이름과 날짜를 기억하는 것만이 아니라 비판적 사고를 평가하는 것이다. NAEP는 자신의 시각을 설명하고 관점을 개발(및 변론)하는 것과 같은 기술을 평가하는 데 객관식 질문을 사용할 수 있다고 주장한다.

그 말이 옳을까? 스탠퍼드역사교육그룹의 학자들이 NAEP가 측정한 기술을 가지고 그 시험을 본[그리고 미국 역사 과목의 상급 과정Advanced

Placement 시험(고교 재학 중 대학교 수준의 수업을 받고 시험에서 일정 점수를 받으면 학점 취득이 인정되는 인증 시험으로, 보통 3점 이상을 받아야 한다:역주)에서 3점 이상을 받은] 학생들의 인터뷰 응답과 비교해봤더니, 암울할 정도로 큰 차이가 났다. 학생들이 답을 고를 때 실제로 사용한다고 말한 사고 전략 중에는 NAEP가 측정하고 있다고 계속해서 주장하는 것 중에서 어떤 것도 포함돼 있지 않았다.

학생들은 자신들의 비판적 사고 기술에 대해 뭐라고 말할까? 미국 내 교육에 만연한 등급 인플레이션 풍조를 감안하면, 미국 학생들이 대체로 자기 능력을 자신하고 있다고 해서 놀랄 것은 없다. 다른 사람들은 그렇다고 생각하지 않는다.

2017년 전국대학및고용주협회National Association of Colleges and Employers가 실시한 설문조사에 따르면, 대학생들의 80퍼센트가 자신이 비판적 사고 및 문제 풀이 기술에 능숙하다고 판단한 반면, 최근 대졸자들의 이런 견해에 동감한 고용주는 56퍼센트에 그쳤다.[31] 앞서 미국대학협회American Association of Colleges and Universities가 의뢰한 조사에서도 비슷한 견해 차이가 나타났다. 학생들 중 66퍼센트는 스스로 비판적 · 분석적 사고 능력을 갖췄다고 평가한 반면, 고용주 중에서는 26퍼센트만 그렇다는 데 동의했다.[32] 이른바 볼로냐 프로세스 고등교육 개혁을 통해 비판적 사고를 중요한 교육 목표로 포함시킨 유럽에서도 연구 결과는 미국과 비슷했다. 유럽 학생들 역시 스스로 비판적 사고에서 높은 점수를 준 반면 보다 객관적인 평가 결과는 그렇지 않았다.[33]

비판적 사고는 어떻게 가르칠 수 있을까? 스탠퍼드 연구의 결과가 알려주는 것이 있다면, 우리는 여전히 그 답을 알아내야만 한다는 것이다. 다만 확신할 수 있는 것은 문해력 사회에서는 주의 깊고 성찰적인 읽기가 그 답에 포함되어야 할 것이란 점이다. 특정 읽기 플랫폼이 그런 읽기를 축소하는 쪽으로 우리를 이끄는 만큼이나 매체는 중요하다.

여기에 역설이 있다. 교육가들은 비판적 사고의 기술을 길러주는 것이 중요하다고 역설하지만, 동시에 그런 과제와는 상충할 때가 많은 읽기 매체인 디지털을 옹호한다. 디지털 기술은 온라인에서 정보의 소재를 파악하고 사실을 확인하는 데는 잘 맞지만, 대체로 사색과 철저한 평가는 북돋우지 않는다.

여기서 쟁점이 되는 것 중 하나가 속도다. 문제를 통해 사고하고 증거를 저울질하고 자기 자신의 주장을 반문할 때 속도가 중시되는 경우는 드물다. 핵심은 숙고와 깊이다. 하지만 독자는 흔히 디지털 텍스트로 더 빠르게 성공적으로 읽을 수 있다고 믿는다.

두 번째 문제는 내구성이다. 종이로 읽을 때는 글과 생각, 주장의 찬반론이 읽는 사람을 계속해서 되쏘아 보며, 우리의 생각이 앞으로 나아가도록 넌지시 돕는다. 반면 디지털 텍스트는 다시 불러올 수는 있지만 기본적으로 나타났다 빠르게 사라지고, 다시 읽을 가능성도 종이에 비해 낮다. 오디오의 경우 말을 다시 들어보는 기회는 훨씬 적다.

> "디지털 기기는 구체적이고 단기 학습 목표에 유용할 가능성이 높고, 독해와 같은 복잡한 인지 기술을 기르는 데는 전통적인 종이 읽기가 가장 좋다. 읽기 능력이란 평생에 걸쳐 발달되는 장기 학습이다."
>
> **힐데군 슈퇼레 등**[34]

세 번째 문제는 길이다. 물론 사람들은 텍스트 길이와 상관없이 비판적 사고 기술을 적용할 수 있다. 하지만 어떤 문제의 핵심에 가 닿으려면 정말 긴 형식의 글과 씨름해야 할 때가 많다. 그런 텍스트는 500단어가 아니라 5000단어 이상은 되어야 할 수도 있다. 심지어 학생들조차 긴 글을 읽어야 할 때에는 종이가 낫다고 말한다.

끝으로 마음가짐이다. 디지털 읽기가 종이를 사용할 때보다 더 얕은 읽기를 권장하는 경향이 있다면, 우리가 비판적 사고를 요구받았을 때 주어진 인지적 과제에 필요할 것 같은 정신적 에너지는 얼마나 되는지 물어볼 필요가 있다. 모든 문제가 같은 정도, 혹은 같은 깊이의 분석을 요하는 것은 아니다. 하지만 4장에서 본 '가늠' 연구에서처럼, 우리는 종이로 읽을 때보다 스크린으로 읽을 때 수행력을 더 과대평가하는 경향이 있다는 사실을 기억할 필요가 있다.

인터넷이 없을 때, 우리가 아는 것은 무엇인가

비판적 사고에 대해 이야기할 때 교사들은 흔히 디지털 기술이 관련 요인이라고는 생각하지 않는 경향이 있다. 그럼에도 지금의 교육에는 근본적으로 디지털 기술을 끌어들이는 측면이 있다. 우리가 학생들이 뭔가를 기억하기를 바라거나, 학생들 스스로 찾아보도록 할 때 당연하게 여기는 것이 오늘날에는 거의 언제나 온라인이다.

이 유비쿼터스 인터넷 접속의 시대에, 교사의 역할이 무엇인지에 대해서는 많은 이야기가 있다. 역사적으로 교사의 책임에는 학생들에게 정보를 전파하고 지식 계발을 육성하는 것이 포함되어왔다. 이제 정보를 온라인으로 어디에서나 접할 수 있는 마당에, 교사들에게 남은 역할이란 무엇일까? 원리로만 보면 많다. 이를테면, 학생들이 정보를 찾고, 찾은 것을 평가하고 해석하는 것을 지도할 수 있다. 그 못지않게 중요한 것이 기후 변화에 대처하는 법이나 민족과 인종 갈등을 줄이는 법과 같이 학생들이 단순히 검색으로만 해법을 찾을 수 없는 문제와 씨름하는 데 필요한 정신적 도구와 도덕심을 계발하도록 돕는 것이다.

이 모든 교육적 목표를 감안할 때, 우리는 학생들이 온라인으로 접속할 수 있는 것과는 별도로, 어떤 것을 '알고 있는 것'이 중요한 사항인지 따져볼 필요가 있다. 나는 우리 대학교 학생들에게 이렇게 질문한다. "인터넷이 마비되었을 때 여러분이 알고 있는 것은 무엇인가요?" 나는 디지털 기술과 비판적 사고 기술을 모두 강력히 옹호하는 동료 교수들에게는 이렇게 묻는다. "학생들이 머릿속에 든 지식이 충분치 않다면, 무엇을 비판적으로 생각해야 할까요?"

앞 장에서 우리는 (종이와 디지털 자료 두 가지 다) 읽기 점수와 사전 지식 사이에 상관관계가 있는 것을 봤다. 사전 지식을 얻는 방법은 살면서 직접 경험을 하거나, 다른 사람의 이야기를 듣거나, 교육 동영상을 시청하는 등 여러 가지가 있지만 문해력 사회에서 가장 일관된 경로는 긴 글 읽기였다.

나는 학생들에게 이런 문제를 제기한다. "인터넷이 마비되었을 때 여러분이 알고 있는 것은 무엇인가요?"

인지적 가치의 문제도 있다. 만약 정보의 소재를 찾기 위해 온라인에 접속하고, 그 정보가 원칙적으로 사전 지식을 쌓는 데 도움을 줄 수 있다면, 찾아낸 것을 기억하는지의 여부가 중요할까? 아니면 기억의 흔적이 조류처럼 씻겨내려도 아무런 문제가 없을까? 연구 결과를 보면 흔히 온라인에 접속하는 것은 장기적으로 학습을 하기(사전 지식을 쌓기) 위해서가 아니라 순간적인 사용을 위해 사실을 골라낸 후에는 버리기 위해서임을 보여주는 사례가 늘고 있다. 몇 가지 증거를 들면 다음과 같다.

심리학자 베치 스패로Betsy Sparrow와 동료들의 연구 결과에 따르면, 사람들은 구글 검색을 한 후에 찾아낸 결과보다는 검색 경로를 기억하는 경향이 큰 것으로 나타났다.[35] 검색 경로만 기억하면 언제든지 다시 찾아볼 수 있으니 찾아낸 정보를 기억할 필요는 없다는 의미로 해석된다. 실제로 많은 사람들이 그렇게들 하는 것처럼 보인다.

캐스퍼스카이랩Kaspersky Lab의 연구는 심리학자 폴 마스든Paul Marsden의 말마따나 디지털 기기가 정신의 새로운 '플래시 드라이브'(휴대용 저장장치:역주)가 된 상황에서 우리가 스스로 뭔가를 기억하려는 노력을 중단하도록 이끌리는 과정을 조사했다. 캐스퍼스카이랩은 '우리를 대신해 디지털 기기가 저장하고 기억해줄 거라고 믿고서 정보를 잊는 경험'을 설명하기 위해 '디지털 기억상실'이라는 용어를 사용했다.[36]

캐스퍼스카이랩이 진행한 유럽인과 미국인 설문조사에서, 두 집단의 61퍼센트가 온라인에서 찾아낸 사실은 기억할 필요가 없고 어디서 찾았는지만 기억하면 된다고 생각하는 것으로 나타났다. 온라인에서 사실을 찾은 후 곧바로 잊는지 묻는 질문에 4분의 1 이상이 "그렇다"고 답했다. 훨씬 두려운 점은 많은 사람들이 가상의 도우미에게 의지하기 전에 예전에 알고 있었던 것을 기억하려고 시도해볼 동기를 느끼지 못했다고 답했다는 사실이다. 유럽인들 중 57퍼센트는 먼저 기억하려고 시도한다고 답한 반면 36퍼센트는 곧바로 온라인을 검색한다고 말했다. 미국인들은 더 빨리 포기했다. 응답자의 39퍼센트만 먼저 기억해보려고 한다고 답한 반면 50퍼센트는 인터넷으로 직행한다고 했다.[37]

문제는 이곳저곳의 사실에만 그치지 않는다. 심리학자 마리아 윔버Maria Wimber는 다음과 같이 경고한다.

정보를 기억해보려는 시도조차 하기 전에 검색부터 하는 경향은 장기 기억이 쌓이는 것을 막을 뿐만 아니라, 그 결과 정보를 순간순간의 얕은 토대 위에서만 처리하게 만든다.[38]

신경과학자 수전 그린필드도 이렇게 주의를 준다.

미래의 사람들이 어떤 식으로 참고를 하든지 외부 접속에 너무 익숙해진 나머지, 찾은 사실을 맥락 속에 두고 중요성을 평가하고 이해하기는 커녕 어떤 사실도 스스로 내면화하지 않는 모습을 상상해보라.[39]

인터넷(그리고 그 위에서 우리가 읽고 듣고 시청하는 것)은 너무나 쉽게 우리 기억의 관리인, 혹은 우리의 유일한 연구 자료원, 혹은 우리의 데이터 분석가, 혹은 알 만한 가치가 있는 정보의 표준이 된다. 위키피디아가 등장한 이래 교사들은 학생들에게 추가 자료원을 찾고 자기 나름의 관점을 계발하는 것은 물론 찾은 정보의 정확성에 건강한 의심을 갖게 훈련시키려고 애써왔다. 하지만 지금 내가 말하는 우리 앞의 난제는 훨씬 큰 차원의 것이다. 바로 인터넷이 마치 중력과도 같이 항상 당신을 위해 곁에 있을 거라는 믿음 말이다. 굳이 정신적으로 힘든 일을 해야 할 이유가 뭔가?

요컨대, 현재 교사들의 당면 과제는 어떤 읽기 플랫폼이 어떤 종류의 학습을 증진하는 데 최선일지를 파악하는 것만이 아니다. 교사들은 학생들이 온라인으로 찾아낼 수 있는 것과 실제로 자신이 아는 것은 같지 않다는 사실, 자신들의 지식 창고가 인터넷이 마비되었을 때는 실로 보잘것없을 수도 있다는 사실을 간과할 가능성이 아주 높은 현실에도 대처해야만 한다.

학생들을 어떻게 읽는 사람으로 길러낼 것인가

무엇을 해야 하나? 디지털 기억상실은 해결이 쉽지 않은 여러 당면 과제 중 하나에 불과하다. 교육에서 너무나 많은 문제들이 그런 것처럼, 여기서도 어느 한 교실이나 특정 학생에게 통하는 해법이 언제 어디서나 통하는 것은 아니다. 그 점을 감안했을 때, 종이와 스크린, 오디오 읽기 사이에 의미 있는 균형을 달성하는 데 도움이 될 만한 몇 가지 출발점에 해당하는 아이디어를 제시하면 다음과 같다.

속도와 깊이에 유념해서 읽어라

분명한 사실에서부터 이야기를 시작해보자. 읽기는 중요하다. 이 책을 집어든 여러분에게 이런 말을 하는 것은 성가대에 설교를 하는 격이겠다. 하지만 여기서 내가 하려는 것은 개인적 믿음을 전하는 것이 아니라 읽기를 변호하는 것이다.

우리는 아이들과 청소년들에게 바라는 그런 유의 읽기를 강력히 변호할 필요가 있다. 물론 주나 국가 차원의 교과 과정에서 요구되는 사항이 있는 것이 사실이다. 너무나 많은 교육 요소들(교과서부터 시험에 이르기까지)이 디지털화하고 있는 것도 사실이다. 학생들이 우리가 어떤 매체 형식으로든 과제로 내주는 읽기를 완수하지 않을 때가 많은 것도 사실이다. 어떤 학생들은 종이책이 따분하다고 불평하는 것도 사실이다.

그러나 이런 현실 때문에라도 우리는 더더욱 학생들에게 읽기의 목적에는 정보에 대한 빠른 접속뿐만 아니라 가벼운 읽을거리에 열중하기, 또 그보다 속도가 느린 사색을 동반한 읽기 등 여러 가지가 있다는 사실을 알게 도울 의무가 있다. 학생들과 아이들도 충분히 긴 글 읽기가 중요하다는 점을 이해할 수 있도록 그런 읽기를 학업 목표에 포함시키는 방안을 찾아낼 필요가 있다.

메신저만 탓하지 말라

지난 몇 년 사이 학생들의 읽기 패턴을 생각했을 때, 학생들로 하여금 그만큼 많이 읽도록 몰아간 요인이 디지털 기술 하나만은 아니었다. 보다 정확히 말하면, 스크린과 온라인상의 움직임은 이미 진행 중이었던 추세를 강화한 것이었다.

여기에는 과거 내가 온라인 소통이 우리가 쓰고 말하는 방식에 영향을 주는지에 관해 연구한 결과에 비추어 생각해볼 만한 유사점이 있다. 2000년대 초 이메일과 인스턴트 메신저, 문자 메시지에 나타난 언어의 양상을 두고서 공론장에서는 불안의 목소리가 상당했다. 저 많은 철자 오류! 온갖 약자와 머리글자! 엉성한 문법! 마구잡이식 구두점! 한 신문은 이렇게 표현했다.

> 오늘날 우리가 목도하는 언어의 변화는 좋은 영어 사용의 사망을 알리는 서곡일 것이다.[40]

추정에서 나온 이런 식의 재난 뉴스는 많이 과장된 것으로 드러났다. 실제 데이터를 주의 깊게 들여다보면 현실은 다르게 보인다. 흔히 생각하는 만큼 철자 오류는 많지 않고(어떤 것은 의도적이다), 구두점도 나름의 논리적인 유형을 따르는 경향이 있다(일반적으로 필요할 때는 물음표를 사용한다거나, 어쨌든 '보내기' 버튼을 누르기 때문에 마침표를 빼먹는 것 등이 그렇다).[41]

또 한 가지 중요한 사실은, 언어적 '탈선'이 상당 부분 디지털 혁명에 앞서 등장한 온라인 소통에서 기원했다는 것이다. 미국의 종이 기반 출판과 함께 영어 작문 교육의 역사를 살펴보면, 지금 논의와 관련해 계속해서 진행 중인 몇 가지 추세가 보인다. 첫째, 교육계의 관심이 특히 1960년대부터 철자나 문법, 구두법보다 학생들의 생각에 점점 더 집중되었다는 점이다. 둘째, 명망 있는 출판사가 펴낸 책이나 꽤 많은 돈을 들였을 잡지 광고에 너무나 많은 (철자법, 문법, 구두법) 실수가 보인다는 점이다.[42]

하지만 셋째, 이 점은 특히 미국에서 그러한데, 우리가 입는 방식이나 말하는 법, 쓰는 유형에 이르기까지 격식에 얽매이지 않으려는 움직임이 눈에 띄게 커진 것도 사실이다. 모든 종류의 텍스트가 (심지어 전문 저널조차) 점점 일상적인 구어에 가까워지고 있다. 교정에 대한 관심은 계속해서 하락하고 있다. 이런 추세는 맞춤법 검사기와 문자 예측 기능이 나오기 전에 이미 시작된 것들이다.[43]

《우리가 책에 대해 이야기할 때 이야기하는 것What We Talk About When We Talk About Books》에서 리아 프라이스는 책은 기원부터 지금까지 내내 진화해왔으며, 우리가 읽는 방식도 진화해왔음을 상기시킨다. 프라이스는 시간이 지나면서 책과 읽기, 독자의 모습에서 일어난 변화는 "종이와 디지털 사이의 차이를 능가하는 것처럼 보인다"고 주장한다. 그녀에 따르면 더욱이,

> 책은 정보를 찾고, 대충 보고, 버리도록 설계된 것이라는 오랜 지배적 관념을 이제는 우리 기억에서 지워야 한다. 왜냐하면 그런 생각은 종이책이 인내심을 길러주고, 근면의 윤리를 강화하며, 주의 지속 시간을 늘려준다는 디지털 시대의 환상을 의심하게 만들기 때문이다.[44]

다시 말해, 우리는 지금처럼 디지털 세계가 아니었을 때에도 수세기 동안 종이책을 읽을 때 정보를 검색하고 대충 읽었다.

그렇다 하더라도 우리는 승수 효과(어떤 요인의 변화가 다른 요인의 변화를 일으켜 파급 효과를 낳는 것:역주)를 부인해서는 안 된다. 온라인 소통과 문어 규약만 하더라도, 나는 요즘 우리가 컴퓨터와 태블릿, 휴대전화에서 하는 글쓰기가 과거 문장 역학이라 부르곤 했던 것에 점점 무심해지는 데 (원인은 아니라 해도) 기여한다고 주장해왔다. 디지털 기술이 읽기 유형에 미치는 영향에 대해서도 같은 결론을 내릴 수 있다. 온라인 읽기는 얕거나 다급한 읽기의 원천이 아니라 이미 존재했던 행동 방식이나 태도를 증폭시켜온 것이다.

당신의 영향력으로 해낼 수 있는 일들

지난 몇 년간 나는 디지털 교육의 입지가, 특히 고등교육에서 확대되는 것을 지켜봐왔다. 교수진은 온라인 강좌를 점점 더 많이 개설하고

있고, 디지털 교재 사용도 계속 증가하고 있다. 심지어 어떤 사람들 눈에는 이마저 속도가 더뎌 보이는 모양이다. 더 정확히 말해보자. 디지털 학습을 고등교육에 통합시키는 것이 목표인 비영리 기관의 국장이 한 다음과 같은 말을 보라.

> 디지털 텍스트를 효과적으로 사용한 학습 모델을 만드는 강사들은 학생들이 종이에 대한 선호를 극복하고 디지털 텍스트가 주는 편의성과 저비용의 이점을 누릴 수 있게 도울 수 있다.[45]

이런 말을 하는 사람의 사명을 나는 이해한다. 하지만 학생들에게 '종이에 대한 선호를 극복'하도록 요구하는 것은 그런 선호 이면의 이유를 무시하는 것이다. 아무리 비용과 편의성을 감안하더라도 그렇다.

디지털 읽기는 달리는 기차여서 멈추게 할 수 없는 걸까? 우리는 정책 당국과 싸워 성공을 거둘 수 있을까? 답은 우리에게 달렸다. 모든 기술이 선행 기술을 뿌리 뽑는 것은 아니다. 종이책을 구입하면 종이책의 종언에 대한 예측은 허언이 된다. 교육에 관한 한, 의사결정 위치에 있는 우리 같은 사람의 영향력은 생각보다 크다. 바라건대, 이 책의 연구가 학생들에게 균형 잡힌 독서 식단을 제공하려는 당신의 주장을 지지해주는 논거로 활용되었으면 한다.

읽기 플랫폼을 선택하는 문제에서 지금 교육계의 추세는 불변의 것이 아니다. 당신이 어떤 행동 경로를 따를지는 처한 환경에 맞춰 정해야겠지만, 다음 사항을 고려하기 바란다.

- 학교 교재와 교과 과정을 만드는 사람들과 **연구 결과를 공유하라**. 부모와 학생들과의 공유는 물론이다. 이 책의 각 장들을 생산적으로 활용하라!
- **선택지들을 두고 브레인스토밍을 하라**. 학교 측이 정책적으로 비용 때문에 전면 디지털로 옮겨가야 한다고 주장하면, 온라인에 공개된 교육 자료의 주문형 인쇄본이나, 잘 팔리는 교재보다 저렴한 종이책 같은 대안들이 있음을 기억하라.[46]
- 플랫폼을 선택할 때 '이것 아니면 저것' 대신 **'둘 다'를 권장하라**.
- **우회하는 방법을 찾아라**. 만약 학교의 시스템이나 학과장이 당신의 선택과 다른 읽기 플랫폼을 선정하면, 대체물이나 보완물을 제공하는 방안을 모색해보라. 어떤 의과대학들은 디지털 책으로 완전히 옮겨갔다가 학생들의 항의에 따라 지금은 교재를 포함한 핵심 자료 모음을 종이책으로 도서관에 비치해 볼 수 있게 했다. 학교(혹은 강좌)는 전면 디지털로 옮겨갔지만 학생들이 종이책을 선호하는 고등학교나 대학교의 경우 종이 텍스트를 구입하거나 유료 혹은 무료로 빌릴 수 있게 하는 방안을 찾을 수도 있다.
- **타협은 패배가 아니다**. 많은 교수들은 학생들의 예산을 걱정해 '비용이 낮은 선택지는 품질도 낮다는 사실을 감수하고' 기꺼이 디지털 자료를 사용하려 한다.[47] 하지만 교재는 교과 과정을 이루는 여러 요소 중 하나일 뿐이다. 역사나 수학 같은 분야에서 어떤 교수들은 특정 교재를 필독서로 부과하지 않고 몇 가지 참고 자료를 제안한다. 결국 과정을 가르치는 것은 교수이지 출판사가 아니다.
- **학부모나 교사로서 당신의 영향력을 과소평가하지 말라**. 당신의 행동이 본보기가 되어 아이들이 어떤 때 어떤 읽기 플랫폼이 가장 이로울지 이해하

는 데 영향을 줄 수 있다.

출판사에도 몇 가지 조언하고 싶은 것이 있다. 지난 수십 년 동안 나는 출판사들이 누가 가장 화려한 사진과 가장 재미있는 만화와 가장 고급스러운 종이를 쓸 수 있는지 서로 경쟁하는 상업적 전쟁을 목격했다. 또한 나는 내가 사용하던 언어학 개론 교재의 가격이 세 배 가까이 뛰고 개정판이 불필요하게 서둘러 출간되는 것도 봤다. 학생들이 불평하는 것도 당연하다! 출판사들이 이제는 종이책을 포기하는 것도 놀랍지 않다. 다만 나는 교재를 만드는 출판사들을 향해 이렇게 호소한다.

> 생산 비용을 끌어올리는 것이 무엇인지 생각해보라. 종이 교재를 장식용 책으로 만들려고 애쓰는 일 없이 교육적으로 읽고 싶게 만드는 책으로 출판할 수 있는 방법은 없을까?[48]

인생은 제한 시간 내 시험이 아니다

우리는 이 책에서 표준화된 시험, 특히 중등학교에서 치르는 그런 시험에 관해 많은 이야기를 했다. 시험은 좋든 싫든 계속된다. 아이러니는 미국의 대학교 입학 전형 과정에서 ACT나 SAT 점수를 요구하지 않는 학교가 점점 늘어나고 있다는 사실이다. 이런 결정을 지지하는 논거 중 하나는 제한 시간을 둔 시험이 반드시 학생의 기술이나 사전 지식, 분석과 평가 능력, 면학의 의지를 반영하는 것은 아니라는 것이다.

미국 내에서는 NAEP, 국제적으로는 PISA와 같은 시험의 결과를 얼마나 신뢰할 것인지 단정적으로 말할 수는 없다. 가령, 유럽에서는

15세 아동의 국가별 PISA 성적을 아주 진지하게 받아들이는 반면 미국에서는 주목도가 훨씬 낮다(이것은 솔직히 말해서 미국 학생들의 성적이 특별히 좋지는 않기 때문인지도 모른다). 일본과 같이 대학 입시가 학생 장래의 너무나 많은 부분을 좌우하는 지극히 중요한 자리를 차지하고 있는 나라에서는 시험의 압력을 낮추는 법을 알아내기가 무척 어렵다. 하지만 다른 많은 나라가, 특히 미국에서는 ACT와 SAT의 중요성이 하락하는 것에서 무엇을 배울지 방법을 찾아야 한다.

모두를 위한 읽기 권장 식단

이 책은 아이들과 청소년들이 특히 종이나 스크린 혹은 오디오를 사용해 생산적으로 읽는 습관을 기르는 것에 관해 우리가 알고 있는 것을 평가해보려는 시도였다. 다음 세대의 독자를 포함한 성인을 길러낸다는 것은 세상에서 가장 힘든 일 중 하나다. 또한 그 일은 가장 중요하면서 가장 보람 있는 일이 될 수도 있다.

저널리스트이자 건강식 열혈 운동가인 마이클 폴런Michael Pollan은 〈뉴욕타임스 매거진〉에 실린 글을 이런 기억할 만한 문장으로 시작했다.

음식을 먹어라Eat food.

너무 많이는 말고Not too much.

주로 식물을Mostly plants.[49]

폴린의 간결한 조언은 더없이 명료하다. 어떻게 하면 읽기 플랫폼과 학습에 관해서도 그처럼 간결하게 마무리 조언을 건넬 수 있을까 고민한 끝에 내가 생각해낸 것은 이렇다.

더 많이 읽어라Read more.

읽을 때는 집중해서Focus when you do.

무엇으로 읽을지도 중요하다Medium matters.

이 말은 우리 모두에게 해당된다.

우리 모두가 자기만의 읽기 식단을 짤 필요가 있다. 동시에 우리는 우리가 선호하거나 지금 읽고 있는 것에 가장 적합하다고 믿는 플랫폼을 늘 사용할 수 있는 것은 아니라는 사실도 인식해야 한다. 그와 똑같은 현실이 우리 교실에도 존재한다. 각 매체의 장단점(그리고 그것을 사용할 때의 우리의 읽기 마음가짐)을 자각한다면 그로 인한 문제를 보완하는 데에도 도움이 될 수 있다.

당신의 모험에 이 책이 도움이 되었으면 한다.

감사의 말

이 책에는 두 명의 대모가 있다. 두 사람의 연구를 내가 안 것은 몇 년 되었지만 직접 대면한 것은 2018년 1월이었다.

만난 장소는 스탠퍼드대학교 캠퍼스 위쪽 언덕에 둥지를 튼 행동과학고등연구소CASBS, Center for Advanced Study in the Behavioral Sciences였다. 나로서는 홈커밍 같은 기분이 들었다. 오래전에 나는 스탠퍼드에서 박사 과정을 마쳤고, 그 뒤에는 CASBS에서 방문 학자로도 있었기 때문이다(그래서 그 연구소가 내게는 친숙했다). 그해 1월 첫 번째 대모인 매리언 울프가 글로벌 문해력과 신경과학 워크숍을 열면서 20여 명의 연구자들을 불러 모았다. 울프는 이 주제에 대한 열정히 대단한 학자다. 그때 모여든 연구자 중 한 명이 두 번째 대모인 안네 망엔이었다. 그녀와 나는 곧바로 단짝이 되었다. 무엇보다 우리 둘은 똑같이 종이와 스크린 읽기의 비교에 관심이 많았다.

워크숍의 목표는 학술적인 토론만이 아니었다. 마지막 세션에서 매리언은 우리에게 생각을 행동에 옮기라고 강권했다. 우리가 저마다 전문 영역에서 알고 있는 것을 가지고 독자들의 삶에 변화를 줘야 한다는 말이었다.

그 말을 들으며 나의 책무는 무엇인지 헤아려보았다. 그것은 다양한 매체를 사용한 읽기의 장단점에 관한 최신 연구 결과들을 모으고, 그런 다음 우리가 알고 있는 것을 다음 세대 독자들을 교육하는 사람들과 공유하는 것이었다. 나는 이전 저서인 《스크린 위의 글: 디지털 세계에서 읽기의 운명Words Onscreen: The Fate of Reading in a Digital World》을 집필하면서 이미 2014년 초까지의 연구 문헌들은 섭렵한 상태였다. 게다가 내가 진행한 대학생의 읽기 습관에 관한 다국적 연구를 통해 얻은 1차 데이터도 얼마간 가지고 있었다. 하지만 바로 지금 학자들이 발견하고 있는 사실들을 알아낼 필요가 있었다. 그뿐만 아니라 나 자신도 데이터를 추가로 더 수집해야만 했다.

그로부터 몇 달 후 나는 '매체가 중요하다Medium Matters'라고 명명한 프로젝트를 시작했다. 목표는 연구자들을 규합해 그들의 도움을 받아 우리가 제기해야 할 질문들을 정하고, 연구 결과를 공유하는 것이었다. 나는 종이 읽기와 디지털 읽기의 비교 문제를 다루는 연구진을 찾는 한편, 오디오북과 팟캐스트의 폭발적인 증가를 감안했을 때 읽기 매체로서 오디오에 대해서도 생각할 필요가 있었다.

매리언과 나는 머리를 짜내 이 프로젝트에 초대할 사람들의 명단을 작성했다. 그다음 단계에서 안네가 준 도움은 더없이 소중했다. 자신이 아드리안 반 데어 빌과 함께 결성한 '디지털화 시대 읽기의 진화E-READ, Evolution of Reading in the Age of Digitisation'라는 이름의 연구 공동체 회원 수십 명에게 나를 (가상으로) 소개해준 것이다. 유럽연합이 지원하는 이 '코스트 액션COST Action'(다양한 과학 기술 주제에 관한 연구 네트워크 결성을 지원하는 프로그램:역주)은 규모가 어마어마할 뿐 아니라 성과도 막대한 4년짜리 기획 사업으로, 디지털 혁명의 맥락 속에서 읽기와 출판, 문해력을 연구하는 약 200명의 학자를 한데 모은 것이었다.

'매체가 중요하다' 프로젝트에 참여한 유럽 전역과 이스라엘의 동료들, 그리고 나의 요청에 응해준 미국 동료들에게 심심한 감사의 말을 전한다. 당신들에게서 너무나 많은 것을 배웠다. 그 과정에서 맺은 우정에 대해서도 감사하게 생각한다.

매리언과 안네, 그리고 '매체는 중요하다' 프로젝트의 파트너들에게. 당신들이 없었다면 이 책도 없었을 것이다.

그다음 해 동안 나는 우리가 다뤄야 할 질문과 읽어야 할 논문, 그리고 동료들이 관대하게도 내게 공유해준 새로운 초고들을 모으기 시작하면서, 이 프로젝트를 어떻게 이론에서 실천으로 옮겨가야 할지 전략을 짜기 시작했다. 교육 콘퍼런스에 초점을 맞춰야 할까? 학교 교장이나 중앙의 정책 결정자들에게 접근할까? 이런 것도 다 필요한 일들이지만, 나는 우선 내가 발견한 것, 그리고 추천할 것을 글로 쓸 필요가 있음을 깨달았다. 그렇게 해서 이 책은 탄생했다.

많은 저자들이 그렇듯, 나 또한 내게 정보와 전문성을 공유해준 사람들에게 빚을 졌다. 먼저,

- 학습 장애가 있는 이들을 위한 오디오+텍스트의 사용에 대해 가르쳐준 조지 커셔(DAISY 컨소시엄 소속)와 에드워드 브레이(러닝 얼라이 소속)
- 오픈 교육 자료에 관한 정보를 알려준 워싱턴 법과대학의 크리에이티브

커먼스 USA팀(메리디스 제이콥스, 마이클 캐럴, 제슬린 앤드레이드, 빌런 제이마)

- 유럽의 읽기 통계에 관한 정보와 함께 종이 매체의 역할에 관해 활발한 대화를 나눈 아드리안 반 데어 빌(라이덴대학교)과 미하 코바치(류블랴나대학교)
- 2021 PIRLS 테스트에 관한 정보를 나눠준 이나 물리스(TIMSS & PIRLS 국제 연구소)
- 오디오와 비디오 주석에 관한 논의에 응해준 이안 오번(찰스턴대학교)
- 복수의 온라인 자료 사용에 관한 대화에 응해준 마이크 필립(취리히사범대학교)

혹시라도 부주의하게 빠뜨린 사람이 있으면 심심한 사과를 드린다.

또한 나의 생각을 다양한 청중에게 전달할 기회를 마련해준 동료들에게도 감사한다.

- 레오볼디나 포투나티와 마리나 본디: 이탈리아 우딘대학교와 모데나와 레기오 에밀리아 대학교에서의 강의
- 파밀라 허스트델라 피에트라: 그녀의 '어린이와 스크린 연구소' 발족 콘퍼런스에서의 발표
- 토브 라이 안데르센: 덴마크 아루스대학교에서 개최한 '읽기의 모드 세미나'에서의 발표
- 퍼트리샤 알렉산더: 매릴랜드대학교에 있는 그녀의 '훈련된 읽기와 학습 연구소'와의 연구 공유
- 앤 프리드먼: 앤의 멋진 새 박물관인 플래닛 워드의 운영진과의 이야기

- 데이비드 포틴: 필라델피아 리서치ED에서의 발표
- 사토미 수기야마: 루가노의 스위스 프랭클린대학교에서의 강의
- 디지털 소사이어티 사업과 URPP 언어와 공간 콜로키움: 취리히대학교에서의 강연
- 크리스틴 터너: 볼티모어에서 열린 전국영어교사협의회 콘퍼런스에서 우리의 프로젝트인 '매체가 중요하다' 라운드테이블을 기획해준 것

내게 단기 방문의 기회를 주선해준 분들에게도 너무나 큰 감사를 드린다. 덕분에 그곳에서 내 연구와 저술을 이어가는 것은 물론 새로운 동료들과 이야기를 나눌 기회도 누릴 수 있었다.

- 스타방에르대학교의 노르웨이 읽기 센터: 안네 망엔
- 취리히대학교: 엘리자베스 스타크, 시몬 우베르와서, 디지털 소사이어티 이니셔티브

다음으로, 나를 가르치고 지도했을 뿐 아니라, 내가 쓴 글을 응원하며 비평해준 이들이 있다.

- 오디오가 읽기 형식으로 갖고 있는 중요성에 대해 생각하도록 도와준 아이븐 헤이브와 비르기테 스투가르 페데르센(둘 다 아루스대학교 소속) 그리고 아니샤 싱(메릴랜드대학교)
- 어린이와 디지털 책에 대한 나의 이해를 넓혀준 나탈리아 쿠시르코바(스타방에르대학교), 리사 게른시(뉴 아메리카) 그리고 마이클 레빈(니켈로디언)

- 대화와 함께 연구 지원, 초고 공유, 격려를 해준 래커핏 애커먼(테크니온), 미리트 바질라이(하이파대학교), 프랭크 하케멀더(유트레히트대학교), 윌리엄 하더(가우처대학교), 태미 캇지르(하이파대학교), 캐린 쿠코넨(오슬로대학교), 다이앤 미즈라치(UCLA), 알리시아 살라즈(카네기멜론), 라디슬라오 살메론(발렌시아대학교)
- 이 책의 초고를 읽고 대단히 유익한 조언을 해준 래커핏 애커먼, 메리 핀들레이, 나탈리아 쿠시르코바, 안네 망엔, 애니샤 싱
- 수년간 나와 함께 작업하며 내 글을 더 많은 독자들이 읽을 수 있게 다듬어준 레베카 바수(아메리칸대학교)
- 비판적인 눈과 무한한 인내심, 우정을 보여준 나의 에이전트 펠리셔 이스
- 멋진 편집 솜씨를 발휘해준 옥스퍼드대학교 출판부의 내 편집자 메레디스 케퍼
- 출판 과정을 이끌어준 옥스퍼드의 메이시 페어차일드와 뉴겐 노리지웍스 직원들

끝으로, 나를 격려해주고 인내해주고, 내가 동정적인 귀를 필요로 할 때 온화한 마음으로 들어준 친구와 가족들에게. 내가 당신들을 얼마나 소중히 생각하는지 부디 알아줬으면.

정말이지 온 마을이 나서야 하는 일이다. 누구보다 여러분 모두에게 감사드린다.

주

서문

1. 현재 입장들을 개관하려면 Goldstein 2020을 보라. Seidenberg 2017에는 발음 중심 어학 교수법을 옹호하는 보다 확장된 논거가 제시된다.
2. Have and Pedersen 2016.
3. Rubery 2016.
4. 그밖의 사례로는 Guernsey and Levine 2015; Kucirkova 2018.
5. 즐거움을 위한 읽기에 대한 통찰을 얻으려면 Natalia Kucirkova and Teresa Cremin의 2020 Children Reading for Pleasure in the Digital Age를 강력히 추천한다.

1장

1. Price 2019; Stallybrass 2002.
2. 오디오와 텍스트의 비교 논의는 7장을 보라. 종이 텍스트와 디지털 텍스트를 비교한 것으로는 Baron 2015a와 Tyo-Dickerson et al. 2019가 있다.
3. Brower 1962, p. 4.
4. 가령, John Miedema의 2009 manifesto Slow Reading을 보라.
5. Guillory 2010.
6. Birkerts 1994, p. 146.
7. Wolf and Barzillai 2009, p. 33.
8. 가령, Garfinkle 2020을 보라.
9. Stavanger Declaration Concerning the Future of Reading 2019.
10. Sosnoski 1999, p. 167.
11. Hayles 2012, p. 12.
12. Gibson 1979; Norman 1988.

13. Cazden et al. 1996, p. 60.
14. 새로운 문해력에 대한 소개의 글로는 Lankshear and Knobel 2011을 보라. 이 운동에 대한 최신 정보로는 Serafini and Gee 2017을 보라.
15. 새로운 문해력과 기술이 어떻게 교차하는지에 관한 논의로는 Coiro 2020; Coiro et al. 2008; Leu et al. 2004를 보라.
16. Spence 2020, p. 6.
17. Mangen 2016, p. 465.
18. Mangen 2008; Merchant 2015.
19. Brasel and Gips 2014.
20. Baron et al. 2017.
21. Kuzmičová et al. 2018. 체화와 읽기에 대한 추가 논의로는 Burke and Bon 2018을 보라.
22. 시선 운동을 포함한 읽기의 심리에 관한 사용자 친화적인 개관으로는 Rayner et al. 2012를 보라. 그밖에 유용한 참고 자료로는 Carpenter and Just의 중요한 1986년 논문들과 Conklin 등이 쓴 시선 추적에 관한 2018년 저서가 있다.
23. Ashby et al. 2005.
24. Kretzschmar et al. 2013; Siegenthaler et al. 2011; Zambarbieri and Carniglia 2012.
25. Mol and Bus 2011.
26. Krashen 2004; Wu and Samuels 2004.
27. Biancarosa and Snow 2004.
28. 이 문제에 관한 짧은 개관으로는 Willingham 2017을 보라.
29. 고전적인 연구는 Daneman and Carpenter 1980.
30. 통찰력 있는 논의들로는 Furedi 2016과 Jackson 1932를 보라.
31. 인용 출처는 Rowold 2010, p. 35.
32. 미국의 경우는 Rideout and Robb 2019; Scholastic 2017. 영국은 Clark and Douglas 2011; Egmont 2019. 국가 간에는 OECD 2011.
33. Bureau of Labor Statistics n.d.; National Endowment for the Arts 2012; Perrin 2015.
34. Nation's Report Card 2017.
35. National Center for Education Statistics n.d.
36. TIMMS & PIRLS International Study Center n.d.-1.
37. OECD 2019b.
38. Scholastic 2019a.
39. 다음을 보라. Penny Kittle's "Why Students Don't Read What Is Assigned in Class" https://www.youtube.com/watch?v=gokm9RUr4ME.
40. Baron et al. 2017.
41. Tyo-Dickerson et al. 2019.

42. Perrin 2018.
43. Rea 2020.
44. Scholastic 2017, p. 15.
45. Scholastic 2019a, p. 30.

2장

1. 유용한 통찰들로는 Biancarosa and Snow 2004와 Zabrucky and Ratner 1992를 보라.
2. 문헌 개관과 함께 이런 구분이 온라인 소통에서는 어떻게 전개되는지 알려면 Baron and Campbell 2012를 보라.
3. Fottrell 2015.
4. 다음을 보라. 미국 통계는 Perrin 2015; 유럽 데이터는 Eurostat 2016.
5. Jerrim and Moss 2019.
6. Duncan et al. 2016, p. 233.
7. Pfost et al. 2013.
8. Torppa et al. 2019.
9. Torppa et al. 2019, p. 888.
10. 데이터 자료로는 Baron 2015a, p. 7.
11. 출처: https://www.npd.com/wps/portal/npd/us/news/press-releases/; https://www.publishersweekly.com/pw/by-topic/industry-news/financial-reporting/article/82152-print-unit-sales-fell-1-3-in-2019.html; https://newsroom.publishers.org/aap-statshot-trade-book-publisher-revenue-increased-by-46-in-2018/; https://publishers.org/news/aap-december-2019-statshot-report-publishing-industry-up-1-8-for-cy2019/
12. Popken 2015.
13. https://newsroom.publishers.org/new-data-shows-continued-decline-in-student-spending—on-college-course-materials/
14. Seaman and Seaman 2020.
15. OER 사업, 특히 K-12 학년 단계에 관한 내용을 나와 토론해준 아메리칸대학교 워싱턴 법대의 크리에이티브커먼스 USA 직원들에게 감사한다.
16. CampusBooks.com 2019.
17. Hazelrigg 2019.
18. Dimeo 2017에서 인용.
19. Cavanagh 2016에서 인용.
20. https://www.pearson.com/news-and-research/announcements/2019/02/pearson-2018-results.html
21. Pearson 2019.
22. Gardner 2002.

23. Baron et al. 2017, p. 599.
24. 철저한 논의로는 Jackson 2001을 보라.
25. Mueller and Oppenheimer 2014를 보라.
26. Misra et al. 2016.
27. Ward et al. 2017.
28. Ward et al. 2017, p. 140.

3장

1. Price 2009, p. 487.
2. Kuzmičová 2016.
3. 노르웨이는 http://www.bokhandlerforeningen.no/leserundersokelsen-2018; 미국은 Perrin 2019b; 이탈리아는 https://www.istat.it/en/archivio/178341
4. 가령, National Endowment for the Arts 2007.
5. 출처 Scholastic 2019b, p. 5, Figure 2a.
6. Rideout and Robb 2019, p. 9.
7. 과거와 현재 보고서의 핵심을 알려면 Ingraham 2018, 2019를 보라.
8. https://www.bls.gov/news.release/atus.nr0.htm
9. https://www.leesmonitor.nu/nl/wie-lezen-er
10. 가령, Ingraham 2016, 2018; Weissmann 2014를 보라.
11. Mokhtari et al. 2009.
12. Huang et al. 2014.
13. Japan Times 2018.
14. 통찰력 있는 리뷰와 분석으로는 Johnson 2019를 보라.
15. Burchfield and Sappington 2000.
16. 28퍼센트는 Connor-Green et al. 2000; 27퍼센트는 Clump et al. 2004; 25퍼센트는 Baier et al. 2011.
17. Ribera and Wang 2015.
18. 10.9시간은 Mokhtari et al. 2009; 7.7시간은 Huang et al. 2014.
19. National Survey of Student Engagement 2019.
20. St Clair-Thompson et al. 2018.
21. 정책에 관한 설명으로는 U.S. Department of Education 2008을 보라.
22. Ribera and Wang 2015.
23. 보다 상세한 내용은 Baron and Mangen 2021.
24. 능숙한 독자들이 제공한 인지적 접근법에 바탕을 둔 분석으로는 Pressley and Afflerback 1995를, 또 다른 논의는 RAND Reading Study Group 2002를 보라.
25. Baker 2000, p. 8.
26. OECD 2015, p. 94.
27. 가령, Protopapas et al. 2012.

28. Wolf et al. 2019.
29. 기술적 난이도가 덜한 버전으로는 Dunlosky 2013을 보라.
30. Dunlosky 2013, p. 12.
31. Dunlosky 2013, p. 14.

4장

1. 오스트레일리아는 Nicholas and Paatsch 2018; 캐나다는 Strouse and Ganea 2017a; 영국은 Kucirkova and Littleton 2016; 미국은 Zickuhr 2013.
2. Kucirkova and Zuckerman 2017.
3. Kucirkova 2019, p. 209.
4. 구성 방식은 다르지만, 이런 측면을 모두 포괄한 개관으로 Barzillai et al. 2017을 보라.
5. Bruner 1981.
6. D. G. Smith 2017.
7. Tønnessen and Hoel 2019; Troseth et al. 2020.
8. Etta 2019.
9. Parish-Morris et al. 2013; Munzer et al. 2019.
10. Parish-Morris et al. 2013, p. 208.
11. Strouse and Ganea 2017a.
12. Munzer et al. 2019, 결론.
13. Chiong et al. 2012.
14. 두 유형의 사양을 갖춘 전자책에 대한 메타 분석으로는 Courage 2019, pp. 31-32. Takacs et al. 2015를 보라.
15. Guernsey et al. 2014.
16. Bus et al. 2019a; Korat and Falk 2019.
17. Bus et al. 2019b.
18. Takacs et al. 2014.
19. Sarı et al. 2019.
20. Dore et al. 2018.
21. Parish-Morris et al. 2013, p. 203.
22. Strouse and Ganea 2017b.
23. 어린아이들이 디지털북을 사용할 때의 장단점을 현재 연구자들이 어떻게 이해하고 있는지 검토한 탁월한 리뷰로는 Courage 2019.
24. 두 번째 대학생 연구에서 학생들의 개방형 답변을 분석한 것으로는 Mizrachi and Salaz 2020을 보라.
25. 가령, Delgado et al. 2018. 피상화 가설에 관한 더 많은 논의로는 Annisette and Lafreniere 2017을 보라.
26. 그런 연구 중에 Duncan et al. 2016과 Pfost et al. 2013이 있다.
27. Clinton 2019; Delgado et al. 2018.

28. 일별할 수 있는 요약으로는 Baron et al. 2017의 서문을 보라.
29. Kaufman and Flanagan 2016.
30. Singer and Alexander 2017a; Singer Trakhman et al. 2019.
31. Parish-Morris 2013, p. 206.
32. Singer and Alexander 2017a, p. 167.
33. Clinton 2019.
34. Ackerman and Goldsmith 2011.
35. Ackerman and Lauterman 2012.
36. Singer Trakhman et al. 2019.
37. Lenhard et al. 2017.
38. Wickelgren 1977.
39. Singer Trakhman et al. 2019, pp. 112-13.
40. Lenhard et al. 2017, p. 440.
41. Ackerman and Lauterman 2012; Sidi et al. 2017.
42. Singer and Alexander 2017b.
43. 가령, Margolin et al. 2013.
44. Clinton 2019; Delgado et al. 2018.
45. Mangen et al. 2019.
46. Parish-Morris et al. 2013, p. 206.
47. Baron et al. 2017; Tyo-Dickerson et al. 2019.
48. Baron 2015a, p. 87.
49. Mizrachi and Salaz 2020, p. 817.
50. Mizrachi and Salaz 2020, p. 818.
51. Wästlund et al. 2005; Wästlund 2007.
52. Delgado et al. 2018; Higgins et al. 2005; Pommerich 2004.
53. Sanchez and Wiley 2009.
54. 네덜란드 연구는 Hakvoort et al. 2017; 이스라엘 연구는 Dotan and Katir 2018; 미국 연구는 Joo et al. 2018.
55. Schneps, Thompson, Sonnert, et al. 2013.
56. Salomon 1984.
57. Rieh et al. 2012.
58. 5~6학년생은 Golan et al. 2018; 대학생은 Ackerman and Goldsmith 2011; Ackerman and Lauterman 2012; Singer and Alexander 2017a; Singer Trakhman et al. 2019.
59. 가령, Clinton 2019와 Sidi et al. 2017.
60. 대학교는 Baron et al. 2017; 중고등학교는 Tyo-Dickerson et al. 2019.
61. Ackerman and Lauterman 2012.
62. Lauterman and Ackerman 2014.

63. Golan et al. 2018.
64. Daniel and Woody 2010.
65. 가령, Fletcher and Nicholas 2016; Maynard 2010; Miranda et al. 2011; Picton and Clark 2015; Tveit and Mangen 2014.

5장

1. Goldberg 2009.
2. Blaustein 2001.
3. Tenner 1996.
4. Fitzpatrick 2017.
5. Uston 1983, p. 178.
6. "Online Learning Graduation Requirements" 2018.
7. Vaikutytė-Paškauskė et al. 2018, p. 6.
8. 이와 함께 Baron 2015, pp. 75ff; Baron 2019; McKenzie 2018을 보라. 더 자세한 것은 Whalen 2019를 보라.
9. Eisenstein 1979, p. 72.
10. Eisenstein 1979, p. 74.
11. Wakefield 1998.
12. Guimarães and Carriço 2010.
13. Salmerón et al. 2018c.
14. 더 자세한 논의로는 Afflerbach and Cho 2009, pp. 209–12와 OECD 2015를 보라.
15. Coiro and Dobler 2007.
16. Afflerbach and Cho 2009.
17. 가령, Afflerbach and Cho 2009와 Coiro 2011.
18. 유용한 개관으로는 Salmerón et al. 2018c를 보라.
19. Rouet et al. 2011.
20. Salmerón et al. 2018a.
21. Kornmann et al. 2016.
22. Naumann and Salmerón 2016.
23. OECD 2015, p. 121.
24. Salmerón et al. 2017.
25. Salmerón and Llorens 2019.
26. Fallows 2005, p. iv.
27. Hargittai et al. 2010.
28. 개관으로는 McGrew et al. 2019를 보라. 상세한 연구 내용은 McGrew et al. 2018을 보라.
29. Halverson et al. 2010.
30. Robins and Holms 2008.

31. McGrew et al. 2018, p. 185.
32. Garrett 2019.
33. Segall et al. 2019, p. 88.
34. Garrett 2019, p. 27.
35. Middaugh 2019.
36. Beker et al. 2016; DeStefano and LeFevre 2007.
37. DeStefano and LeFevre 2007.
38. Braasch et al. 2018.
39. Wineburg 1991, p. 84.
40. Wiley and James Voss 1996.
41. Bråten and Strømsø 2006; Stadtler et al. 2013.
42. Stadtler et al. 2013, pp. 143-44.
43. Macedo-Rouet et al. 2003.
44. http://www.corestandards.org
45. Peterson and Alexander 2020.
46. Latini et al. 2019.
47. Bråten et al. 2011.
48. Coiro 2011.
49. Naumann and Salmerón 2016; Salmerón et al. 2018a.
50. Salmerón et al. 2018a, p. 39.
51. Naumann 2015; Salmerón et al. 2018a.
52. Macedo-Rouet et al. 2020.
53. Salmerón et al. 2018b.
54. Wang et al. 2008.
55. Mangen et al. 2013.
56. 노르웨이는 Støle et al. 2020; 뉴질랜드는 Eyre 2017; 미국은 Backes and Cowan 2019.
57. Backes and Cowan 2019, p. 90.
58. Walgermo et al. 2013.
59. Schulz-Heidorf and Støle 2018.
60. Støle et al. 2020.
61. OECD 2019a, p. 23.
62. 미국의 NAEP 또한 디지털로 바뀌고 있다. National Center for Education Statistics 2019를 보라.
63. TIMMS & PIRLS International Study Center n.d.-1.
64. TIMMS & PIRLS International Study Center n.d.-1.
65. TIMMS & PIRLS International Study Center n.d.-2.
66. OECD 2015, p. 96.

67. OECD 2019a, p. 29.
68. 이런 쟁점들에 대한 나의 이해는 Støle et al. 2018에서 제시된 디지털 테스팅에 관한 통찰력 있는 분석 덕분에 한층 깊어졌다.
69. Baron 2015, Chapter 3.
70. Pfost et al. 2013; Duncan et al. 2016, p. 233; Jerrim and Moss 2019; Torppa 2019.
71. Støle et al. 2018, p. 218.
72. Britt et al. 2017, p. 7.
73. Baron 2015, Chapter 2; Rubery and Price 2020.

6장

1. 로스앤젤레스 통합 학구의 재난에서 얻은 교훈을 알고 싶으면 Lapowsky 2015.
2. Picton and Clark 2015.
3. Merga and Roni 2017.
4. Schwarzenegger 2009.
5. Baron 2015, p. 13.
6. Bonwell and Eison 1991, p. iii.
7. Brame 2016.
8. Brame 2016.
9. Salmerón et al. 2018a, p. 39.
10. Salmerón et al. 2018a, p. 39.
11. Turner and Hicks 2015. 동일한 데이터베이스를 토대로, 청소년의 디지털 읽기 관행을 논한 것으로는 Turner et al. 2020.
12. 새로운 연구 모임들을 알려면 Bus et al. 2020을 보라.
13. Bus et al. 2020, p. 5.
14. AAP Council on Communications and Media 2016.
15. Kucirkova 2018, p. 71.
16. Kucirkova 2018; Kucirkova and Cremin 2020.
17. https://digitalmediaprojectforchildren.wordpress.com/people/
18. Verhallen and Bus 2010; Smeets and Bus 2012.
19. Roskos et al. 2012.
20. Kucirkova et al. 2014a, 2014b.
21. https://www.uclpress.co.uk/products/109473
22. Dore et al. 2018.
23. Singer Trakhman et al. 2019, p. 13.
24. Delgado et al. 2018, p. 34.
25. Goldman 2012.
26. Common Core n.d.

27. Common Core 2019.
28. Adler 1940, p. 110.
29. Schneps et al. 2013a.
30. 학습력에 차이가 있는 학생들을 디지털 기술로 지원하는 잠재력에 관한 최신 연구에 관한 탁월한 리뷰로는 Ben-Yehudah et al. 2018을 보라.
31. Kucirkova 2018, pp. 74-82.
32. Kaufman and Flanagan 2016.
33. Singer Trakhman et al. 2019.
34. Dunlosky et al. 2013.
35. Lauterman and Ackerman 2014.
36. Dunlosky 2013; Dunlosky et al. 2013.
37. 스케치노트를 소개한 것으로는 Zucker 2019.
38. Tyo-Dickerson et al. 2019.
39. Turner and Zucker 2020; Zucker and Turner 2019.
40. https://www.commonsense.org/education/top-picks/top-tech-for-digital-annotation
41. Chen and Chen 2014.
42. 퍼루즈올에 관한 더 확장된 논의로는 Miller et al. 2018을 보라.
43. https://perusall.com
44. Novak 1991.
45. 지식 지도에 관한 개관으로는 Hanewald and Ifenthaler 2014를 보라.
46. 자세한 내용을 알려면 Ifenthaler and Hanewald 2014을 보라.
47. https://web.archive.org/web/20010715123343/https://www.google.com/press/funfacts.html
48. Fitzsimmons et al. 2019.
49. 정밀조사 기술을 기르는 데 관한 더 많은 세부 내용과 제안으로는 Brante and Strømsø 2018과 Bråten et al. 2018을 보라.
50. Bråten et al. 2019.
51. 단일 텍스트는 가령, Li et al. 2013. 복수 자료는 가령, Payne and Reader 2006과 Philipp 2019.
52. Amadieu and Salmerón 2014.
53. Barzilai and Ka'adan 2017; Barzilai et al. 2018.
54. https://sheg.stanford.edu
55. Journell 2019.
56. Wineburg and McGrew 2017, p. 1.
57. Langin 2018.
58. Effron and Raj 2020.
59. Dewey 1922, p. 329.

60. Halamish and Elbaz 2020.

7장

1. 더 자세한 논의는 Baron 2000을 보라.
2. Prouty 1954.
3. Baron 2000, pp. 96–99.
4. 보다 자세한 내용은 Baron 2000, 특히 2, 3장을 보라.
5. 간략한 역사로는 Hanson 1993, pp. 191–96을 보라.
6. 축음기의 발달에 관한 상세한 내용은 Gitelman 1999를 보라.
7. Hubert 1889, p. 259.
8. "A Wonderful Invention", Scientific American 1877.
9. Alter 2014.
10. Bellamy 1889.
11. Uzanne and Robida 1894.
12. Rubery's 2016은 후속 논의를 위한 중요한 자료였다.
13. Brooks 2016.
14. Lazarsfeld 1948, pp. 115, 122.
15. Lazarsfeld 1948, p. 35.
16. Rubery 2016, p. 72.
17. Rubery 2016, p. 201.
18. Rubery 2016, p. 217.
19. Aron 1992, pp. 209, 212.
20. Perrin 2019a.
21. Audio Publishers Association 2019.
22. Aron 1992, p. 211.
23. Hammersley 2004.
24. Podcast Insights 2019.
25. Edison Research and Triton Digital 2019.
26. Edison Research and Triton Digital 2018.
27. Nielsen Company 2018.
28. 이 모든 데이터의 출처는 Nielsen Company 2019.
29. Birkerts 1994, p. 143.
30. Birkerts 1994, p. 146.
31. Frum 2009, p. 95.
32. Birkerts 1994, p. 149.
33. Willingham 2018.
34. Deniz et al. 2019.
35. Rubery 2016, p. 24.

36. Aron 1992, p. 212.
37. Furnham and Gunter 1989.
38. 뉴스 스토리는 Furnham and Gunter 1989. 소설은 Furnham 2001.
39. 이 목록의 일부는 Schüler et al. 2013과 Furnham 2001에서 가져왔다.
40. 두 주제에 관한 연구 참고문헌으로는 Schüler et al. 2013을 보라.
41. Just and Carpenter 1987.
42. Schüler et al. 2013.
43. 몇몇 유용한 자료로는 Hildyard and Olson 1982; Horowitz and Samuels 1985, 1987; Kintsch and Kozminsky 1977; Townsend et al. 1987.
44. Diakidoy et al. 2005.
45. Scutter et al. 2010.
46. Vajoczki et al. 2010.
47. Allen and Katz 2011.
48. Daniel and Woody 2010.
49. Daniel and Woody 2010, p. 202.
50. Schüler et al. 2013.
51. Rubin et al. 2000, p. 131.
52. Back et al. 2017.
53. Rogowsky et al. 2016.
54. Rogowsky et al. 2016, p. 8.
55. McAllister et al. 2014; Whittingham et al. 2013.
56. 청소년과 오디오북에 관한 것으로 자주 인용되는 논의로는 Moore and Cahill 2016을 보라.
57. Best 2020, p. 12.
58. Waite 2018.
59. Audio Publishers Association n.d.
60. Varao Sousa et al. 2013.
61. Rubery 2016, pp. 91–92, 267.
62. Jones 2011에서 인용.
63. "Evaluation Report" 2014.
64. Sorrel 2011.
65. 고전적인 저술로는 Mayer 2014.
66. Kalyuga and Sweller 2014.
67. Grimshaw et al. 2007.
68. Johnson n.d.
69. https://learningally.org/About-Us/Who-We-Are
70. 시각장애인을 위한 오디오 기술 개발의 개척자인 조지 커셔에게 감사한다. 또 러닝 얼라이의 역사와 자료를 내게 소개해주고, 책의 흥미를 높이는 데 인간 낭독자가 중요하

다는 점을 알게 해준 러닝 얼라이의 에드워드 브레이에게도 감사한다.

71. 가령, McReynolds 2016; WeAreTeachers 2013.
72. https://learningally.org/Solutions-for-School/Success-Stories
73. Elsayed et al. 2019.
74. Esteves and Whitten 2011; Wood et al. 2018; Milani et al. 2010.
75. Chang and Millett 2013; Woodall 2010.
76. Maryniak 2014.
77. 13-year-olds: Luchini 2015; university students: Diao and Sweller 2007.
78. https://www.youtube.com/about/press/; https://www.ted.com/talks; https://www.you-tube.com/user/TEDxTalks/about; https://skoll.org/organization/khan-academy/
79. Baron and Mangen 2021.
80. https://www.ted.com/about/our-organization/history-of-ted
81. Salmerón et al. 2020.
82. Merkt et al. 2011.
83. List 2018.
84. Lee and List 2019.
85. Berner and Adams 2004.
86. Wilson et al. 2018.
87. Hollis and Was 2016.
88. Ward et al. 2017.
89. Rice et al. 2019.
90. Szpunar et al. 2014.

8장

1. Ong 1982.
2. Bednar 2010, p. 74.
3. 이 문제의 개관으로는 Khazan 2018을 보라. 보다 공식적인 것으로는 Willingham et al. 2015.
4. Hilton 1997.
5. Harris-Warrick and Marsh 1994, p. 84에서 인용.
6. Rée 1999.
7. Stokoe 1960.
8. http://www.ala.org/alsc/awardsgrants/notalists/ncr
9. https://americanhistory.si.edu/america-on-the-move/licensing-cars-drivers
10. Nix 2018.
11. ScienceDaily 2019.
12. https://daisy.org

13. https://www.vialogues.com
14. https://ant.umn.edu

9장

1. Mohn 2012.
2. Carr 2008.
3. Carr 2011, p. 16.
4. Heilweil 2019.
5. Gilovich et al. 2015.
6. EventBrite 2014.
7. Bardhi and Eckhardt 2017; Bardhi et al. 2012.
8. Odom et al. 2011.
9. Cited in Jabr 2013.
10. Odom et al. 2012.
11. Atasoy and Morewedge 2018.
12. Wolf 2018, p. 80.
13. Ackerman and Goldsmith 2011.
14. Baron et al. 2017.
15. Tyo-Dickerson et al. 2019.
16. Wolf 2018, p. 177.

10장

1. Eisenstein 1997, p. 1055.
2. https://newsroom.publishers.org/aap-statshot-trade-book-publisher-revenue-increased-by-46-in-2018/; https://publishers.org/news/aap-december-2019-statshot-report-publishing-industry-up-1-8-for-cy2019/
3. https://newsroom.publishers.org/new-data-shows-continued-decline-in-student-spending—on-college-course-materials/
4. Scholastic 2013, p. 20.
5. Scholastic 2019a, p. 30.
6. Baron et al. 2017; Tyo-Dickerson et al 2019.
7. Picton and Clark 2015.
8. Picton and Clark 2015, pp. 14, 15, 16.
9. Parish-Morris et al. 2013, p. 203.
10. Eagan et al. 2016.
11. Marken 2019.
12. https://nces.ed.gov/programs/coe/indicator_cta.asp
13. https://www.businessinsider.com/most-popular-ivy-league-major-2017-

4#columbia-university-2

14. 가령, Gormley 2017을 보라.
15. Dewey 1910, p. 6. 강조는 원문.
16. Black 1946.
17. Glaser 1941, p. 173.
18. Ennis 2011a, 2011b.
19. Ennis 1991, p. 6.
20. Paul and Elder 2008, p. 4.
21. McConnell and Rhodes 2017.
22. https://www.criticalthinking.com
23. https://www.criticalthinking.org
24. https://www.lynda.com/Business-Skills-tutorials/Critical-Thinking/424116-2.html
25. https://www.coursera.org/courses?query=critical%20thinking
26. Moore and Parker 2016.
27. McKenzie 2017.
28. Schlueter 2016.
29. Warner 2017.
30. M. D. Smith 2017.
31. NACE 2017.
32. Hart Research Associates 2015.
33. Gojkov et al. 2015.
34. Støle et al. 2020.
35. Sparrow et al. 2011.
36. Kaspersky Lab 2016, pp. 5, 1.
37. Kaspersky Lab 2015a, 2015b.
38. Kaspersky 2015b, p. 11.
39. Greenfield 2015, p. 206.
40. 2001년 4월 24일 일요일 자. Thurlow 2006에서 인용.
41. Baron 2008을 보라. 상세한 내용을 원한다면 특히 4, 7, 8장.
42. Baron 2000, Chapter 5; Baron 2008, pp. 164ff.
43. Baron 2008, pp. 164–72.
44. Price 2019, pp. 12, 65.
45. Barajas-Murphy 2017.
46. McKenzie 2019.
47. Jaschik and Lederman 2019.
48. Baron 2015b를 보면 얼마간의 아이디어를 얻을 수 있다.
49. Pollan 2007.

참고문헌

"A Wonderful Invention—Speech Capable of Infinite Repetition from Automatic Records" (1877), *Scientific American* 37(20): 304.

AAP Council on Communications and Media (2016), "Media and Young Minds," *Pediatrics* 138(5): e20162591. Available at http://pe\-diatrics.aappublications.org/content/138/5/e20162591.full

Ackerman, R., and Goldsmith, M. (2011), "Metacognitive Regulation of Text Learning: On Screen versus on Paper," *Journal of Experimental Psychology: Applied* 17(1): 18–32.

Ackerman, R., and Lauterman, T. (2012), "Taking Reading Comprehension Exams on Screen or on Paper? A Metacognitive Analysis of Learning Texts under Time Pressure," *Computers in Human Behavior* 28: 1816–28.

Adler, M. (1940). *How to Read a Book*. New York, NY: Simon and Schuster.

Afflerbach, P., and Cho, B.-Y. (2009), "Determining and Describing Reading Strategies: Internet and Traditional Forms of Reading," in H. S. Waters and W. Schneider, eds., *Metacognition, Strategy Use, and Instruction*. New York, NY: The Guilford Press, pp. 201–25.

Allen, K. L., and Katz, R. V. (2011), "Comparative Use of Podcasts vs. Lecture Transcripts as Learning Aids for Dental Students," *Journal of Dental Education* 75(6): 817–22.

Alter, A. (November 30, 2014), "An Art Form Rises: Audio without the Book," *New York Times*. Available at https://www.nytimes.com/2014/12/01/business/media/new-art-form-rises-audio-without-the-book-.html

Amadieu, F., and Salmerón, L. (2014), "Concept Maps for Comprehension and Navigation in Hypertexts," in D. Ifenthaler and R. Hanewald, eds., *Digital Knowledge Maps in Education*. New York, NY: Springer, pp. 41–59.

Annisette, L. E., and Lafreniere, K. D. (2017), "Social Media, Texting, and Personality: A Test of the Shallowing Hypothesis," *Personality and Individual Differences* 115: 154–8.

Aron, H. (1992), "Bookworms Become Tapeworms: A Profile of Listeners to Books on Audiocassette," *Journal of Reading* 36(3): 208–12.

Ashby, J., Rayner, K., and Clifton, C. (2005), "Eye Movements of Highly Skilled and Average Readers: Differential Effects of Frequency and Predictability," *Quarterly Journal of Experimental Psychology* 58(6): 1065–86.

Atasoy, O., and Morewedge, C. K. (2018), "Digital Goods are Valued Less Than Physical Goods," *Journal of Consumer Research* 44: 1343–57.

Audio Publishers Association (April 24, 2019), "New Survey Shows 50% of American Have Listened to an Audiobook." Available at https://www.audiopub.org/uploads/pdf/Consumer-Survey-Press-Release-2019-FINAL.pdf

Audio Publishers Association (n.d.), "Sound Learning: How Audiobooks Promote Literacy." Available at https://www.audiopub.org/sound-learning

Babcock, P. S., and Marks, M. (2010), "The Falling Time Cost of College: Evidence from Half a Century of Time Use Data." Working Paper 15954. Cambridge, MA: National Bureau of Economic Research. Available at http://www.nber.org/papers/w15954

Back, D. A., von Malotky, J., Sostmann, K., Hube, R., Peters, H., and Hoff, E. (2017), "Superior Gain in Knowledge by Podcasts versus Text-Based Learning in Teaching Orthopedics: A Randomized Controlled Trial," *Journal of Surgical Education* 74(1): 154–60.

Backes, B., and Cowan, J. (2019), "Is the Pen Mightier Than the Keyboard? The Effect of Online Testing on Measured Student Achievement," *Economics of Education Review* 68: 89–103.

Baier, K., Hendricks, C., Warren Gorden, K., Hendricks, J. E., and Cochran, L. (2011), "College Students' Textbook Reading, or Not!," *American Reading Forum Annual Yearbook* 31. Available at https://www.americanreadingforum.org/yearbook

Baker, N. (2000), "Narrow Ruled," *American Scholar* 69(Autumn): 5–8.

Barajas-Murphy, N. (September 25, 2017), "Instructors Can Help Students Prefer Digital Texts," *Educause Review*. Available at https://er.educause.edu/articles/2017/9/instructors-can-help-students-prefer-digital-texts

Bardhi, F., and Eckhardt, G. M. (2017), "Liquid Consumption," *Journal of Consumer Research* 44(3): 582–97.

Bardhi, F., Eckhardt, G. M., and Arnould, E. J. (2012), "Liquid Relationship to Possessions," *Journal of Consumer Research* 39(3): 510–29.

Baron, N. S. (2000). *Alphabet to Email: How Written English Evolved and Where It's Heading*. London, UK: Routledge.

Baron, N. S. (2008). *Always On: Language in an Online and Mobile World*. New York, NY:

Oxford University Press.

Baron, N. S. (2015a). *Words Onscreen: The Fate of Reading in a Digital World.* New York, NY: Oxford University Press.

Baron, N. S. (2015b), "We Need a Smarter Approach to College Textbooks," *Inside HigherEd.* Available at https://www.insidehighered.com/views/2015/08/18/essay-calls-new-approach-college-textbooks

Baron, N. S. (September 19, 2019), "Textbook Merger Could Create More Problems Than Just Higher Prices," *The Conversation.* Available at https://theconversation.com/textbook-merger-could-create-more-problems-than-just-higher-prices-123120

Baron, N. S., Calixte, R. M., and Havewala, M. (2017), "The Persistence of Print Among University Students: An Exploratory Study," *Telematics and Informatics* 34: 590–604.

Baron, N. S., and Campbell, E. (2012), "Gender and Mobile Phones in Cross-National Context," *Language Sciences* 34(1): 13–27.

Baron, N. S., and Mangen, A. (2021), "Doing the Reading: The Decline of Long Longform in Higher Education," *Poetics Today* 42(2).

Barzilai, S., and Ka'adan, I. (2017), "Learning to Integrate Divergent Information Sources: The Interplay of Epistemic Cognition and Epistemic Metacognition," *Metacognition and Learning* 12(2): 193–232.

Barzilai, S., Zohar, A. R., and Mor-Hagani, S. (2018), "Promoting Integration of Multiple Texts: A Review of Instructional Approaches and Practices," *Educational Psychology Review* 30(3): 973–99.

Barzillai, M., Thomson, J., and Mangen, A. (2017), "The Influence of e-Books on Language and Literacy Development," in K. Sheehy and A. Holliman, eds., *Education and New Technologies: Perils and Promises for Learners.* New York, NY: Routledge, pp. 33–47.

Bednar, L. (2010), "Audiobooks and the Reassertion of Orality: Walter J. Ong and Others Revisited," *CEA Critic* 73(1): 74–85.

Beker, K., Jolles, D., Lorch, R. F., and van den Broek, P. (2016), "Learning from Texts: Activation of Information from Previous Texts During Reading," *Reading and Writing* 29: 1161–78.

Bellamy, E. (1889), "With the Eyes Shut," *Harper's New Monthly Magazine* 79(October): 736–45.

Ben-Yehudah, G., Hautala, J., Padeliadu, S., Antoniou, F., Petrová, Z., Leppänen, P. H. T., and Barzillai, M. (2018), "Affordances and Challenges of Digital Reading for Individuals with Different Learning Profiles," in M. Barzillai, J. Thomson, S. Schroeder, and P. van den Broek, eds., *Learning to Read in a Digital World.* Amsterdam, The Netherlands: John Benjamins, pp. 121–40.

Berner, E. S., and Adams, B. (2004), "Added Value of Video Compared to Audio Lectures for Distance Learning," *International Journal of Medical Informatics* 73: 189–93.

Best, E. (2020), "Audiobooks and Literacy." National Literacy Trust. Available at https://literacytrust.org.uk/news/we-release-research-review-benefits-audiobooks-literacy/

Biancarosa, G., and Snow, C. (2004). *Reading Next: A Vision for Action and Research in Middle and High School Literacy*. Report to the Carnegie Corporation of New York. Alliance for Excellent Education. Available at https://www.carnegie.org/media/filer_public/b7/5f/b75fba81-16cb-422d-ab59-373a6a07eb74/ccny_ report_ 2004_ reading.pdf

Birkerts, S. (1994). *The Gutenberg Elegies: The Fate of Reading in an Electronic Age*. Boston, MA: Faber and Faber.

Black, M. (1946). *Critical Thinking: An Introduction to Logic and Scientific Method*. New York, NY: Prentice-Hall.

Blaustein, R. J. (2001), "Kudzu's Invasion into Southern United States Life and Culture," in J. A. McNeeley, ed., *The Great Reshuffling: Human Dimensions of Invasive Species*. The World Conservation Union, pp. 55–62. Available at https://www.srs.fs.usda.gov/pubs/ja/ja_ blaustein001.pdf

Bonwell, C. C., and Elison, J. A. (1991). *Active Learning: Creating Excitement in the Classroom*. ASHE-ERIC Higher Education Report No. 1. Washington, DC: The George Washington University, School of Education and Human Development. Available at https://files.eric. ed.gov/fulltext/ED336049.pdf

Braasch, J. L. G., Bråten, I., and McCrudden, M. T., eds. (2018). *Handbook of Multiple Source Use*. New York, NY: Routledge.

Brame, C. (2016), "Active Learning." Vanderbilt University Center for Teaching. Available at https://cft.vanderbilt.edu/guides-sub-pages/active-learning/

Brante, E. W., and Strømsø, H. I. (2018), "Sourcing in Text Comprehension: A Review of Interventions Targeting Sourcing Skills," *Educational Psychology Review* 30(3): 773–99.

Brasel, S. A., and Gips, J. (2014), "Tablets, Touchscreens, and Touchpads: How Varying Touch Interfaces Trigger Psychological Ownership and Endowment," *Journal of Consumer Psychology* 24(2): 226–33.

Bråten, I., Brante, E. W., and Strømsø, H. I. (2019), "Teaching Sourcing in Upper Secondary School: A Comprehensive Sourcing Intervention with Follow-Up Data," *Reading Research Quarterly* 54(4): 481–505.

Bråten, I., Britt, M. A., Strømsø, H. I., and Rouet, J.-F. (2011), "The Role of Epistemic Beliefs in the Comprehension of Multiple Expository Texts: Toward an Integrated Model," *Educational Psychologist* 46(1): 48–70.

Bråten, I., Stadtler, M., and Salmerón, L. (2018), "The Role of Sourcing in Discourse Comprehension," in M. F. Schober, D. N. Rapp, and M. A. Britt, eds., *The Routledge Handbook of Discourse Processes*, 2nd edition. New York, NY: Routledge, pp. 141–66.

Bråten, I., and Strømsø, H. I. (2006), "Effects of Personal Epistemology on the Understanding of Multiple Texts," *Reading Psychology* 27: 457–84.

Britt, M. A., Rouet, J.-F., and Durik, A. M. (2017). *Literacy Beyond Text Comprehension.* New York, NY: Routledge.

Brooks, R. (October 31, 2016), "A World in Your Ears—Radio's Dramatic Rebirth in the Digital Age," *The Conversation.* Available at https://theconversation.com/a-world-in-your-ears-radios-dramatic-rebirth-in-the-digital-age-67881

Brower, R. A. (1962), "Reading in Slow Motion," in R. A. Brower and R. Poirier, eds., *In Defense of Reading.* New York, NY: E. P. Dutton, pp. 3–21.

Bruner, J. (1981), "The Social Context of Language Acquisition," *Language & Communication* 1(2/3): 155–78.

Burchfield, C. M., and Sappington, J. (2000), "Compliance with Required Reading Assignments," *Teaching of Psychology* 27: 58–60.

Bureau of Labor Statistics (n.d.). American Time Use Survey, 2017 and 2018. Table A-1. Time spent in detailed primary activities and percent of the civilian population engaging in each activity, averages per day by sex, annual averages. US Department of Labor. Available at https://www.bls.gov/tus/#tables

Burke, M., and Bon, E. V. (2018), "The Locations and Means of Literary Reading," in S. Csábi, ed., *Expressive Minds and Artistic Creations: Studies in Cognitive Poetics.* Oxford, UK: Oxford University Press, pp. 205–31.

Bus, A. G., Hoel, T., Aliagas, C., Jernes, M., Korat, O., Mifsud, C. L., and van Coillie, J. (2019a), "Availability and Quality of Storybook Apps Across Five Less Widely Used Languages," in O. Erstad, R. Flewitt, B. Kümmerling-Meibauer, and I. S. Pies Pereira, eds., *The Routledge Handbook of Digital Literacies in Early Childhood.* New York, NY: Routledge, pp. 308–21.

Bus, A. G., Neuman, S. B., and Roskos, K. (2020), "Screens, Apps, and Digital Books for Young Children: The Promise of Multimedia," Introduction to "special topic" collection in AERA Open. Available at https://journals.sagepub.com/topic/collections-ero/ero-1-screens_ apps_ and_ digital_ books_ for_ young_ children_ the_ promise_ of_ multimedia/ero

Bus, A. G., Sarı, B., and Takacs, Z. K. (2019b), "The Promise of Multimedia Enhancements in Children's Digital Storybooks," in J. E. Kim and B. Hassinger-Das, eds., *Reading in the Digital Age: Young Children's Experiences with E-books.* Cham, Switzerland: Springer Nature, pp. 45–57.

Bush, V. (1945), "As We May Think," *The Atlantic* (July). Available at https://www. theatlantic. com/magazine/archive/1945/07/as-we-may-think/303881/

CampusBooks.com (July 24, 2019), "New Data Reveals College Textbook Prices Decrease 26%." Available at https://www.prnewswire.com/news-releases/new-data-revealscollege-textbook-prices-decrease-26---college-students-are-getting-a-break-on-textbook-costs-for-the-first-time-in-more-than-a-decade-300890084.html

Carpenter, P. A., and Just, M. A. (1986), "Cognitive Processes in Reading," in J. Orasanu, ed., *Reading Comprehension: From Research to Practice*. Hillsdale, NJ: Lawrence Erlbaum Associates, pp. 11–29.

Carr, N. (2008), "Is Google Making Us Stupid?" *The Atlantic* (August). Available at https://www.theatlantic.com/magazine/archive/2008/07/is-google-making-us-stupid/306868/

Carr, N. (2011). *The Shallows: What the Internet is Doing to Our Brains*. New York, NY: W.W. Norton.

Cavanagh, S. (May 16, 2016), "Pearson CEO Fallon Talks Common Core, Rise of 'Open' Resources," EdWeek Market Brief. Available at https://marketbrief.edweek.org/marketplace-k-12/pearson-ceo-fallon-talks-common-core-rise-open-resources/

Cazden, C., Cope, B., Fairclough, N., Gee, J., Kalantzis, M., Kress, G., Luke, A., Luke, C., Michaels, S., and Nakata, M. (1996), "A Pedagogy of Multiliteracies: Designing Social Futures," *Harvard Educational Review* 66: 60–92.

Chall, J. (1967). *Learning to Read: The Great Debate*. New York, NY: McGraw-Hill.

Chang, A. C.-S., and Millett, S. (2013), "The Extent of Extensive Listening on Developing L2 Listening Fluency: Some Hard Evidence," *ELT Journal* 68(1): 31–40.

Chen, C.-M., and Chen, Y.-Y. (2014), "Enhancing Digital Reading Performance with a Collaborative Reading Annotation System," *Computers & Education* 44: 67–81.

Chiong, C., Ree, J., Takeuci, L., and Erickson, I. (2012), "Print Books vs. E-Books: Comparing Parent-Child Co-Reading on Print, Basic, and Enhanced E-Book Platforms," The Joan Ganz Cooney Center. Available at http://www.joanganzcooneycenter.org/wp-content/uploads/2012/07/jgcc_ ebooks_ quickreport.pdf

Clark, C., and Douglas, J. (2011), "Young People's Reading and Writing: An In-Depth Study Focusing on Enjoyment, Behaviour, Attitudes and Attainment." National Literacy Trust. Available at https://files.eric.ed.gov/fulltext/ED521656.pdf

Clinton, V. (2019), "Reading from Paper Compared to Screens: A Systematic Review and Meta-Analysis," *Journal of Research in Reading* 42(2): 288–325.

Clump, M. A., Bauer, H., and Bradley, C. (2004), "The Extent to Which Psychology Students Read Textbooks: A Multiple Class Analysis of Reading Across the Psychology Curriculum," *Journal of Instructional Psychology* 31(3): 227–32.

Coiro, J. (2011), "Predicting Reading Comprehension on the Internet: Contributions of Offline Reading Skills, Online Reading Skills, and Prior Knowledge," *Journal of Literacy Research* 43(4): 352–92.

Coiro, J. (2020), "Toward a Multifaceted Heuristic of Digital Reading to Inform Assessment, Research, Practice, and Policy," *Reading Research Quarterly* Early View

Online. Available at https://ila.onlinelibrary.wiley.com/doi/abs/10.1002/rrq.302

Coiro, J., and Dobler, E. (2007), "Exploring the Online Reading Comprehension Strategies Used by Sixth-Grade Skilled Readers to Search for and Locate Information on the Internet," *Reading Research Quarterly* 42(2): 214–57.

Coiro, J., Knobel, M., Lankshear, C., and Leu, D. J. (2008), "Central Issues in New Literacies and New Literacies Research," in J. Coiro, M. Knobel, C. Lankshear, and D. J. Leu, eds., *Handbook of Research on New Literacies*. Mahwah, NJ: Lawrence Erlbaum Associates, pp. 1–22.

Common Core (2019). *English Language Arts Standards. Supplemental Information for Appendix A of the Common Core State Standards for English Language Arts and Literacy: New Research on Text Complexity*. Available at http://www.corestandards.org/wp-content/uploads/Appendix-A-New-Research-on-Text-Complexity.pdf

Common Core (n.d.). *Common Core State Standards for English Language Arts & Literacy in History/Social Studies, Science, and Technical Subjects*. Appendix A: Research Supporting Key Elements of the Standards. Available at http://www.corestandards.org/assets/Appendix_ A.pdf

Conklin, K., Pellicer-Sanchez, A., and Carrol, G. (2018). *Eye-Tracking: A Guide for Applied Linguistics Research*. New York, NY: Cambridge University Press.

Connor-Greene, P. A. (2000), "Assessing and Promoting Student Learning: Blurring the Line Between Teaching and Testing," *Teaching of Psychology* 27(2): 84–8.

Coover, R. (June 21, 1992), "The End of Books," *New York Times*. Available at https://archive. nytimes.com/www.nytimes.com/books/98/09/27/specials/coover-end.html

Courage, M. (2019), "From Print to Digital: The Medium is Only Part of the Message," in J. E. Kim and B. Hassinger-Das, eds., *Reading in the Digital Age: Young Children's Experiences with E-books*. Cham, Switzerland: Springer Nature, pp. 23–43.

Daneman, M., and Carpenter, P. A. (1980), "Individual Differences in Working Memory and Reading," *Journal of Verbal Learning and Verbal Behavior* 19: 450–66.

Daniel, D. B., and Woody, W. D. (2010), "They Hear, But Do Not Listen: Retention for Podcasted Material in a Classroom Context," *Teaching of Psychology* 37: 199–203.

Delgado, P., Vargas, C., Ackerman, R., and Salmerón, L. (2018), "Don't Throw Away Your Printed Books: A Meta-Analysis on the Effects of Reading Media on Comprehension," *Educational Research Review* 25: 23–38.

Deniz, F., Nunez-Elizalde, A. O., Huth, A. G., and Gallant, J. L. (2019), "The Representation of Semantic Information Across Human Cerebral Cortex During Listing Versus Reading is Invariant to Stimulus Modality," *Journal of Neuroscience* 39: 7722–36.

DeStefano, D., and LeFevre, J.-A. (2007), "Cognitive Load in Hypertext Reading: A Review," *Computers in Human Behavior* 23(3): 1616–41.

Dewey, J. (1910). *How We Think*. Boston, MA: D. C. Heath and Co.

Dewey, J. (1922), "Education as Politics," in *The Middle Works of John Dewey, 1899–1924, Volume 13: 1921–1922. Essays on Philosophy, Education, and the Orient*. Carbondale, IL: Southern Illinois University Press, pp. 329–36.

Diakidoy, I.-A. N., Stylianou, P., Karefillidou, C., and Papageorgiou, P. (2005), "The Relationship Between Listening and Reading Comprehension of Different Types of Text at Increasing Grade Levels," *Reading Psychology* 26(1): 55–80.

Diao, Y., and Sweller, J. (2007), "Redundancy in Foreign Language Reading Comprehension Instruction: Concurrent Written and Spoken Presentations," *Learning and Instruction* 17(1): 78–88.

Dimeo, J. (April 19, 2017), "Turning Point for OER Use?" *Inside HigherEd*. Available at https://www.insidehighered.com/digital-learning/article/2017/04/19/new-yorks-decision-spend-8-million-oer-turning-point

Dore, R. A., Hassinger-Das, B., Brezack, N., Valladares, T. L., Paller, A., Vu, L., Golinkoff, R. M., and Hirsh-Pasek, K. (2018), "The Parent Advantage in Fostering Children's e-Book Comprehension," *Early Childhood Research Quarterly* 44: 24–33.

Dotan, S., and Katzir, T. (2018), "Mind the Gap: Increased Inter-Letter Spacing as a Means of Improving Reading Performance," *Journal of Experimental Child Psychology* 174: 13–28.

Duncan, L. G., McGeown, S. P., Griffiths, Y. M., Stothard, S. E., and Dobai, A. (2016), "Adolescent Reading Skill and Engagement with Digital and Traditional Literacies as Predictors of Reading Comprehension," *British Journal of Psychology* 107: 209–38.

Dunlosky, J. (2013), "Strengthening the Student Toolbox," *American Educator* (Fall): 12–21.

Dunlosky, J., Rawson, K. A., Marsh, E. J., Nathan, M. J., and Willingham, D. T. (2013), "Improving Students' Effective Learning Techniques: Promising Directions from Cognitive and Educational Psychology," *Psychological Science in the Public Interest* 14(1): 4–58.

Eagan, K., Stolzenberg, E. B., Ramirez, J. J., Aragon, M. C., Suchard, M. R., and Rios-Aguilar, C. (2016). *The American Freshman: Fifty-Year Trends, 1966–2015*. Los Angeles, CA: Higher Education Research Institute, UCLA, pp. 68–70, 83–5.

Edison Research and Triton Digital (2018), "The Infinite Dial 2018." Available at http://www. edisonresearch.com/wp-content/uploads/2018/03/Infinite-Dial-2018.pdf

Edison Research and Triton Digital (2019), "The Infinite Dial 2019." Available at https://www. edisonresearch.com/wp-content/uploads/2019/03/Infinite-Dial-2019-PDF-1.pdf

Effron, D. A., and Raj, M. (2020), "Misinformation and Morality: Encountering Fake-News Headlines Makes Them Seem Less Unethical to Publish and Share," *Psychological*

Science 31(1): 75–87.

Egmont (2019), “Children’s Reading for Pleasure: Trends and Challenges,” Report on Egmont/Nielsen survey “Understanding the Children’s Book Consumer, 2018.” Available at https://www.egmont.co.uk/wp-content/uploads/2019/03/Reading-for-Pleasure-Paper-final.pdf

Eisenstein, E. L. (1979). *The Printing Press as an Agent of Change*. Cambridge, UK: Cambridge University Press.

Eisenstein, E. L. (1997), “From the Printed Word to the Moving Image,” *Social Research* 64: 1049–66.

Elsayed, R., Ringstaff, C., and Flynn, K. (2019), “White Paper on Audiobooks and Reading Achievement.” San Francisco, CA: WestEd.

Ennis, R. (1991), “Critical Thinking: A Streamlined Conception,” *Teaching Philosophy* 14(1): 5–24.

Ennis, R. (2011a), “Critical Thinking: Reflection and Perspective, Part I,” *Inquiry: Critical Thinking Across the Disciplines* 26(1): 4–8.

Ennis, R. (2011b), “Critical Thinking: Reflection and Perspective, Part II,” *Inquiry: Critical Thinking Across the Disciplines* 26(2): 5–19.

Esteves, K. J., and Whitten, E. (2011), “Assisted Reading with Digital Audiobooks for Students with Reading Disabilities,” *Reading Horizons* 51(2): 21–40.

Etta, R. A. (2019), “Parent Preferences: e-Books Versus Print Books,” in J. E. Kim and B. Hassinger-Das, eds., *Reading in the Digital Age: Young Children’s Experiences with E-books*. Cham, Switzerland: Springer Nature, pp. 89–101.

Eurostat (2016), *Culture Statistics. 2016 Edition*. Available at: http://ec.europa.eu/eurostat/documents/3217494/7551543/KS-04-15-737-EN-N.pdf/648072f3-63c4-47d8-905a-6fdc742b8605

“Evaluation Report: Booktrack Enables School Text” (March 2014). Auckland, New Zealand: The University of Auckland Faculty of Medical and Health Sciences. [No longer available online]

Eventbrite(December8,2014),“UKStudyRevealsMillennialsWantExperiences, NotPossessions,” Press Report, Eventbrite. Available at http://www.pressat.co.uk/releases/uk-study-reveals-millennials-want-experiences-not-possessions-1f90ece0f2f8747abe7bf057dbcc443d/

Eyre, J. (2017), “On or Off Screen: Reading in a Digital World,” *Assessment News* set 1: 53–8.

Fallows, D. (2005), “Search Engine Users: Internet Searchers are Confident, Satisfied and Trusting—But They are Also Unaware and Naïve,” Pew Internet & American Life Project. Available at https://www.pewinternet.org/wp-content/uploads/sites/9/media/Files/Reports/2005/PIP_ Searchengine_ users.pdf.pdf

Fitzpatrick, R. (February 9, 2017), "A Brief History of the Internet," *ScienceNode*. Available at https://sciencenode.org/feature/a-brief-history-of-the-internet-.php

Fitzsimmons, G., Weal, M. J., and Drieghe, D. (2019), "The Impact of Hyperlinks on Reading Text," *PLoS ONE* 14(2). Available at https://journals.plos.org/plosone/article?id=10.1371/journal.pone.0210900

Fletcher, J., and Nicholas, K. (2016), "Reading for 11–13-Year-Old Students in the Digital Age: New Zealand Case Studies," Education 3-13: 1–12.

Fottrell, Q. (January 29, 2015), "The Huge Difference Between What Men and Women Read," Marketwatch.com. Available at https://www.marketwatch.com/story/fiction-readers-an-endangered-species-2013-10-11

Freire, P. (1970). *Pedagogy of the Oppressed*. New York, NY: Herder and Herder.

Frum, D. (2009), "Reading by Ear," *Commentary* 127(5): 94–6.

Furedi, F. (2016), "Moral Panic and Reading: Early Elite Anxieties about the Media Effect," *Cultural Sociology* 10(4): 523–37.

Furnham, A. (2001), "Remembering Stories as a Function of the Medium of Presentation," *Psychological Reports* 89: 483–6.

Furnham, A., and Gunter, B. (1989), "The Primacy of Print: Immediate Cued Recall of News as a Function of the Channel of Communication," *Journal of General Psychology* 116(3): 305–10.

Gardner, H. (July 18, 2002), "Test for Aptitude, Not for Speed," *New York Times*. Available at https://www.nytimes.com/2002/07/18/opinion/test-for-aptitude-not-for-speed.html

Garfinkle, A. (2020), "The Erosion of Deep Literacy," *National Affairs* 45(Fall). Available at https://www.nationalaffairs.com/publications/detail/the-erosion-of-deep-literacy

Garrett, H. J. (2019), "Why Does Fake News Work? On the Psychosocial Dynamics of Learning, Belief, and Citizenship," in W. Journell, ed., *Unpacking Fake News: An Educator's Guide to Navigating the Media with Students*. New York, NY: Teachers College Press, pp. 15–29.

Gibson, J. J. (1979). *The Ecological Approach to Visual Perception*. Boston, MA: Houghton Mifflin Harcourt.

Gilovich, T., Kumar, A., and Jampol, L. (2015), "A Wonderful Life: Experiential Consumption and the Pursuit of Happiness," *Journal of Consumer Psychology* 25(1): 152–65.

Gitelman, L. (1999). *Scripts, Grooves, and Writing Machines: Representing Technology in the Edison Age*. Stanford, CA: Stanford University Press.

Glaser, E. M. (1941). *An Experiment in the Development of Critical Thinking*. New York, NY: Teachers College, Columbia University.

Gojkov, G., Stojanović, A., and Rajić, A. G. (2015), "Critical Thinking of Students—Indicators of Quality in Higher Education," *Procedia: Science and Behavioral Sciences*

191: 591–6.
Golan, D. D., Barzillai, M., and Katzir, T. (2018), "The Effect of Presentation Mode on Children's Reading Preferences, Performance, and Self-Evaluations," *Computers & Education* 126: 346–58.
Goldberg, D. R. (June 2, 2009), "Aspirin: Turn-of-the-Century Miracle Drug," *Distillations*. Science History Institute. Available at https://www.sciencehistory.org/distillations/aspirin-turn-of-the-century-miracle-drug
Goldman, C. (September 7, 2012), "This is Your Brain on Jane Austen, and Stanford Researchers are Taking Notes," *Stanford University News*. Available at http://news.stanford.edu/news/2012/september/austen-reading-fmri-090712.html
Goldstein, D. (February 15, 2020), "An Old and Contested Solution to Boost Reading Scores: Phonics," *New York Times*. Available at https://www.nytimes.com/2020/02/15/us/reading-phonics.html
Gormley, W. T. (2017). *The Critical Advantage: Developing Critical Thinking Skills in School*. Cambridge, MA: Harvard Education Press.
Greenfield, S. (2015). *Mind Change: How Digital Technologies are Leaving Their Mark on Our Brains*. New York, NY: Random House.
Grimshaw, S., Dungworth, N., McKnight, C., and Morris, A. (2007), "Electronic Books: Children's Reading and Comprehension," *British Journal of Educational Technology* 38(4): 583–99.
Guernsey, L., and Levine, M. (2015). *Tap, Click, Read: Growing Readers in a World of Screens*. San Francisco, CA: Jossey-Bass.
Guernsey, L., Levine, M., Chiong, C., and Severns, M. (2014), "Pioneering Literacy in the Digital Wild West: Empowering Parents and Educators," New America and the Joan Ganz Cooney Center. Available at https://joanganzcooneycenter.org/publication/pioneering-literacy/
Guillory, J. (2010), "Close Reading: Prologue and Epilogue," *ADE Bulletin* 149: 8–14.
Guimarães, N. M., and Carriço, L. M. (2010). *Hypermedia Genes: An Evolutionary Perspective on Concepts, Models, and Architectures*. San Rafael, CA: Morgan & Claypool.
Hakvoort, B., van den Boer, M., Leenaars, T., Bos, P., and Tijms, J. (2017), "Improvements in Reading Accuracy as a Result of Increased Interletter Spacing are Not Specific to Children with Dyslexia," *Journal of Experimental Child Psychology* 164: 101–16.
Halamish, V., and Elbaz, E. (2020), "Children's Reading Comprehension and Metacomprehension on Screen Versus on Paper," *Computers & Education* 145, Article 103737. Early View Online.
Halverson, K., Siegel, M., and Freyermuth, S. (2010), "Non-Science Majors' Critical Evaluation of Websites in a Biotechnology Course," *Journal of Science Education and Technology* 19: 612–20.

Hammersley, B. (February 11, 2004), "Audible Revolution," *Guardian*. Available at https://www.theguardian.com/media/2004/feb/12/broadcasting.digitalmedia

Hanewald, R., and Ifenthaler, D. (2014), "Digital Knowledge Mapping in Educational Contexts," in D. Ifenthaler and R. Hanewald, eds., *Digital Knowledge Maps in Education*. New York, NY: Springer, pp. 3–15.

Hanson, F. A. (1993). *Testing Testing: Social Consequences of the Examined Life*. Berkeley, CA: University of California Press.

Hargittai, E., Fullerton, L., Menchen-Trevino, E., and Thomas, K. Y. (2010), "Trust Online: Young Adults' Evaluation of Web Content," *International Journal of Communication* 4: 468–94.

Harris-Warrick, R., and Marsh, C. G. (1994). *Musical Theatre at the Court of Louis XIV*. Cambridge, UK: Cambridge University Press.

Hart Research Associates (2015), "Falling Short? College Learning and Career Success. Selected Findings from Online Surveys of Employers and College Students." Conducted on Behalf of the Association of American Colleges and Universities. Washington, DC. Available at https://www.aacu.org/leap/public-opinion-research/2015-survey-falling-short

Have, I., and Stougaard Pedersen, B. (2016). *Digital Audiobooks: New Media, Users, and Experiences*. New York, NY: Routledge.

Hayles, N. K. (2012). *How We Think: Digital Media and Contemporary Technogenesis*. Chicago, IL: University of Chicago Press.

Hazelrigg, N. (July 25, 2019), "Textbook Spending Continues Slow Decline," *Inside HigherEd*. Available at https://www.insidehighered.com/news/2019/07/25/spending-and-costs-textbooks-continue-decrease-according-surveys?utm_source=Inside+Higher+Ed&utm_ campaign=c9014fd456-DNU_ 2019_ COPY_01&utm_ medium=email&utm_ term=0_ 1fcbc04421-c9014fd456-197800657&mc_cid=c9014fd456&mc_ eid=2508470a88

Heilweil, R. (January 21, 2019), "Infoporn: College Esports Players Cashing in Big," *Wired*. Available at https://www.wired.com/story/infoporn-college-esports-players-cashing-in-big/

Higgins, J., Russell, M., and Hoffmann, T. (2005), "Examining the Effect of Computer-Based Passage Presentation of Reading Test Performance," *Journal of Technology, Learning and Assessment* 3(4).

Hildyard, A., and Olson, D. R. (1982), "On the Comprehension and Memory of Oral vs. Written Discourse," in D. Tannen, ed., *Spoken and Written Language: Exploring Orality and Literacy*. Norwood, NJ: Ablex Publishing Corporation, pp. 19–33.

Hilton, W. (1997). *Dance and Music of Court and Theater: Selected Writings of Wendy Hilton*. Stuyvesant, NY: Pendragon Press.

Hollis, R. B., and Was, C. A. (2016), "Mind Wandering, Control Failures, and Social Media Distractions in Online Learning," *Learning and Instruction* 42: 104–12.

Horowitz, R., and Samuels, S. J. (1985), "Reading and Listening to Expository Text," *Journal of Reading Behavior* 17(3): 185–98.

Horowitz, R., and Samuels, S. J. (1987), "Comprehending Oral and Written Language: Critical Contrasts for Literacy and Schooling," in R. Horowitz and S. J. Samuels, eds., *Comprehending Oral and Written Language*. San Diego, CA: Academic Press, pp. 1–52.

Huang, S. H., Capps, M., Blacklock, J., and Garza, M. (2014), "Reading Habits of College Students in the United States," *Reading Psychology* 35(5): 437–67.

Hubert, P. G. (1889), "The New Talking-Machines," *The Atlantic Monthly* 63 (376): 256–61.

Ifenthaler, D., and Hanewald, R., eds. (2014). *Digital Knowledge Maps in Education*. New York, NY: Springer.

Ingraham, C. (September 7, 2016), "The Long, Steady Decline of Leisure Reading," *Washington Post*. Available at https://www.washingtonpost.com/news/wonk/wp/2016/09/07/the-long-steady-decline-of-literary-reading/

Ingraham, C. (June 29, 2018), "Leisure Reading in the US is at an All-Time Low," *Washington Post*. Available at https://www.washingtonpost.com/news/wonk/wp/2018/06/29/leisure-reading-in-the-u-s-is-at-an-all-time-low/

Ingraham, C. (June 21, 2019), "Screen Time is Rising, Reading is Falling, and It's Not Young People's Fault," *Washington Post*. Available at https://www.washingtonpost.com/business/2019/06/21/screen-time-is-rising-reading-is-falling-its-not-young-peoples-fault/

Jabr, F. (April 11, 2013), "The Reading Brain in the Digital Age: The Science of Paper Versus Screens," *Scientific American*. Available at https://www.scientificamerican.com/article/reading-paper-screens/

Jackson, H. (1932). *The Fear of Books*. London, UK: The Soncino Press.

Jackson, H. J. (2001). *Marginalia: Readers Writing in Books*. New Haven, CT: Yale University Press.

Japan Times (February 28, 2018), "Majority of Japanese University Students Don't Read Books for Pleasure, Poll Shows." Available at https://www.japantimes.co.jp/news/2018/02/28/national/majority-japanese-university-students-dont-read-books-pleasure-poll-shows/#.XNFy1C2B3_ S

Jaschik, S., and Lederman, D. (2019), *2019 Survey of Faculty Attitudes on Technology*. A Study by Inside HigherEd and Gallup. *Inside HigherEd*.

Jerrim, J., and Moss, G. (2019), "The Link Between Fiction and Teenagers' Reading Skills: International Evidence from the OECD PISA Study," *British Educational Research Journal* 45(1): 181–200.

Johnson, D. (n.d.), "Benefits of Audiobooks for All Readers." Reading Rockets. Available at https://www.readingrockets.org/article/benefits-audiobooks-all-readers

Johnson, S. (April 21, 2019), "The Fall, and Rise, of Reading," *Chronicle of Higher Education*.

Jones, P. (August 24, 2011), "Music to Read Words by (or the Enhancement Nobody Wanted)?," *The Bookseller*. Available at https://www.thebookseller.com/futurebook/music-read-words-or-enhancement-nobody-wanted

Joo, S. J., White, A. L., Strodtman, D. J., and Yeatman, J. D. (2018), "Optimizing Text for an Individual's Visual System: The Contributions of Visual Crowding to Reading Difficulties," *Cortex* 103: 291–301.

Journell, W., ed. (2019). *Unpacking Fake News: An Educator's Guide to Navigating the Media with Students*. New York, NY: Teachers College Press.

Just, M. A., and Carpenter, P. A. (1987). *The Psychology of Reading and Language Comprehension*. Boston, MA: Allyn & Bacon.

Kalyuga, S., and Sweller, J. (2014), "The Redundancy Principle in Multimedia Learning," in R. E. Mayer, ed., *The Cambridge Handbook of Multimedia Learning*, 2nd edition. Cambridge, UK: Cambridge University Press, pp. 247–62.

Kaspersky Lab (June 19, 2015a), "The Rise and Impact of Digital Amnesia. Why We Need to Protect What We Can No Longer Remember [European data]." [No longer available online]

Kaspersky Lab (July 1, 2015b), "The Rise and Impact of Digital Amnesia. Why We Need to Protect What We Can No Longer Remember [US data]." Available at https://media.kasperskycontenthub.com/wp-content/uploads/sites/100/2017/03/10084613/Digital-Amnesia-Report.pdf

Kaspersky Lab (August 17, 2016), "From Digital Amnesia to the Augmented Mind." Available at https://media.kaspersky.com/pdf/Kaspersky-Digital-Amnesia-Evolution-report-17-08-16.pdf

Kaufman, G., and Flanagan, M. (2016), "High-Low Split: Divergent Cognitive Construal Levels Triggered by Digital and Non-Digital Platforms," *CHI '16 Proceedings of the 2016 CHI Conference on Human Factors in Computing Systems*. New York, NY: ACM, pp. 2773–7.

Khazan, O. (April 11, 2018), "The Myth of 'Learning Styles'," *The Atlantic*. Available at https://www.theatlantic.com/science/archive/2018/04/the-myth-of-learning-styles/557687/

Kintsch, W., and Kozminsky, E. (1977), "Summarizing Stories After Reading and Listening," *Journal of Educational Psychology* 69(5): 491–9.

Korat, O., and Falk, Y. (2019), "Ten Years After: Revisiting the Question of e-Book Quality as Early Language and Literacy Support," *Journal of Early Childhood Literacy* 19(2): 206–23.

Kornmann, J., Kammerer, Y., Anjewierden, A., Zettler, I., Trautwein, U., and Gerjets, P. (2016), "How Children Navigate a Multiperspective Hypermedia Environment: The Role of Spatial Working Memory Capacity," *Computers in Human Behavior* 55: 145–8.

Krashen, S. (2004). *The Power of Reading: Insights from the Research*, 2nd edition. Portsmouth, NH: Heinemann.

Kretzschmar, F., Pleimling, D., Hosemann, J., Fuessel, S., Bornkessel-Schlesewsky, I., et al. (2013), "Subjective Impressions Do Not Mirror Online Reading Effort: Concurrent EEG-Eyetracking Evidence from the Reading of Books and Digital Media," *PLoS ONE* 8(2). Available at https://journals.plos.org/plosone/article?id=10.1371/journal.pone.0056178

Kucirkova, N. (2018). *How and Why to Read and Create Children's Digital Books: A Guide for Primary Practitioners*. London, UK: UCL Press.

Kucirkova, N. (2019), "Children's Reading with Digital Books: Past Moving Quickly to the Future," *Child Development Perspectives* 13(4): 208–14.

Kucirkova, N., and Cremin, T. (2020). *Children Reading for Pleasure in the Digital Age: Mapping Reader Engagement*. London, UK: Sage.

Kucirkova, N., and Littleton, K. (2016). *The Digital Reading Habits of Children. A National Survey of Parents' Perceptions of and Practices in Relation to Children's Reading for Pleasure with Print and Digital Books*. Book Trust. London, UK: Art Council England.

Kucirkova, N., Messer, D., and Sheehy, K. (2014a), "The Effects of Personalisation on Young Children's Spontaneous Speech during Shared Book Reading," *Journal of Pragmatics* 71: 45–55.

Kucirkova, N., Messer, D., and Sheehy, K. (2014b), "Reading Personalized Books with Preschool Children Enhances Their Word Acquisition," *First Language* 34(3): 227–43.

Kucirkova, N., and Zuckerman, B. (2017), "A Guiding Framework for Considering Touchscreens in Children Under Two," *International Journal of Child-Computer Interaction* 12: 46–9.

Kuzmičová, A. (2016), "Audiobooks and Print Narratives: Similarities in Text Experience," in J. Mildorf and T. Kinzel, eds., *Audionarratology: Interfaces of Sound and Narrative* (Vol. 52). Boston, MA: Walter de Gruyter.

Kuzmičová, A., Dias, P., Vogrinčič Čepič, A., Albrechtslund, A.-M., Casado, A., Kotrla Topić, M., Mínguez-López, X., Nilsson, S. K., and Teixeira-Botelho, I. (2018), "Reading and Company: Embodiment and Social Space in Silent Reading Practices," *Literacy* 52(2): 70–7.

Langin, K. (March 8, 2018), "Fake News Spreads Faster Than True News," *Science*. Available at http://www.sciencemag.org/news/2018/03/fake-news-spreads-faster-true-news-twitter-thanks-people-not-bots

Lankshear, C., and Knobel, M. (2011). *New Literacies*, 3rd edition. New York, NY: Open

University Press.
Lapowsky, I. (April 8, 2015), "What Schools Must Learn from LA's iPad Debacle," *Wired*. Available at https://www.wired.com/2015/05/los-angeles-edtech/
Latini, N., Bråten, I., Anmarkrud, Ø., and Salmerón, L. (2019), "Investigating Effects of Reading Medium and Reading Purpose on Behavioral Engagement and Textual Integration in a Multiple Text Context," *Contemporary Educational Psychology* 59, Article 101797. Early View Online.
Lauterman, T., and Ackerman, R. (2014), "Overcoming Screen Inferiority in Learning and Calibration," *Computers in Human Behavior* 35: 455–63.
Lazarsfeld, P. (1948). *Radio Listening in America*. New York, NY: Prentice-Hall. Reprinted by Aron Press, 1979.
Lee, H. Y., and List, A. (2019), "Processing of Texts and Videos: A Strategy-Focused Analysis," *Journal of Computer Assisted Learning* 35: 268–82.
Leith, S. (August 14, 2011), "Is This the End for Books?," *Guardian*. Available at https://www. theguardian.com/books/2011/aug/14/kindle-books
Lenhard, W., Schroeders, U., and Lenhard, A. (2017), "Equivalence of Screen and Print Reading Comprehension Depends on Task Complexity and Proficiency," *Discourse Processes* 54(5–6): 427–45.
Leu, D. J., Kinzer, C. K., Coiro, J. L., and Cammack, D. W. (2004), "Toward a Theory of New Literacies Emerging from the Internet and Other Information and Communication Technologies," in R. B. Ruddell and N. J. Unrau, eds., *Theoretical Models and Processes of Reading*, 5th edition. Newark, DE: International Reading Association, pp. 1570–613.
Li, L.-Y., Chen, G.-D., and Yang, S.-J. (2013), "Construction of Cognitive Maps to Improve e-Book Reading and Navigation," *Computers & Education* 60: 32–9.
List, A. (2018), "Strategies for Comprehending and Integrating Texts and Videos," *Learning and Instruction* 57: 34–46.
Luchini, P. L. (2015), "Simultaneous Reading and Listening is Less Effective Than Reading Alone: A Study Based on Cognitive Load Theory," in E. Piechurska-Kuciel and M. Szyszka, eds., *The Ecosystem of the Foreign Language Learner*. Cham, Switzerland: Springer International, pp. 71–80.
Macedo-Rouet, M., Rouet, J.-F., Epstein, I., and Fayard, P. (2003), "Effects of Online Reading on Popular Science Comprehension," *Science Communications* 25(2): 99–128.
Macedo-Rouet, M., Salmerón, L., Ros, C., Pérez, A., Stadtler, M., and Rouet, J.-F. (2020), "Are Frequent Users of Social Network Sites Good Information Evaluators? An Investigation of Adolescents' Sourcing Abilities," *Journal for the Study of Education and Development/Infancia y Aprendizaje* 43(1): 101–38.
Mangen, A. (2008), "Hypertext Fiction Reading: Haptics and Immersion," *Journal of*

Research in Reading 31(4): 404–19.
Mangen, A. (2016), "What Hands May Tell Us About Reading and Writing," *Educational Theory* 66(4): 457–77.
Mangen, A., Olivier, G., and Velay, J.-L. (2019), "Comparing Comprehension of a Long Text Read in Print Book and on Kindle: Where in the Text and When in the Story?," *Frontiers in Psychology* 10, Article 38. Available at https://www.frontiersin.org/articles/10.3389/fpsyg.2019.00038/full
Mangen, A., Walgermo, B. R., and Brønnick, K. (2013), "Reading Linear Texts on Paper Versus Computer Screen: Effects on Reading Comprehension," *International Journal of Educational Research* 58: 61–8.
Margolin, S., Driscoll, C., Toland, M., and Kegler, J. (2013), "E–Readers, Computer Screens, or Paper: Does Reading Comprehension Change Across Media Platforms?," *Applied Cognitive Psychology* 27(4): 512–9.
Marken, S. (December 12, 2019), "Half in the U.S. Now Consider College Education Very Important," Gallup. Available at https://news.gallup.com/poll/270008/half-consider-college-education-important.aspx
Maryniak, A. (2014), "Effectiveness of Reading, Listening and Reading-while-Listening—Quasi-Experimental Study," Paper presented at International Conference: ICT for Language Learning. Available at https://pdfs.semanticscholar.org/8f72/d757f1ff24a8fae3958cfbbba8 25211fc4e6.pdf?_ga=2.200608682.52292669.1577564546-194054829.1547465777
Mayer, R. E., ed. (2014). *Cambridge Handbook of Multimedia Learning*, 2nd edition. New York, NY: Cambridge University Press.
Maynard, S. (2010), "The Impact of e-Books on Young Children's Reading Habits," *Publishing Research Quarterly* 26: 236–48.
McAllister, T., Whittingham, J., Huffman, S., and Christensen, R. (2014), "Developing Independent Readers with Audiobooks," *AMLE Magazine* (October): 19–21.
McConnell, K. D., and Rhodes, T. L. (December 1, 2017), "On Solid Ground: VALUE Report 2017." Association of American Colleges and Universities. Available at https://www.aacu. org/publications-research/publications/solid-ground-value-report-2017
McGrew, S., Breakstone, J., Ortega, T., Smith, M., and Wineburg, S. (2018), "Can Students Evaluate Online Sources? Learning from Assessments of Civic Online Reasoning," *Theory & Research in Social Education* 46(2): 165–93.
McGrew, S., Breakstone, J., Ortega, T., Smith, M., and Wineburg, S. (2019), "How Students Evaluate Digital News Sources," in W. Journell, ed. (2019), *Unpacking Fake News: An Educator's Guide to Navigating the Media with Students*. New York, NY: Teachers College Press, pp. 60–73.
McKenzie, L. (November 14, 2017), "Do Professors Need Automated Help Grading

Online Comments?," *Inside HigherEd*. Available at https://www.insidehighered.com/news/2017/11/14/professors-have-mixed-reactions-blackboard-plan-offer-tool-grading-online

McKenzie, L. (December 12, 2018), "Shifting Focus of Publishers Signals Tough Times for Textbook Authors," *Inside HigherEd*. Available at https://www.insidehighered.com/news/2018/12/12/switch-digital-first-products-publishers-are-signing-fewer-textbook-authors

McKenzie, L. (November 4, 2019), "A Window of Opportunity for Alternative Textbook Providers," *Inside HigherEd*. Available at https://www.insidehighered.com/digital-learning/article/2019/11/04/window-opportunity-alternative-textbook-providers

McReynolds, E. (June 27, 2016), "For Kids with Reading Challenges, Just Add Listening," Audio Range. The Official Blog of Audible Inc. Available at https://www.audible.com/blog/the-listening-life/for-kids-with-reading-challenges-just-add-listening/

Merchant, G. (2015), "Keep Taking the Tablets: iPads, Story Apps, and Early Literacy," *Australian Journal of Language and Literacy* 38(1): 3–11.

Merga, M., and Roni, S. M. (2017), "The Influence of Access to eReaders, Computers and Mobile Phones on Children's Book Reading Frequency," *Computers & Education* 109: 187–96.

Merkt, M., Weigand, S., Heier, A., and Schwan, S. (2011), "Learning from Videos vs. Learning with Print: The Role of Interactive Features," *Learning and Instruction* 21: 687–704.

Middaugh, E. (2019), "Teens, Social Media, and Fake News," in W. Journell, ed., *Unpacking Fake News: An Educator's Guide to Navigating the Media with Students*. New York, NY: Teachers College Press, pp. 42–59.

Miedema, J. (2009). *Slow Reading*. Duluth, MN: Litwin Books.

Milani, A., Lorusso, M. L., and Molteni, M. (2010), "The Effects of Audiobooks on the Psychosocial Adjustment of Pre-Adolescents and Adolescents with Dyslexia," *Dyslexia* 16: 87–97.

Miller, K., Lukoff, B., King, G., and Mazur, E. (March 2018), "Use of a Social Annotation Platform for Pre-Class Reading Assignments in a Flipped Introductory Physics Class," *Frontiers in Education* 3, Article 8. Available at https://www.frontiersin.org/articles/10.3389/feduc.2018.00008/full

Miranda, T., Williams-Rossi, D., Johnson, K. A. and McKenzie, N. (2011), "Reluctant Readers in Middle School: Successful Engagement with Text Using the E-reader," *International Journal of Applied Science and Technology* 1(6): 81–91.

Misra, S., Cheng, L., Genevie, J., and Yuan, M. (2016), "The iPhone Effect: The Quality of In-Person Social Interactions in the Presence of Mobile Devices," *Environment and Behavior* 48(2): 275–98.

Mizrachi, D., and Salaz, A. M. (2020), "Beyond the Surveys: Qualitative Analysis from the Academic Reading Format International Study (ARFIS)," *College & Research Libraries* 81(5): 808–21.

Mizrachi, D., Salaz, A. M., Kurbanoglu, S., and Boustany, J. (May 30, 2018), "Academic Reading Format Preferences and Behaviors Among University Students Worldwide: A Comparative Survey Analysis," *PLoS ONE* 13(5). Available at https://journals.plos.org/plosone/article?id=10.1371/journal.pone.0197444

Mohn, T. (December 31, 2012), "Silencing the Smartphone," *New York Times*. Available at https://www.nytimes.com/2013/01/01/business/some-companies-seek-to-wean-employees-from-their-smartphones.html

Mokhtari, K., Reichard, C. A., and Gardner, A. (2009), "The Impact of Internet and Television Use on the Reading Habits and Practices of College Students," *Journal of Adolescent and Adult Literacy* 52(7): 609–19.

Mol, S. E., and Bus, A. G. (2011), "To Read or Not to Read: A Meta-Analysis of Print Exposure from Infancy to Early Adulthood," *Psychological Bulletin* 137(2): 267–96.

Moore, B. N., and Parker, R. (2016). *Critical Thinking*, 12th edition. New York, NY: McGraw-Hill.

Moore, J., and Cahill, M. (2016), "Audiobooks: Legitimate 'Reading' Material for Adolescents?," *School Library Research* 19: 1–17.

Mueller, P. A., and Oppenheimer, D. M. (2014), "The Pen is Mightier Than the Keyboard," *Psychological Science* 25: 1159–68.

Munzer, T. G., Miller, A. L., Weeks, H. M., et al. (2019), "Differences in Parent-Toddler Interactions with Electronic Versus Print Books," *Pediatrics* 143(4):e20182012.

NACE (November 2017), "Job Outlook 2018." Bethlehem, PA: National Association of Colleges and Employers.

National Center for Education Statistics (2019), Digitally Based Assessments. Available at https://nces.ed.gov/nationsreportcard/dba/

National Center for Education Statistics (n.d.), PIRLS and ePIRLS Results, 2016. Available at https://nces.ed.gov/surveys/pirls/pirls2016/tables/pirls2016_ table10.asp

National Endowment for the Arts (2007), *To Read or Not to Read: A Question of National Consequence*. Washington, DC. Available at https://www.arts.gov/publications/read-or-not-read-question-national-consequence-0

National Endowment for the Arts (2012), *How a Nation Engages with Art: Highlights from the 2012 Survey of Public Participation in the Arts*. Washington, DC. Available at https://www. arts.gov/sites/default/files/highlights-from-2012-sppa-revised-oct-2015.pdf

National Survey of Student Engagement (2019), Summary Tables: Summary Means and Standard Deviations. Available at https://nsse.indiana.edu/html/summary_ tables.cfm

Nation's Report Card (2017), *NAEP Reading Report Card 2017*. National Assessment of Educational Progress. Washington, DC: National Center for Education Statistics. Available at https://www.nationsreportcard.gov/reading_ 2017?grade=4

Naumann, J. (2015), "A Model of Online Reading Engagement: Linking Engagement, Navigation, and Performance in Digital Reading," *Computers in Human Behavior* 53: 263–77.

Naumann, J., and Salmerón, L. (2016), "Does Navigation Always Predict Performance? Effects of Navigation on Digital Reading are Moderated by Comprehension Skills," *International Review of Research in Open and Distributed Learning* 17(1): 42–59.

Nicholas, M., and Paatsch, L. (2018), "Mothers' Views on Shared Reading with Their Two-Year-Olds Using Printed and Electronic Texts: Purpose, Confidence and Practice," *Journal of Early Childhood Literacy* Early View Online.

Nielsen Company (2018), "A Marketer's Guide to Podcasting: Third-Quarter 2018." Available at https://www.nielsen.com/wp-content/uploads/sites/3/2019/04/marketers-guide-to-podcasting-q3-2018.pdf

Nielsen Company (2019), "Audio Today 2019: How America Listens." Available at https://www. nielsen.com/wp-content/uploads/sites/3/2019/06/audio-today-2019.pdf

Nix, E. (August 30, 2018), "When was the First U.S. Driver's License Issued?" History.com. Available at https://www.history.com/news/when-was-the-first-u-s-drivers-license-issued

Norman, D. (1988). *The Psychology of Everyday Things*. New York, NY: Basic Books.

Novak, J. D. (1991), "Clarify with Concept Maps: A Tool for Students and Teachers Alike," *The Science Teacher* 58(7): 45–9.

Nuwer, R. (January 24, 2016), "Are Paper Books Really Disappearing?", *BBC Future*. Available at https://www.bbc.com/future/article/20160124-are-paper-books-really-disappearing

Odom, W., Sellen, A., Harper, R., and Thereska, E. (2012), "Lost in Translation: Understanding the Possession of Digital Things in the Cloud," *Proceedings of the SIGCHI Conference on Human Factors in Computing Systems*. New York, NY: ACM, pp. 781–90.

Odom, W., Zimmerman, J., and Forlizzi, J. (2011), "Teenagers and Their Virtual Possessions: Design Opportunities and Issues," *Proceedings of the SIGCHI Conference on Human Factors in Computing Systems*. New York, NY: ACM, pp. 1491–500.

OECD (2011), *PISA in Focus 8: Do Students Today Read for Pleasure?* Available at https://www. oecd.org/pisa/pisaproducts/pisainfocus/48624701.pdf

OECD (2015). *Students, Computers, and Learning: Making the Connection*, PISA. Paris, France: OECD Publishing.

OECD (2019a), *PISA 2018 Assessment and Analytical Framework*. Available at https://

www.oecd-ilibrary.org/education/pisa-2018-assessment-and-analytical-framework_b25efab8-en

OECD (2019b), *PISA 2018 Results: Combined Executive Summaries*, Volumes I, II & III. Available at https://www.oecd.org/pisa/Combined_ Executive_ Summaries_ PISA_2018.pdf

Ong, W. J. (1982). *Orality and Literacy: The Technologizing of the Word*. London, UK: Methuen.

"Online Learning Graduation Requirements" (September 25, 2018), *Digital Learning Collaborative*. Available at https://www.digitallearningcollab.com/online-learning-graduation-requirements

Parish-Morris, J., Mahajan, N., Hirsh-Pasek, K., Golinkoff, R. M., and Collins, M. F. (2013), "Once upon a Time: Parent-Child Dialogue and Storybook Reading in the Electronic Era," *Mind, Brain, and Education* 7(3): 200–11.

Paul, R., and Elder, L. (2008). *The Miniature Guide to Critical Thinking*. Dillon Beach, CA: Foundation for Critical Thinking.

Payne, S. J., and Reader, W. R. (2006), "Constructing Structure Maps of Multiple On-Line Texts," *International Journal of Human-Computer Studies* 64: 461–74.

Pearson (July 16, 2019), "Pearson Turns the Page on College Textbooks as Digital Courseware Demand Grows," Pearson.com. Available at https://www.pearson.com/corporate/news/media/news-announcements/2019/07/pearson-turns-the-page-on-college-textbooks-as-digital-coursewar.html

Perrin, A. (October 19, 2015), "Slightly Fewer Americans are Reading Print Books, New Survey Finds," Pew Research Center. Available at https://www.pewresearch.org/fact-tank/2015/10/19/slightly-fewer-americans-are-reading-print-books-new-survey-finds/

Perrin, A. (March 8, 2018), "Nearly One-in-Five Americans Now Listen to Audiobooks," Pew Research Center. Available at https://www.pewresearch.org/fact-tank/2018/03/08/nearly-one-in-five-americans-now-listen-to-audiobooks/

Perrin, A. (September 25, 2019a), "One-in-Five Americans Now Listen to Audiobooks," Pew Research Center. Available at https://www.pewresearch.org/fact-tank/2019/09/25/one-in-five-americans-now-listen-to-audiobooks/

Perrin, A. (September 26, 2019b), "Who Doesn't Read Books in America?," Pew Research Center. Available at https://www.pewresearch.org/fact-tank/2019/09/26/who-doesnt-read-books-in-america/

Peterson, E. M., and Alexander, P. A. (2020), "Navigating Print and Digital Sources: Students' Selection, Use, and Integration of Multiple Sources Across Mediums," *Journal of Experimental Education* 88(1): 27–46.

Pfost, M., Dörfler, T., and Artelt, C. (2013), "Students' Extracurricular Reading Behavior and the Development of Vocabulary and Reading Comprehension," *Learning and*

Individual Differences 26: 89–102.

Philipp, M. (2019). *Multiple Dokumente verstehen: Theoretische und empirische Perspektiven auf Prozesse und Produkte des Lesens mehrerer Dokumente*. Weinheim, Germany: Beltz Juventa.

Picton, I., and Clark, C. (2015), "The Impact of Ebooks on the Reading Motivation and Reading Skills of Children and Young People: A Study of Schools using RM Books." National Literacy Trust. Available at https://literacytrust.org.uk/research-services/research-reports/impact-ebooks-reading-motivation-and-reading-skills-children-and-young-people/

Podcast Insights (December 11, 2019), "2019 Podcast Stats & Facts (New Research from Dec 2019)." Available at https://www.podcastinsights.com/podcast-statistics/

Pollan, M. (January 28, 2007), "Unhappy Meals," *New York Times Magazine*. Available at https://www.nytimes.com/2007/01/28/magazine/28nutritionism.t.html

Pommerich, M. (2004), "Developing Computerized Versions of Paper-and-Pencil Tests: Mode Effects for Passage-Based Tests," *Journal of Technology, Learning and Assessment* 2(6).

Popken, B. (August 6, 2015), "College Textbook Prices Have Risen 1,041 Percent Since 1977," *NBC News*. Available at https://www.nbcnews.com/feature/freshman-year/college-textbook-prices-have-risen-812-percent-1978-n399926

Pressley, M., and Afflerbach, P. (1995). *Verbal Protocols of Reading: The Nature of Constructively Responsive Reading*. Hillsdale, NJ: Lawrence Erlbaum Associates.

Price, L. (2009), "Reading as If for Life," *Michigan Quarterly Review* 48(4): 483–98.

Price, L. (2019). *What We Talk About When We Talk About Books*. New York, NY: Basic Books.

Protopapas, A., Simos, P. G., Sideridis, G. D., and Mouzaki, A. (2012), "The Components of the Simple View of Reading: A Confirmatory Factor Analysis," *Reading Psychology* 33(3): 217–40.

Prouty, C. (1954), "Introduction," *Mr. William Shakespeares Comedies, Histories, & Tragedies*, facsimile edition prepared by H. Kokeritz. New Haven, CT: Yale University Press.

RAND Reading Study Group (2002), *Reading for Understanding: Toward an R&D Program in Reading Comprehension*. RAND Corporation. Available at https://www.rand.org/pubs/monograph_ reports/MR1465.html

Rayner, K., Pollatsek, A., Ashby, J., and Clifton, C. (2012). *Psychology of Reading*, 2nd edition. New York, NY: Psychology Press.

Rea, A. (January 6, 2020), "Reading Through the Ages: Generational Reading Survey," *Library Journal*. Available at https://www.libraryjournal.com/?global_search=generational%20 reading%20survey%202019%20library%20journal

Rée, J. (1999). *I See a Voice*. New York, NY: Metropolitan Books.

Ribera, A., and Wang, R. L. (2015), "To Read or Not to Read? Investigating Students' Reading Motivation," Presentation at the 40th Annual POD Conference, San Francisco, CA. Available at https://scholarworks.iu.edu/dspace/handle/2022/24302

Rice, P., Beeson, P., and Blackmore-Wright, J. (2019), "Evaluating the Impact of a Quiz Question Within an Educational Video," *TechTrends* 63(5): 522–32.

Rideout, V. J., and Robb, M. B. (2019), *The Common Sense Census: Media Use by Tweens and Teens*. San Francisco, CA: Common Sense Media. Available at https://www.commonsensemedia.org/sites/default/files/uploads/research/2019-census-8-to-18-full-report-updated.pdf

Rieh, S. Y., Kim, Y.-M., and Markey, K. (2012), "Amount of Invested Mental Effort (AIME) in Online Searching," *Information Processing and Management* 48: 1136–50.

Robins, D., and Holmes, J. (2008), "Aesthetics and Credibility in a Website Design," *Information Processing & Management* 44: 386–99.

Rogowsky, B. A., Calhoun, B. M., and Tallal, P. (2016), "Does Modality Matter? The Effects of Reading, Listening, and Dual Modality," *SAGE Open* (July–September): 1–9. Available at https://journals.sagepub.com/doi/full/10.1177/2158244016669550

Roskos, K., Burstein, K., and You, B.-K. (2012), "A Typology for Observing Children's Engagement with eBooks at Preschool," *Journal of Interactive Online Learning* 11(2): 47–66.

Rouet, J.-F., Ros, C., Goumi, A., Macedo-Rouet, M., and Dinet, J. (2011), "The Influence of Surface and Deep Cues in Primary and Secondary School Students' Assessment of Relevance in Web Menus," *Learning and Instruction* 21: 205–19.

Rowold, K. (2010). *The Educated Woman: Minds, Bodies, and Women's Higher Education in Britain, Germany, and Spain, 1865–1914*. New York, NY: Routledge.

Rubery, M. (2016). *The Untold Story of the Talking Book*. Cambridge, MA: Harvard University Press.

Rubery, M., and Price, L., eds. (2020). *Further Reading*. Oxford: Oxford University Press.

Rubin, D. L., Hafer, T., and Arata, K. (2000), "Reading and Listening to Oral-Based Versus Literate-Based Discourse," *Communication Education* 49(2): 121–33.

Salmerón, L., García, A., and Vidal-Abarca, E. (2018a), "The Development of Adolescents' Comprehension-Based Internet Reading Activities," *Learning and Individual Differences* 61: 31–9.

Salmerón, L., Gil, L., and Bråten, I. (2018b), "Effects of Reading Real Versus Print-Out Versions of Multiple Documents on Students' Sourcing and Integrated Understanding," *Contemporary Educational Psychology* 52: 25–35.

Salmerón, L., and Llorens, A. (2019), "Instruction of Digital Reading Strategies Based on Eye-Movement Modeling Examples," *Journal of Educational Computing Research* 57(2):

343–59.
Salmerón, L., Naumann, J., García, V., and Fajardo, I. (2017), "Scanning and Deep Processing of Information in Hypertext: An Eye Tracking and Cued Retrospective Think-Aloud Study," *Journal of Computer Assisted Learning* 33: 222–33.
Salmerón, L., Sampietro, A., and Delgado, P. (2020), "Using Internet Videos to Learn About Controversies: Evaluation and Integration of Multiple and Multimodal Documents by Primary School Students," *Computers & Education* 148, Article 103796. Early View Online.
Salmerón, L., Strømsø, H., Kammerer, Y., Stadtler, M., and van den Broek, P. (2018c), "Comprehension Processes in Digital Reading," in M. Barzillai, J. Thomson, S. Schroeder, and P. van den Broek, eds., *Learning to Read in a Digital World*. Amsterdam, The Netherlands: John Benjamins, pp. 91–120.
Salomon, G. (1984), "Television is 'Easy' and Print is 'Tough': The Differential Investment of Mental Effort in Learning as a Function of Perceptions and Attributions," *Journal of Educational Psychology* 76(4): 647–58.
Sanchez, C. A., and Wiley, J. (2009), "To Scroll or Not to Scroll: Scrolling, Working Memory Capacity, and Comprehending Complex Texts," *Human Factors* 51(5): 730–8.
Sarı, B., Başal, H. A., Takacs, Z., and Bus, A. G. (2019), "A Randomized Controlled Trial to Test Efficacy of Digital Enhancements of Storybooks in Support of Narrative Comprehension and Word Learning," *Journal of Experimental Child Psychology* 179: 212–26.
Schlueter, J. (June 7, 2016), "Higher Ed's Biggest Gamble," *Inside HigherEd*. Available at https://www.insidehighered.com/views/2016/06/07/can-colleges-truly-teach-critical-thinking-skills-essay
Schneps, M. H., Thomson, J. M., Chen, C., Sonnert, G., and Pomplun, M. (2013a), "E-Readers Are More Effective Than Paper for Some with Dyslexia," *PLoS ONE* 8(9). Available at https://journals.plos.org/plosone/article?id=10.1371/journal.pone.0075634
Schneps, M. H., Thomson, J. M., Sonnert, G., Pomplun, M., Chen, C., et al. (2013b), "Shorter Lines Facilitate Reading in Those Who Struggle," *PloS ONE* 8(8). Available at https://journals.plos.org/plosone/article?id=10.1371/journal.pone.0071161
Scholastic (2013), *Kids & Family Reading Report*, 4th edition. Available at http://mediaroom. scholastic.com/files/kfrr2013-noappendix.pdf
Scholastic (2017), *Kids & Family Reading Report*, 6th edition. Available at https://www.scho\-lastic.com/readingreport/past-reports.html
Scholastic (2019a), *Kids & Family Reading Report*, 7th edition. Available at https://www.scho\-lastic.com/readingreport/home.html
Scholastic (2019b), *Kids & Family Reading Report*, 7th edition, Third Installment: "The Summer Reading Imperative." Available at https://www.scholastic.com/content/dam/

KFRR/SummerReading/KFRR_ SummerReadingImperative.pdf

Schüler, A., Scheiter, K., and Gerjets, P. (2013), "Is Spoken Text Always Better? Investigating the Modality and Redundancy Effect with Longer Text Presentation," *Computers in Human Behavior* 29: 1590–601.

Schulz-Heidorf, K., and Støle, H. (2018), "Gender Differences in Norwegian PIRLS 2016 and ePIRLS 2016 Results at Test Mode, Text and Item Format Level," *Nordic Journal of Literacy Research* 4(1): 167–83.

Schwarzenegger, A. (June 7, 2009), "Digital Textbooks Can Save Money, Improve Learning," *San Jose Mercury News*. Available at https://www.mercurynews.com/2009/06/06/schwarzenegger-digital-textbooks-can-save-money-improve-learning/

Science Daily (August 19, 2019), "A Map of the Brain Can Tell What You're Reading About." Available at https://www.sciencedaily.com/releases/2019/08/190819175719.htm

Scutter, S., Stupans, I., Sawyer, T., and King, S. (2010), "How Do Students Use Podcasts to Support Learning?," *Australasian Journal of Educational Technology* 26(2): 180–91.

Seaman, J. E., and Seaman, J. (2020), "Inflection Point: Educational Resources in U.S. Higher Education, 2019." Bay View Analytics. Available at http://www.onlinelearningsurvey.com/reports/2019inflectionpoint.pdf

Segall, A., Crocco, M. S., Halvorsen, A.-L., and Jacobsen, R. (2019), "Teaching in the Twilight Zone of Misinformation, Disinformation, Alternative Facts, and Fake News," in W. Journell, ed., *Unpacking Fake News: An Educator's Guide to Navigating the Media with Students*. New York, NY: Teachers College Press, pp. 74–91.

Seidenberg, M. (2017). *Language at the Speed of Sight: How We Read, Why So Many Can't, and What Can Be Done About It*. New York, NY: Basic Books.

Serafini, F., and Gee, E., eds. (2017). *Remixing Multiliteracies: Theory and Practice from New London to New Times*. New York, NY: Teachers College Press.

Sidi, Y., Shpigelman, M., Zalmanov, H., and Ackerman, R. (2017), "Understanding Metacognitive Inferiority on Screen by Exposing Cues for Depth of Processing," *Learning and Instruction* 51: 61–73.

Siegenthaler, E., Wurtz, P., Bergamin, P., and Groner, R. (2011), "Comparing Reading Processes on e-Ink Displays and Print," *Displays* 32(5): 268–73.

Singer, L. M., and Alexander, P. A. (2017a), "Reading Across Mediums: Effects of Reading Digital and Print Texts on Comprehension and Calibration," *Journal of Experimental Education* 85(1): 155–72.

Singer, L. M., and Alexander, P. A. (2017b), "Reading on Paper and Digitally: What the Past Decades of Empirical Research Reveal," *Review of Educational Research* 87(6): 1007–41.

Singer Trakhman, L. M., Alexander, P. A., and Berkowitz, L. E. (2019), "Effects of

Processing Time on Comprehension and Calibration in Print and Digital Mediums," *Journal of Experimental Education* 87(1): 101–5.

Smeets, D. J., and Bus, A. G. (2012), "Interactive Electronic Storybooks for Kindergartners to Promote Vocabulary Growth," *Journal of Experimental Child Psychology* 112(1): 36–55.

Smith, D. G. (December 2017), "Parents in a Remote Amazon Village Barely Talk to Their Babies—and the Kids are Fine," *Scientific American*. Available at https://www.scientificamerican.com/article/parents-in-a-remote-amazon-village-barely-talk-to-their-babies-mdash-and-the-kids-are-fine/

Smith, M. D. (2017), "Cognitive Validity: Can Multiple-Choice Items Tap Historical Thinking Processes?," *American Educational Research Journal* 54(6): 1256–87.

Sorrel, C. (August 24, 2011), "Bad Ideas: Booktrack Adds Sound Effects, Music to Books," *Wired*. Available at https://www.wired.com/2011/08/bad-ideas-booktrack-adds-sound-effects-and-music-to-books/

Sosnoski, J. (1999), "Hyper-Readings and Their Reading Engines," in G. E. Hawisher and C. L. Selfe, eds., *Passions, Pedagogies, and Twenty-First Century Technologies*. Logan, UT: Utah State University Press/National Council of Teachers of English, pp. 161–77.

Sparrow, B., Liu, J., and Wegner, D. M. (2011), "Google Effects on Memory: Cognitive Consequences of Having Information at Our Fingertips," *Science* 333(6043): 776–8. Available at https://science.sciencemag.org/content/333/6043/776.full

Spence, C. (2020), "The Multisensory Experience of Handling and Reading Books," *Multisensory Research* 33(8): 902–28.

Stadtler, M., Scharrer, L., Brummernhenrich, B., and Bromme, R. (2013), "Dealing with Uncertainty: Readers' Memory for and Use of Conflicting Information from Science Texts as Function of Presentation Format and Source Expertise," *Cognition and Instruction* 31(2): 130–50.

Stallybrass, Peter (2002), "Books and Scrolls: Navigating the Bible," in J. Andersen and E. Sauer, eds., *Books and Readers in Early Modern England: Material Studies*. Philadelphia, PA: University of Pennsylvania Press, pp. 42–79.

Stavanger Declaration Concerning the Future of Reading (2019). COST E-READ. Available at https://ereadcost.eu/wp-content/uploads/2019/01/StavangerDeclaration.pdf

St Clair-Thompson, H., Graham, A., and Marsham, S. (2018), "Exploring the Reading Practices of Undergraduate Students," *Education Inquiry* 9(3): 284–98.

Stokoe, W. (1960). *Sign Language Structure: An Outline of the Visual Communication Systems of the American Deaf.* Studies in Linguistics, Occasional Paper 8. Buffalo, NY: University of Buffalo.

Støle, H., Mangen, A., Frønes, T. S., and Thomson, J. (2018), "Digitisation of Reading

Assessment," in M. Barzillai, J. Thomson, S. Schroeder, and P. van den Broek, eds., *Learning to Read in a Digital World.* Amsterdam, The Netherlands: John Benjamins, pp. 205–23.

Støle, H., Mangen, A., and Schwippert, K. (2020), "Assessing Children's Comprehension on Paper and Screen: A Mode-Effect Study," *Computers & Education* 151, Article 103861. Early View Online.

Strouse, G. A., and Ganea, P. A. (2017a), "A Print Book Preference: Caregivers Report Higher Child Enjoyment and More Adult-Child Interactions When Reading Print Than Electronic Books," *International Journal of Child-Computer Interaction* 12: 8–15.

Strouse, G. A., and Ganea, P. A. (2017b), "Parent-Toddler Behavior and Language Differ When Reading Electronic and Print Picture Books," *Frontiers in Psychology* 8, Article 677. Available at https://www.frontiersin.org/articles/10.3389/fpsyg.2017.00677/full

Szpunar, K. K., Jing, H. G., and Schacter, D. L. (2014), "Overcoming Overconfidence in Learning from Video-Recorded Lectures: Implications of Interpolated Testing for Online Education," *Journal of Applied Research in Memory and Cognition* 3: 161–4.

Takacs, Z. K., Swart, E. K., and Bus, A. G. (2014), "Can the Computer Replace the Adult for Storybook Reading? A Meta-Analysis on the Effects of Multimedia Stories as Compared to Sharing Print Stories with an Adult," *Frontiers in Psychology* 5, Article 1366. Available at https://www.frontiersin.org/articles/10.3389/fpsyg.2014.01366/full

Takacs, Z. K., Swart, E. K., and Bus, A. G. (2015), "Benefits and Pitfalls of Multimedia and Interactive Features in Technology-Enhanced Storybooks: A Meta-Analysis," *Review of Educational Research* 85: 698–739.

Tenner, E. (1996). *Why Things Bite Back: Technology and the Revenge of Unintended Consequences.* New York, NY: Alfred A. Knopf.

Thurlow, C. (2006), "From Statistical Panic to Moral Panic: The Metadiscursive Construction and Popular Exaggeration of New Media Language in the Print Media," *Journal of Computer-Mediated Communication* 11(3). Available at https://onlinelibrary.wiley.com/doi/full/10.1111/j.1083-6101.2006.00031.x

TIMMS & PIRLS International Study Center (n.d. -1), PIRLS 2016 International Results in Reading. Available at http://timssandpirls.bc.edu/pirls2016/international-results/pirls/summary/

TIMMS & PIRLS International Study Center (n.d. -2), PIRLS 2021. Available at https://timssandpirls.bc.edu/pirls2021/downloads/P2021_ PIRLS_ Brochure.pdf

Tønnessen, E. S., and Hoel, T. (2019), "Designing Dialogs Around Picture Book Apps," in J. E. Kim and B. Hassinger-Das, eds., *Reading in the Digital Age: Young Children's Experiences with E-books.* Cham, Switzerland: Springer Nature, pp. 197–215.

Torppa, M., Niemi, P., Vasalampi, K., Lerkkanen, M.-K., Tolvanen, A., and Poikkeus, A.-M. (2019), "Leisure Reading (But Not Any Kind) and Reading Comprehension Support

Each Other—A Longitudinal Study Across Grades 1 and 9," *Child Development* 91(3): 876–900.

Townsend, D. J., Carrithers, C., and Bever, T. (1987), "Listening and Reading Processes in College and Middle School Age Readers," in R. Horowitz and S. J. Samuels, eds., *Comprehending Oral and Written Language*. San Diego, CA: Academic Press, pp. 217–42.

Troseth, G. L., Strouse, G. A., Flores, I., Stuckelman, Z. D., and Johnson, C. R. (2020), "An Enhanced eBook Facilitates Parent-Child Talk During Shared Reading by Families of Low Socioeconomic Status," *Early Childhood Research Quarterly* 50: 45–58.

Turner, K. H., and Hicks, T. (2015). *Connected Reading: Teaching Adolescent Readers in a Digital World*. Urbana, IL: National Council of Teachers of English.

Turner, K. H., Hicks, T., and Zucker, L. (2020), "Connected Reading: A Framework for Understanding How Adolescents Encounter, Evaluate, and Engage with Texts in the Digital Age," *Reading Research Quarterly* 55(2): 291–309.

Turner, K. H., and Zucker, L. (2020), "Taking Annotation Digital: A Strategy for Online Teaching & Learning," *K-12 Talk*. W.W. Norton and Company. Available at https://k-12talk. com/2020/04/09/taking-annotation-digital-a-strategy-for-online-teaching-learning/

Tveit, Å. K., and Mangen, A. (2014), "A Joker in the Class: Teenage Readers' Attitudes and Preferences to Reading on Different Devices," *Library & Information Science Research* 36(3): 179–84.

Tyo-Dickerson, K., Mangen, A., Baron, N. S., and Hakemulder, F. (2019), "Print and Digital Reading Habits Survey." International School of Stavanger, Stavanger, Norway. Unpublished study.

U.S. Department of Education (2008), "Structure of the U.S. Education System: Credit Systems." International Affairs Office. Available at http://www.ed.gov/international/usnei/edlite-index.html

Uston, K. (1983), "9,250 Apples for the Teacher," *Creative Computing* 9(10): 178.

Uzanne, O., and Robida, A. (1894), "The End of Books," *Scribner's Magazine Illustrated* 16 (July–December): 221–31.

Vaikutytė-Paškauskė, J., Vaičiukynaitė, J., and Pocius, D. (2018), "Research for CULT Committee—Digital Skills in the 21st Century," European Parliament, Policy Department for Structural and Cohesion Policies, Brussels. Available at http://www.europarl.europa.eu/RegData/etudes/STUD/2018/617495/IPOL_ STU(2018)617495_EN.pdf

Vajoczki, S., Watt, S., Marquis, N., and Holshausen, K. (2010), "Podcasts: Are They an Effective Tool to Enhance Student Learning? A Case Study from McMaster University, Hamilton, Canada," *Journal of Educational Multimedia and Hypermedia* 19(3): 349–62.

Varao Sousa, T. L., Carriere, J. S. A., and Smilek, D. (2013), "The Way We Encounter Reading Material Influences How Frequently We Mind Wander," *Frontiers in Psychology* 4, Article 892. Available at https://www.frontiersin.org/articles/10.3389/fpsyg.2013.00892/full

Verhallen, M. J., and Bus, A. G. (2010), "Low-Income Immigrant Pupils Learning Vocabulary Through Digital Picture Storybooks," *Journal of Educational Psychology* 102(1): 54–61.

Waite, S. (2018), "Embracing Audiobooks as an Effective Educational Tool." Master's thesis. The College at Brockport: State University of New York.

Wakefield, J. F. (1998), "A Brief History of Textbooks," Paper presented at the meeting of Text and Academic Authors, St. Petersburg, FL, June 12–13. Available at https://files.eric.ed.gov/fulltext/ED419246.pdf

Walgermo, B. R., Mangen, A., and Brønnick, K. (2013), "Lesing av sammenhengende tekster på skjerm og papir: Apropos digitalisering av leseprøver," Conference Paper, Skriv! Les! Trondheim, Norway, May 6–8.

Wang, S., Jiao, H., Young, M. J., Brooks, T., and Olson, J. (2008), "Comparability of Computer-Based and Paper-and-Pencil Testing in K-12 Reading Assessments," *Educational and Psychological Measurement* 68(1): 5–24.

Ward, A. F., Duke, K., Gneezy, A., and Bos, M. W. (2017), "Brain Drain: The Mere Presence of One's Own Smartphone Reduces Available Cognitive Capacity," *Journal for the Association of Consumer Research* 2(2): 140–54.

Warner, J. (February 27, 2017), "The Holy Grail of Critical Thinking," *Inside HigherEd.* Available at https://www.insidehighered.com/blogs/just-visiting/holy-grail-critical-thinking

Wästlund, E. (2007), "Experimental Studies of Human-Computer Interaction: Working Memory and Mental Workload in Complex Cognition." Gothenberg, Sweden: Gothenburg University, Department of Psychology.

Wästlund, E., Reinikka, H., Norlander, T., and Archer, T. (2005), "Effects of VDT and Paper Presentation on Consumption and Production of Information: Psychological and Physiological Factors," *Computers in Human Behavior* 21: 377–94.

WeAreTeachers Staff (September 18, 2013), "10 Ways to Boost Literacy Using Audiobooks in the Classroom," We Are Teachers. Available at https://www.weareteachers.com/want-to-support-student-readers-have-them-listen-in/

Weissmann, J. (January 21, 2014), "The Decline of the American Book Lover," *The Atlantic*. Available at https://www.theatlantic.com/business/archive/2014/01/the-decline-of-the-american-book-lover/283222/

Whalen, A. (July 17, 2019), "Biggest Textbook Publisher Pushing Students to Ebooks Undermining Resale Market," *Newsweek*. Available at https://www.newsweek.com/

textbook-colleges-cheap-publisher-pearson-ebook-resell-1449860
Whitehead, A. N. (1929). *The Aims of Education and Other Essays*. New York, NY: Macmillan Company.
Whittingham, J., Huffman, S., Christensen, R., and McAllister, T. (2013), "Use of Audiobooks in a School Library and Positive Effects of Struggling Readers' Participation in a Library-Sponsored Audiobook Club," *School Library Research* 16. Available at http://www.ala. org/aasl/sites/ala.org.aasl/files/content/aaslpubsandjournals/slr/vol16/SLR_ Use_ of_ AudiobooksV16.pdf
Wickelgren, W. A. (1977), "Speed-Accuracy Tradeoff and Information Processing Dynamics," *Acta Psychologica* 41(1): 67–85.
Wiley, J., and Voss, J. F. (1996), "The Effects of 'Playing Historian' on Learning in History," *Applied Cognitive Psychology* 10: S63–S72.
Willingham, D. T. (November 25, 2017), "How to Get Your Mind to Read," *New York Times*, Sunday Review. Available at https://www.nytimes.com/2017/11/25/opinion/sunday/how-to-get-your-mind-to-read.html
Willingham, D. T. (December 8, 2018), "Is Listening to a Book the Same as Reading It?," *Washington Post*. Available at https://www.nytimes.com/2018/12/08/opinion/sunday/audiobooks-reading-cheating-listening.html
Willingham, D. T., Hughes, E. M., and Dobolyi, D. G. (2015), "The Scientific Status of Learning Styles Theories," *Teaching of Psychology* 42(3): 266–71.
Wilson, K. E., Martinez, M., Mills, C., D'Mello, S., Smilek, D., and Risko, E. F. (2018), "Instructor Presence Effect: Liking Does Not Always Lead to Learning," *Computers & Education* 122: 205–20.
Wineburg, S. (1991), "Historical Problem Solving: A Study of Cognitive Processes Used in Evaluation of Documentary and Pictorial Evidence," *Journal of Educational Psychology* 83(1): 73–87.
Wineburg, S., and McGrew, S. (2017), "Lateral Reading: Reading Less and Learning More When Evaluating Digital Information," Stanford History Education Group Working Paper No. 2017-A1. Available at https://papers.ssrn.com/sol3/papers.cfm?abstract_id=3048994
Wolf, M. (2007). *Proust and the Squid: The Story and Science of the Reading Brain*. New York, NY: HarperCollins.
Wolf, M. (2018). *Reader, Come Home: The Reading Brain in a Digital World*. New York, NY: HarperCollins.
Wolf, M., and Barzillai, M. (2009), "The Importance of Deep Reading," *Educational Leadership* 66(6): 32–7.
Wolf, M. C., Muijselaar, M. M. L., Boonstra, A. M., and de Bree, E. H. (2019), "The Relationship Between Reading and Listening Comprehension: Shared and Modality-

Specific Components," *Reading and Writing* 32(7): 1747–67.

Wood, S. G., Moxley, J. H., Tighe, E. L., and Wagner, R. K. (2018), "Does Use of Text-to-Speech and Related Read-Aloud Tools Improve Reading Comprehension for Students with Reading Disabilities? A Meta-Analysis," *Journal of Learning Disabilities* 51(1): 73–84.

Woodall, B. (2010), "Simultaneous Listening and Reading in ESL: Helping Second Language Learners Read (and Enjoy Reading) More Efficiently," *TESOL Journal* 1(2): 186–205.

Wu, Y.-C., and Samuels, S. J. (2004), "How the Amount of Time Spent on Independent Reading Affects Reading Achievement: A Response to the National Reading Panel," Paper presented at the 49th Annual Convention of the International Reading Association. Available at http://citeseerx.ist.psu.edu/viewdoc/download?doi=10.1.1.539.9906&rep=rep1&type=pdf

Zabrucky, K., and Ratner, H. H. (1992), "Effects of Passage Type on Comprehension Monitoring and Recall in Good and Poor Readers," *Journal of Reading Behavior* 24: 373–91.

Zambarbieri, D., and Carniglia, E. (2012), "Eye Movement Analysis of Reading from Computer Displays, eReaders, and Printed books," *Ophthalmic and Physiological Optics* 32: 390–6.

Zickuhr, K. (May 28, 2013), "In a Digital Age, Parents Value Printed Books for Their Kids," Pew Research Center. Available at https://www.pewresearch.org/fact-tank/2013/05/28/in-a-digital-age-parents-value-printed-books-for-their-kids/

Zucker, L. (2019), "Embracing Visual Notetaking. Review of T. McGregor, *Ink and Ideas: Sketchnotes for Engagement, Comprehension, and Thinking*. Heineman, 2018," *English Journal* 108(6): 97–9.

Zucker, L., and Turner, K. H. (2019), "Adolescents' Preferences for Print and Digital Annotation," Presentation at Roundtable on "Medium Matters: Connecting Research and Practice in Print and Digital Reading." National Council of Teacher of English Convention, Baltimore, MD, November 23.

How We Read Now

다시, 어떻게 읽을 것인가

초판 1쇄 발행 2023년 1월 5일
초판 6쇄 발행 2024년 10월 24일

지은이 나오미 배런
옮긴이 전병근
발행인 김형보
편집 최윤경, 강태영, 임재희, 홍민기, 강민영, 송현주, 박지연
마케팅 이연실, 이다영, 송신아 **디자인** 송은비 **경영지원** 최윤영, 유현

발행처 어크로스출판그룹(주)
출판신고 2018년 12월 20일 제 2018-000339호
주소 서울시 마포구 동교로 109-6
전화 070-5080-4037(편집) 070-8724-5877(영업) **팩스** 02-6085-7676
이메일 across@acrossbook.com **홈페이지** www.acrossbook.com

ISBN 979-11-6774-084-7 03020

만든 사람들
교정 이정란 **표지디자인** [★]규 **조판** 순순아빠